戦時司法の諸相

翼賛選挙無効判決と司法権の独立

矢澤久純 *YAZAWA Hisazumi*
清永 聡 *KIYONAGA Satoshi*

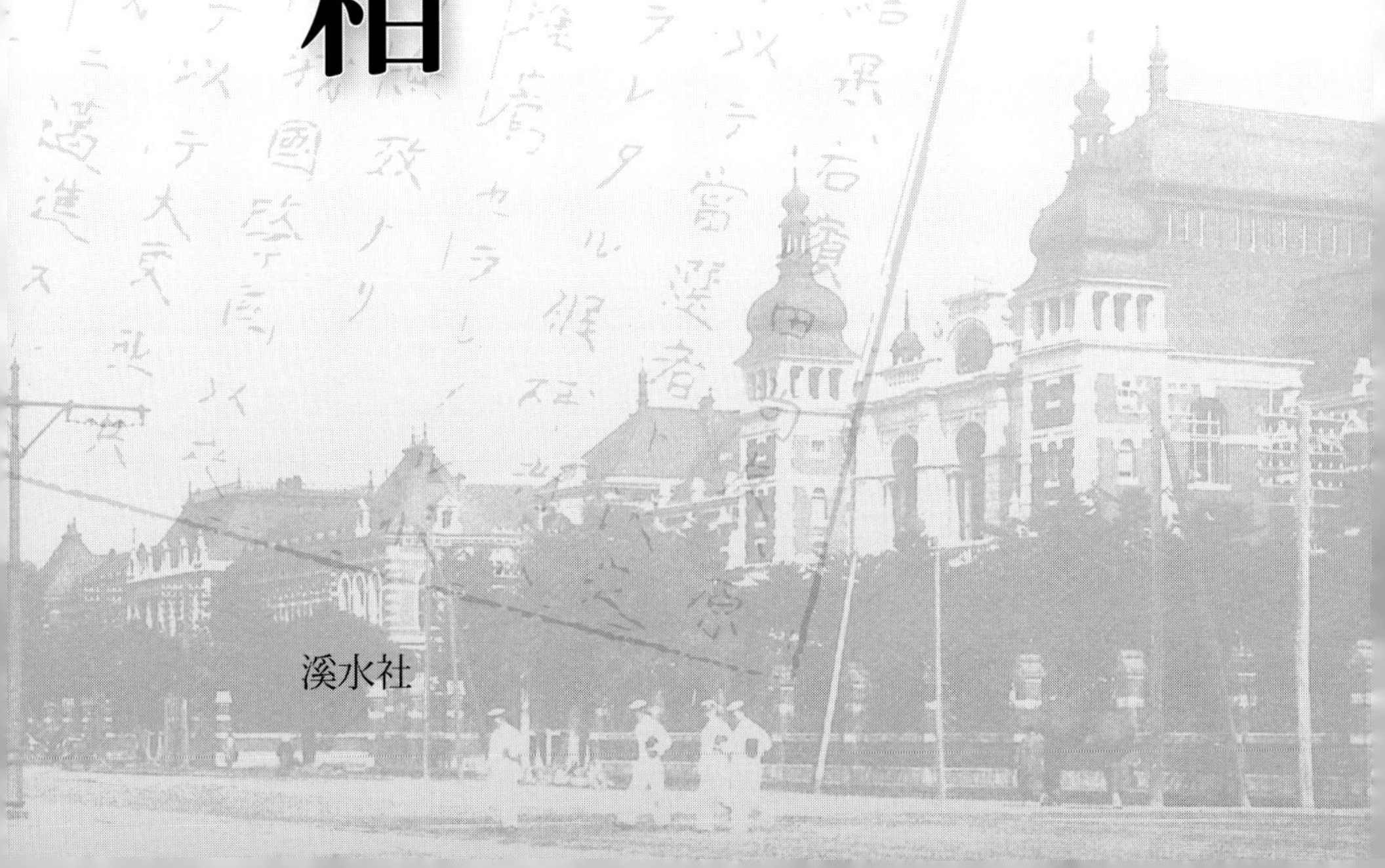

溪水社

【扉画像】小島又市　明治 42 年 3 月『最新東京名所写真帖』より「大審院」
（国立国会図書館サイト http://www.ndl.go.jp/scenery/data/188/index.html）

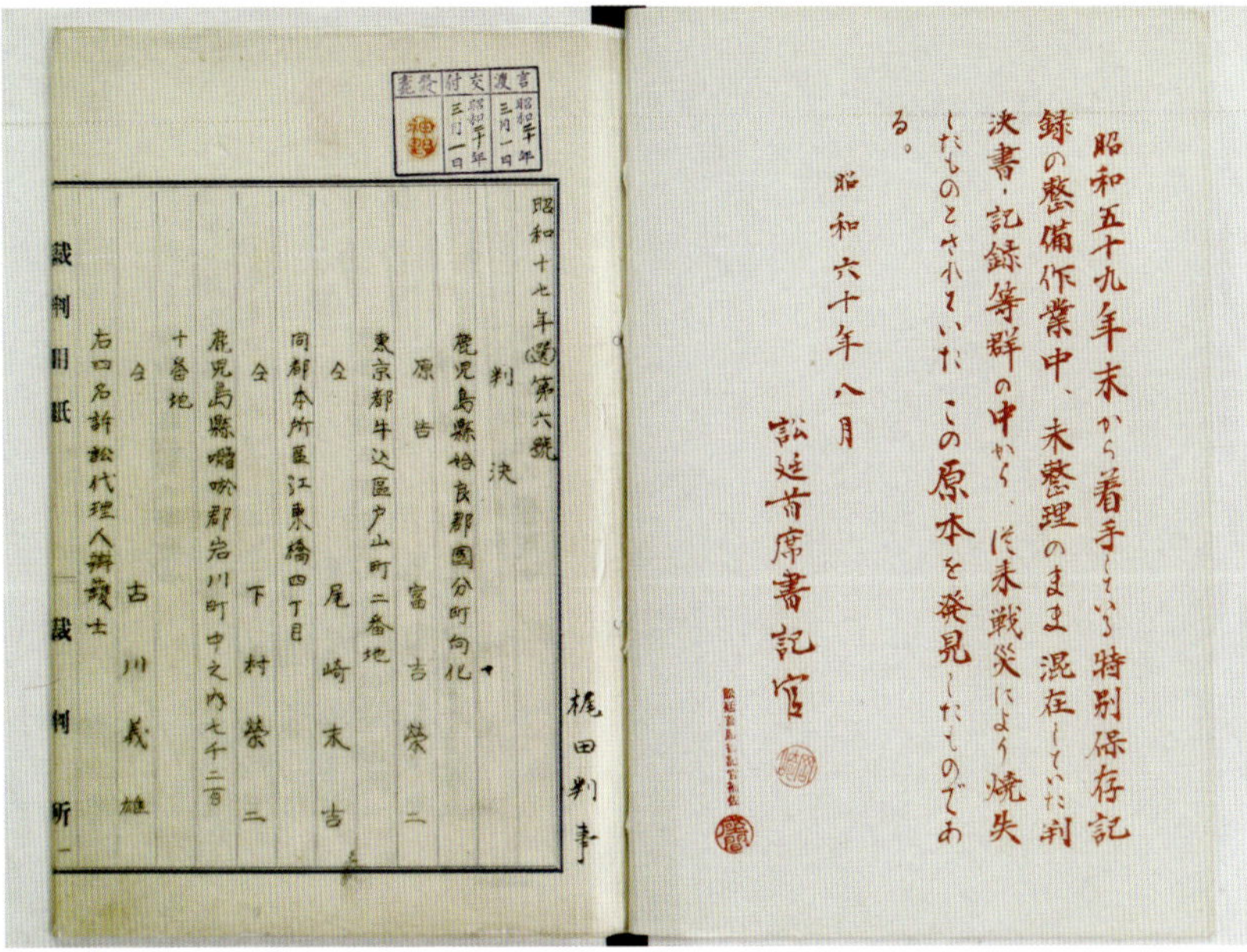

昭和五十九年末から着手している特別保存記録の整備作業中、未整理のまま混在していた判決書・記録等群の中から、従来戦災により焼失したものとされていたこの原本を発見したものである。

昭和六十年八月

訟廷首席書記官

昭和十七年(選)第六號

判決

鹿児島縣姶良郡國分町向花
原告 富吉榮二

東京都牛込區戸山町二番地
仝 尾崎末吉

同都本所區江東橋四丁目
仝 下村榮二

鹿児島縣噌唹郡岩川町中之内七千二百十番地
仝 古川義雄

右四名訴訟代理人辯護士

梶田判事

1. 大審院昭和 20 年 3 月 1 日判決原本（部分）

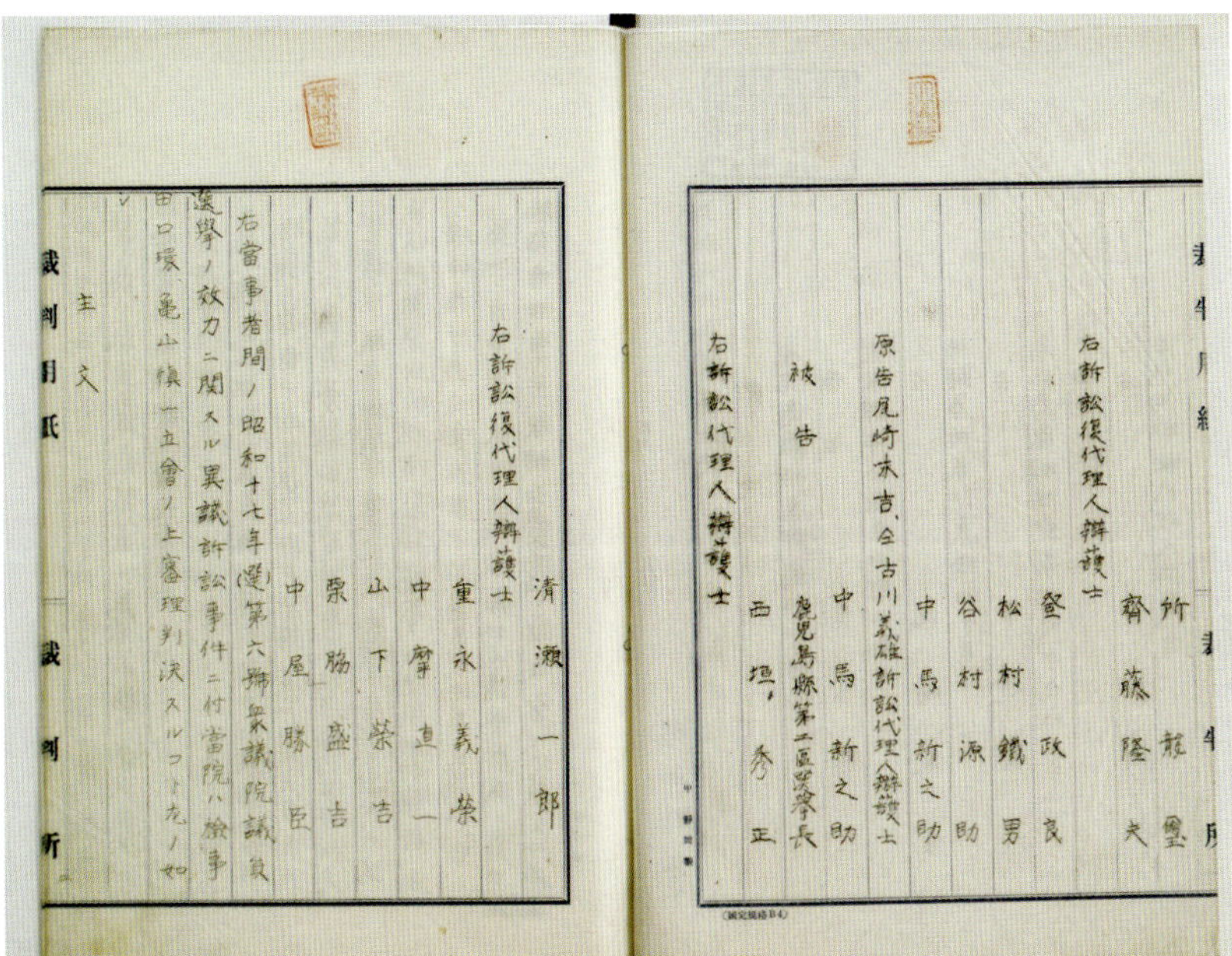

所 龍璽

齋藤隆夫

右訴訟復代理人辯護士
登 政良

松村鐵男

谷村源助

中馬新之助

原告尾崎末吉、仝古川義雄訴訟代理人辯護士
中馬新之助

被告
鹿児島縣第二區選擧長
西垣秀正

右訴訟代理人辯護士
清瀬一郎

右訴訟復代理人辯護士
重永義榮

中摩直一

山下榮吉

栗脇盛吉

中屋勝臣

右當事者間ノ昭和十七年(選)第六號衆議院議員選擧ノ效力ニ關スル異議訴訟事件ニ付當院ハ檢事田口環、亀山慎一立會ノ上審理判決スルコト左ノ如シ

主文

2. 同

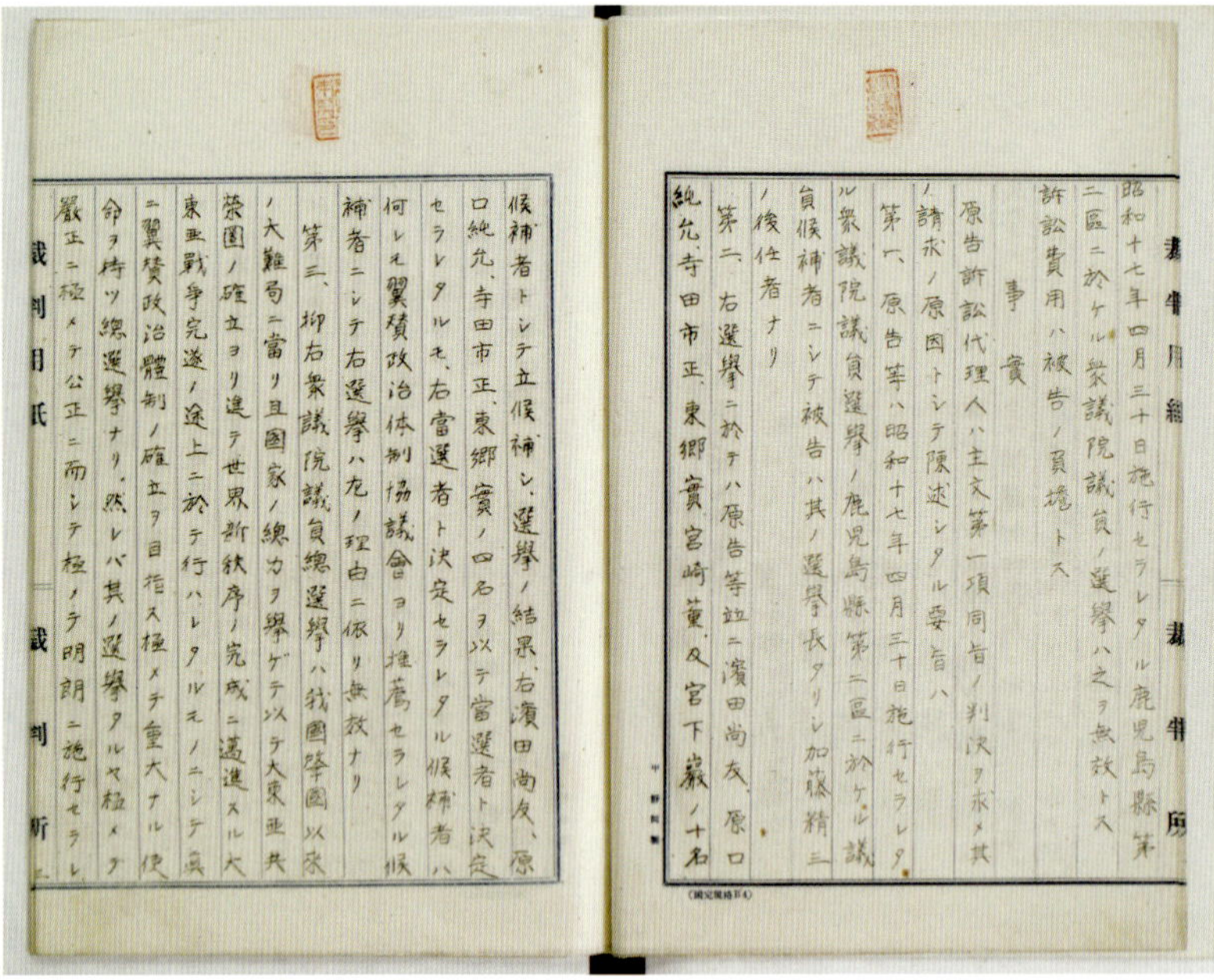

裁判用紙　裁判所

昭和十七年四月三十日施行セラレタル鹿児島縣第
二區ニ於ケル衆議院議員ノ選擧ハ之ヲ無效トス
訴訟費用ハ被告ノ負擔トス
事實
原告訴訟代理人ハ主文第一項同旨ノ判決ヲ求メ其
ノ請求ノ原因トシテ陳述シタル要旨ハ
第一、原告等ハ昭和十七年四月三十日施行セラレタ
ル衆議院議員選擧ノ鹿児島縣第二區ニ於ケル議
員候補者ニシテ被告ハ其ノ選擧長タリシ加藤精三
ノ後任者ナリ
第二、右選擧ニ於テハ原告等竝ニ濱田尚友、原口
純允、寺田市正、東郷實、宮崎薫、及宮下巖ノ十名

候補者トシテ立候補シ、選擧ノ結果、右濱田尚友、原
口純允、寺田市正、東郷實ノ四名ヲ以テ當選者ト決定
セラレタルモ、右當選者ト決定セラレタル候補者ハ
何レモ翼賛政治体制協議會ヨリ推薦セラレタル候
補者ニシテ右選擧ハ左ノ理由ニ依リ無效ナリ
第三、抑右衆議院議員總選擧ハ我國肇國以來
ノ大難局ニ當リ且國家ノ總力ヲ擧ゲテ以テ大東亜共
榮圏ノ確立ヨリ進テ世界新秩序ノ完成ニ邁進スル大
東亜戰争完遂ノ途上ニ於テ行ハレタルモノニシテ眞
ニ翼賛政治體制ノ確立ヲ目指ス極メテ重大ナル使
命ヲ持ツ總選擧ナリ、然レバ其ノ選擧タルヤ極メテ
嚴正ニ極メテ公正ニ而シテ極メテ明朗ニ施行セラレ

裁判用紙　裁判所

3. 同

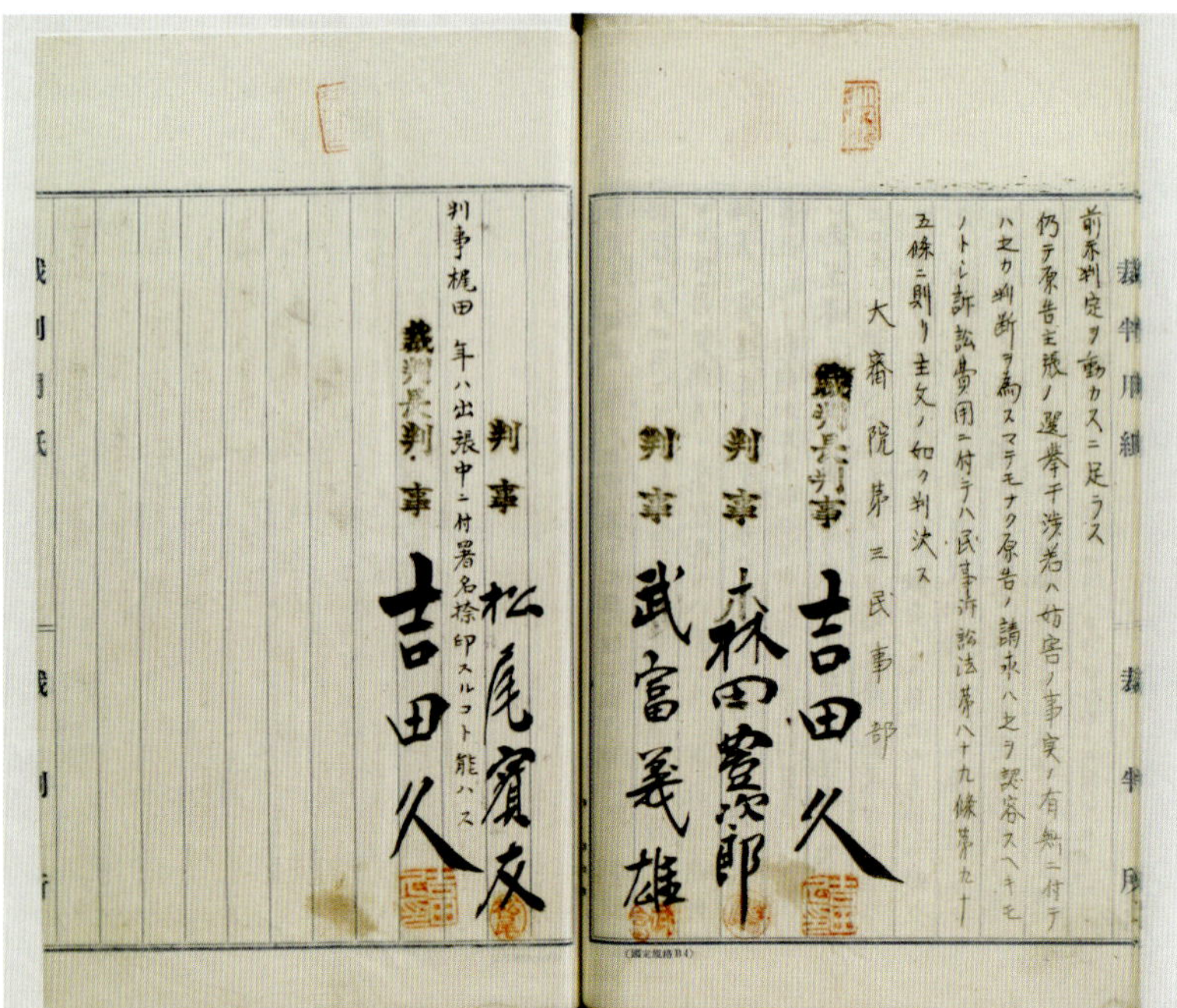

裁判用紙　裁判所

前示判定ヲ動カスニ足ラス
仍テ原告主張ノ選擧干渉若ハ妨害ノ事實ノ有無ニ付テ
ハ之カ判断ヲ為スマテモナク原告ノ請求ハ之ヲ認容スヘキモ
ノトシ訴訟費用ニ付テハ民事訴訟法第八十九條第九十
五條ニ則リ主文ノ如ク判決ス
大審院第三民事部
裁判長判事　吉田久
判事　森田豐次郎
判事　武富義雄

判事　松尾實友
判事梶田年ハ出張中ニ付署名捺印スルコト能ハス
裁判長判事　吉田久

裁判用紙　裁判所

4. 同

5. 鹿児島出張訊問中の写真①　於桜島溶岩道路

序に代えて

戦時下の昭和一七年四月に東條英機内閣の主導で展開された衆議院議員の翼賛選挙について、これを無効とした大審院判決がある。同選挙において、官公庁、警察、学校、壮年団等は、翼賛政治体制協議会の推薦候補者の当選を目指して組織的な活動を展開する一方、非推薦候補者に対してはさまざまな妨害行為を行った。鹿児島県第二区では、非推薦候補が全員落選し、そのうちの四名が大審院に選挙無効訴訟を提起した。これを担当した第三民事部の吉田久ら五名の判事は、危険も顧みずに鹿児島へ出張し、二百名近い証人調べを行い、内務官僚の薄田美朝知事まで職権で取り調べ、特高警察や憲兵隊の監視を受けながらも、昭和二〇年三月一日、「鹿児島県第二区の選挙に於ては立候補届出の前後を通し不法の選挙運動が一般選挙人に対し又は選挙人間に全般的且組織的に行はれ選挙法の目的とする選挙の自由と公正とが没却せられたるものと認むる」として選挙無効の判決を言い渡した。

この間にあって、東條総理は、非推薦候補者ながら福岡県第一区で当選した中野正剛を敵視し、その登院を阻止する目的で、警視総監に昇進していた薄田美朝に命じて行政検束をさせた上、昭和一八年一〇月二五日、検事局に命じて、陸軍及び海軍の軍事に関し造言蜚語を為したとの嫌疑で勾留請求を行わせた。東京刑事地方裁判所予審判事小林健治は、請求日が議会の召集日であるため、議員の勾留には議会の許諾が必要であるとして請求を却下した。陸軍は、勾留請求に失敗した中村登音夫検事に対し、死地に追いやることを狙った懲罰的な召集令状を発した。釈放された中野正剛も、憲兵隊の監視が続く中、自宅で自殺を遂げている。

昭和一九年二月二八日には、総理官邸において臨時司法長官会同を開催し、東條総理自ら、「法文の末節に捉はれ、無益有害なる慣習に拘わり、戦争遂行上に重大なる障害を与ふるが如き措置をせらるるに於いては、洵に寒心に堪へない所であります。」とし、万一そのようなことがあれば非常措置を執らざるを得ないと恫喝的な訓示を行った。

吉田久判事は、判決言渡しの四日後に辞表を提出して、静かに司法部を去った。戦後、薄田美朝は、衆議院議員を通算三期務めた。臨時司法長官会同で東條総理の訓示を受けた司法部高官の四名は、最高裁判所の初代の裁判官に任命されている。

何事もなかったように歳月は流れ、吉田久らの判決も人々の記憶から消え去ろうとしている。戦時下において司法部も戦争完遂へと走ったこと、その中で吉田久らが勇気をふるって正義の判決を残したこと、戦前の権力層が戦後も指導的地位を占めていること等は、歴史の頁に刻み込んでおく必要がある。本書は、可能な限り正確な記録を後世に残したいという熱い気持ちで書かれている。著者お二人と、その綿密な調査に協力を惜しまなかった人々の熱意に対し、心から拍手を送りたい。

平成二三年五月

元最高裁判所判事・弁護士　泉　徳　治

はしがき

本書は私たちの完全な共著である。本書には、私たちが以前、執筆した文章や内容も含まれている。一応、それらをここに記すと、次の通りである。

矢澤「第二一回衆議院議員選挙鹿児島第二区無効判決と司法権の独立」法学新報一〇八巻二号（二〇〇一年五月）

矢澤「第二一回衆議院議員選挙鹿児島第二区無効判決・続論」北九州市立大学法政論集三五巻二・三・四合併号（二〇〇八年三月）

清永『気骨の判決　東條英機と闘った裁判官（新潮新書二七五）』新潮社（二〇〇八年八月）

矢澤「第二一回衆議院議員選挙における長崎第一区の状況」北九州市立大学法政論集三六巻三・四合併号（二〇〇九年三月）

矢澤「第二一回衆議院議員選挙における福島第二区の状況」北九州市立大学法政論集三七巻一号（二〇〇九年六月）

矢澤「第二一回衆議院議員選挙鹿児島第二区再選挙に関する新史料と検討」北九州市立大学法政論集三八巻四号（二〇一一年三月）

今回はこれらを踏まえて、新たな調査結果や史料にも留意しながら、新しく執筆したり、あるいは大幅に改稿した。

また、本書執筆にあたっては、最初、二人で大まかな執筆の分担をした上で、議論を繰り返しつつ互いに加筆修正を行なっていく方法を執った。大学教員と記者という異なる仕事に従事する二人ではあるが、互いに行き来して議論を行なった。この結果、一人では気づくことができなかった発見もあり、内容に反映させることができた。

本書がなるにあたっては、多くの方々にお世話になった。このうち関係者の遺族の方々、とりわけ吉田久の三男の耕三氏や松尾實友の甥の實介氏には貴重な話を聞かせていただいたり、資料として価値ある写真などを提供していただいたりした。これらのお蔭で、通常の文献では記載されることがない事項についても私たちは知ることができて、本書全体の価値が高まったと信じている。また、無効判決の原本からの文字起こし作業や選挙結果の集計等、本書掲載資料の重要部分については、いずれも北九州市立大学法学部法律学科の卒業生である德永陽子さん（学校法人立川学園公務員ゼミナール常勤講師）と江島萌樹さん、そして同大学法学部法律学科三年生の吉田未侑さんの助力を得たので、特にここに記して、感謝の意を表したい。また、溪水社代表取締役である木村逸司社長、そして編集作業を担当された同社の木村斉子氏には、本書のようなおよそ利益を出し難い純粋学術書の刊行に援助して下さったことに対し、篤く御礼申し上げたい。

平成二三年五月

矢澤　久純
清永　聡

目次

文献一覧

主要文献をここに掲げ、本書では、それぞれの上部の省略形で引用することとする。

『浅井清氏に聞く』――憲法調査会『浅井清氏に聞く』(一九六一年)
家永『司法権独立』――家永三郎『司法権独立の歴史的考察〔増補版〕』(日本評論社、一九六七年)
今井「翼賛選挙」――今井清一「横行した露骨な干渉――翼賛選挙――」、朝日ジャーナル編集部編『昭和史の瞬間　下』(朝日新聞社、一九七四年)所収
大室――大室政右『翼賛選挙――翼賛政治体制協議会裏方の記録』(緑蔭書房、二〇〇四年)
『岡保村誌』――酒井定次編『岡保村誌』(岡保村誌編纂委員会、一九五九年)
『貴族院懐旧談集』――『貴族院職員懐旧談集』(霞会館、一九八七年)
『郷土人系　上』――南日本新聞社編『郷土人系　上』(春苑堂書店、一九六九年)
『国分郷土誌』――国分郷土誌編纂委員会編『国分郷土誌　上巻』(国分市、一九九七年)
『斎藤隆夫日記』――伊藤隆編『斎藤隆夫日記　下』(中央公論新社、二〇〇九年)
『サンデー毎日特別号』――板垣保「翼賛選挙に無効の判決」、『サンデー毎日特別号』一七号(一九五八年五月号)所収
『証言3』――東京12チャンネル報道部編『証言　私の昭和史3』(学藝書林、一九六九年)
『資料4』――吉見義明・横関至編『資料日本現代史4』(大月書店、一九八一年)
『資料5』――吉見義明・横関至編『資料日本現代史5』(大月書店、一九八一年)
『大日本司法大観』――『大日本司法大観』(大日本司法大観編纂所、一九四〇年)
内藤『貴族院』――内藤一成『貴族院』(同成社、二〇〇八年)
内藤『第二分冊』――内藤頼博『終戦後の司法制度改革の経過(第二分冊)』、『日本立法資料全集別巻九二』(信山社、一九九九

七年）
『西岡竹次郎　中』——西岡竹次郎伝記編纂会編『伝記　西岡竹次郎　中』（西岡竹次郎伝記編纂刊行会、一九六五年）
野村『風雲録　上』——野村正男『法窓風雲録〈上〉』（朝日新聞社、一九六六年）
野村『風雲録　下』——野村正男『法窓風雲録〈下〉』（朝日新聞社、一九六六年）
『普通選擧法釋義』——三宅正太郎・石原雅二郎・坂千秋『普通選擧法釋義（増訂五版）』（松華堂書店、一九三〇年）
松永「社会党の冨吉」——松永明敏「いまなお語り継がれる『社会党の冨吉』　冨吉栄二没後40周年に寄せて」月刊社会党四七一号（一九九四年九月号）
吉田「わたしのこしかた　前」——吉田久「わたしのこしかた（前編）」中央大学学報三一巻六号（一九六八年）
吉田「わたしのこしかた　後」——吉田久「わたしのこしかた（後編）」中央大学学報三二巻一号（一九六九年）

戦時司法の諸相——翼賛選挙無効判決と司法権の独立

第一部　本論

第一章　はじめに

一九四二（昭和一七）年四月、東條英機内閣は、衆議院議員選挙を実施した。第二一回衆議院議員選挙である。東條内閣に随順する議会をつくり戦時体制を強化するとともに、全日本国民の、大東亜戦争を完遂し大東亜共栄圏を確立する意気込みを世界に示すためであった。このために、翼賛政治体制協議会が候補者を推薦し、推薦を受けていない非推薦候補者が落選するように、政府や軍部による露骨な干渉が行なわれた。世にいう翼賛選挙である。この翼賛選挙のうち、鹿児島二区の選挙を無効としたのが、本書で取り扱う判決である。

日本の歴史上、国政選挙を無効としてやり直しをさせた判決は、後にも先にも、戦争末期の一九四五（昭和二〇）年三月一日に下されたこの大審院第三民事部判決しか存在しないと考えられる。直後の東京大空襲で大審院が燃えてしまったこともあって、この判決については陽の目を見ない幻の判決として、ごく一部の関係者だけが語り伝えてゆく事態となっていた。その後、原告側訴訟代理人を務めた所龍璽弁護士が判決正本を所蔵していることが明らかとなり、ドラマ化されたり、裁判長を務めた吉田久判事の回想録や日本史の資料集に判決文が掲載されるに至ったが、法学関係者の間でも、判決が下されたという事実すらほとんど知られることなく星霜流れていった。

二〇〇六年八月になって、判決原本が実は存在していることがNHKニュースにより報道されたことで、判決が下されたという事実はようやく遍く知られるようになった。ところが、翼賛選挙から無効判決が下されるまでの時期がなにぶん戦争中であり、しかも肝心の鹿児島が空襲でほとんど資料が残されていないためか、この判決については、日本史の専門家が判決が下されたことを指摘する程度で、法学者による本格的研究は全く存在しないというのが実情である。裁判史の観点から見たとき、法学上、極めて重要な判決であるのであるから、研究が全く存在しないということはあってはならないはずである。加えて、この無効判決に関わった群像について明らかにすることは、裨益するところ大であるし、この判決に関係する資料を極力すべて詳らかにしておく必要性も高いと考えられる。さらに、法律家による論稿が存在しないことが理由であろうが、このテーマに触れている文献の中には法律用語の誤用が多く見られるため、法律用語を正しく使用してこの無効判決について論じておくことは法律家の責務とも言える。そこで、この無効判決について論じたのが本書である。

国政選挙を無効としたのであるから、それなりの理由があったことになる。一言でまとめてしまうと、非推薦候補者に対して県などの当局による選挙干渉・妨害があったからということなのであるが、どのような干渉・妨害があったのか、なぜ干渉・妨害があったのかを、時代状況に即して明らかにする必要がある。翼賛選挙は全国的に行なわれ、他の類似の訴訟では有効との判決が出されているのに、なぜ鹿児島二区だけが無効となったのか。他の選挙区も実は無効の状態であったのではないか。さらに、無効判決を下すにあたっては、裁判官にもそれなりの覚悟が必要であったはずである。無効と宣言した五人の大審院判事の人間像に迫りながら、訴訟提起から判決に至る過程、さらには判決後についても紹介・検討することとしたい。

この選挙無効訴訟を契機として、戦時中の大審院の様子が垣間見えてくる。裁判所構成法一三五条一項の中で「司法大臣ハ各裁判所及各検事局ヲ監督ス」と定められ、そして司法省のコントロール下に置かれていた当時の最上級審裁判所である大審院は、司法省の官僚が幹部となる組織であった。しかも、選挙無効訴訟係属当時は、大日本辯護士會聯合會が戦闘機を陸軍に献納したり、[1]「米英撃滅!! 撃ちてし止まむ!!」が多用された、まさしく戦時一色の時代である。そのような状況の中、司法権の独立という考え方はあったのであろうか。裁判官たちは、司法権の独立というものをどのように考えていたのだろうか。

以上のような問題意識を持ちながら、本書では、次のような検討を行なうこととする。先ず初めに、本書の議論のいわば前提として、当時の時代状況と翼賛選挙について簡単に論じる（第二章）。併せて、翼賛選挙後の議会の状況、とりわけ、翼賛選挙の問題性を追及した議員たちの質問について検討する（第三章）。その次に、翼賛選挙無効訴訟が起こされた選挙区の状況について、実際に無効となった鹿児島二区を中心に論評を加えてから（第四章）、その他の選挙区の状況を二つの大審院判決に触れながら考察する（第五章）。その後で、この無効判決を下した裁判官に光を当てる（第六章）。彼らは鹿児島まで出張して証拠調べを行なっており、その出張の様子を確認する（第七章）。さらに、実際の訴訟の進行経過について、今日、分かっている範囲で紹介してから（第八章）、無効判決の内容について考える（第九章）。選挙が無効となったことにより、実際に再選挙が行なわれているので、その再選挙の様子について紹介する（第十章）。最後に、この翼賛選挙無効判決を素材として、戦時中の大審院の状況について考察を行ない、戦争末期から最高裁判所誕生に至るまでの司法論について考え（第十一章）、司法権の独立との関係に留意しながら私見を開示することとしたい（第十二章）。

（1）『法律新報』六六三号（一九四二年九月二五日号）六頁。

第二章　時代背景

第一節　太平洋戦争開始と総選挙

第二章では、第二一回衆議院議員総選挙が行なわれた当時の時代背景について確認しておく。

一九四一（昭和一六）年一二月五日、御前会議で真珠湾攻撃の作戦命令が発せられ、一二月八日二時一五分（日本時間）マレー半島コタバル（マレーシア）上陸開始、三時一九分（同）真珠湾攻撃が実施された。太平洋戦争の開始である。フィリピン上陸作戦にも成功し、翌一九四二（昭和一七）年二月一五日にはシンガポールが陥落、三月一日にはジャワ島上陸、四月二一日にはバターン半島を占領、投票日の四月三〇日にはマンダレー（ビルマ）の完全占領、五月七日にはコレヒドール島の完全占領（これによりフィリピンを完全占領したことになる）と、この時期は領土拡張の真っ只中であった。

政党運動は、一九四〇（昭和一五）年七月にすでに終止符を打っていた。各党が、時の首相近衛文麿の「新体制」のもとに競うように走ったのである。二大政党の民政党と政友会がいずれも自主的に解党し、一〇月一二日には「大政翼賛会」という形となってあらわれた。一九三七（昭和一二）年四月に行なわれた第二〇回総選挙で選出された議員の任期は、一九四一（昭和一六）年四月二九日で満了してしまう。しかしながら、近衛内閣は、議員の任期を一年延長するという臨時措置をとっていた[1]。それでも、一九四二(昭和一七)年四月二九日には、任期が満了してしまう。他方で、議員の中には、近衛内閣の後をうけた東條内閣や軍部に盲従しない者もおり[2]、彼らを排除する必要があった。そこで東條内閣は、戦争開始と緒戦の勝利を梃子として、翼賛体制確立という課題を一気に実現しようとした[3]。「大東亜築く力だ、この一票」という選挙標語[4]が、以上の事情をよく物語っている。

一九四二(昭和一七)年二月一八日、政府は「衆議院議員総選挙対策翼賛選挙貫徹運動基本要綱」を閣議決定する。二月二三日には「翼賛政治体制協議会」が結成され、「出たい人より出したい人を」というスローガンのもと、この協議会が候補者の推薦にあたった[5]。これに先だって、地方レベルの選挙で推薦制が採られて成功を収めた例がいくつか存在していたため、総選挙でも推薦制を、と考えられたのである。翼賛協議会によって推薦された候補者は「推薦候補」、推薦されていない候補者は「非推薦候補」もしくは「自由候補」と呼ばれた。前記の「基本要綱」では、翼賛選挙貫徹運動の基本方針として、「必勝ノ国民士気ヲ昂揚シ、大東亜戦争完遂ニ対スル挙国鉄石ノ決意ヲ鞏固ナラシ」め、「清新強力ナル翼賛議会ヲ確立スル為、国民ノ真摯純正ナル政治的意欲ヲ積極的ニ喚起昂揚セシ」め、「大東亜戦争完遂ノ大目的ニ副ヒ、真ニ大政翼賛ノ重責ニ任ズベキ最適ノ人材ヲ議会ニ動員スルノ気運ヲ汎ク醸成セシム」ことが述べられている[6]。こうした目的のために、「啓蒙運動ノ徹底」が謳われ、「部落会、町内会、隣保班等ノ市町村下部組織ハ勿論、各種団体其ノ他有ユル組織ヲ動員シ活発ナル展開ヲ期スルモノト」された[7]。基本要綱にある「啓蒙運動」という言葉が、「選挙運動」は禁止されているけれども(衆議院議員選挙法九九条二項)[8]、「啓蒙運動」ならやっても良いという解釈に繋がった。こうしてこの言葉が、「啓蒙運動」・「選挙倫理化運動」と称し、選挙違反絶滅および棄権防止を主たる目的として、非推薦候補者に対する各種妨害の正当化に使われたのである[9]。

候補者の選考はどのように行なわれたのか。政府は、同年二月に「衆議院議員調査表」[10]を作成している。これは、警視庁情報課が作成したと考えられている「特秘」資料であり、議員を甲、乙、丙の三種に分類し、同年四月に予定されている衆議院議員選挙に立候補した場合の当落予想を記したものである。「甲」は「時局ニ即応シ卒先垂範国策遂行ノ為メ他ヲ指導シ代議士タルノ職務ヲ完遂シ得ル人物ト認メラル、者」、「乙」は「積極的活動ナキモ時局ニ順応、国策ヲ支持シ反政府的言動ナキ人物ト認メラル、者」、そして「丙」は「時局認識薄ク徒ラニ旧態ヲ墨守シ常ニ反国策的・反政府的言動ヲナシ又ハ思想的ニ代議士トシテ不適当ナル人物ト認メラル、者」である。例えば、清瀬一郎は甲、三木武夫は乙、鳩山一郎、浅沼稲次郎、安藤正純、芦田均、片山哲、尾崎行雄は丙であった。この後、実際の推薦候補者の選考作業に入ってゆく。候補者の選考にあたっては、各道府県に支部を結成させ、支部に推薦するに値する人物を内申させて、翼協（推薦候補者銓衡特別委員）が最終決定するという形で行なわれている。例えば、鹿児島は、県会議長の坂口壮介氏が支部長となり、支部会員数は一七名となっている（昭和一七年三月二三日現在のデータ）[11]。三月二五日、翼協本部総会において推薦候補者銓衡特別委員二二名が選ばれているが、これは、かねてから一任されていた阿部信行会長による指名依嘱であった[12]。

各支部が選挙区ごとに推薦する候補者数は、定員数を原則とする方針で、概ね守られていたが、各地区の実情から、定員数を超過する選挙区と満たない選挙区が生じた。一二の選挙区で候補が定員を超過し、九の選挙区で一名減員となった[13]。しかし、当初、定員を超過していた選挙区のうちの三つ選挙区で、その後の調整により一名減員となり定員と同じになった[14]。そのため、全国の定数四六六人に対して、ちょうど四六六人が推薦候補となったわけである（資料4参照）。

推薦候補者には、一人あたり五千円の選挙費用が政府から渡された。これは、臨時軍事費から出ていたとされている。[15] ただ、各候補者に渡された金額が同一であったかは分かっていない。[16] 選挙戦の後半には、当落線上と推定される候補者に対して、特に梃子入れをはかっている。[17] 興味深いのは、後半に特に激戦区と見られた一三の選挙区の中に鹿児島二区が含まれていることである。その一三とは別に激戦と見られた三〇選挙区の中に福島二区と三重二区が入っているが、選挙結果だけから推せば激戦区になり得ない鹿児島二区が、特に激戦区と考えられていたのである。[18] 激戦区には、本部職員の派遣、情報視察員の増強、文書活動の梃子入れが重点的に行なわれたようであるが、[19] 穿った見方をすれば、鹿児島県の当局側が圧勝を確実にするために、激戦であると翼協本部に伝達したのではないかとの疑念まで起こり得る。

翼賛選挙貫徹のためには、当然のことながら報道機関を東條内閣側にとりこまなければならない。一九四〇年一二月に言論統制の中心的機関として設置されていた情報局は、開戦直後の一九四一年一二月一八日に公布された「言論、出版、集会、結社等臨時取締法」に基づいて、しばしば「懇談会」という名目で新聞・出版関係者を招集し、「世論指導」なるものを行なっていた。これは、情報局が「一般世論の指導方針」等を示して、「記事差止事項」を明らかにする会であった。[20] また選挙直前の二月二八日、内務省は、各地方長官や警視総監に対し「衆議院議員総選挙に関する記事取締事項」を詳細に示し、翼賛選挙批判の論評は厳重に取り締まるように命じている。[21]

国民に翼賛選挙の意味を理解させるために、それぞれの機関があらゆるものを作成している。警視庁は「有権者の心得」を作成し、大政翼賛会は岸田文化部長を中心に「翼賛選挙訓」を作成している。さらに、大政翼賛会は「翼賛演劇」、「翼賛紙芝居」も作ることになったと報じられている。[22] 選挙粛正中央聯盟は、「大建設」と題する翼賛選挙紙芝居を約二万部作成し、内務省の手で各府県に発送されている。[23] 翼賛政治体制協議会は、胸に着ける翼協マークの記章を作成し、[24] さらに、映画、[25] レコードも作成している。そのレコードは、表面は歌謡「一票翼賛」、裏面は挟間組織局長吹き込みの「翼賛選挙の誓」というものであった。[26]「翼賛選挙の誓」は、おそらく内務省に依頼されたのであろう、吉川英治が執筆したもので、あらゆるところで使われた（例えば、後に触れる『法律新報』にも当時、掲載されている）。[27] この文章は非常にうまくできていて、非常に分かりやすい文章で一般庶民が読みやすく、しかも、推薦候補者といった特定候補者への投票を明文で働きかけているわけではないが、一般庶民が何度も読まされると、事実上、推薦候補に投票するという行動になるよう仕組まれている文章と言える。内務省が「推薦候補に投票しましょう」と言ってしまったら、まさに選挙違反として批判されたであろう。このような意味で、まさしく吉川英治の文才が冴えたと言える。ちなみに、鹿児島では、鹿児島市壮年団が、「推薦制度支持の家」あるいは「推薦制度を守りませう」という門標三万枚を配布して、翼賛選挙同調をはかっている。[28]

第二節　選挙結果

実際の選挙はどうだったのであろうか。ここでは、選挙結果（資料４）を中心に、簡単に見ておくこととする。

一九四二（昭和一七）年四月四日、第二一回総選挙を行なう旨の詔書が出され、四月三〇日に投票が行なわれた。結果は、定数四六六人中、推薦候補が三八一人当選した。激しい選挙干渉があったにも拘わらず、非推薦候補が八五人当選した。全国の推薦候補に投じられた票の合計は約七九五万票、非推薦候補に投じられた票の合計は約四〇五万票であった。もっとも、非推薦候補といっても、戦争遂行や強力議会確立を主張する者が多かった。[29] 政府・軍部に批判的な非推薦当選者としては、反軍演説で議会を除名されていた斎藤隆夫（兵庫五区――トップ当選）[30] や、国会開設以来、連続当選の尾崎行雄（三重二区）がいた。

兵庫五区は、定員三人のところ推薦候補が一名減の二名で、[31] 当選者の一位と二位が非推薦候補である。推薦候補の総得票率が、有権者比でわずか二八・〇％（下から三番目の低率）、総有効票比では全国最下位の三二・五％という珍しい選挙区であった。斎藤隆夫は東京弁護士会所属の弁護士でもあり、[32] 翌一八年一〇月（推定）に、鹿児島の選挙訴訟の原告側訴訟代理人に加わる重要な人物である。斎藤の行動については、後に詳しく述べる（第八章）。

尾崎行雄についてここで簡単に述べておこう。実は、尾崎の選挙区である三重二区は定数四人のところ推薦候補は三名しかおらず、さすがに翼賛協議会も「憲政の神様」を落選させる意図はなかったような節がある。[33] しかし、三重二区は、後半、激戦と考えられた三〇区に含まれていた。[34] 尾崎は三位で当選している。尾崎は選挙演説で、「衆議院は民選議員をもって構成されるものである。しかるに翼協による推薦制は官選にひとしく、それによる当選者はすなわち官選議員である。したがってすでに衆議院議員としての、真の資格を失ったものである」旨を述べている。[35]

尾崎行雄といえば、不敬罪に問われた事件に触れないわけにはいかないだろう。尾崎は、東京三区から非推薦候補として立候補した盟友田川大吉郎（次点で落選）の応援演説を行なった。四月一二日および一三日に、

「売家と唐様で書く三代目」という川柳を引いて、明治・大正・昭和の三代を回顧し、立憲政治の本道を守るべきゆえんを説いた。これが、不敬罪として起訴されるに至った。第一審は懲役八月、執行猶予二年という有罪判決であった（東京刑事地方裁判所判決昭和一七年一二月二一日）。当時、不敬罪について控訴はなく、尾崎は上告したため、事件は大審院に係属することとなった。三宅正太郎を裁判長とする第三刑事部は、昭和一九年六月二七日、公訴事実は証明なきに帰するとして、無罪判決を言い渡した。[36]

選挙結果の集計から見えてくるものがある。推薦候補の総得票率に注目すると、有権者比では栃木二区、鹿児島二区、長野三区の順に高く、最下位は青森一区である。総有効票比では、岩手一区、栃木二区、鹿児島三区、鹿児島二区の順に高く、最下位は、前述のように兵庫五区であった。道府県レベルで見ると、岩手県、鹿児島県、長崎県等が高く、青森県や高知県の低さが目立つ。青森一区および二区は、終盤、特に激戦と見られた一三選挙区にともに含まれていたし、愛媛一区は激戦と見られた三〇選挙区に含まれていた。[37]この点は、翼協本部は情勢を正しく捉えていたことになる。このように、道府県毎に、推薦候補を当選させるための官憲の行動に温度差があることが分かるし、[38]また非推薦であってもそれぞれの選挙区で強い支持基盤のある候補がいたかどうかも関係してくるだろう。

また、棄権率も注目に値する（資料6）。六年前の第一九回総選挙では全国平均が二〇％を超え、五年前の第二〇回総選挙では約二六％と四人に一人が投票しない状態であった。ところが、今回の第二一回は約一六％と、棄権率が大幅に低下している。これは、推薦候補に投票させるための当局による棄権防止運動が功を奏した結果であろう。棄権率の低下それ自体は好ましいことであるのは言うまでもないが、推薦候補に投票させるのが目的であったから（後述のように、東條はこれを国民の政治意識の昂揚であると述べて、推薦制成功の証明のように理解している）、もちろんこれは批判されねばならない。特に鹿児島県の棄権率の劇的な低下には目を見張るものがある（第四章）。

非推薦候補に対してなされた、各県知事、警察等の干渉・圧迫の全国的事情は議会でも問題にされている。それについては、第三章で詳しく見ることとする。

この翼賛選挙で一定の成功を収めた東條内閣は、その後、地方レベルの選挙においても推薦制を実施しているが、この点については本書の検討対象から外れるので、触れないこととする。

（1）昭和一六年二月二二日法律第四号。その第一項のみ掲げると、「現任衆議院議員ノ任期ハ之ヲ一年延長ス」。
（2）今井「翼賛選挙」二六頁。
（3）『資料5』三五一頁。
（4）これは、新潟市西大畑町五八八川崎憲二氏（先着）の作品である（『大政翼賛』六一号（昭和一七年三月一一日）四面）。
（5）『資料5』三五二頁、歴史学研究会編『太平洋戦争史　四　太平洋戦争I』（青木書店、一九七二年）二〇四頁以下。
（6）『資料4』五〇頁。
（7）『資料4』五〇頁。
（8）衆議院議員選挙法九九条二項「選挙事務ニ関係アル官吏及吏員ハ其ノ関係区域内ニ於ケル選挙運動ヲ為スコトヲ得ス」。
（9）例えば、長崎一区選挙無効訴訟における被告長崎県第一区選挙長らの抗弁も鹿児島県側の抗弁も、まさにこれである。
（10）『資料4』一二八頁以下。
（11）大室五一頁、『資料4』一七三頁。なお、大室氏は、翼協事務局で裏方として翼賛選挙に関わった人物であり、同書は貴重な資料と言えよう。ちなみに、戦後は都議会議員を務めている。
(12) 大室四四頁。同頁によれば、二二名の名前は、井田磐楠、遠藤柳作、大麻唯男、太田耕造、太田正孝、岡田忠彦、勝正憲、小磯国昭、後藤文夫、伍堂卓雄、下村宏、末次信正、千石興太郎、高橋三吉、瀧正雄、田中都吉、永井柳太郎、平生釟三郎、藤山愛一郎、前田米蔵、山崎達之輔、横山助成である。
(13) 超過した一二選挙区は、北海道一区、東京四区、千葉三区、静岡一区、新潟二区、岐阜二区、京都二区、和歌山一区、島根二区、岡山一区、山口二区、兵庫四区で、一名減員の九選挙区は、青森一区、宮城一区、茨城三区、愛知五区、新潟一区、三重二区、大阪一区、兵庫五区、香川一区である（大室六六頁）。
(14) その三選挙区は、北海道一区、千葉三区、静岡一区である（大室六六頁）。
(15) 大谷敬二郎『昭和憲兵史』（みすず書房、一九六六年）四五〇頁以下、今井「翼賛選挙」三〇頁。
(16) 大室七三頁以下。なお、『資料４』の付録である「資料日本現代史月報」一頁以下の中林貞男氏の発言も参照。
(17) 大室一五七頁以下。
(18) 大室一五七頁以下。特に激戦区と評価された一三選挙区は、東京一区、二区、四区、五区、六区、青森一区、二区、静岡二区、新潟三区、岐阜一区、島根二区、愛媛三区、鹿児島二区である。
(19) 大室一五八頁。
(20) 畑中繁雄『覚書昭和出版弾圧小史（第二版）』（図書新聞、一九七七年）二二頁以下、特に六七頁以下。
(21) 前掲・『太平洋戦争史』二〇九頁。
(22) 一九四二（昭和一七）年三月一四日付朝日新聞朝刊三面。
(23) 一九四二（昭和一七）年三月二九日付朝日新聞朝刊三面。
(24) 一九四二（昭和一七）年四月六日付朝日新聞朝刊三面。
(25) 一九四二（昭和一七）年四月八日付朝日新聞夕刊二面。
(26) 一九四二（昭和一七）年四月八日付朝日新聞夕刊二面。
(27) 「翼賛選挙の誓」は、次のようなものであった。

「翼賛選擧の誓

一　選擧も大東亞戰爭完遂の一業です　必勝完璧の固めに　皇民わたくし達は眞心もて參加します

　　誓つて世紀の新議會を現はさずに措きません

一　議會の眞髓は人にあります　今こそ議會も淸新を要します　皇民わたくし達の代表は　眞に人の中の人たる今日の人材を選びすゝめます

　　誓つて誤り惑ふことはありません

一　一票も自己の魂です　淸く　尊く　怯みなく　郷土にあらぬますらをの意思にも問うて　皇民わたくし達の任を公明に果します

　　誓つて小義や情實にけがすことはありません

一　わが日本の總選擧です　畏くも民意にお質しあり給ふ弘き御下問です　皇民わたくし達は忠誠をこめ　大御心に副ひ奉ります

　　誓つて小やかな一票たりとおろそかにいたしません」

(28) 一九四二年四月一九日付鹿児島日報朝刊三面および同年四月二一日付鹿児島日報夕刊二面。

(29)『資料5』三七四頁。

(30) 詳しくは、斎藤隆夫『回顧七十年』(中央文庫、一九八七年刊)。ちなみに斎藤隆夫は、戦後、片山内閣の下で国務大臣となるが、そのとき、第四章で詳しく紹介する冨吉栄二も商工政務次官を務めることになる。

(31) 兵庫県の推薦候補は、先ず三月三〇日夜、翼協県支部において被内申者が決定され(一九四二年三月三一日付神戸新聞朝刊二面)、四月五日夜、翼協本部において一九名が決定したが、この時点ですでに四区は一名超、五区は一名減であった(同年四月六日付神戸新聞朝刊一面)。県支部の内申と同じであったか否かは全く不明である。ただ、県支部会員の間で立場の相異があり、支部の決定までに相当の議論があったようである(前掲・三月三一日付神戸新聞朝刊二面参照)。その後、四月八日に、五区の推薦候補となっていた下中彌三郎氏が推薦を辞退し、後任として山川頼三郎氏を選出するという波瀾もあった(同年四月九日付神戸新聞夕刊一面(発行はおそらく四月八日)、同年四月一〇日付神戸新聞朝刊一面、『斎藤隆夫日記』同年四月八日(四四三頁))。

(32) 昭和一八年度の『大日本辯護士名簿』(大日本辯護士會聯合會、一九四三年)に斎藤隆夫という人物は一人しかいない(東京弁護士会所属)。

(33) 三重県の翼協県支部における銓衡は三月三〇日に決定したが、氏名・人数等、一切公表されなかった。三一日に本部に提出予定と報じられている。和波豊一支部長は、「會員から種々な意見が出ました、なにぶん本縣には立派な方、尊敬すべき人があり、いはゆる大ものがあつて時局が要請する最適の人材が多いため推薦候補の決定は非常にむつかしかつた、大きな問題も出ました」と語っている(以上につき、一九四二年三月三一日付伊勢新聞朝刊一面)。その後、四月五日に、本部で、県支部の「内申通り八名」が決定された。第二区が三名で一名少ないことについて、和波支部長は、その「理由は一般の御想像にまかせます」と語っており、伊勢新聞の論調は、「いはゆる大ものが多くかつそれら個々の候補者をめぐって特殊事情がある」と述べている(以上につき、同年四月六日付伊勢新聞朝刊一面)。

(34) 大室一五七頁以下。

(35) 下中彌三郎編『翼賛国民運動史』(翼賛運動史刊行会、一九五四年)四四〇頁。

(36) 松尾浩也「尾崎行雄不敬事件」、我妻栄他編『日本政治裁判史録　昭和・後』(第一法規、一九七〇年)所収、四八三頁以下。

(37) 大室一五七頁以下。

(38) 古川隆久『戦時議会』(吉川弘文館、二〇〇一年)一八三頁は、「このように官憲の対応にばらつきが出たこと自体、政府がこの総選挙を政府の強権発動ではなく、議会主流派との協調によって乗り切ろうとした事実を反映している」と評価する。

第三章　翼賛選挙に対する議会における議員の反応

第一節　はじめに

翼賛選挙での先に述べた種々の圧迫や干渉行為に対して、議員たちは議会でその問題点をどれだけ追及していったのか。すなわち、非推薦ながらも議会にたどり着くことができた八五人は、議場でどのように政府と対峙したのであろうか。

各政治家たちの考えや行動を探ることは本書の本来の目的ではないし、また、戦時下の国会議員の動向については多くの研究がすでに行なわれている。しかし、翼賛選挙で各候補者は当事者であり、当事者である彼らがどのように考えていたのかを確認することも本書にとって有意義であろう。そこで本章では、翼賛選挙に限定した上で、当事者たる議員たちがそれについてどのように考えていたのかを考究する手立てとして、帝国議会議事録から彼らの発言を検討してみたい(1)。

第二節　大河内輝耕

翼賛選挙の違法性や全国で起こされた訴訟について、最も多く言及しているのは、貴族院議員の大河内輝耕（おおこうちきこう）である。貴族院議員は翼賛選挙と直接の関係はなく、当然ながら非推薦で当選した八五人の中には含まれていない。しかしながら、弾圧を受けた当事者ではない大河内が、質量ともに最も豊富にこの問題を取り上げているのは、皮肉なことである。

大河内輝耕は、一八八〇（明治一三）年一一月生まれの子爵で旧高崎藩主家の出身である。東京帝大法科大学を卒業後、大蔵省に入り、書記官や参事官を経て専売局の理事を務める。その後、一九二四（大正一三）年四月から一九四七（昭和二二）年五月の貴族院消滅まで貴族院議員を務める。一九五五（昭和三〇）年五月二日に死亡。[2] 新憲法に伴う参議院議員選挙には立候補せず、戦後はお茶の販売で生活していたという。[3]

議会における大河内は、「予算に精通した、いわゆる『うるさ型』であり、徹底して調べては舌鋒鋭く切れ込む質問には歴代政権とも大いに苦しめられた」[4] という。いわゆる名物議員だったようである。貴族院の職員の証言を集めた『貴族院懐旧談集』を見ると、多くの職員が大河内の思い出を語っている。

例えば、河野義克氏によれば、

「大河内輝耕さんて方は、硬骨の士でね、各大臣一六人を全部ならべて、一人一分間ずつ質問をやるから委員課長それを手配してくれって言われるんで、私は随分泣かされましたよ」[5]

「当時の予算委員会で、政府の予算書を全部読んでいたのは、衆議院の中島弥団次と貴族院の大河内子爵しかいないだろうと云われていたんです。兎に角勉強家でもあったし、大蔵省出身でもあって、云いたいことは、どうしても云おうというんですから、政府は随分困ったんですね(6)」

また、近藤英明氏によれば、

「歳入について一番勉強されていたのは、大河内子爵でしょう。予算で歳入の勉強が出来るっていうのは、矢張り偉くなくちゃ駄目ですからね、歳出の方は誰でも云えるけれど、歳入の問題が分るってことは、むずかしいことですからね(7)」

「よく委員会の帰りに私の処にお寄りになりまして、いろんな話をして帰られたものです。気に喰わんことがあると、いつも私の処に来ましてね、どうだこうだとやっておられました(8)」

面白いのは、こうした回想を話す職員は事務局であって、いわば大河内に苦労させられた側であるにも拘わらず、いずれも尊敬の念を込めて語っていることである。引用した二人の他にも、大河内は印象に残る議員として、職員の回想にたびたび登場している(9)。

その大河内は、何度も、この翼賛選挙および翼賛選挙訴訟について質問を行なっている。最初は選挙前である。一九四二(昭和一七)年三月二五日の貴族院本会議における「衆議院議員選擧ニ關スル件」という意見書(請願)案の審議の際に登壇し、次のように質問している。

「第一ハ、今度推薦選擧ト云フコトガゴザイマスガ、之ノ標準ガ甚ダ不明ナンデアリマス、色々ナモノヲ綜合シテ見マスルト、議員トシテ適當ナル人、又愛國心ノ強イ人、斯ウ云フコトノヤウデスガ、愛國心ノ强弱ハ、是ハ日本國民トシテ一人モナイト思ヒマス、……動モスレバ推薦ガ片寄ル虞ガアル、事ニ依ッタラ、良イ人ガ推薦サレナイヤウニナラヌトモ限ラナイ、……若シ是デ一縣ニ二人デモ三人デモ推薦サレナイ人ガ當選スルト云フコトニナルト、ドウモ是ハ億兆一心ノ趣旨ト少シ變ッタ結果デモ生ジハシナイカトモ思ハレル、此ノ標準ガ餘程具體的デナイト、チヨットコ、ノ所ハ、非常ニ我々心配ヲ致スノデアリマス、……此ノ推選（ママ）ニ依リマス方法ト云フモノハ、何ダカ憲法ノ公選ト相容レナイヤウナ氣持ガ致シマス(10)」

「マサカ非合法的ナ干渉ハナイデセウガ、官憲ノ干渉ノ聲ハ始終聞キマス、ヒドイノニナルト云フト、或候補者ノ側ニアル運動員ノ皆腕ッコキバカリ引抜イテ、サウシテ何トカ、大政翼贊會ノ何ダトカ、壯年團ノ何ダトカ云フコトニシテ、サウシテ働クコトモ何モ出來ナイヤウニシテシマフト云フヤウナ方法ナドガ、執ラレルヤウニ聞イテ居リマス、……是ハ決シテ東條内閣ノ志デハナイト思フ、上意下達ガ十分デナイト思フノデ、此ノ點ニ付テ一層努力ヲ願ヒタイ(11)」

ここでの指摘は主に二点あり、捜査および治安当局による不当な干渉が行なわれるのではないかということ、そしてもう一つはいわゆる「官選議員」となり、公選の趣旨に反しているのではないかという懸念である。それらはやがて実施される選挙でいずれもその通りになるが、選挙の前であるこの時点では大河内も強く出ているわけではない。選挙干渉についても、東條内閣の志ではないと思うという趣旨の表現で東條に対する配慮をしている。

これに対して東條は次のように答弁した。

「推薦母體ノ結成ソレ自體ニ付キマシテハ、政府ハ之ニ關係シテ居ナイノデアリマス、是等各界有識經驗ノ士ノ研究工夫ノ結果、斯カル推薦母體ノ結成ヲ以テ最モ適當ナリト決定シタルモノデアッテ、之ガ運營ニ付キマシテハ、亦其ノ自主的活動ニ依ル所デアリマス、而シテ政府ハ此ノ趣旨ニハ贊意ヲ表シテ居リマシテ、其ノ公正適切ナル運營ヲ期待シツ、アルノデアリマス[12]」

このように、先ずは政府は翼賛政治体制協議会に関係していないこと、推薦制度も自主的な活動で行なわれていることを述べて、いずれも無関係であると主張している。この後、内務大臣湯澤三千男も大河内の質問に答えていて、この日は、「兩大臣カラ御丁寧ナ御答ガアリマシタノデ、其ノ點ハ感謝致シマス」と平和的に矛を収め、「併シ中ニハ解シ兼ネル點モゴザイマス」と述べるに止まっている[13]。こうして、公正且つ明朗に民意の反映に遺憾なきよう政府は適切な処置を講じるという内容のこの日の請願は、貴族院本会議で採択されたのであった。

しかし、現実には、全国的に多くの不当な選挙干渉が行なわれたのであった。大河内は、翼賛選挙が終わった十ヶ月後の昭和一八年二月三日、第八一回議会の貴族院本会議で、自ら聞き取り調査などを行なって調べたとおぼしき資料を演壇に持ち込んだ[14]。ここでの大河内の発言は、衆貴両院含めても、戦時中の翼賛選挙に対する質問としては質量ともに卓越していると言ってよい。その質問は、議長の松平賴壽伯爵から、なるべく一時間ぐらいでお願いしたいとの注意を受けてから始まる。先ずは前述の選挙前の東條の発言からの引用である。

「昨年ノ選擧ノ時ニ於キマシテハ、請願ガ出マシテ、公正明朗ニヤッテ戴キタイト云フコトデ請願ガ出マシテ、全會一致ヲ以テ採擇ニナッテ居ル、又總理ニ、政府ニ於カレテモ、喜ンデ之ヲ受ケラレタ、斯ウ云フ状態デアリマスルノデスカラ、私ハ更ニソレニ念ヲ押シテ、推薦選擧ニ付テ少シモ缺點ガナイヤウニ、ト云フコトヲ申上ゲマシテ、政府ニ於テモ大イニ、推薦ハ自分デヤッタモノヂヤナイガ、併シ選擧ノ明朗ナコトニ付テハ十分ヤラウト云フ御話デ、私共ハ之ヲ非常ニ喜ビマシタ、處ガ段々選擧ノ状態ヲ聞イテ見マスト、推薦ヲ受ケラレタ一部ノ御方ハ、非常ニ之ヲ、コンナ樂ナ選擧ヲヤッタコトハナイト仰シヤル、總テ警察カラ御指圖ガアル、一カラ十迄警察カラ御指圖ガアル、ソレデ非常ニ樂ナ選擧ヲシタト言ハレル、併シ又一方カラ聞クト、非常ナ彈壓ダト、斯ウ云フコトヲ言ハレル、ドウモ能ク分リマセヌ、……普通ノ選擧ノ通リデアルト思ッテ、行ッテ見マシタ所ガ、私ノ見解ハ全ク裏切ラレテ、驚クヤウナ結果ニナッタ、先ヅ第一ニ、私或縣ノ所へ行ッテ應援演説ヲ致シマシタ處ガ、斯ウ云フ注意書ヲイキナリ突キ付ケラレタ、ソレハ中ニ讀メナイ事ガアリマスガ、讀ンデモ差支ナイコトダケ讀ミマスト、『濫リニ政府ノ政策ヲ非難論評スル等國論統一ヲ紊ルガ如キ虞アルモノ、經濟統制ニ反對シ國民ノ不平不滿ヲ誘發シ社會不安釀成ノ虞アルモノ、徒ニ推薦制ヲ誹謗シ今次選擧ノ公正ニ疑惑ヲ生ゼシムルガ如キ虞アルモノ』（ママ）、斯ウ云フコトガ書イテアル、……ソレカラ段々状況ヲ聞キマスト云フト隨分ヒドイ、或所デハ候補者ノ……或所デハナイ、殆ド各縣デス、各縣ニ亙リマシテ、各縣、各區ニ亙ッテ一

人ヤ二人必ズ落サナケレバナラヌ人ガ居ル」(15)

大河内とすれば、選挙前に表明した懸念がそのまま現実となったことを看過できなかったのであろう。自身は貴族院議員のためこの翼賛選挙とは無関係でありながら、大河内の議会での態度を見ていくと、常に議会制民主主義を重んじていることが分かる。質問は次に、各地方で自身が調べ上げた干渉の実態へと移っていく。

「第一ハ富山縣、富山縣ヘ参リマシタ所ガ、斯ウ云フコトヲ聞イタ、……縣知事ハドウシタカト云フト、非推薦ノ或候補ヲ呼ンデ、オ前ハ止メタラ宜カラウ、斯ウ云フコトヲ言ッテ勸告サレタ、ドウモ地方長官カラ勸告サレテ、選擧ナンゾ止セナドト言ハレタ、ソンナ人ハ選擧ガヤレルモノカヤレナイモノカ、ドウ云フ譯デコンナ事ヲサレタカ分ラヌ、斯ウ云フヤウナ事實モアッタ、其ノ次ハ長崎縣、長崎縣ニ於キマシテハ斯ウ云フ事ガアッタ、是ハ候補者自身ノ西岡候補ガ自分デ書カレタモノデモアリマス、之ヲ分リヨク言フト宜シイノデアリマスケレドモ、サウスルト、自分ノ頭デ言ヒマスト矢張リ氣分ガ出マセヌカラ、時間ハ何デスガ、少シ讀マシテ戴キタイ、『一、選擧一ケ月前カラ此度ノ選擧ニハ西岡ハドウシテモ落サナケレバナラヌカラアラサガシヲヤレト云フ○○カラノ○○デ○○ガ盛ンニ活動シテヰタ様子デアツタガ、何ニモナイノデ困ツテヰルト云フ風評デアツタ、一、果然三月三十日事務長ヲ依頼シタ古閑貞雄及ビ田中丈平ノ兩君ハ警察ニ引致サレ續イテ刑務所ニ收容サレテ、四月二十四日ニ釋放サレタノデアル、一、告示前ノ四月四日マデハ事務長ニナル者ヲ警察ニ留置シテ西岡ノ立候補ヲ思ヒ止マラシムベク各方面カラアラユル手段方法ガ西岡ニ對シテ講ゼラレタノデアル」[16]

これらはいずれも質問というよりも議会の場を借りた暴露と言うべきであろう。ここでは、大河内が労を厭わずに持ち込んだ資料をことごとく読み上げているところに特徴がある。これは自身も自覚した上での戦術であったと考えられる。読み上げた内容は、今日、ここで引用されているように、すべて議事録として公開されるからである。大河内としては、自分が読んだ記録を広く一般に知らしめて、翼賛選挙の不当さを社会に伝えたかったのではないか。ただし、一部は伏せ字にされている。議事録は通常は、軍機上の理由により速記を止める、などとしてストップされるわけだが、これを見ると「〇〇」という伏せ字が用いられている。大河内が実際に「マルマル」と発言したか否かは不明であるが、本人はこの前後も淡々と読み上げていることからみると、当局が伏せ字にした箇所が多いと考えられる。

質問はさらに福島県、群馬県、そして鹿児島県[17]での不正の追及へと入っていく。そのどれもが聞き取り調査や入手した資料を読み上げていくスタイルである。ここでの質問に関しては、大河内が、長崎一区（大河内が挙げた西岡は、長崎一区の候補者である）、福島二区（大河内が挙げた西白河郡は福島二区である）、鹿児島二区（大河内が挙げた始良郡、出水郡は鹿児島二区である）といった選挙無効訴訟が提起された選挙区について調査して質問の中に入れているあたりは、重要であろう。なぜなら、いずれの選挙区も不当な選挙干渉・妨害があった可能性が極めて高いことが、この質問から推定されるからである。

翼賛選挙の不当性の追及というそれ一点だけで、一時間かかっても本会議でまくし立てる、このような一時間の演説は容易にできるものではない。それだけの膨大な調査と追及の強い意志が必要であろう。それが大河内にはあったのである。そして、その最後に、大河内はこう締めくくっている。

選挙干渉のあった「松方内閣ノ時ハ私ハ存ジマセヌガ、ソレドコロノモノデハアリマセヌ、アノ時ハ暴力コソ用ヒラレマシタガ、何モ味方以外ノ者ヲ皆働ケナイヤウニシテシマフトカ、演説スルト何デモ彼デモ止メテシマフ、政府ノ政策ヲ批判スルト止メテシマフト云フヤウナコトハナカッタ、モットヒドイコトヲ今度ハ御ヤリニナッタ、ソレニ對シテ總理竝ニ内務大臣へ如何ニ此ノ善後處置ヲサレルカ、此ノコトヲ伺ヒタイ、……次ニ司法大臣ニ伺ヒタイノハ、此ノ事ニ付テ、選擧干渉ニ對シテハ隨分訴訟ガ出テ居リマス、ソレヲ私共チットモ解スルコトガ出來ナイ理由デ、皆不起訴ニサレテ居ル、……不起訴ハ政府ノ都合デ不起訴ニスルトカ不起訴ニシナイト云フヤウナモノデナイ、……斯ウ云フ重大ナ、政治上ニ社會上ニ影響ヲ及スヤウナコトヲ、國民ノ前ニ出サナイデ、不起訴ニサレテシマッタコトハドウ云フ譯デスカ、……尚當選訴訟ハ今各〻繋屬中デアル、……司法當局ハ最モ公明ナ態度ヲ以テ之ニ臨マレタイト思ヒマス、此ノ點ニ付テ司法大臣ノ御所見ヲ伺ヒタイ」[18]

この後、東條が登壇する。東條の答弁は、言うなれば強気であり居丈高であった。途中、戦局の説明が長く続くが、適宜、割愛する。

「總選擧ノ實施ハ〔昭和十七年〕四月三十日デアリマス、凡ソ一ツノ國政、是ハ其ノ時ノ國ノ環境ト云フモノヲ、常ニ土臺トシテ考ヘテ行クベキト私ハ考ヘルノデアリマス、……當時ノ心配ハ、此ノ戰略要點ガ果シテ取リ得ルカドウカ、是ハモウ勝ツカ敗ケルカノ鍵デアリマス、是ノ心配ト、一ツハ國内ノ擧國一致ノ態勢ヲ作ルト云フコトデアリマス、……サウ云フ風ナ環境ニ於テ選擧ガ行ハレタノデアリマス、此ノ環境ノ下ニ在ルノデ、色々例證ヲ擧ゲラレマシタガ、平時ナラバ是ハ總選擧バカリガ大キナ問題デセウケレドモ、其ノ大キナ國ノ動キト云フ點カラ行ケバ、私ハ總選擧ト云フモノハチッポケナ問題ダト實ハ考ヘテ居ル、……昨春〔の〕衆議院議員選擧ハ、只今申シマシタヤウナ未曾有ノ戰争下ニ行ハレタノデアリマス、同選擧ニ於キマシテハ、特ニ選擧ヲ通ジテ大東亞戰争ノ完遂竝ニ翼賛選擧ノ貫徹ヲ目標トシテ、従ッテ選擧ガ公明ニ行ハル、ヤウニ最善ノ努力ヲ致シタ次第デアリマシテ、只今御話ノヤウナ、翼賛政治體制協議會ノ推薦者タルト、所謂自由候補者タルトニ依ッテ、取締上手心ヲ加ヘ、自由立候補ニノミ苛酷ノ取締ヲ爲シ、之ニ干渉壓迫ヲ加フルト云フ如キコトハ、固ヨリ毛頭存念ヲ致シテ居ラナイ所デアリマス、此ノ選擧ニ關シ、私ハ今アナタノ仰セニナルコトヲ一カラ十迄肯定シマセヌ、併シナガラ一部ニ於テ不當ナル干渉壓迫アリタリトシテ、二三ノ紛議ヲ惹起シテ居ルモノモアリマスルガ、是等ハ何レモ公正ナル司直ノ裁斷ニ依リマシテ、其ノ疑念ハ一掃サレツ、アルコトヲ特ニ申上ゲテ置キマス[19]」

東條の答弁は従来の政府答弁を踏襲しつつ、自由候補への干渉圧迫は考えていなかった、いくつかの告訴・告発や無効訴訟は「一掃サレツ、アル」と、強気を崩していない。刑事告発はすべて一掃できても、この時点では無効訴訟の帰趨は全く分からないにも拘わらず、このような発言がなされているということは、無効訴訟も当局側勝訴の結論になる自信があったのであろうか。加えてここでは、「總選擧ト云フモノハチッポケナ問題」と言っていることが注目される。この発言の前に東條は長々と真珠湾攻撃以降の日本軍の戦果を説明しており、「チッポケ」な問題である旨の発言は計二回行なっているのである。東條にとって、戦争が続く中での正直な気持ちの吐露であったと推察できる。

東條に続いて、内務大臣湯澤三千男が答弁に立つ。湯澤は、①東條総理と全く同意見であり、告発については、犯罪の嫌疑なしとして処置されていること、②富山県や福島県の話は初めて聞くが、多くは翼賛選挙貫徹のための啓蒙運動の範囲に過ぎないという常套手段を使って答えている。[20]その次に、司法大臣岩村通世が答弁に立つ。岩村も、①啓蒙運動と選挙運動は異なるのに、誤解されてしまった向きがあること、②西岡氏の件については、犯罪の嫌疑があったから検事が捜査しただけで、非推薦であるが故の弾圧ではないこと、③選挙訴訟については、目下大審院にて慎重審理中で、なるべく急がしているので、そのうち曲直が判明することを答えている。[21]

こうした答弁に、大河内は再度、質問に立つ。そのボルテージは高い。

「總選擧ハ小問題ダ、是ハ私ハ驚キマシタ、國家ノ心臓ヲ造ル總選擧ヲ小問題トハ何事ダ、此ノ重大ナ時局ヲ背負ッテ立ツベキ衆議院議員ノ選擧ヲスルノニ、是ガ小問題ダトハ私ハ考ヘラレナイ、益〻其ノ大ヲ加ヘタモノト思ヒマス、ソレカラ又取締ノ手心ヲシタコトハナイト仰シヤイマスケレドモ、是ハ事實ニ反シテ居リマス、私只今申上ゲルコトヲ繰リ返ス迄モナイ、色々ナ事ガアッタ、現ニ私共少シ何カ政府ノ批判ヲスルト、何ノ理由モナク止メラレテシマッテ居ル、是等ハ實ニ今迄無イコトダト思フ、ソレカラ又司法處分ノ御話モゴザイマシタガ、只今承リマスト、司法處分ノ方ハ著々進ンデ居ルヤウデ、ドウカ是ハ、總理大臣ノ御職責デハゴザイマスカドウカ知リマセヌケレドモ、國民ノ疑念ヲ一掃セラレルヤウニ希望致シマス、ソレカラ官製デナイト云フ御話デ、大變ナニガアリマシタガ、事實是ハ官製デアル、ソレハ何處ヘ參リマシテモ、推薦選擧ト云フモノハ地方長官其ノ他ノ意思ノ儘ニ動イテ居ル、善イ悪イハ別トシテ官製ニハ相違ナイ、此ノコトハ申上ゲテ置キマス[22]」

大河内の剣幕に押されたのか、これに対して東條は、再度、答弁に立ち、「小問題」の表現を事実上、撤回する。

「私ハ先程、總選擧ノ行ハレマシタ時ノ國ノ環境ヲ御説明シタノデアリマス、時局下ダカラ、何ダッテ彼ダッテ勝手ニヤッテ宜イト云フヤウナコトハ、決シテ申シマセヌ、選擧干渉ナドヲドンドンヤッテモ宜イト云フコトハ、決シテ申シマセヌ、是ハ公明正大ニヤレト言ッテ、又實際サウヤラシタノデアリマス、ソレヲ誤解ノナイヤウニ一ツ御願ヒシタイ、唯併シナガラ、國政ト云フモノハ、此ノ國ノ總テノ世界的ノ環境ヲ離レテ國政ノ運營ハナイノデアリマス、ソコヲ私ハ、十分御承知ダトハ思ヒマスケレドモ、此ノ總選擧ノ施行ノ時ニ於ケル所ノ國政ト云フモノハ、ドンナ風ニ動イテ居ッタノカ、國政、戰爭ヲ含ンダ大キナ國政ハ……（ママ）、ソコヲ御話シタノデアリマス、私ハ總選擧ヲ……（ママ）今チヨット言葉ガ考ヘラレナイ、取消シテモ宜シウゴザイマスガ、小問題ト言ッタノハ、比較的小サイ、之ヲ何ト比較ヲスルカ、戰爭ト云フモノト比較ヲシテノ輕重ヲ私ハ御話ヲシタノデ、小問題ダカラ輕視ヲシテ居ルト云フ風ニ御取リニナッテハ、是ハ違フノデアリマス、其ノ點ハアレデアリマシタラ取消ハ幾ラデモ致シマス[23]」

大河内のここでの一連の暴露と追及は、大きく二つの点で高い評価に値する。

一つは言うまでもなく、昭和一八年のこの時期に、翼賛選挙の実態をここまで明らかにしたことである。とりわけ大河内は入手した資料や聞き取り調査の結果を、おそらく意識的に議会の壇上で読み上げたことで、その全文を（一部には伏せ字があるものの）翌日付「官報號外」の「貴族院議事速記録第五號」に掲載させたのである。いわば公文書を使って全国の同時代人と後世の人々に翼賛選挙の違法性を伝えている。その効果は、結論から言えば、当時はほとんどなかったと言えるが、この大河内子の質問には非常な決意がなければできなかった〔はずだし、〕軍政に近い政情下で、東条首相に対し、これだけの質疑をした同子の信念は驚異であった」と評価し得る。[24] また、内藤一成氏がいみじくも指摘しているように、大河内がこれだけの追及ができたのは、貴族院議員であるとともに、華族であったことが大きかったことだろう。[25]

もう一つは、図らずも東條から引き出した「私ハ總選擧ト云フモノハチッポケナ問題ダト實ハ考ヘテ居ル」という言葉にあるだろう。その後、東條は演壇で時に言葉に詰まりつつ発言を撤回しており、実際に「チッポケ」なという言葉は本音に近かったということが十分に窺われる。この言葉からは東條が対米英戦争に精神を傾注し続ける一方で、議会制民主主義や選挙はいわば二の次であり、軽視していたことが窺われるのである。

大河内は今日ではその存在がほとんど忘れ去られているが、東條からこの言葉を引き出した追及内容とその勇気は高く評価されるべきであろう。

なお、大河内は同年二月一七日の貴族院予算委員会でも、これと同趣旨の追及を行なっているが、内容が重複しているため、ここでは触れない。[26]

さらに大河内は、大審院第三民事部が無効判決を言い渡した直後の昭和二〇年三月二四日に、貴族院予算委員会の中でこの判決を取り上げている。調べた限りにおいて、無効判決後、敗戦までの間に議会で選挙無効訴訟について取り上げたのは、衆貴両院を含めて大河内唯一人であった。

「○**子爵大河内輝耕君** ……次ニ司法當局ニ伺ヒタイノデスガ、先達テ鹿兒島ニ選擧訴訟ガゴザイマシタノガ無效ト云フ判決ニナリマシタノデスガ、其ノ判決ノ要旨ヲ承リタイ、政府委員デモ大臣デモ、又ドナタカラデモ御答ヘ下サツテ宜シウゴザイマス

○**國務大臣（松阪廣政君）** 御答ヘ致シマス、昭和十七年四月ノ衆議院議員ノ總選擧ニ付キマシテハ、鹿兒島縣ニ於キマシテ、一區、二區、三區トモ、ソレゾレ選擧無效ノ訴訟ガ提起セラレマシテ、何レモ總テノ選擧長ヲ相手取リ原告カラ提起セラレタノデゴザイマス、何レモ大審院デ審議ノ結果、第一區ト第三區ハ選擧ハ有效デアルト云フ判決ガアリマシタガ、第二區ニ付キマシテハ、其ノ選擧ガ之ヲ無效トスルト云フ判決ガゴザイマシテ、其ノ爲ニ先般再選擧ノ行ハレタコトハ御承知ノ通リデアリマス、此ノ選擧無效ニナリマシタ判決文ノ要旨ヲ問フト云フ御尋ガゴザイマスカラ申上ゲマスルガ、稍〻長イ文書デゴザイマシテ、簡單ニ要點ヲ要約致シマスルト、先ヅ原告ノ請求原因カラ申上ゲマス(27)」

ここでは東條内閣の司法大臣だった岩村通世の後任、松阪廣政が答弁に立っている。松阪は大河内の求めに従って判決の要旨を演台から解説させられている。大河内自身、判決文を読んでいたかどうかは不明だが、しかし自らが知りたいということだけでなく、これまた、議事録を使って判決内容を広く明らかにしたいと

いう大河内の意向によるものだったのであろう。松阪の要旨解説は、あらかじめ事務方が作成したのか、本人が作ったのかは定かでないが、よくまとまったものであり、意図的に判決理由の内容を矮小化した様子は見られない。ただし、判決に出てくる個人名はほとんど省略している。また憲法違反の疑があることに触れた部分は語っていないが、「倫理化運動、啓蒙運動ノ範圍ヲ脱シテ、不法ノ選擧運動ト解スベキデアル」(28)などと長文の説明を行なっている。

その説明を聞いた大河内は、溜飲を下げたのであろう。次のように語りつつ、矛先を責任の処遇に向ける。

「**〇子爵大河内輝耕君**　マダ其ノ他ニ伺ヒタイコトモ廉々ゴザイマスガ、同ジヤウナコトヲ繰返シマスノデ、餘リ司法大臣ヲ煩スノモ如何ト思ヒマスノデ、此ノ邊デ止メテ置キマスガ、兎ニ角斯ウ云フ公明ナ裁判ガ立ツタト云フコトハ、我々ハ政界ノ爲ニ誠ニ喜ブベキコトデアリマス、是ニ對シテ勿論政府當局モ此ノ判決ヲ悪イ判決ダトハ仰シヤラレナイ、御認メニナツテ居ルコトト思ヒマス、サウスレバ之ニ對シテ責任ヲドウスルカト云フコトデアリマス……一體ノコトガ知事ノ指圖ニ依ツテヤツタト云フコトハ明カナコトデアル、其ノ知事ガ榮轉シテ來ルナント云フコトハ怪シカラヌ話デアル、ソレカラソレモモツト上ツテ、之ヲヤツタ總理ガ重臣待遇ヲ受ケテ見タリ、斯ウ云フコトヲヤツタ内務大臣ガ功臣トシテ待遇サレテ見タリト云フコトハ、是ハ甚ダ穩當デナイ、内務大臣カラ言ハセルト、法律上處分ノ仕様ガナイト仰シヤイマスガ、ナニ、政治的ニ處分スル方法ハ幾ラデモアル、若シ悪イトスレバ相當ノ方法モ執レル、斯ウ云フ者ヲ其ノ儘放ツテ置クト云フコトハ、政界ノ革新ノ上カラ言ツテ、又日本ノ憲政ノ確立ノ上カラ言ツテ、甚ダ面白クナイ、内務大臣ハ其ノ點如何御考ニナリマスカ〇**國務大臣（大達茂雄君）**　……鹿兒島縣第二區ノ選擧ニ付キマシテ、大審院ニ於テ問題トナリマシタノハ、只今司法大臣カラモ御話デアリマスガ、選擧ノヤリ方全體ガ問題トナツタヤウニ思フノデアリマス、勿論此ノ推薦選擧ノヤリ方ト云フコトニ付キマシテハ、當時一定ノ考ヘ方ノ下ニ行ハレタコトト承知ヲ致シテ居ルノデアリマシテ、是ガ端ナクモ大審院ノ問題ニナツタト思フノデアリマスガ、此ノ是非ニ付キマシテハ、是ハ結局意見ノ問題デアラウ、斯様ナ風ニ考ヘテ居ルノデアリマス、唯如何ナル原因、理由ヲ問ハズ、斯様ナ判決ヲ見ルニ至リマシタコトヲ、誠ニ遺憾ニ存ズルノデアリマスガ、今後ニ於キマシテハ斯様ナコトデ問題ノ起ルコトノナキヤウ、選擧ノ自由公正ガ飽ク迄モ確保セラレルヤウニ致シタイ、斯様ニ考ヘテ居リマス[29]」

まさに薄田鹿児島県知事は、翼賛選挙の後、鹿児島県での翼賛選挙大成功を買われてか、昭和一八年四月二二日付で「内務三役」の一つであった警視総監に就き、その後の東條内閣を支えた重要人物の一人であった。この他にも出世した人物がいたはずで、大河内は、この点についての政治的責任を真っ正面から突いたわけである。「政界ノ革新」、「日本ノ憲政ノ確立」という言葉を使っての追及は、選挙というものが立憲制の根幹であることを十分に意識しての質問であることが分かる。大達内務大臣の逃げともとれる答弁に対して大河内はこれ以上の追及はしていないが、極めて至当な質問であったと言える。

さらに大河内は、六月になって、再度、この問題を取り上げる。六月九日の裁判所構成法戦時特例中改正法案などについての特別委員会において、司法権の独立を守るべしという立場から、司法権の独立が近頃疑われてきたのは、「司法権ノ獨立ナゾハ認メナイ『ナチス』ノ思想ノ影響ダト」指摘した後で、次のような質問をしている。この日の大河内は、三月の自分の質問以後、何ら処分がなされていないことに立腹していた感があり、容易には引き下がらず、質問をたたみかける。これには、「うるさ型」と言われた大河内子爵の面目躍如たるものがある。些か長くなるが、ここにその応酬を記しておこう。

「司法權ノ獨立ノ話ニナリマスガ、此ノコトニ付テハ例ヲ三ツバカリ引クノガ一番宜カラウト思ヒマス、第一ノ例ハ鹿兒島ノ選擧デアリマス、鹿兒島ノ選擧ハ無效ニナリマシタガ、其ノ顚末ハ申シマセヌ、唯、私ガ伺ヒタイノハ、之ニ對シテ何人ガ責任ヲ負ツタカ、其ノコトヲ伺ヒタイ、ソレハ成ル程選擧ハ無效ニナリマシタ、併シ斯ウ云フコトヲシタ官憲ハ懲戒デアルトカ、或ハ相當ナ方法ヲ執ラレナケレバナリマセヌガ、一向サウ云フコトハ聞カレナイガ、ソレハ懲戒スル價値ガナイト御認メナノカ、之ヲ價値アリト御認メナラバ、是々ノ者ヲ懲戒シタト云フコトヲ伺ヒタイ、……

○**國務大臣**（**松阪廣政君**）　只今大河内子爵ヨリ司法權ノ獨立ニ付テ御意見ガアリマシタ、獨立ノ尊重スベキ、全ク私モ御同感デアリマシテ、甚ダ微力デアリマスルガ、私モ從來司法權ノ獨立ノ爲ニハ、制度上モ運用上モ最モ力ヲ盡シタコトデアリマスルシ、又全國ノ判事、檢事モ其ノ點コソ司法ノ生命デアルト云フノデ、其ノ爲ニハ非常ニ力ヲ致シテ居ルノデアリマス、今日司法官ニ對シ、裁判ニ對シテ、裁判ガ遲延スルトカ或ハ又時ニ宜シクナイコトヲ言フトカ云フヤウナ非難ヲ時ニ聞クコトガアリマスルガ、司法權ノ獨立ガ阻害サレタト云フヤウナ疑惑ハ私殆ド承ラナイノデアリマシテ、此ノ點司法權ノ獨立ト云フコトニ付テハ、全國ノ國民モ固ク之ヲ信頼シテ戴イテ居ルト自分ハ信ジテ居ルノデアリマス、先程御述ニナリマシタ鹿兒島ノ選擧訴訟云々デアリマスガ、是等ノ訴訟ノ結果ヲ見マシテモ、司法權ガ如何ニ獨立シテ居ルカト云フコトガ分ルヤニ私ニハ感ゼラレルノデアリマス、……

○子爵大河内輝耕君　重ネテ伺ヒマスガ、鹿兒島ノコトハ誠ニ好イ結果デゴザイマス、他ノ縣ノ選擧ニ付テハ、私ハ失禮ナガラ、滅茶々々ダト思ヒマス、鹿兒島ガ無效ニナルノハ、是ハ無效ニナルベキモノダト思ヒマス、是ハ私バカリデハナイ、ミンナソンナヤウニ考ヘテ居ル、唯私ガ伺ヒタイノハ、是ハ唯司法官ノ責任ダケデハ濟マナイト思フ外ノ官憲ダッテ官吏法上相當ノ責任ヲ負フベキモノデアルト思フ、其ノ點ハ司法省ニ於テモ御承知ダラウト思ヒマスガ、如何デゴザイマセウカ、ア、云フ選擧ヲヤツタニ付テ、斯ウ云フコトハ行ハレマセヌデシタカ

○國務大臣（松阪廣政君）　選擧訴訟ノ當否ニ付テハ、司法大臣トシテハ之ヲ批判スルコトヲ差控ヘタイト存ジマス

○子爵大河内輝耕君　私ノ申上ゲ方ガ惡カツタノデアリマスガ、其ノ當否ヲ伺ツテ居ルノデハナイ、サウ云フ風ナ不都合ナ選擧ヲ爲シタ以上ハ、ソレニ干渉シタ知事デアルトカ、或ハ檢事デアルトカ、色々ナ人ガアラウト思ヒマスガ、サウ云フ人達ガドウ云ウ責任ヲ執ツタカト云フコトヲ伺ヒタイノデス

○國務大臣（松阪廣政君）　鹿兒島ノ選擧ニ付キマシテ、判事、檢事ノ執リマシタ處置ニ付キマシテハ、懲戒スベキヤウナ失當ノ點ハナイト認メマシテ、懲戒等ノ手續ハ致シテ居リマセヌ、知事或ハ警察部長等ニ付キマシテハ、内務大臣ニ於テソレ〴〵適當ニ調査、處置致シタコトト存ジテ居リマス

○子爵大河内輝耕君　ソレハ能ク分リマセヌガ、其ノ位ニ致シテ置キマス(30)」

この遣り取りのしばらく後に、衆議院本会議に行っていた小山邦太郎政務次官が貴族院に来たらしく、大

河内は、彼にも同趣旨の質問をしている。その際は、「アノ亂暴ナ彈壓選擧ヲ鹿兒島ダケガ無效ニナツテ、他ハ無效ニナラナイ」とか、「司法權ノ獨立ト云フコトハ今一層注意シテ戴キタイ」と述べており[31]、小山のための同趣旨の質問の繰り返しであるが故に、短い言葉で本質を突く発言となっている。そして、小山から、「司法權ノ獨立ニ對シマシテハ、申ス迄モナク、陸軍ト致シマシテハ日頃強ク之ヲ主張致シテ居ル次第デアリマス」という答弁[32]まで引き出しているのである。

大河内は戦後も貴族院議員として、新憲法の施行まで、つまり憲法に基づいて参議院ができるまで、議会で精力的な審理を行なっている。その際、貴族院議員に勅撰された吉田久と共に審理に加わっている。面白いのは、代わる代わる質問に立ったこともあったということである[33]。二人とも（大河内は特に）法律案の条文毎、あるいは文言毎に細かくその意図を問い質している。無効判決以後の昭和二〇年三月および六月の議事録（前掲）を見る限り、大河内は無効判決を好意的に受け止めていたから、結果的に、その判決を下した吉田久に対しても好意を持っていたように見受けられる。そして二人とも、新憲法の施行によって消滅した貴族院とともに、議員から身を退いたのである。

第三節　水谷長三郎

非推薦で当選した衆議院議員の中にも、この翼賛選挙に対して批判の声を上げた議員が存在した。そのごく少数の議員の一人が、水谷長三郎（みずたにちょうざぶろう）である。

水谷は一八九七（明治三〇）年一一月京都生まれ、一九二一（大正一〇）年京都帝国大学卒。在学中に友愛

会に入り、労学会を組織し、労働運動に参加。弁護士。政治家としては、一九二八(昭和三)年二月の第一六回総選挙(第一回普通選挙)で労働農民党から初当選している。その後、社会大衆党など所属を変えながら、一二回、当選を重ねている。

前掲「衆議院議員調査表」では、京都一区で水谷長三郎が「丙」と記され、これの当落予想では「落」とされていた。[34] つまり、水谷は代議士としては不適当という烙印が押された上、当局による票読みで落選すると見なされていたのである。第三章において登場する四人の国会議員の中で、当該調査表に名前が記されているのは、水谷一人である。典型的ないわゆる「逆風」の中で当選を果たしたことから、水谷が地元での強い支持基盤を持っていたことが窺われる。

その水谷は昭和一八年三月二日、自らが委員を務める戦時刑事特別法中改正法律案委員会の中で、この翼賛選挙を取り上げている。

「從來行ハレマシタ啓蒙運動ト云フモノガ、動トモスレバ選擧運動ト混同サレマシテ多クノ弊害ヲ釀シタコトハ、私ガ茲ニ一々例ヲ述ベルマデモゴザイマセヌ、例ヘバ京都ノ第三區ノ如キハ、四人ノ候補者ノ中ノ芦田候補一人非推薦デゴザイマスガ、ソレガ投票前日マデ啓蒙運動ニ名ヲ藉ツテ、推薦候補ニ投票シロト云フヤウナコトヲハツキリ言ハレテ居ラレル、更ニ又鹿兒島、長崎、福島、ソレ等ノ例ヲ茲ニ諄ク引カウトスル者デハアリマセヌガ、所謂啓蒙運動ト云フモノガ選擧運動ト同ジコトヲヤツテ居ルト云フコトハ、去年ノ衆議院議員ノ總選擧ニ於テ明々白々ニナツテ居ルノデゴザイマス、……内務當局ハ選擧運動ノ意義ヲドウ見テ居ラレルカ、更ニ啓蒙運動ト云フコトノ意義ハドノヤウニ御解釋ニナツテ居ルカト云フ點ヲ先ヅ御聽キシタイト思ヒマス[35]」

水谷は、同じく京都選出で非推薦だった芦田均を例に出して、その不当な扱いを糾している。この質問に対して答弁に立ったのは内務書記官の郡祐一であった。

「啓蒙運動ト選擧運動ニ付テノ見解如何ト云フ御質問デゴザイマスガ、選擧運動ト申シマスノハ、特定ノ議員候補者ヲ當選セシメル爲ニ致シマス各種ノ行爲デアリマス、而シテ選擧犯罪ノ根絶、棄權防止ノ徹底等ノ所謂選擧ノ倫理化運動ト申シマスカハ、從來モ行ツタ所デゴザイマシテ選擧運動トノ混淆ハ生ズル虞ハナイノデアリマス、唯昨年致シマシタル選擧ニ於キマシテハ、優良候補者ノ推薦機運ヲ釀成致シマスル結果、民間有識者ノ工夫ト經驗トニ依ツテ行ハレマシタル所謂推薦制ハ、全ク白紙ノ狀態デ適當ナ候補者ヲ銓衡シタモノデアリマシテ、隨テ當選ノ斡旋ヲシテ居ルト云フモノデハナイノデアリマス[36]」

郡の答弁もまた従来の政府見解を繰り返しているに過ぎない。推薦候補を当選させるための運動は全国各地で公然と行なわれていて、前述のように、候補者には選挙費用まで渡されている。政府委員の郡が知らないはずはないが、微妙な言回しで断定を避けるような配慮すらせずに、「選擧運動トノ混淆ハ生ズル虞ハナイ」とか「當選ノ斡旋ヲシテ居ルト云フモノデハナイ」などと言い切っている[37]。

これに対して水谷は、「大東亞戰爭ニ勝ツ爲ニハ推薦候補ニ投票シロト云フヤウナ講演ヲ假ニシタト致シマスレバ、ソレハ所謂選擧ノ倫理化運動ニ止マルノデアリマセウカ、ソレトモ選擧運動ニナルノデアリマセウカ」と食い下がっている。(38)「事實ニ於テドウ云フコトガアツタカドウカト云フ事柄ニ付テハ、私トシテ聞イテ居ナイノデアリマス」と逃げる郡に、(39)水谷はさらにしつこく問い続け、ようやく司法大臣の岩村を答弁に引き出す。

「外部カラ見レバ、全クアレハドウモ選擧運動ノヤウニ見エルト云フヤウナコトヲ本人ハ自覺シナイ、サウ云フ考ヘデナカツタ、啓蒙運動ノ積リデアツタトカ、倫理化運動ノ積リデアツタトカ云フヤウナ場合モアルダラウト思ヒマス、色々ナ場合ガ想像出來ルト思ヒマス、……

○水谷委員　今ノ司法大臣ノ御答辯ニ依リマシテハツキリ致シマシタ、私ハ他ノ地方ハ知リマセヌ、噂ダケデスカラ、京都ノ第三區ハ定員三名、ソコニ四名出シテ、非推薦ハ芦田均一人、而モソレガ投票ノ前日マデサウ云フ工合ニ推薦候補ニ投票シロト云フコトガ行ハレタコトガ事實、而モソレニ基イテ芦田君ガ告訴シタガ、色々ナ經緯デ取下ゲタト云フコトモ事實デス、是ハ獨リ京都ダケデハナイ、到ル處ニサウ云フ例ガ行ハレタ(40)」

「私ハ内務當局ニ御願ヒシタイノハ、オ互ヒニ此ノ際過去ノ經緯ハアツサリ捨テヨウト思フノデス、私ナドモ非推薦デイヂメラレタカラドウダト云フ野暮ナコトハ言ヒマセヌ、併シアナタ方モ過去ニ於テ推薦制度ヲヤラレテ、今更推薦制度ハ效キ目ガアツタト云フヤフナコトハ言ハズニ、アツサリ御考ヘヲ直サレテ、今後選擧ヲ中心ニシテ官民、或ハ國民同士ノ間ニ分裂ヲ來スト云フヤウナコトハモウ去年デ懲リ〳〵ダ、アア云フヤウナコトハ二度ト繰返サヌト云フコトヲ、私等ノ方モ大ラカナ氣持ニナリマスカラ、内務當局モ過去ノ實績トカ其ノ他因縁情實ニ囚ハレズ、アッサリトヤラレタイト云フコトヲ要望致シマシテ、私ハ是レ以上ノ質問ハ致シマセヌ[41]」

このように水谷は矛を収めて、質問を終了している。なお水谷は、戦後、日本社会党の結党に参加し、片山内閣と自らが質問に取り上げた芦田内閣の下で商工相に就任する。その後、社会党の分裂では右派に所属し、一九六〇年には民社党の結党に参加している。

第四節　薩摩雄次と笹川良一

水谷を左派系議員とするならば、右派の議員からも翼賛選挙についての質問や糾弾が行なわれている。その代表が薩摩雄次（さつまゆうじ）と笹川良一（ささかわりょういち）である。

薩摩[42]は一八九七（明治三〇）年一二月生まれ。福井県出身。翼賛選挙で福井全県区から非推薦で初当選している。拓殖大学卒業後、一九二八（昭和三）年には北京大学に留学し、帰国後、拓殖大学教授。自身は国民新聞の主筆となり、また、東方会で青年部長を務めている。ほとんどすべての衆議院議員が入っていた翼賛政治会に薩摩が入ったのは昭和一七年八月七日であり、八月六日まで約三ヶ月間、無所属を貫き通していた[43]。戦後に三回当選しており、当選回数は計四回である。

笹川[44]は戦後の日本船舶振興会会長として有名だろう。戦前は右翼活動家として活動し、この翼賛選挙で初当選し、国会議員を務めていた。一八九九（明治三二）年五月、大阪府に生まれ、村議を経て、一九三一（昭和六）年、右翼団体の国粋大衆党を結成し、総裁となる。一九三九（昭和一四）年にはイタリアを訪問してムッソリーニと会見を行なうなど、右翼活動家として様々な行動を起こしている。同党から非推薦候補として出馬し、当選を果たす（大阪五区）。戦後はA級戦犯。その後は笹川財団を設立するなど一言では言い表すことができない側面を持っている。

この二人は昭和一八年二月六日の衆議院予算委員会の中で、揃って翼賛選挙について取り上げている。先ずは薩摩である。

「昨春行ハレマシタ所謂推薦選擧ト云フモノニ關聯致シマシテ、將來ニモ關係ガアルコトデアリマスカラ、一ツ一ツ部分的ニ質問致シマシテ、ソレニ對スルハツキリシタ御答辯ヲ得テ、サウシテ論旨ヲ進メテ行キタイト思ツテ居リマス、昭和十七年一月二十九日ノ第七十九回帝國議會ニ於キマシテ松村豫算委員長ノ質問ニ對シテ、東條國務大臣ハ『壯年團ト致シマシテ選擧運動ニ關係スルト云フヤウナコトハ是ハアルベキデハナイト思ヒマス』、斯ウハツキリ御答辯ニナツテ居ラレルノデアリマス、昨年ノ四月ノ選擧ニ付テモ是ト同樣ニ解釋シテ宜シイカト云フコト、在鄕軍人會ガ選擧運動ニ關係スルコトノ是非、此ノ二ツヲ初メニ承ツテ見タイト思ヒマス、總理大臣ニ承リタイト思ヒマス

○**東條國務大臣**　以上ノ二點ニ付キマシテハ、此ノ前ノ議會ニ申述ベタ通リデアリマス[45]」

「○**薩摩委員**　ソレデハ之ヲ此處ニ置イテオキマスカラ、總理大臣ト内務大臣之ヲ御覽願ヒタイ、此處カラ失禮デアリマスガ、大垣市翼贊壯年團東部分會ト云フ名前デ、『推薦制度ハ國策ナリ』斯ウ云フノガ出テ居ル、總理大臣ノ仰シヤイマシタ翼贊壯年團ハ選擧ニ關係シテ居ナイト云フコトニ關聯シマシ

テ、内務省及ビ政府ノ監督下ニアル此ノ大政翼賛會ノ翼贊壯年團ガ『推薦制度ハ國策ナリ』ト云フ、斯ウ云フ見出シデアリマス、能ク御覽下サイ、翼贊政治ハ推薦制度ヨリ始マル、ヤハリ翼贊壯年團ガ選擧ニ關係シテ居ル、此ノ二ツヲ御覽下サツテ御答辯ヲ願ヒ、ソレカラ次ニ進ミタイト思ヒマス

○**湯澤國務大臣**　是ハ推薦制度ト云フヤウナ言葉ヲ使ツテ居ルノハ俗語デアリマスカラ……（笑聲）是ハ何モ制度ト云フ言葉ヲ嚴格ニ解釋スル、或ハ……

〔發言スル者多シ〕

○**金光委員長**　靜肅ニ願ヒマス

○**湯澤國務大臣**　法律ノ上ニ於キマシテ之ヲ明定致シマスルナラバ、是ガ一ツノ國ノ明定シタ制度ト云フコトガ言ヘルダラウト思ヒマス、是ハ俗語デ推薦制度ト云フコトヲ云ツタカラ國ガ之ヲ制度トシテ認メタノデ、斯ウ云フ譯ニハ行カナイト思ヒマス、ソレカラ此ノ意味ノ此ノ『ポスター』ハ要スルニ推薦會ト云フモノニ依リマシテ候補者ヲ推薦スル、謂ハバ出タイ人ヨリモ出シタイ人ト云フヤウナ氣分デ、此ノ推薦ト云フヤウナヤリ方ノ選擧、此ノ選擧ハ此ノ際行フベキ途デアル、斯ウ云フヤウナ『ポスター』ト私ハ解釋スルノデアリマス、……國民ノ詰リ知識ヲ廣メテ行ク、斯ウ云フヤウナ運動ハ大政翼贊會ト云フヤウナ團體ガ國民運動トシテヤリマスコトハ是ハ差支ヘナイ、斯ウ考ヘテ居ルノデアリマス」(46)

薩摩はここで、大河内と同じように、翼賛壮年団の文書を持ち出して、政府を攻撃している。内務大臣の湯澤は、ポスターに書かれている「推薦制度」という言葉は俗語なので、という言葉の問題で逃げようとし

ているが、明らかに苦しく、答弁に窮している。これに対して薩摩はさらに相手を詰めにかかる。

「オ互ニ國家ノ爲ニ、或ハ國家ノ立憲政治ノ發展ノ爲ニ論議ヲ盡シテ居ルノデアリマスカラ、ドウカ自分ノ責任ニナルトカナラナイトカ云フコトヲ御考ヘニナラナイデ、率直ニハツキリ御答辯ヲ願ヒタイノデアリマス――推薦制度ト云フ此ノ言葉ガ俗語デアルカナイカ、私ハ新聞記者ヲ五年シテ居リマス、コンナ言葉ガ俗語デアルコトハ、私ハ『ジヤーナリスト』トシテ五年間扱ツタコトハナイ、苟モ選擧ト云フ言葉ヲ使ヒ、推薦ト云フ言葉ヲ使ハレ、ソレニ制度ト云フ言葉ガ使ハレテ居ル以上ハ、新聞記者トシテ、或ハ評論家トシテ立派ニ俗語以外ノ大キナ國家正義ヲ運行シテ行ク上ニ於ケル一ツノ言葉トシテ、正義ノ上ニ扱フ大切ナ言葉デアリマスカラ、俗語ト云フ觀念ハ取ツテ戴キタイト思ヒマス……實ハ昨年ノ推薦選擧ガ實ニ私一個人カラ云ツテモ立憲政治下ニアルマジキヤリ方ダ、私ハ斯ウ思ツテ居ルノデアリマスガ、アア云フ推薦選擧ヲヤツタガ爲ニ、總理大臣ノ意圖ニ反シタル行動ガ恐ラク全國ニ多々アルノデアリマス、私ノ手許ニ達シマシタ問題デモ、其處ノビラニ出テ居リマスルヤウナノモアリマスシ、是ノ如キハ在鄕軍人ノ聯合分會長、此ノ名前デ檄ヲ飛バシテ居リマス、『吾等在鄕軍人會員ハ岐阜支部副長ノ激電ノ如ク翼贊選擧ノ貫徹ヲ期シ翼贊議會ヲ確立セシメ以テ現政府ノ有スル國策ヲ徹底的支援セントス』サウシテ聯合分會長、何々町村分會長ト名前ヲ書イテ居リマス、ソレバカリカ、電報マデ打ツテ居リマス、『翼贊選擧完璧ヲ期シ此ノ旨全會員ニ徹底スベシ支部副長』是ト此ノ推薦選擧ト云フモノトノ密接不可分ノ關係ガアリマスノデ、斯クノ如ク總理ノ意圖ニ反シタ行動ガ行ハレテ居ル、ソレニ對シテ立憲政治發達ノ爲ニ、總理大臣ハ如何ナル方法ヲ御執リニナツタデアリマセウカ、ドウデアリマセウカ、ソレヲ伺ヒタイ(47)」

ここで注目すべきは、薩摩がたびたび「立憲政治」という言葉を使っていることである。「立憲政治下ニアルマジキヤリ方」という言葉は、翼賛選挙の本質を端的に表していると言ってよい。そして、東條が意図していないことが全国で行なわれているという言い方で、実は東條が意図していたと思われる事柄の追及を行なっているのである。

薩摩の追及に対して東條が答弁に立つ。だがその答弁は、大河内に対する答弁のときと同じように、発言の大部分を太平洋戦争の開戦以降の戦況の説明に費やすのである。

「私ハ在郷軍人會其ノモノガ選擧運動ニ關與スルト云フコトハ、是ハ勿論適當デナイコトハ先程申上ゲタ通リ、……元來國政ト云フモノハ、殊ニ此ノ戰時下ニ於キマシテハ其ノ當時ノ環境ト云フモノガ、重大ナル影響ヲ持ツモノダト考ヘテ居リマス、……〔延々と戦況を説明して〕是ガ當時ノ環境デアリマス私ハ此ノ前ノ議會ニ於キマシテ國政ノ力ハ國内的ニハ三分デアル、七分ノ力ヲ戰爭ノ方ニ向ケテ居ルノデアルト云フコトヲ申上ゲタト記憶致シテ居リマス、……當時ノ環境ハ一方ニ於テハ大戰爭遂行中デアル、此ノ間ニ總選擧ガ行ハレタト云フコトヲ前提トシテ能ク御考ヘヲ願ヒタイ

ソコデ今問題ニナツテ居リマス推薦――是ハ制度ト言ツテ宜イカ悪イカソレハ知リマセヌ、併シ俗稱推薦制度ト言ツテ居リマスカラ、私モ俗稱推薦制度ト言フコトニ致シマス、此ノ點ニ付キマシテハ第八十議會ニ於キマシテ一應政府ノ所信ヲ闡明致シテ置イタ所デアリマス、要スルニ先程御證明申上ゲマシ

タ如ク、大東亞戰下清新强力ナル議會ノ確立ヲ期スル爲ニハ眞ニ有爲ナル人材ガ議會ニ選出セラレルコトヲ要スルコトハ論ヲ俟タナイノデアリマス、政府ト致シマシテモ斯カル人材ガ現實ニ選出セラレルヤウナ機運ノ釀成ヲ希望スル、ソレ故ニ私ハ御承知ノ通リ廣ク民間各界ノ有識經驗ノ士ヲ招請致シマシテ、其ノ具體的方途ヲ考究シテ戴イタ次第デアリマス、翼贊協議會ハ是等ノ方々ノ研究工夫ノ結果生レタノデアリマス言葉ヲ換ヘテ言フナラバ先般ノ候補者推薦制度、俗稱推薦制度、是ハ私ハ時代ノ要求ニ基ク民意ノ反映ニ依ツテ行ハレタモノデアリト信ズルノデアリマス、且ツ國民ノ選擧權ニ對シマシテハ、何等ノ制限ヲ加フルモノニアラザルコトデアルト私ハ確信スルモノデアリマス、之ヲ選擧ノ結果ニ徵シマシテモ、御承知ノヤウニアナタ方ノヤウニ有爲ナ人材ガ多數選出ヲセラレテ居ル（『吾々非推薦デアリマス』ト呼ブ者アリ）イヤ、サウ云フコトハ今言ツテ居ルノヂヤナイ、兎ニ角選擧ノ結果有爲ナ人ガ選出セラレテ居ルノデアリマス、私ハアナタ方ヲ有爲ナ方ト實ハ内々敬意ヲ表シテ居リマス、又棄權率ノ如キモ從來ニナク著シク減少シテ居ルト云フコトハ、國民ノ政治意識ガ今回ノ選擧ヲ通ジテ如何ニ昂揚セラレタカト云フコトヲ現實ニ證明シテ居ルト存ズルノデアリマス(48)」

このつい三日前、東條は貴族院で大河内から精緻な追及を受けたばかりである（前述）。そのためか、答弁内容は滑らかでありながら、貴族院であったような「小問題」といった非推薦議員の反発を買いかねない言葉を慎んでいる。しかし、答弁の内容は開戦後の戦況の推移を長々と説明することで時間を費やしており、内容も大きくは変わっていない。そして、「當時ノ環境ハ一方ニ於テハ大戰爭遂行中デアル、此ノ間ニ總選擧ガ行ハレタト云フコトヲ前提トシテ能ク御考ヘヲ願ヒタイ」と下手に出ているようでいて、実は、国民の選挙権に対しては何の制限も加えていないと開き直っている。そして、あなたのような有為な人材が多数選出されたという言葉をかけている。もっとも、これに対しては、「吾々非推薦デアリマス」というヤジで切り返されている。

もう一つ指摘しなければならない点は、この答弁中に、東條が貴族院では述べなかった部分があるということである。それは、「俗稱推薦制度、是ハ私ハ時代ノ要求ニ基ク民意ノ反映ニ依ツテ行ハレタモノデアリト信ズルノデアリマス」という答弁である。太平洋戦争開戦から翼賛選挙が行なわれた昭和一七年四月までは、第二章第一節で述べたように、領土拡大の真っ只中であったわけで、連戦連勝の時期であった。国民の熱気は現代では想像しがたいものであったであろう。一部の例外を除けば、当時の国民は政府を強く支持しており、国のすることはすべて間違いない、という盲信に近い思いを抱えていた人が多かったのではあるまいか。東條からすれば、国民が要求した制度であったはずという思いだったのだろう。

この答弁に対して、薩摩はさらに実例を示し追及を続ける。それに対し答弁に立った湯澤内務大臣は、実例に対して、お決まりの「今初メテ御話ヲ承ルノデアリマス」とか、「尚ホ研究致シテ見マス」と答弁し、(49)ひたすらかわすことに専念している。

自身の質問の最後の方で、薩摩は、次のような新たな指摘をしている。

「此ノ推薦制度ガ民心ニ及ボシタ影響ト云フモノハ非常ニ甚大ナルモノデアリマシテ、是コソ全ク總理大臣ノ意圖ニ反シテ居ル、アレハ推薦サレル程ノ人間ダ、彼奴ハ國家ノ爲ニヤツテ居ルトハ言フケレドモ推薦モサレナイヂヤナイカ、アンナ者ハ駄目ナンダ、斯ウ云フ考ヘガ民衆ノ間ニ非常ニ强ク昂マツテ居リマス、ソコヘ持ツテ來テ取締當局ガ推薦サレタ者ヲ出スノダ、斯ウ云フヤウナコトニナリ、先程首相ニ御見セシタ『ビラ』ノ如キハ國民學校ノ子供ニ渡シテ子供ガ自宅ヘ持ツテ歸ル、斯ウ云フヤリ方ヲシタナラバ、人間其ノモノニ厭ヤナ差別ガ設ケラレタヤウナ感ジヲ國民ニ與ヘルノデアリマス(50)」

薩摩のこの質問の次に質問に立ったのは笹川良一である。笹川は、薩摩が最後で述べたように翼賛選挙が国民に差別感情を生じさせたという側面から問題性を指摘する。しかし、笹川の質問内容に薩摩ほどの切れ味はなく、個別の具体例を明らかにすることもない。

「今國民ハ結集シテ東條内閣ヲ支持シテ居ル、吾々國民ハ國家ノ祿ヲ食ンデ居リマセヌケレドモ、此ノ强力ナル統制ヲモ甘受シ、尚ホ甘ンジテ國難ニ殉ズル所ノ氣持ヲ持ツテ居ル、一人殘ラズ蹤イテ行ツテ居ル、然ルニ此ノ間ノ選擧ニ於テ、口ヲ開ケバ政府ハ常ニ國内相剋ノ解消デアル、ヤレ遵法精神ノ昂揚ト云フコトヲ言ウテ居ラレル、國民ハ皆ソレニ從ツテ居ル、然ルニ何ヲ苦シンデ推薦、非推薦ノ別ヲ設ケテ、陛下ノ赤子ヲ敵、味方ニシタノデスカ、……今度ノ選擧位國家ヲ毒シタ選擧ハ開闢以來ゴザイマセヌト云フコトヲ私ハ言明致シマス、サツキ内務大臣ハ、サウ云フイケナイ官吏デ司法當局ノ御手ニ掛ツタ者ガアル、悉クガ無罪ニナツタト仰ツシヤルケレドモ、私ハ總理大臣ノ御耳ニマデ達シテ置キマシタガ、ドレ位苦シメラレマシタカ、私ハ是デ中々强持テノ方デアリマス、强持テノ私デスカラ左様ナ酷イ目ニ遭ツタノダカラ、他ノ弱イ候補者諸君ハドレ程ヤラレテ居ルカ分ラヌ（笑聲）(51)」

「地方デヤラウト誰ガヤラウト、斯ウ云フ戰時下ニ於テ國民ハ一體トナツテ進マナケレバナラナイ時ニ、推薦非推薦ト云フヤウナコトニナツテ喧嘩ヲスルコトガイケナイ、サウ云フコトノナイヤウニナラナケレバナラヌカラ、來ルベキ府縣會議員ノ選擧ニ推薦制ヲ御中止ニナツタラドウカ、之ヲ私ハ伺ツテ居ルノデアリマス(52)」

笹川が要求するのは、この年に行なわれる予定になっている府県会議員選挙での推薦制度の中止である。これは前述の水谷も末尾で内務省に対して要望している。この制度について笹川は、薩摩と同様に、国民が一体となって進まなければならないときに喧嘩をすることがいけない、推薦・非推薦の間で対立を生むときではないと主張しているのである。

第五節　発言の特徴

ここまで各議員の翼賛選挙に関する発言を紹介してきた。この他の議員についても一部、翼賛選挙に関する質問を行なっているが、調査の限りにおいては、この四人が、質量ともに政府に対して一定の追及を行なっている。

また前提として述べておかなければならないのは、大河内の一部の発言を除くと、これらの質問はいずれも第八一回帝国議会で行なわれたということである。この年の秋には府県会議員選挙が全国で行なわれる予定になっていた。これに再び政府が深く関与する推薦制が採られるのではないかという懸念が、一部の議員の間で強まっていたのである(53)。

見てきた通り、四人の出身や政治的背景は区々である。また、大河内を除けばいずれも非推薦候補であるが、自分自身の受けたひどい扱いについて述べることよりも、あえて他の地域や候補者を取り上げていることも共通している。こうした四人の発言や質問の内容は、いくつかに分類することができる。

第一は、不正の糾弾を目的とした内容である。これは大河内が最も豊富であり、次いで薩摩、水谷も自分が見聞きした内容を盛り込んで政府に対して批判を繰り広げている。これらの発言に勇気を必要としたことはもちろんであろう。とりわけ、大河内の怒りの源が、翼賛選挙は官選議員を生むことに繋がりかねないという点にあるのは、早い時期から翼賛選挙の本質を指摘しているものとして評価できる。

続いて、薩摩に代表される立憲主義上の問題点の指摘である。薩摩は自身の質問の中で繰り返し「立憲政治」という言葉を使用している。薩摩の指摘の通り、翼賛選挙を経て事実上、政府の推薦を受けた候補者が全体の八〇％を超える議会で立憲政治を成り立たせることは、もはや不可能であろう。薩摩の怒りは、議会を軽視するこうした政府の姿勢に大きな原因があったと言える。

最後に、笹川に代表される、推薦制度は国民を二分するという観点からの批判である。これは大前提として戦争遂行への協力のために国民が一致団結する必要があるとする考えに基づくものであり、議会制民主主義とはまた異なる内容である。

これら四人の発言はごく一部であり、翼賛選挙を経た議会で大多数の賛同を得ることは不可能であった。しかしながら、薩摩と笹川の質問時には、同調する議員が政府に対してヤジを飛ばす場面もあり、なお政府に対する不満の表れがあったのである。

前述の四人の質問を見ると、議会はまだその機能を残しており、政府に一定の歯止めをかけているように考えることもできる。実際に、昭和一八年秋の府県会議員選挙においては官憲が直接・間接に関与するいわゆる推薦制は見送られている。しかし、翼賛選挙での干渉に対する告訴や告発は、東京・千葉・長野・長崎・大分・鹿児島・鳥取・福島と全国にわたり、受理合計一四件、対象とされた官憲の人数は五三人に上る(54)。これに加えて、長崎、福島、鹿児島では選挙無効訴訟が起こされている。これだけ全国各地で問題になるような干渉行為が行なわれたと考えられるにも拘わらず、衆貴両院含めてまとまった質問を行なった者が四人というのは、あまりにも少ないと言わざるを得ない。

さらに、選挙から終戦まで三年余という期間、圧倒的な数の推薦候補が国会議員を占めており、数の上で政府の施策に歯止めをかける機能が失われていたことも確かである。ここに挙げた四人の他にも国会でいくつかの問題に関して、貴重な抵抗や政府への追及が散見されるものの、全体としては、議会はごく少数の反対派を除き、政府、すなわち軍部の提案に賛成する機関となったと言われても仕方ないであろう。

もう一点、本章末で指摘しておかなければならないことがある。翼賛選挙無効訴訟はあくまでも訴訟が提起された選挙区について選挙の効力が争われているに過ぎないが、本章で取り上げた議員らによる発言から、全国的に、しかも鹿児島、長崎、福島の選挙区は確実に、選挙妨害・干渉があった可能性が極めて高いということが明らかにされていることである。裁判における事実認定はもちろん裁判官固有の職務であるが、上記三県の選挙訴訟に携わった裁判官らは、こうした現実と対峙しなければならなかったのである。

補論　敗戦後の安藤正純

敗戦後のことではあるが、一九四五（昭和二〇）年一二月一日（土）の「議員ノ戦争責任ニ関スル決議案」の審議の際に、安藤正純が登壇し、翼賛選挙は立派な憲法違反であった旨を述べている。安藤正純は、翼賛選挙の際、東京三区から自由候補として立候補し、二位で当選を勝ち取った人物である。以下、引用しよう。

「更ニ又昭和十七年ノ總選擧ニハ、是等一部ノ議員ハ翼賛政治體制協議會ナルモノヲ作ツテ、東條内閣ト呼應シテ所謂推薦選擧ト云フモノヲ行ヒ、明治二十五年以來ノ選擧大干渉ガ白日堂々行ハレタト云フコトハ、是ハ疑ヒモナク立派ナ憲法違反デアリマス（拍手）此ノ選擧ガ前代未聞ノ悪政デアリ、悪選擧デアルコトハ今日既ニ天下定論デアル、公論ノ定ツテ居ル所デアリマス、但シ之ニ依ツテ推薦サレタ議員ニ責任ハナイ、却テ推薦サレテ迷惑ヲ感ジタ人モ多イヤウデアル、ダカラ推薦議員ニ對シテ問題ナイト云フコトハ、是ハ寧ロ公平ナ議論デアリマセウ、唯東條政權ト馴合ヒデ、立憲政治ノ基礎デアル重大ナル總選擧ヲ私意ヲ以テ蠻行シ、議會ノ權威ヲ剝落シ、國民ノ自由意思ヲ蹂躪シタ一部議員諸君ノ政治的責任ハ、是ハ囘避スルコトガ出來ナイノデアリマス（拍手）是ハ獨リ國内ノミナラズ、世界ノ文明國ニ於テモ許スベカラザル罪悪トシテ定評ノアル所デアリマス（拍手）斯カル思想ヲ抱ク人ガ時世ガ變ツタカラト云ツテ、急ニ衣更ヘヲシテ民主政治ヲ説イテモ、ソレハ餘リソグハナイデハナイカト思フ、隨テ賢明ナル國民ハ左樣ナコトニハ騙サレナイト思フノデアリマス、尤モ是ハ議員バカリデハナイ、現

在ノ政府部内ニモアリマスガ、今ハ議員ノ責任ヲ問フノデアリマス」(55)

このような演説は、終戦後であったからできたのだと言ってしまうことは簡単である。しかし、時世が変わったことを理由に、いままで東條内閣による戦争を推進してきた勢力が突然態度を変えて民主政治を説くことに対する痛烈な批判は、自由候補である安藤だったからこそ、力強い発言となって、議場に響いたことであろう。

(1) 紙媒体の議事録を閲覧して見つけ出した箇所ももちろんあるが、今日、議事録は全文がインターネット上に公開されているため (http://teikokugikai-i.ndl.go.jp/)、時期を一九四二（昭和一七）年～一九四五（昭和二〇）年に限定して調査し、ダウンロードした。ここでは全文検索は行なうことができない。このため、人名検索から翼賛選挙および同無効訴訟について質疑が行なわれた場合に答弁に立つと思われる内相、司法相、首相が発言している内容をリストアップし、質疑内容を調べる手法をとった。このため、本書に取り上げた内容で翼賛選挙に関する質疑が全て網羅されているわけではないことを特に明記しておく。

(2) 『貴族院の会派研究会史――昭和篇――』（尚友倶楽部、一九八二年）二三八頁。

(3) 内藤『貴族院』二〇一頁。

(4) 内藤『貴族院』二〇一頁以下。

(5) 『貴族院懐旧談集』二八頁。

(6) 『貴族院懐旧談集』二九頁。

(7) 『貴族院懐旧談集』八二頁。

(8) 『貴族院懐旧談集』八二頁。

（9）他には、こんな回想がある。「勉強家でね。昔、大蔵省におられたという関係もあるのでしょうけど、こんな膨大な予算書を精読するのは、貴族院で大河内輝耕一人だろうと……みんなの評判でしたよ」（『貴族院懐旧談集』四五八頁）、「予算委員会というと必ず」質問をし（『貴族院懐旧談集』三四六頁）、大臣に対して「一問一答」を行なっていた（『貴族院懐旧談集』一一一頁）。

（10）「官報號外昭和十七年三月二十六日　第七十九回帝國議會貴族院議事速記録第十六號」二三二頁以下。

（11）同二三三頁。

（12）同二三四頁。

（13）同二三五頁。

（14）この日の議事録からは、各地の弾圧や干渉の実態について資料を手に持って読み上げている様子が窺われるほか、途中で「マダ澤山ゴザイマス、實ハコンナニ持ッテ居ル」と演壇から資料を見せているとおぼしき発言もある（「官報號外昭和十八年二月四日　第八十一回帝國議會貴族院議事速記録第五號」九三頁）。その具体的な分量は分からないが、発言数から推察するとかなりの多さであったと考えられる。

また、『斎藤隆夫日記』によれば、大河内は斎藤隆夫を幾度か訪ねており、この質問について協議を行なっている（『斎藤隆夫日記』昭和一七年一二月三日（四七〇頁）、昭和一八年一月一五日および一六日（四七八頁））。そして、二月三日当日、斎藤隆夫は貴族院に行き、この大河内の質問を傍聴している（『斎藤隆夫日記』同年二月三日（四八〇頁））。

（15）前掲・「官報號外昭和十八年二月四日」九一頁以下。

（16）同九二頁。

（17）鹿児島県について、大河内は、「鹿児島縣ニ於キマシテハ、縣知事ヲ始メトシテ各官憲ガ随分色々ナ事ヲヤリマシタノデス、……餘程ノ事ヲヤッタノデス」と述べている（前掲・「官報號外昭和十八年二月四日」九三頁）。

（18）前掲・「官報號外昭和十八年二月四日」九四頁。

（19）同九四頁以下。

(20) 同九六頁。
(21) 同九六頁。
(22) 同九六頁。
(23) 同九七頁。
(24) 前掲・『貴族院の会派研究会史――昭和篇――』二三七頁。
(25) 内藤『貴族院』二〇五頁。
(26) その議事録は、『資料5』一五八頁以下に掲載されている。
(27) 「第八十六回帝國議會貴族院豫算委員會議事速記録第八號　昭和二十年三月二十四日」三頁。
(28) 同四頁。
(29) 同四頁。
(30) 「第八十七回帝國議會貴族院裁判所構成法戰時特例中改正法律案特別委員會議事速記録第一號　昭和二十年六月九日」三頁以下。
(31) 同五頁。
(32) 同五頁。
(33) 「第九十一回帝國議會貴族院参議院議員選挙法案特別委員會議事速記録第二號　昭和二十一年十二月五日」四頁以下および「第九十二回帝國議會貴族院國會法案特別委員會議事速記録第二號　昭和二十二年二月二十五日」一頁以下。
(34) 『資料4』一二九頁。
(35) 「第八十一回帝國議會衆議院戰時刑事特別法中改正法律案委員會議録（速記）第十回　昭和十八年三月二日」一九五頁。
(36) 同一九五頁。
(37) 郡は戦後、自民党の参議院議員を務め、第一次佐藤内閣で郵政大臣、第一次田中内閣で法務大臣を務めた。戦時中のことながら、政府委員としてこのような答弁を行なった人物が、戦後、法務大臣を務めたことは記憶されてもよい。

(38) 前掲・「昭和十八年三月二日」一九五頁。
(39) 同一九五頁。
(40) 同一九六頁。
(41) 同一九七頁。
(42) 薩摩雄次については、いわゆる人名辞典では、秦郁彦編『日本近現代人物履歴事典』(東京大学出版会、二〇〇二年)ぐらいにしか載っていない。
(43) 『議会制度百年史　院内会派編衆議院の部』(大蔵省印刷局、一九九〇年)四七九頁。
(44) 佐藤誠三郎『笹川良一研究――異次元からの使者』(中央公論社、一九九八年)三六〇頁以下参照。
(45) 「第八十一回帝國議會衆議院豫算委員會議録(速記)第十回　昭和十八年二月六日」一九五頁。
(46) 同一九六頁。
(47) 同一九六頁。
(48) 同一九六頁以下。
(49) 同一九八頁。そのとき、「眞面目ニヤリ給ヘ」というヤジまで出ている。
(50) 同二〇〇頁以下。
(51) 同二〇一頁。
(52) 同二〇三頁。
(53) 横越英一「無党時代の政治力学(二)――大政翼賛会の成立から大日本政治会の解散まで――」名古屋大学法政論集三三号(一九六五年)六七頁。
(54) 大河内は「速記録ニ留メテ置キタイト存ジマスカラ」と言って、「官吏ニ對スル衆議院議員選擧事犯告訴告發人員調」を岩村通世司法大臣に読み上げさせている(「第八十一回帝國議會貴族院豫算委員會議事速記録第五號　昭和十八年二月十七日」一頁)。この日、大河内は質問の中で、西岡竹次郎らに対する判決を読み上げる場面があるが(同九頁)、これは、時期的に一審の長崎地裁判決(第五章第一節)であろう。この判決文まで入手して質問しているのであるから、

（西岡からもらったのであろうが）尋常でない調査量と言えるのではあるまいか。

（55）「官報號外昭和二十年十二月二日　第八十九回帝國議會衆議院議事速記録第五號」五四頁。

第四章　鹿児島第二区――冨吉栄二とその周辺――

第一節　鹿児島第二区の状況

本章では、翼賛選挙が無効とされた鹿児島二区の様子を見てみよう。

鹿児島二区は、鹿児島県川内市（第二〇回総選挙時までは、薩摩郡川内町）、薩摩郡、出水郡、伊佐郡、姶良郡、囎唹郡によって構成される定員四人の選挙区であった。翼賛選挙当時、有権者数はおよそ一〇万七千人であった。

この地には、農民運動の指導者であり、戦後、芦田内閣の下で逓信大臣となる冨吉栄二がいた。[1] 鹿児島県姶良郡清水村（後、国分市。現、霧島市）に生まれた冨吉は、私立精華学校（現、霧島市立国分中央高等学校）卒業後、山川均らと親交を結び、[2] 無産運動へと傾斜していった。精華学校で教壇に立ったが、「生徒に社会主義思想を吹き込まない」という約束を破って免職となる。[3] これが、農民運動の先頭に立つ出発点となった。一九二四（大正一三）年一一月には、姶良郡小作組合連合会を結成、これにより姶良地区は激しい小作争議に入っていく。翌一九二五（大正一四）年一〇月には、清水村議会議員に当選、一九二七（昭和二）年九月には、県議会議員に当選する。一九三六（昭和一一）年の第一九回衆議院議員選挙で当選し、県下初の無産代議士

写真１　冨吉栄二

として世間を驚かせた。[4]『大衆新聞』を創刊する等、貧しく弱い者のための戦いに奮闘し続けた。

冨吉栄二は、農民層から圧倒的な支持を得ていた。普通選挙法施行により有権者の範囲が拡大されて、選挙というものを初めて経験する農民が多く、文字を知らない者も多かった。それに対応するため、冨吉らが考案した技法があった。さつまいもを輪切りにして候補者の氏名を刻んだ「芋版」や、紙を切り抜いたものを、投票する人に持たせたのである。[5]また、長女の冨吉陽子さんから、興味深いエピソードを伺った。農民の中には、選挙というものの意義を十分、理解できていなかった者もいて、冨吉栄二はわれら農民の味方であることはすぐに分かるので、「選挙に行ったら『冨吉栄二』と書けばよい」と思い込んでいたため、冨吉栄二が立候補していない選挙でも「冨吉栄二」と書かれた（無効）票がけっこう出現したという。そのくらい農民層の支持は固かった。一九三七（昭和一二）年の第二〇回総選挙で、一万七千票を得てトップ当選したことが、そのことを物語っている。

ところが、である。一九四二（昭和一七）年の翼賛選挙で、冨吉は僅か二千六百票で落選する。冨吉は地元姶良郡において、第一九回総選挙のときは九九二四票、第二〇回総選挙のときは九三三一票獲得していたが、今回は一一九四票に止まっている。「投獄四回、検束・留置三三回」という経歴が示すように、[6]「衆議院議員調査表」（第二章第一節）で「丙」に位置付けられた冨吉は、[7]翼賛協議会が絶対に落選させなければならない人物である。しかも、同調査表の当落予想は「当」であったから、丙ではあっても当選するだけの支持があると見ていたことになる。従って、冨吉を落選させることが翼賛協議会側の至上命令であったことであろう。そこで、県知事薄田美朝（戦後、自民党代議士）を筆頭に、厳しい弾圧および（推薦候補に投票させるための）棄権防止運動が行なわれた。この結果、地元紙によれば、鹿児島県では、全県平均投票率が八四・四％に達し、とりわけ二区では、県下最高の八八・二％を記録したという[8]。こうして、圧勝という形で、推薦候補が鹿児島県の全議席を独占した。そこで冨吉は、同年五月、尾崎末吉、下村栄二といった他の非推薦候補と共に選挙無効訴訟を提起した。冨吉は検察へも告訴したが[9]、これは相手にされなかった。同年一〇月一三日、鹿児島地方検事局は冨吉の行なった告訴につき鹿児島県知事らを不起訴とすることを決定している[10]。しかし、どのような選挙妨害がなされたかは、原告主張事実が雄弁に物語っている。

鹿児島県下の棄権率の低下には目を見張るものがある（資料6）。第一七回から第二〇回まで県下の棄権率は二割以上であり、第二〇回のときには、一区と三区で三割近くになっている。ところが、今回の翼賛選挙では二区は一一・四％にまで低下し、県全体でも一五％程度と、概ね半減しているのである。これは、明らかに、薄田知事を始めとする当局の棄権防止運動が理由であろう。

二区の推薦候補者について確認しておこう。県支部での推薦候補の決定は三月二九日であり、それが本部に内申され[11]、四月二日に本部で推薦候補が決定したとみられている[12]。二区の四人のうち現職は東郷實と寺田市正の二人で、濱田尚友と原口純允の二人は新人候補であった。選挙区内の区割りについては、無効判決でも指摘されているが（資料1［30］以下）、明確に四名の区域が分けられており、これは、選挙結果（資料5）からも歴然としている。例えば、寺田市正は川内市長であったが、川内市の有権者五八三五人のうち、実に四七八五票が寺田に投じられている。また、原口純允は伊佐郡菱刈町出身であるが、菱刈町では、有権者一五〇五人のうち、一三七九票が原口に投じられている。もっと極端な所は薩摩郡鶴田町で、有権者一一七七人のうち、一〇七六票が原口に投じられており、他の九人の候補者の得票は合計で四二票しかないのである。仮に四人の推薦候補が議員として相応しいのだとすれば、原口以外の三推薦候補に投票しても良いはずだが、それすら僅か一五票のみである。従って、この結果を見るだけでも、選挙全体がなんらかの強い意図に基づいていたと解さざるを得ないのではあるまいか。

鹿児島県は三選挙区すべてが、推薦候補の圧勝という結果であった。特に冨吉を落選させたことは大きかったことであろう。それを買われてか、薄田知事は、翌年四月には警視総監となって東條内閣を支えたし、鹿児島県特高課長であった原文兵衛氏（資料1〔11〕）は、戦後、警視総監となり、一九九二（平成四）年八月には参議院議長にまでなっている。

第二節　霧島市に残されている史料

霧島市立図書館には、旧国分市内の野口公民館で保存されていた、当時の極めて貴重な史料が残されている。これは、野口という地域が所有しているもので、現在、市立図書館に預けてある状態となっている。公開は全くされておらず、筆者（矢澤）は、二〇〇七年頃、一度、閲覧を申請したことがあったが、許可されなかった。ところが、二〇一〇年一〇月三〇日（土）に特別に閲覧を許していただいた。野口公民館関係各位および霧島市立図書館に対し、深く感謝申し上げたい。

この史料は、文章量は非常に少ないが、筆者（矢澤）が北九州市立大学法政論集三八巻四号に発表した小論（本書はしがき参照）を除けば、未だどこにも公表されたことがない史料であり、しかも、内容面において極めて貴重な一文が含まれているので、ここで紹介しておきたい。

保存状態であるが、「昭和十七年四月起　野口北常會書類綴」と書かれた表紙の中に紐で多くの書類が綴られており、当時の紙質の悪さのことを考えれば、今日まで空気にあまり触れなかったからであろうか、良好な状態と言える。その多くは、当時の配給に関連する書類・案内文であるが、翼賛選挙に関連する文書も若干混ざっている。そのうちの一枚は、「鹿児島縣大政翼賛會縣支部」が配布した選挙チラシであり、現物の写真が『国分郷土誌』七五九頁に掲載されている。これは、二〇〇六（平成一八）年八月一〇日のＮＨＫニュースの際にも報道された。

この選挙チラシについて簡潔にまとめると、「有權者各位に訴ふ〝眞の國民代表を擁立致しませう〟」との見出しで、「大東亞共榮圏の確立」のためには「建設的翼賛議會を作らねばな」らず、「最適の人材」を「擁立」することを訴える内容となっている。この選挙チラシは、配布母体は大政翼賛会県支部であっても、まさに（事実上）当局が推薦候補への投票を誘導していた決定的な証拠である。

さらに、「国分町長　野村武重」による「翼賛選挙貫徹一斉常会」開会（ラジオ司会）のための文書も存在し、これも『国分郷土誌』七六〇頁以下に内容だけ書かれている。その常会では、湯浅内務大臣の挨拶（約七分）、安藤大政翼賛会副総裁の講演（約八分）が行なわれている。その式次第の六では「翼賛選挙の誓朗読」となっており、事あるごとに「翼賛選挙の誓」（第二章注（27））の朗読が行なわれていたことが推察される。実際に、その文書の末尾には「翼賛選挙の誓」が記載されており、出席者はそれを見て朗読できるようになっている。皆で読誦したのであろう。

また、同じく「町長　野村武重」（大政翼賛会国分支部長）による三月三一日付文書では、大東亜戦争完遂翼賛選挙貫徹祈願祭を四月二日に執り行なう旨が記されている。他にも、総選挙に関して内務次官によるラジオ放送があるから「一人洩レ無ク」聴取せよといった文書、大東亜戦争完遂翼賛選挙貫徹講演映画会[13]を開催するので「一戸一人以上出席」せよといった文書が残されている。

これらの文書は、一般庶民に対して「指導」があったという事実が確証されるだけでなく、具体的にどのような「指導」を受けていたのかがこれらの文書によって判明する動かぬ証拠と言えるだろう。

表1　鹿児島二区（定数四）

	第二〇回総選挙		第二一回総選挙		再選挙	
投票日	昭和一二・四・三〇		昭和一七・四・三〇		昭和二〇・三・二〇	
各候補者の得票数	冨吉栄二	一七一三二	濱田尚友	二五三六〇	東郷　實	一二九九六
	東郷　實	一七〇八四	原口純允	一八四一〇	寺田市正	一一七三八
	寺田市正	一一六九八	東郷　實	一七六二七	濱田尚友	一〇二七一
	岩元栄次郎	八一五一	寺田市正	一七二〇八	原口純允	八四五八[14]
	尾崎末吉	七四七〇	宮下　巌	三六二九	冨吉栄二	七〇九九
	天辰正守	六五三三	冨吉栄二	二六二三	宮下　巌	三五二二
	石塚彦一	五一二〇	尾崎末吉	二四九七	尾崎末吉	三二九〇
	宮下　巌	五〇四五	宮崎　董	二二八七	渋谷　透	一五三二
	下村栄二	三五〇二	古川義雄	三七二	山内　貢	一五〇四
	（永長興藤二）	―	下村栄二	二六四		

(1)冨吉栄二は、「富吉」栄二と表記されていることもあり、現に選挙無効判決では「富吉」となっている(資料1参照)。しかし、冨吉家では「冨吉」が使われており、冨吉栄二の長男である冨吉遼(はるか)氏によれば、こちらが正しい。判決文や郷土資料で「富吉」の表記が登場することがあるのは、冨吉栄二自身、そのようなことに拘らなかったからなのではなかろうか。
(2)『郷土人系　上』一七三頁。
(3)『不屈の系譜』(鹿児島新報社、一九七五年)四二二頁、松永「社会党の冨吉」一六一頁。
(4)松永「社会党の冨吉」一六三頁。
(5)松永「社会党の冨吉」一六三頁。このような事実は、普通選挙を求める運動史という観点から見たとき、極めて興味深い事実である。収入が少なく教育を受けていないために文字が書けないということが、(支配者・富裕層から)制限選挙を正当化する理由にならないからである。他県や諸外国でもこのようなことが行なわれていたのかどうかを調べることは、価値があるように思われる。
(6)前掲・『不屈の系譜』四二三頁。
(7)『資料4』一三九頁。
(8)一九四二年五月二日付鹿児島日報夕刊二面。
(9)『資料5』一一一頁参照。
(10)一九四二年一〇月一四日付朝日新聞朝刊二面。
冨吉は、以前、こう述べたことがある。「虐げられたるもの、迫害の下に苦しまされた勤労大衆が、自覚して自己階級解放のため立ち上らんとする時、法が如何なる動きをなすかを見のがしはて(ママ)ならない。私はかゝる不合理が存続する限り闘はねばならない」(『大衆新聞』一〇号一九三六(昭和一一)年一一月二五日――松永氏所蔵)。今回の、翼賛選挙そのものに対する無効訴訟提起は、まさに現実型の闘士たる冨吉の面目躍如たるものがあると言えるだろう。
(11)一九四二年三月三〇日付鹿児島日報朝刊三面。ただし、人物名は書かれていない。
(12)一九四二年四月三日付鹿児島日報朝刊二面。

(13) 映画については、一九四二（昭和一七）年三月七日付朝日新聞朝刊四面に大政翼賛会が映画を作成した旨の記事がある。なお、同年四月八日付朝日新聞夕刊二面も参照。

(14) 原口の得票数について、三月二三日付朝日新聞一面は「八七五八票」と報道しているが、これは誤植であろう。三月二三日付鹿児島日報一面および三月二四日付毎日新聞（大阪）一面は、「八四五八票」と報道しているのである。今井「翼賛選挙」三五頁は、おそらく朝日新聞のみを見て、当選者は八七〇〇票以上で当選した旨を書いているが、私たちは、毎日新聞（大阪）および各市町村別の得票数まで詳細に選挙結果を報道している地元の鹿児島日報（三月二二日付二面に川内市と伊佐郡の結果が、三月二三日付一面にその他の町村の結果が報じられている。）を採用して、八四五八票とした。

第五章　他の選挙区の状況と二つの大審院判決

第一節　長崎第一区

前にも触れたように、翼賛選挙の効力に関しては、鹿児島二区以外の選挙区についても、当局による選挙妨害があったため無効ではないかという点について訴訟となっており、そのうち長崎一区と福島二区については、昭和一八年一〇月二九日に大審院第二民事部より有効の判決が下されている。この翼賛選挙の有効性をめぐっては、今日、鹿児島二区無効判決の他、この二つの判決しか読むことができないわけであるから、大審院の態度を知る上で、長崎一区と福島二区の判決についても検討しておく必要がある。そこで、先ず初めに、長崎一区の状況について確認する。

長崎一区は、長崎県長崎市、島原市（第二〇回総選挙時までは、南高来郡島原町）、諫早市（第二〇回総選挙時までは、北高来郡諫早町）、西彼杵（そのぎ）郡、南高来（たかき）郡、北高来郡、対馬島によって構成される、有権者数およそ一四万人、定員五人の選挙区であった。

この地には、西岡竹次郎がいた。西岡竹次郎は、一八九〇（明治二三）年、長崎市に生まれ、長崎市と対馬島を地盤とし、一九二四（大正一三）年の第一五回衆議院議員選挙以来、六回連続当選、戦後は長崎県知事を二期務めた人物である。二十代のとき、いわゆる「普選運動」に身を投じ、西岡の名は世間から知られるようになっていた。一九二四年には『長崎民友新聞』を創刊し、デモクラシーを基調とした論陣を張っていた。この新聞は、一九四二（昭和一七）年七月二四日に東條内閣が閣議決定した全国新聞社整理統合方針によるいわゆる「一縣一紙」政策により[1]、西岡は抗したものの、他紙との統合を強行され、『長崎日報』に統合されてしまう。これらのことからも推測され得るように、西岡は、翼賛選挙時には落選させる必要がある人物であった。前から触れている一九四二年二月の「衆議院議員調査表」においても、冨吉栄二と全く同様に、西岡は「丙」に位置付けられ、立候補した場合の当落予想は「当」であった[2]。すなわち、「時局認識薄ク徒ラニ旧態ヲ墨守シ常ニ反国策的・反政府的言動ヲナシ又ハ思想的ニ代議士トシテ不適当ナル人物」であるが、長崎市での支持状況からして当選すると考えられていたわけである。

当然のことながら、翼賛選挙のとき、西岡は翼賛協議会によって推薦されなかった。そこで、当局による選挙妨害を受けることとなった。そのときの様子は、西岡と、これまた現職で非推薦候補となって落選した本田英作の両名による選挙無効及当選無効の訴訟の訴状、およびそれに附属書類として提出された西岡の手記[3]から知るしかない。もちろん、これらは訴訟の一方当事者の主張に過ぎないわけであるから、そのことは一時も忘れてはならないわけであるが、しかし、十分、参考に値する資料であろう。それらの資料と、西岡の伝記の記載を併せ考慮すると、次のような選挙妨害があったようである。

先ず、西岡側の二人の人物、すなわち、選挙事務に精通していた田中丈平氏と選挙事務長として予定されていた古閑貞雄氏の二人が三月三〇日に拘引され、四月二四日にようやく釈放されている[4]。そして、当の西岡も、四月七日に東京を発って八日に長崎駅に降り立ったとき、告示前の選挙違反容疑で拘引される[5]。結局、釈放されるのは四月一八日夜一二時であり、選挙公報も収容された刑務所内から提出することを余儀なくされている。(6)その他、西岡側の関係者が警察に留置されたり、運動員や投票立会人も開票立会人もおらず、演説会は一回も開けないといったことが書かれている。(7)そして、西岡の伝記には、長崎県総務部長で翼賛選挙を推進した岡田包義氏（長崎県第一区選挙長であり、被告の一人である。）が、選挙後に視察で長崎に来た松野鶴平氏に、西岡を落選させるためにあらゆる努力を払った旨を語り、それを松野氏は後に西岡に語ったということが書かれている。(8)長崎県知事であった平敏孝氏を始めとする当局側が、西岡を落選させ、推薦候補五名を当選させるために尽力していたことが推察される。

もう一つ、当局側の妨害目的と考えられる論拠を挙げることができる。前段で指摘した、西岡が告示前の選挙違反容疑で拘引されたというこの事前運動による選挙違反事件は、長崎地方裁判所で有罪（昭和一七年九月二一日）、長崎控訴院でも罰金三百円の有罪判決が出ていた（昭和一八年六月二三日）が、大審院第一刑事部（久保田美英裁判長）は、昭和一九年三月一三日に、原判決は重大なる事実誤認によるものであるとしてこれを破棄し、無罪を言い渡している。一九四四（昭和一九）年三月一四日付長崎日報三面の報道するところによれば、(9)久保田裁判長以下判検事五名が長崎に出張して、長崎控訴院において一月二六日から二九日まで実地検証および多数の証人の訊問をなし、さらに二月二八日、大審院において公判開廷されたという。なお、田中丈平、古閑貞雄両氏にも無罪判決が出された。従って、この三人の拘引は、やはり選挙妨害が目的であった可能性が極めて高いのである。事実認定まで行なって無罪判決を出したこの大審院判決は特筆されるべきである。

選挙結果は、伊吹陸軍大佐を最高点とし、推薦候補五人が当選し、西岡は次点であった。ただ、鹿児島県での結果と大きく異なる点は、最下位当選の則元氏が一万四千余票、次点の西岡が一万一千余票であり、三千票差まで迫っていることである。市井の選挙民に対する妨害は少なかったか、あるいは有権者の西岡に対する根強い支持があったから（あるいは、その両方か）と考えられる。実際、長崎市では西岡が七八四三票を得て、トップなのである。しかし、他の非推薦候補は散々な結果であった。いずれにしても、選挙妨害があったと考えられ、西岡と本田は、選挙無効の訴訟を提起する（昭和一七年五月二八日）。両名の訴訟代理人は、岩田宙造（貴族院議員）、山根篤両弁護士が務め、第一区選挙長および五名の当選人が被告で、この六名の訴訟代理人は（他の訴訟と同様）清瀬一郎弁護士が務めている。この訴訟と福島第二区の無効訴訟が、第二民事部にて審理されることとなるわけである。

次に、昭和一八年一〇月二九日の長崎一区に関する判決の内容を確認したい。すなわち、大判昭和一八年一〇月二九日民集二二巻二一号一〇三八頁である。[10] 最初に、「事実」の所で原告側主張と被告側主張を要約した上で、「理由」の所で原告側の主張に対して次のように述べる。[11]

「單ニ選擧ニ關係アル官公吏カ或團體ノ推擧スル候補者ノ爲メニ選擧運動又ハ選擧干渉ヲ爲シタリトノ一事ヲ以テ直ニ該選擧ハ選擧ノ規定ニ違背シテ行ハレタリト爲シソレヲ理由トシテ其ノ選擧ノ當然無效ヲ云爲スルノ當ヲ得サルハ明瞭ナリ」。「蓋シ斯クノ如キ見解ハ現行衆議院議員選擧法ノ解釋トシテ之ヲ採用スルノ困難ナルハ多言ヲ要セサル所ナルノミナラス萬一斯カル解釋ニ從フトキハ實際上ニ於テモ選擧アル毎ニ其ノ效力ニ付疑義ヲ生スルヲ免レス」。「延ヒテ選擧訴訟ノ頻發ヲ誘致シ常ニ選擧ノ結果ヲ不安ナラシムル虞尠シトセサレハナリ」。「若シ原告等主張ノ本旨ニシテ上述ノ如キ不當ナル解釋ノ範圍ヲ出テサルモノトセンカ斯クノ如キ請求原因ヨリシテハ到底選擧無效ノ判決ヲ招來スルニ由ナク從テ又選擧ノ無效ヲ理由トスル當選無效ノ判決ヲ得ントスルモ到底不可能ナリト云ハサルヘカラス」。「卽チ本訴請求ハ……其ノ請求自體ニ於テ既ニ理由ナキニ歸シ棄却ヲ免レサルモノトス」

これを読む限り、官公吏がある団体の推薦する候補者のために選挙運動・選挙干渉を行なっても「選挙ノ規定」違背とならないのは明瞭であって、原告の主張は請求自体において理由がないため棄却を免れないということである。これは、選挙が無効となる場合について定める衆議院議員選挙法八二条一項の「選挙ノ規定」の意味に関する当時の通説と関係している（第九章第一節で詳しく述べる）。従って、このあたりで判決文を終わらせても良かったはずである。ところが判決文は、民集でまだ三頁も続く。

「翻テ稽フルニ選擧ニ關係アル官公吏カ其ノ地位乃至勢力ヲ濫用シ一定ノ議員候補者ノ當選ヲ期スル目的ヲ以テ計画的ニ連アル諸般ノ選擧運動竝ニ選擧干渉ヲ展開シ而カモ該運動竝ニ干渉ノ激甚ナル殆ト競争候補者ノ當選ヲ不可能ナラシムル程度ニ及ヒタルカ如キ場合ニ在リテ斯カル選擧ヲ以テシテ尚自由公正ニ行ハレタル公選ナリト强弁スルノ不當ナルハ論ナク從テ斯カル選擧ノ效力ハ之ヲ否定セサルヲ得サルコト選擧カ形式上選擧ノ手續ニ違背シテ行ハレタル場合ト毫モ選フ所ナシ」。「サレハ前記選擧法第八十二条ニ所謂選擧ニ關スル規定ニ違反スル場合ト謂フ中ニハ仮令外形上選擧手續ノ遵守ニ於テ間然スル所ナキ場合ト雖モ前記ノ如ク選擧事務ニ關係アル官公吏カ其ノ關係區域内ニ於テ選擧運動乃至選擧干渉ヲ爲シ其ノ結果甚シク選擧ノ自由公正ヲ害シ殆ト公選ノ趣旨ヲ没却セシメタルカ如キ場合ヲモ包含スルモノト解スルヲ相當トス」

そして、本件事案について考察する。「本件選擧ニ於テ原告等ノ主張ニ係ル選擧運動乃至選擧干渉ト認ムヘキ行為ノ一部カ或程度〔県知事〕及其ノ部下ノ警察官吏竝ニ〔長崎市長〕ニ依リ行ハレタル事跡ヲ認メ得サルニアラサルモソレカ前記ノ如ク選擧ノ結果ニ異動ヲ及ホス程効果的ナリシモノトハ到底思考シ難」い。

「却テ本件選擧ノ結果卽チ被告伊吹外四名ノ當選ハ本件選擧ニ際シ行ハレタル啓蒙運動乃至倫理化運動ノ効果トシテ選擧民ノ間ニ浸透セル現下ノ重大ナル時局ノ認識ニ由来スル所モ亦尠カラサルモノアルヲ認メサルヲ得ス」。しかしながら、「選擧倫理化運動ノ域ヲ超ヘテ原告等主張ノ如キ不当ナル計画的統一的運動乃至干渉ヲ指令シタルモノアリトノ心証ヲ惹クニ足ル証拠」はない。「前説示ノ如キ稍々過度ト認ムヘキ選擧運動又ハ選擧干渉ハ寧ロ當時……清新强力ナル議會ノ建設ニ熱中スルノ余其ノ運動ノ方法ニ於テ選擧倫理化運動ノ域ヲ逸脱スルニ至リタルモノニシテ其ノ行動カ選擧訴訟上選擧ノ無效ヲ招來スル程度ニ於テ行ハレタルコトヲ認ムルニ足ル証左」は充分ではない。こうして、請求棄却の判決となったわけである。

この判決について、簡単に論評を加えるとすれば、次のようになるであろう。官公吏がある団体の推薦候補のために選挙運動・選挙干渉を行なったとしても、それだけでは選挙の規定違反にならないから、選挙無効ということにはならない。しかしながら、選挙干渉が選挙の自由公正を害して公選の趣旨が没却されるぐらいに至った場合には、選挙の規定に違反するとして無効となり得る。本件では、選挙干渉がそのような程度には至っていないわけである。この判決を下す裁判官の立場に立ったとき、次点候補者が最下位当選者と三千票差まで迫っていることを十分考慮したことであろう。長崎一区の選挙が、当局による不当な干渉によって結果が歪められたのではないかとの疑いを、裁判官も持ったことは間違いないであろう。だからこそ、「選擧ノ當然無效ヲ云爲スルノ當ヲ得サルハ明瞭ナリ」との判示部分だけで終わりにすることはせずに、推薦候補五名の「當選ハ本件選擧ニ際シ行ハレタル啓蒙運動乃至倫理化運動ノ效果」であることを指摘する文章を付け加え、選挙の自由公正を害し、公選の趣旨を没却するような場合には無効となり得ることを判示することで、鹿児島県の無効訴訟を審理している別の民事部に、事件毎の自由な判断を可能にさせたと考えることができるであろう。長崎一区および福島二区の事件で裁判長を務めた矢部克己判事（第二民事部部長）が吉田判事と同日付で辞めたのは（第九章第二節参照）、実はなにがしかの関係があると解することもできるのかもしれない。ただし、論証は困難である。

表2　長崎一区（定数五）

	投票日	各候補者の得票数	
第一九回総選挙	昭和一一・二・二〇	西岡竹次郎	二三三四九
		倉成庄八郎	二二一三一
		馬場元治	一七五三三
		中村不二男	一四八三九
		本田英作	一〇一九七
		向井倭雄	九八三一
		池田安蔵	八一六四
		犬塚卯作	一五五一
第二〇回総選挙	昭和一二・四・三〇	馬場元治	一九三六九
		西岡竹次郎	一七一二六
		倉成庄八郎	一三九五〇
		中村不二男	一三五一九
		太田理一	一三三七〇
		則元卯太郎	九五七〇
		今村　等	四七九九
		木内豊昭	二四〇七
		犬塚卯作	二〇八〇
		北村重盛	一五二四
第二一回総選挙	昭和一七・四・三〇	伊吹元五郎	二三九九三
		馬場元治	二〇五五四
		木下義介	一七四〇二
		中瀬拙夫	一五七〇八
		則元卯太郎	一四一八六
		西岡竹次郎	一一一五五
		太田理一	二四〇三
		本田英作	一五一六
		犬塚卯作	六三八

（衆議院事務局発行の選挙結果より）

第二節　福島第二区

次に、福島二区の状況について、福島県全域の状況にも留意しながら検討する。

検討に入る前に、最初に述べておかなければならないことがあり、それは、福島県においては、一九四二年から終戦の頃までの資料が少ないということである。郷土資料を最も多く所蔵していると考えられる福島県立図書館には、福島の地方紙である「福島民報」のマイクロフィルムがあるが、戦争中のものは、欠号が多い。そのため、本稿のテーマを検討するにあたっても不明な点が多いことを断っておきたい。

福島二区は、福島県若松市、岩瀬郡、南会津郡、北会津郡、耶麻郡、河沼郡、大沼郡、東白川郡、西白河郡、石川郡、田村郡によって構成される、有権者数およそ一三万人、定員五人の選挙区であった。

この地にも、前掲「衆議院議員調査表」で「丙」と位置付けられ、しかも立候補した場合の当落予想が「当」である人物がいた。中野寅吉がそれである。[12] 中野寅吉は、一八七九（明治一二）年、大沼郡に生まれ、若松市、南会津郡、北会津郡、大沼郡を地盤とし、一九二〇（大正九）年の第一四回衆議院議員選挙で初当選し、戦前に四回、戦後は二回当選した人物である。小樽日報社では石川啄木と机を並べて仕事をしたが、啄木を殴り、怖くなった啄木が退社するということまで起こしている。議場においてヤジを飛ばすことで有名で、「蛮寅」という渾名までついていた。[13] しかし中野は、長崎一区の西岡、そして鹿児島二区の冨吉のように選挙で圧倒的に強かったわけではなく、当落を繰り返している。今回、選挙運動の際は、様々な妨害を受けたであろうが、選挙運動終了時の各候補の事務長の談話が掲載されている記事によれば、中野の事務長であった佐瀬三郎氏は、演説会は七四回にわたって行なった旨を述べている。[14] この記事の理解（特に信憑性）に関して慎重になる必要はあろうが、鹿児島県や長崎県の事例ほどは妨害を受けていないのではあるまいか。

選挙結果は、推薦候補五人が当選し、中野は次点であった。ただ、ここでも、鹿児島県での結果と大きく異なり、かつ長崎一区の結果に近い点は、最下位当選の唐橋氏が一一四五二票、次点の中野が一一〇九三票で、三五九票差まで迫っていることである。一区と三区に目を向けると、いずれの選挙区においても、推薦候補が一人落選し、その代わりに非推薦候補、つまり一区では加藤宗平氏、三区では星一氏が当選している。とりわけ一区では、落選した推薦候補は、最下位当選した非推薦の加藤氏に七四〇〇票近くも及ばないという結果であった。

むしろ、福島県では、推薦候補の選考過程に注目して良いように思われる。実は、翼賛政治体制協議会の県支部による推薦候補者は、各選挙区一名超過の計一四名であった。これは、県支部の推薦候補銓衡会の委員の意見が一致しなかったことが理由である。具体的には、一区では加藤宗平氏（伊達郡梁川町長、県議）が、二区では岩崎光衛氏（若松市、弁護、士県議〔ママ〕）が、三区では太田秋之助（相馬郡石神尊重、県会副〔議長〕――囲み字は筆者（矢澤）の推測）が含まれていた。[15] これら一四名が内申されたが、翼賛政治体制協議会は、四月二日の銓衡委員会で、上記加藤、岩崎、太田の三氏をはずして、一一名の推薦候補を決定したわけである。[16] 三区の太田氏は、一旦立候補した後に辞退しているが、[17] 一区の加藤氏は当選したわけである。上述のように、三区では非推薦候補の星氏[18]が当選したわけであるから、これら一連の流れから推せば、福島県においては、翼賛政治体制協議会から推薦候補を決めるよう命じられたものの、それぞれの町村毎にやはり馴染みの候補者がいるわけで、自分たちの候補者に投票しようという動きを翼協側は十分に制御できなかったと考えられよう。

選挙中に、どのような「啓蒙運動」が行なわれ、非推薦候補に対してどのような妨害があったのかについては、大審院判決の原告側主張の部分を除き、ほとんど資料がない。しかもそれは、あくまでも一方当事者の主張に過ぎない。ただ、三区において当選した星氏の子息である作家の星新一氏が『資料5』の付録である「資料日本現代史月報」に寄せた一文「父と翼賛選挙」に、「弁士中止」と注意されたとか尾行がついたといった話が僅かに出てくるだけである。では、以下、判決の検討に入ることとする。

先ず、原告となった選挙人の松田札吉氏が何者であるかが不明である。訴状によると、東白川郡石井村字上石井の人物であり、①「大東亜戦争ハ推薦候補ノ当選スルコトニヨリ始メテ完遂セラルベキモノナリトノ誤レル宣伝ヲナシ候補者ニ対スル国民ノ純正ナル判断ヲ誤ラシメ」、②「非推薦候補ヲ以テ反逆候補ト誣ヒ、之レヲ支持スル有権者ヲ非国民ト呼ビ、愛国心ニ燃ユル戦時下国民ノ投票心裡ヲ歪曲セシメ」、そして③非推薦候補の「選挙運動ニ対スル取締極メテ公平ヲ欠キ有権者ヲ恐怖セシメ非推薦候補者ヲ支持スル事ヲ躊躇セシメタ」ことの三点を指摘し、「斯カル不自然ナル雰囲気ヲ急造シテ施行セラレタル選挙ハ到底其ノ効力ヲ認ムル」ことはできないとして、選挙無効の訴訟を提起している。[19] 今となっては、中野または落選した候補者の林平馬氏もしくは大越軍三氏の支持者であったのではないかとの推測しかできない。[20] 訴訟代理人は、古島義英氏が務めている。被告は福島県第二区選挙長（訴訟提起時は野村儀平氏、その後、柏木輝雄氏が受継）で、訴訟代理人は清瀬一郎氏と「外一名」が務めている。

次に、昭和一八年一〇月二九日の福島二区に関する判決の内容を確認したい。すなわち、大判昭和一八年一〇月二九日民集二二巻二一号一〇五五頁である。最初に、「事実」の所で原告側主張と被告側主張を要約した上で、「理由」の所で次のように述べる。

衆議院議員選挙法八二条の「選擧ノ規定ニ違反スル場合トハ啻ニ選擧ノ管理執行ニ關スル規定違反ノ場合ノミニ限ラス其ノ餘ノ規定違反ヨリ延テ選擧ノ自由公正ヲ阻害スルニ至ルカ如キ場合モ亦之ヲ包含スルモノト解スルヲ相當トス」。「蓋シ選擧ノ自由公正ニ執行セラルルコトヲ期シタルハ選擧法ノ精神ナリト謂フヘ」きである。「故ニ例ハ〔選挙事務関係官吏らの選挙運動禁止規定および職権濫用に依り選挙の自由を妨害した官吏らに対する刑事制裁を定める規定〕違反ノ結果一般選擧人ヲシテ或候補者ニ投票セシメス其ノ候補者ノ當選ヲ不能又ハ著ク困難ナラシメタルモノトセンカ當該選擧ヲ以テ選擧法ニ從ヒ適法ニ執行セラレタルモノト目シ難ク卽チ斯ル選擧ハ〔八二条〕ニ所謂選擧ニ關スル規定ニ違反シタルモノニ該當スヘキコト多ク疑ヲ容ルヘカラス」

そこで、判決は、本件事案について考察する。証拠を綜合すれば、選挙事務に関係ある官吏らは「翼賛議會ノ確立ニ對スル國民ノ政治的意欲ヲ積極的ニ喚起昂揚セシメ以テ明朗ナル翼賛選擧ノ實現ヲ期センカ爲啓蒙運動ヲ展開シ若クハ選擧ノ倫理化ヲ宣示强調セルトコロ」、翼賛壮年団員らの活躍の影響を受けて二区の「選擧人ノ一部ニ対シテハ所謂推薦候補者ニ投票セサレハ到底大東亞戰爭ノ完遂ヲ期シ得サルカ如キ氣運釀成セラレ之カ爲若干選擧人ノ投票心裡ヲ左右シタル事實ハ之ヲ看取シ得サルニ非ルモ敍上證據ニ依ツテハ未タ本件選擧ノ結果ニ異動ヲ及ホスノ虞アル程度ニ於テ一般選擧人ノ自由公正ナル判斷力ヲ阻害スルニ至レル事實ヲ明認スルニ足ラス」。そして、「本件選擧カ……元來推薦候補者全部ヲ當選セシムル政府ノ計画ニ基キ單ニ形式上選擧ラシキ眞似ヲ爲シタルニ過キサル事實ハ到底之ヲ肯認スルニ由ナキモノトス」。こうして、請求棄却の判決となった。

この判決について簡単に論評を加えるとすれば、次のようになるであろう。長崎一区の判決文と比べるとかなり短めであるが、構造は同じであり、八二条の「選挙ノ規定」の解釈に関しては広く捉える立場を表明し、県側に対して若干の批判をしつつも、証拠不十分という理由で請求を棄却していると理解できる。加えて、今回の選挙が形式上選挙らしき真似をしたに過ぎないという原告側主張に対しては、明確に否定することで、政府の非はないことを表明していると言えよう。ただ、その解釈に際して、選挙が自由公正に執行されることは選挙法の精神であることを指摘している点は重要であろう。また、結論に関しては、やはり、①次点候補者が最下位当選者にかなり迫っているという選挙結果、②一区と三区では非推薦候補が当選しているという事実、この二点を裁判官が十分考慮したのは間違いないはずである。大審院第二民事部の裁判官にも当然、何らかの政府からの圧力があったはずである。第二民事部としては、仮にこの翼賛選挙に批判的な裁判官がいたとしても、担当した事案が福島二区と長崎一区であったが故に、八二条の「選挙ノ規定」の解釈問題で広めの解釈を明言しておくだけで、政府の方針に反する判決をしないで済んだというのが実情なのではなかろうか。

表3　福島二区（定員五人）

	第二〇回総選挙		第二一回総選挙	
投票日	昭和一二・四・三〇		昭和一七・四・三〇	
各候補者の得票数	八田宗吉	一八五五七	牧原源一郎	一七八七七
	仲西三良	一六一五八	助川啓四郎	一七一四八
	助川啓四郎	一五四九三	仲西三良	一五〇五一
	中野寅吉	一五三〇二	神尾　茂	一三五九八
	林　平馬	一四四二七	唐橋重政	一一四五二
	湊　季松	一三〇四〇	中野寅吉	一一〇九三
	岩崎光衛	九二九九	林　平馬	一〇五〇四
	小島智善	六九四〇	荒木武行	六七六一
	荒木武行	三四六一	大越軍三	五二二二
			（三上秀雄）	

（衆議院事務局発行の選挙結果より）

第三節　鹿児島第一区、第三区他

鹿児島一区と三区についても、無効訴訟が提起されている。

鹿児島一区は、鹿児島市、鹿児島郡、揖宿郡、川邊郡、日置郡、熊毛郡によって構成される、有権者数およそ一一万九千人、定員五人の選挙区であった。この選挙区は、最下位（五位）当選者と次点の候補者との差は、約八三〇〇票であった。一位当選者と最下位当選者との差が二〇三六票であるから、推薦候補五人がほぼ同数の票を獲得したことになり、ほぼ均等の区割りが成功を収めたように推察される。この選挙区については、訴状とその添付書類[21]以外に、妨害の様子等が分かる客観的資料は見つかっていない。原告となったのは宇留島千早氏と慶田茂氏の二名で、訴訟代理人は所弁護士一名であった。原告の両者はいずれも候補者で、宇留島氏は三二〇票、慶田氏は三八二三票で落選であった。

鹿児島三区は、鹿屋市、肝屬郡、大島郡によって構成される、有権者数およそ六万七千人、定員三人の選挙区であった。この翼賛選挙において、後に自民党の幹事長、副総裁、最高顧問まで務めることになる二階堂進氏が鹿児島三区から立候補している。これは、二階堂氏にとって初の国政選挙であった。結果は、非推薦候補であったため、僅か二〇五〇票で落選している。鹿児島三区の無効訴訟の原告は、次点となった非推薦候補の山元亀次郎氏（得票数、四五五九票）一名のみであるから[22]、二階堂氏は訴訟に加わっていない。しかしながら、二階堂氏は、一九八六年一月に日本経済新聞の「私の履歴書」を担当し、薄田知事と面会して立候補の決意を伝えると、自由候補は当選できない選挙であると宥められた話から始まって、選挙運動の各種妨害の話など、当時の様子を記している。[23] この証言からも、鹿児島県では、薄田知事の指揮の下、全県下で推薦候補への投票の働きかけおよび自由候補への妨害が行なわれていたことが推察される。ただ、その程度に関しては、あくまでも結果からの推定に過ぎないが、二区が最もひどかったのは確かであろう（資料4参照）。やはり、社会大衆党系の冨吉がいたからと考えるのが自然であろう。

第三区の訴訟代理人は、ここでも所弁護士が務めている。結局、所弁護士は、鹿児島の三つの訴訟すべての訴訟代理人になったのである。[24]

鹿児島一区と三区についての判決は見つからない。私たち筆者は、それぞれ、あらゆる資料を見ているが、それでも判決文は見つかっていない。そもそも判決が出されたのかすら不明である。この二つの訴訟に関しては、便宜上、第二区の訴訟とまとめて第八章で論じることとする。

この五つの選挙区以外の訴訟としては、三重第一区の選挙無効訴訟と、福島第三区の選挙運動費用超過による当選無効訴訟が提起されたという記録が残っている。[25] 三重一区の訴訟は、選挙人の小貝弘氏が提起したが、「要旨捕捉シ得ズ（原告ハ電波狂ノ如シ）」とされていて、これ以上の記録はない。おそらく「却下」であったか、仮に判決が出されたとしても、あっけなく請求棄却となったのであろう。福島三区の訴訟は、選挙人の小野礼一氏が星一氏を相手取って提起したもので、本章注（18）で触れたが、そこで述べたように顚末は不明である。

（1）これは、東京府は五紙、大阪市は四紙、名古屋市は二紙（なるべく一紙にする。）、福岡市は三紙（朝日、毎日を含む。）、その他の各道府県は一紙とすることを内容とするものであった。

(2)『資料4』一三一頁。
(3)『資料5』九〇頁以下。
(4)『西岡竹次郎　中』三三三頁以下および三三九頁以下、『資料5』九九頁（西岡の手記）。
(5)『西岡竹次郎　中』三四〇頁。
(6)『資料5』九九頁以下（西岡の手記）。
(7)『資料5』一〇〇頁（西岡の手記）、『西岡竹次郎　中』三四三頁。
(8)『西岡竹次郎　中』三五一頁。
(9)一九四四（昭和一九）年三月一四日付朝日新聞三面にも、西岡無罪ということが、ごく簡潔に載っている。
(10)この判決が出たことについては、一九四三年一〇月三〇日付長崎日報夕刊二面に、本県の翼賛選挙は正当と認められたとの記事がある。
(11)「理由」の所では、先ず最初に、訴訟技術的な問題として、選挙訴訟と当選訴訟の併合が可能か否かが論じられ、それは可能であって、本件訴えは適法である旨が述べられているが、この議論は取り立てて論じる意味があるとは思われないので省略する。
(12)『資料4』一三五頁。福島県で、「丙」で「当」という人物は中野だけであった。
(13)中野については、会津高田町誌編纂委員会編『会津高田町誌』（福島県大沼郡会津高田町、一九六六年）九五五頁以下、福島民友新聞社編『福島百年の人びと』（福島民友新聞社、一九六八年）四一八頁、三枝利光『20世紀ふくしま傑物伝』（財界21、二〇〇一年）二六五頁（高瀬喜左衛門語り）等参照。
(14)一九四二年五月一日付福島民報二面。
(15)一九四二年四月一日付福島民報夕刊一面。
(16)一九四二年四月三日付福島民報一面。
(17)一九四二年四月一六日付福島民報一面。ここには、太田氏の声明文も掲載されている。
(18)当選した星一氏は星製薬株式会社の創業者であり、星薬科大学の創立者である。さて、この星氏の当選に関しては、選挙費用が法定額を超過しているとの理由による当選無効の訴えが提起されているが（『資料5』一一九頁以下）、顚末は不明である。

(19)『資料5』一〇九頁以下。市町村別の選挙結果からは、石井村では、助川氏と仲西氏に票が配分されていたことが推察される。牧原氏と唐橋氏の得票は〇票である。

(20)石井村では、中野の得票は一票、第一六回総選挙のときから五回連続当選の前職林氏の得票は七九票、新人の大越氏の得票は八二票（もう一人の落選候補者荒木氏の得票は〇票）であったから、数字上は、林氏または大越氏の支持者である可能性が高いのであろう。

(21)『資料5』一〇一頁以下。

(22)『資料5』一〇四頁以下の鹿児島三区の訴状より。

(23)特に、一九八六年一月一八日付日本経済新聞二八面、同月一九日付同紙二四面。この連載を単行本化した二階堂進『己を尽して——私の履歴書』（日本経済新聞社、一九八六年）では、八九頁以下。

(24)どのようないきさつで所弁護士が三つの選挙訴訟の訴訟代理人となったのかは、不明である。

(25)『資料5』八六頁以下。

第六章　第三民事部の裁判官

第一節　はじめに

第六章では無効判決を下した大審院第三民事部の裁判官たちに光を当てる。翼賛選挙の話題から些か外れるようにも見えるが、そうではない。鹿児島二区の訴訟を審理し、判決を下すに当たっては、当局側からの有形・無形の圧力があったと考えられる。こうした事情から、担当した五人の裁判官について、とりわけ裁判長を務めた部長の吉田久について、その経歴を追いながら、戦時中の裁判官の様子、さらには大審院の様子を探ることで、無効判決だけでなく戦時司法論についても考えるための示唆を得ることができるのではなかろうか。以下、第二節において吉田久について論じ、第三節において残る四人の陪席裁判官について論じることとする。

第二節　吉田久

一　吉田久の系譜

吉田久（よしだひさし）の経歴について、筆者（清永）は主に二〇〇六年から二〇一〇年にかけて資料を収集するとともに、複数の遺族や交流のあった人たちから聞き取り調査を行なった。いずれも、清永『気骨の判決』（新潮新書）の執筆を動機とするものであったが、原稿量の制約と一般向けという著作の性質上、吉田久個人の経歴については、盛り込めなかった事柄も多い。そして、証言や資料からは、戦前の司法官の一典型を見ることができるほか、遺族や関係者の証言も戦時中の裁判官の様子を伝える貴重なものが多い。そこで、取材のために収集した資料や関係者の証言を元に、前掲書には盛り込めなかった本人の経歴や人柄などを可能な範囲で紹介しつつ、吉田の生涯をたどっていくのが本節の狙いである。以下、本節で「遺族」とある場合、三男の吉田耕三氏のことである。

吉田久について、その履歴を記した資料はまとまったものとして三点ある。

そのうちの第一が、一九四〇（昭和一五）年の『大日本司法大観』(1)である。顔写真とともに生年月日と出生地、それに最終学歴から司法官試補後の官歴が細かに書かれている。ただ、当然のことながら一九四〇年以降の記載はない。

二点目は、一九六八年から六九年にかけて「中央大学学報」に前後編として掲載された「わたしのこしかた」である。吉田が亡くなる二年前であり、遺族の話によればこの直後から本人は胃を悪くして病臥が続いていたため、事実上、最晩年の回顧録といって差し支えない。「わたしのこしかた」の記述については、上記新書を出版するにあたって基礎資料となったため、可能な範囲で資料や遺族への聞き書きを元にいわゆる「裏を取る」作業を行なった。その結果、思い違いと見られる事実関係の食い違いはいくつか見られたが、おおむね信頼できる資料と判断できた。

しかし、この回顧録については苦学や戦時中の圧迫など、自身の苦労についてはあまり書かれておらず、遺族からの聞き取りで分かった内容が非常に多い。その一方で大部分を選挙無効訴訟の判決文の全文紹介に費やしている。一見不可思議なこの構成については、判決原本が焼失したと考えられ、六八年当時、この判決を活字で誰もが読むことのできる公刊資料が存在しなかったことを考えれば、吉田が自分の経歴よりも、選挙無効の判決文を誰もが読める形での活字資料として残すことを優先したということであろう。原告側訴訟代理人を務めていた所龍璽氏が判決正本を保管しており、吉田はその複写を持っていたと見られることから、これを元に転記したと考えられる。

写真２　吉田久（貴族院正装）

回想に多数の紙面を割いて自らの判決文を掲載したことからも、吉田の無効判決に対する思い入れの強さは十分に推察が可能である。この後記述する吉田久の経歴の基礎情報としているのが、この回想である。

第三に、一般的な人物紹介とともに、編年体で吉田の経歴を詳細に記したものとして『岡保村誌』がある。[2] この中で村にゆかりがある人々の経歴が紹介されており、吉田の欄もある。概略は外部の人間が記したと考えられる。

二　生まれてから裁判官になるまで

吉田久は一八八四（明治一七）年八月二一日に福井市佐佳枝上町に生まれている。父久蔵は同所で八百屋を経営していた。母「とえ」は福井県吉田郡岡保村の出身であった。なお『岡保村誌』には吉田がしばらく岡保小学校に通学していたと記されている（六八五頁）。ただし、「わたしのこしかた」には「父の山気は八百屋の主人をもって甘んずることができず、わたしが三才の時、店を仕舞って東京へ出た」と記されており（前編二〇頁）、合致しない。この後には、箱根で粗相をして母を困らせたという具体的なエピソードが盛り込まれており（同頁）、ここは吉田自身の記述を信用する方が良さそうである。

なお、青山墓地にある吉田家の墓には一族の名も記されており、父の吉田久蔵は大正一四年九月三日没と記され、母のトエ（回想と違いカタカナ表記である）は昭和九年一月八日没と書かれている。両親の遺骨も同じ墓に埋葬されているようである。

一八八七（明治二〇）年、上京した吉田の一家の転居先は、麹町区一番町一三番地の岩佐病院の隣であった。ここで久蔵は人力車業を始めている。この麹町区一番町一三番地は現在の港区三番町五番地付近にあたる。地下鉄半蔵門線の半蔵門駅に近く、大きな区画整理が行なわれていないため、当時の地区の形を今もそのまま残している。吉田が住んでいた場所は現在の大妻中学・高校から精糖会館付近と見られる。

吉田が移り住んだ当時の周辺地域を当時の地図からたどる。一区画離れた富士見町一七番地には山県有朋の広い邸宅があり、現在は靖国神社の一部となっている競馬場を渡ったところには木戸孝允の家がある。吉田の家にもっと近いところでは、同じ一番町の二〇番地に井伊直憲（彦根藩元藩主で伯爵、直弼の子息）、二四番地に小出英尚（丹波園部藩元藩主で子爵）など明治の元勲や高級官僚がこの周囲に集まっていた。吉田自身も近隣に三井家があったことや、珍田捨巳（外務次官、伯爵）の娘が同級生で交流があったことを記している[3]が、当時の地図で見ると、吉田の記述通りに自宅の周辺に三井邸や珍田邸がある。吉田の父がここに居を置いたのも、明治の富裕層が人力車を利用することを当て込んだためだったと考えられる。実際に吉田は当初について「輓子も数人置いて相当に業績も上がったようであった」と記している[4]。吉田の父が福井からどのような情報を得て、この当時の高級住宅地に居を定めたのかは分からないが、目論見は当たったといってよい。

ここに暮らしたことは吉田にとっては別の効果をもたらした。知識層や富裕層の子息との交流である。この地で吉田は近所に住む武林無想庵（一八八〇～一九六二）に勉強を教わったのである。武林家は一番町にあった写真館であり、武林はその家の養子であった。吉田は若かった武林の家に毎日のように遊びに行き、勉強を教えてもらったと記しており、「有難いことであったと感謝の思いにひたっている」と記している[5]。福井から出てきた少年にとっては、後に大きな影響を与えたと考えられる。

しかし、久蔵は明治二八年に日清戦争で陸軍病院の看護卒として中国に赴く。この結果、吉田の安定した暮らしは失われ、不在中は生活苦に陥って麹町区内を転々としたと記されている[6]。翌二九年に久蔵は無事帰国するが、人力車業で再び成功するはずもなく、一家は福井に引き上げることになる。

福井に戻った一家は駅前にバラック同様の店を建てて駄菓子類を商い、旅客の休憩所を設ける。吉田は夜間に「明道学舎」という学校に通いながら、家計を助けるために福井地方裁判所検事局で「雇」として働くようになる。これが吉田が法曹界に触れることになったきっかけと見られる。雇とは戦前の裁判所における雇用形態の名称であり、官吏に正式に任命するのではない。裁判所毎に直接、雇用されたことからきた言葉であると考えられる。

さて、検事局で「小僧」呼ばわりされていたであろう吉田は、毎日、検事局の幹部や裁判官の姿を間近に見ることになる。やがて彼は、「東京に出て法律専門学校に入り、国家試験を受けて、司法官となり、一家を維持」したいという希望を抱くようになった。[7] そして一九〇三（明治三六）年、一九歳の時に吉田は父母の反対を押し切って、一人上京してくるのである。この時の上京は、生活の糧について全くの目算がないまま、ただ大審院を訪ねていき、その場で再び雇の職に就いたというのが、遺族から伺った話である。

裁判所の雇をしていて後に裁判官になった人物としては渡辺好人（後、東京高裁判事）がいる。[8] 渡辺は吉田と同様に学歴としては高等小学校卒で、独学で弁護士試験に合格する。なお、渡辺は一九三九（昭和一四）年に戦前の法曹一元化の動きで裁判官に推挙されて判事になっているのであり、それまでは弁護士として活躍していた。従って、純粋に裁判官となり、さらに大審院部長にまで上り詰めたのは、吉田の他にはいなかったと思われる。

初め吉田は、大審院に勤めながら和仏法律学校（現、法政大学）の夜学に通う。しかし、数ヶ月で東京法学院（現、中央大学）に移った。これは司法官になるためには昼間の授業を受ける必要があると自身が考えたためである。このために、大審院から弁護士の柴崎守雄の事務所で住み込みで働くことになった。仕事は午前中であり、午後から学校に通うという生活を続けている。

吉田が東京法学院の専門科を卒業するのは七月である。日露戦争が続く中、世情は混沌としていた。卒業後の同年秋に、吉田は判事検事登用試験を受験している。

三　戦前の司法官制度

ここで戦前の司法官の試験制度について簡単に触れておきたい。裁判官になるための試験制度は、一八八四（明治一七）年の判事登用規則から始まっている。この制度では判事となる前に「御用掛」に任用された。これは、その後の「司法官試補」であり、現在の「司法修習生」に繋がる地位である。

吉田が試験を受けた当時は、「判事検事登用試験」であった。試験は合計三回ある。明治三八年、つまり吉田が受験した年から予備試験が導入されており、論文と外国語が試験科目であった。それに合格すると本試験、つまり第一回試験であり、科目は五教科、口述試験三教科であった。これに合格すると司法官試補に任命され、裁判所や検事局で一年六ヶ月実地修習を行なった後、第二回試験に合格することが必要になる。

これとは全く異なるコースもあった。それは帝国大学の法科を卒業することなどである。当時はこれで予備試験および第一回試験を免除されて、無試験で司法官試補となることができた。この特典は一九二三（大正一二）年まで続いている。

当時の帝国大学は、地方の秀才が入学できるものと考えられがちだが、実際に帝国大学に入るためには旧制中学、旧制高校というレールに乗ることが一般的であり、子どもをこれだけの期間、働かせずに学業に専念させることができる家庭は、当時の社会情勢では極めて少数派であった。逆にこうしたレールに乗ることができないものの、向学心がある人間は、吉田のように私立の学校に通うことになった。一方は無試験、もう一方は高倍率の判事検事登用試験というのは、一見すると不公平であり、極端な国立大学偏重という側面を持ちながらも、登用試験において苦学の秀才を司法官として掬い上げる役割もまた持っていたのである。

では、無試験で司法官試補になる帝大卒の裁判官が無能だったかというとそんなことはなかった。[9]確かに、私学の出身者は、全体としてみれば要職の人数が圧倒的に少ない。それでもこの時代、私立の学校を卒業した人材であっても、優秀であれば門戸を開き、司法官試補となれば官吏として高等官待遇の月給を支給した当時の制度は、今日から見てもっと評価されてよいのではあるまいか。

吉田は、日露戦争が終わって間がない一九〇五(明治三八)年一一月にこの判事検事登用試験第一回試験に合格する。遺族の話によれば、吉田はともに合格した学友たちに誘われて、祝賀と称して吉原に出かけたが、吉田一人は法律書を開いて待合室に座り込んだままで、結局お座敷には入っていかなかったという笑い話が残っている。

自身は合格時について、「合格の通知を受け官報を見たときは天にも登る心地がした」と記している。[10]このとき吉田が見た官報は、官報六七二二号(明治三八年一一月二五日)であった。ここには第一回試験及第者名簿が記載されている。写真3として、次頁に掲げる。

吉田はこの及第者名簿で「福井縣平民　吉田久」として兵庫県平民の中村周蔵に次いで二番目に記されている。吉田は試験結果を次席であったと述べているが、[11]実はこの記載順が成績順であるかどうかは分からない。また、ここに記された三九名を見てみると、このうち三二名が平民であり、士族は七名に過ぎない。なお、同日の官報には弁護士試験の及第者も一四名掲載されている。こちらも士族は三人だけで残りの一一人は平民である。吉田と同じように、苦学をしてきた者が多く含まれていたのであろう。

なお、この判事検事登用試験の及第者として記された人々、つまり吉田の同期の人々はその後どのような経歴を歩んだのであろうか。ここでは、一九四〇（昭和一五）年の『大日本司法大観』が参考となる。一九三九年一一月の時点でなお裁判官の職にあるのは、三九人中、吉田を含めて僅か七人しかいない。他

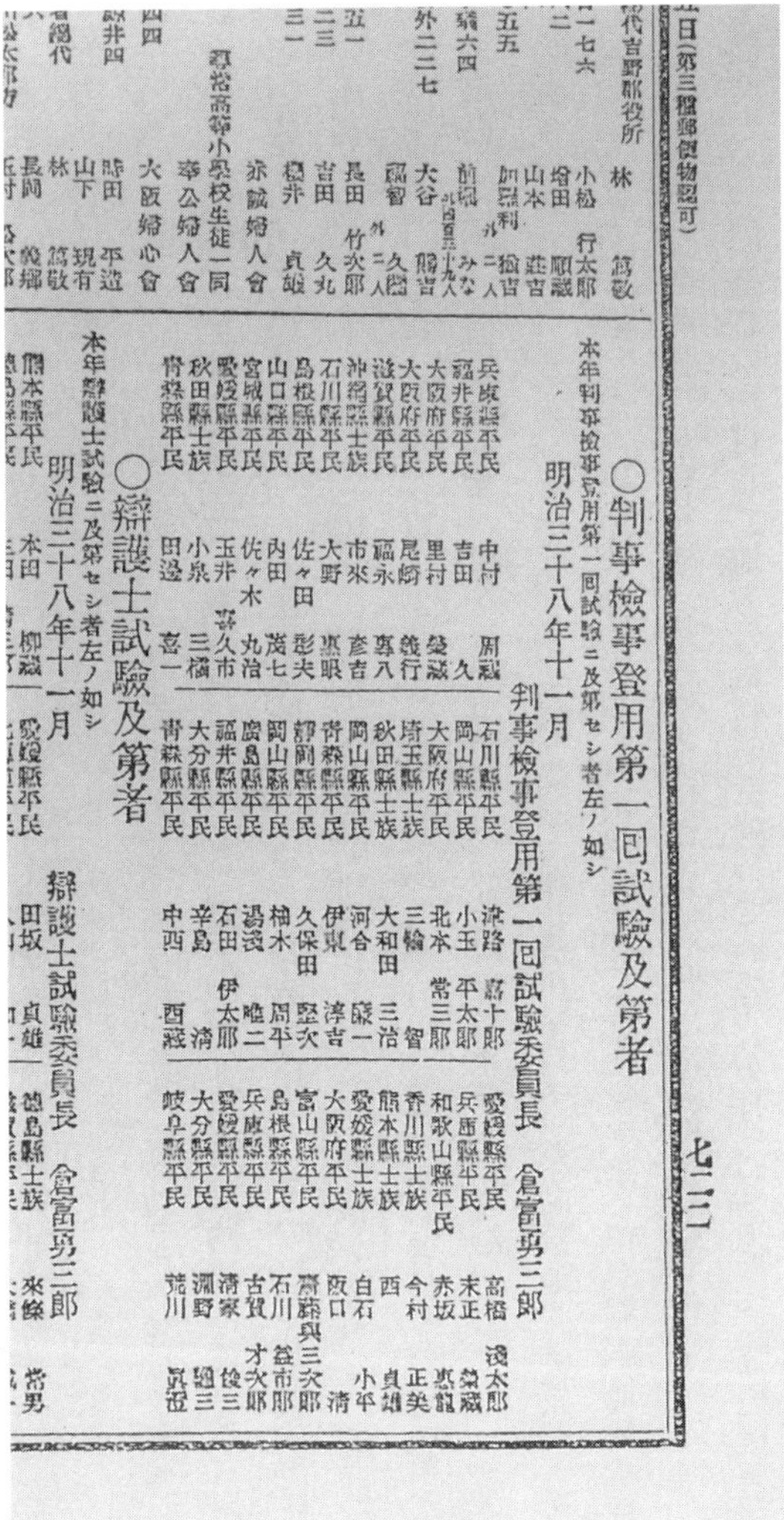
七二二

○判事檢事登用第一回試驗及第者

本年判事檢事登用第一回試驗ニ及第セシ者左ノ如シ

明治三十八年十一月

兵庫縣平民	中村　周藏
福井縣平民	吉田　久
大阪府平民	里村　榮藏
滋賀縣平民	尾崎　義行
大阪府平民	福永　專八
沖繩縣士族	市來　彥吉
石川縣平民	大野　黙眠
島根縣平民	佐々田　彰夫
山口縣平民	内田　茂七
宮城縣平民	佐々木　丸治
愛媛縣平民	玉井　喜久市
秋田縣士族	小泉　三橋
青森縣平民	田邊　喜一
石川縣平民	津路　嘉十郎
岡山縣平民	小玉　平太郎
大阪府平民	北本　常三郎
埼玉縣士族	三輪　智
秋田縣士族	大和田　三治
岡山縣平民	河合　盛一
青森縣平民	伊東　淳吉
靜岡縣平民	久保田　堅次
岡山縣平民	柚木　周平
廣島縣平民	湯淺　唯二
福井縣平民	石田　伊太郎
大分縣平民	辛島　清
青森縣平民	中西　酉藏
愛媛縣平民	高橋　淺太郎
兵庫縣平民	末正　榮藏
和歌山縣平民	赤坂　惠龍
香川縣士族	今村　正美
熊本縣士族	西　貞雄
愛媛縣士族	白石　小平
大阪府平民	阪口　清
富山縣平民	齋藤　與三次郎
島根縣平民	石川　益市郎
兵庫縣平民	古賀　才次郎
愛媛縣平民	清家　俊三
大分縣平民	澗野　[illegible]
岐阜縣平民	荒川　[illegible]

判事檢事登用第一回試驗委員長　倉富勇三郎

○辯護士試驗及第者

本年辯護士試驗ニ及第セシ者左ノ如シ

明治三十八年十一月

熊本縣平民	本田　柳藏
愛媛縣平民	田坂　貞雄
德島縣士族	來條　常男

辯護士試驗委員長　倉富勇三郎

写真３　官報 6722 号 722 頁（部分）

はすでに、裁判官または検察官を辞めているのである。七人の中で大審院判事を務めているのは、吉田久と北本常三郎の二人だけである。

北本は一八八三（明治一六）年生まれ、大阪市の出身で関西法律学校（現、関西大学）を卒業して判事検事登用試験に合格している。経歴を見ると、裁判官になって以降、昭和九年まで岡崎区裁、名古屋地裁、名古屋控訴院、と名古屋を中心に赴任して、名古屋地裁の部長まで務めている。その後、札幌控訴院の部長を経て、鳥取地裁の所長を務め、一九三七（昭和一二）年に大審院判事となった。これが初めての東京の勤務であり、司法省の経験もない。なお、北本は吉田より一年年上であるが、一九四〇年七月二八日に第三刑事部の部員判事のまま死亡したので（刑集一九巻一四号の氏名表参照）、部長にはなれなかった。

この他の五人はそれぞれ次の通りである。大野恵眼（和仏法律学校卒）が高松地裁所長。古賀才次郎（京都法政大学（現、立命館大学）卒）が高松地裁検事正。石田伊太郎（和仏法律学校卒）が熊本地裁所長。阪口清（関西法律学校卒）が宮崎地裁所長。小泉三橘（法政大学専門部卒）が弘前区裁検事である。

吉田を除くと、その経歴は一貫して地方の裁判所を廻っている。そして定年近い時期になって地裁の所長を務める、というコースが最も一般的なようである。大半がすでに裁判官を辞めているのも、栄達が望めない中で頻繁に転勤を繰り返されることが理由の一つになっていることが考えられる。

なお、この『大日本司法大観』を見ると、この時点では東京控訴院の判事には私立大学卒業の裁判官もいるが、裁判長である部長はすべて東京帝大と京都帝大で占められている。

ここではあくまでも吉田の同期という僅かなサンプルではあるが、司法省は帝大卒の他にも同じように門戸を開いていたとは言え、判事検事登用試験の及第者が帝大卒の者と公平に扱われていなかったことが窺われる。中には林頼三郎[12]のように検事総長、大審院長、司法大臣まで務めた人物もいるものの、吉田が大審院部長まで出世したことが異例であったことは明白であろう。

一九三九（昭和一四）年に大審院判事となった吉田は最初、第一民事部で陪席判事を務め、翌年第三民事部に移って部長となる。

四　吉田の日常

さて、吉田のいた大審院は開廷日が週二日であった。ただし、吉田自身は中央大学や神奈川大学の講師を務めていた。さらに、遺族や当時、書生として吉田宅に同居していた久野修慈氏（現、塩水港精糖株式会社社長）の話では、一時は日本大学や東洋大学でも講師をしていたという。[13]このため、吉田自身は、ほぼ毎日出かけていたという。

家庭では長男から三男と長女の四人の子どもがいた。ただし、四人を生んだ妻のシズヲは一九二五（大正一四）年九月二八日に死去している。三男はまだ一歳であった。このため吉田はやむを得ず三男を横浜に暮らす弟の弘の元に養子に出した。遺族または書生だった久野修慈氏の話では、弟の吉田弘氏は横浜で新聞記者をしており、現在の神奈川新聞の前身となる新聞の社長までしていたという。神奈川新聞の前身は複雑で複数あるため、どれが吉田弘の関係した新聞であるかの確認は取れなかった。妻を亡くした吉田の元にはほどなく盈子が嫁いでくる。

吉田自身は家の周りの掃除など自分で行ない、風呂に入るとハンカチ、白手袋などを自分で洗っていたという。元々苦学していたこともあり、家事は自分でしていたというが、妻を亡くしたことで、身の回りのことはすべて自分で行なうという習慣が身に付いていた。遺族によれば、教授時代のことだが、カバンを持って車を運転するはずの書生が寝坊していれば、全く知らぬ顔でカバンを持って路面電車で出かけていったという。自分の息子に意見をしたいときや説教をしたいときには、色紙に「努力」や「辛抱」などと書き記して渡していた。それが唯一の教育らしい教育だったという。家では謹厳でありながら不器用でどこかユーモラスな側面を持っていたようである。

遺族によれば、吉田の印象について物静かであるというだけでなく、またやや暗い印象も受けたという証言もある。さらに、典型的な学究肌であり、静かに思考することを好んで声高に議論することは嫌ったという声もある。家族を行楽地へ連れて行くようなことはなく、日曜日も自分の研究をしていたという。このため遺族は、「ほかの家族がうらやましいと感じることもあった」と話している。

さて、翼賛選挙訴訟を受理し、審理を行なっていた当時について、「まことに苦心をした。まさに命がけの仕事であった」と語っている[14]ほかには、次のような言葉がある。

「その当時はずいぶん苦労しました。直接、間接な圧迫がありましたなあ。東条首相がサーベルをならして、裁判所を回って歩いたし、むろん憲兵も動きました[15]」

しかし、官憲による監視や妨害について、これ以上の具体的な証言はない。これについては、戦後、遺族や久野氏が吉田本人や妻の盈子から聞いた話が残っている。盈子を除く家族は、吉田が選挙無効訴訟を担当していたことすら知らず、戦後になって雑誌やテレビで取り上げられるようになって初めて知ったのだという。

こうした証言によれば、自宅から出る吉田を特高警察と見られる男が尾行することがあったという。さらに、自宅でのいわゆる宅調の際に、書類を受け取りにきた書記を尾行することもあったのだという。さらに、吉田が講師をしている大学にもついていき、講師の控室にも入り込んだことがあったという。これらは動向監視というよりも、嫌がらせもしくは圧迫という目的であったと考えられる。

また、判決直前には自宅の周りを数人の憲兵によって取り囲まれたこともあったという。このため判決日には、吉田は盈子に対して「もう、帰ってこられないかもしれない」と言い残して家を出たという。

無効判決を下した四日後に、吉田は裁判官を辞職する。これについては第九章第二節で詳しく検討することとしたい。

職場を去った吉田にとって、さらに辛い出来事が起きる。長女の稔子の死亡である。稔子は福井市の住職の元に嫁いでいた。昭和二〇年七月に福井空襲が起きる。焼夷弾によって福井市内は全市が炎に包まれ、稔子も翌日、死亡する。[16]吉田は娘の死に強いショックを受けていたという。遺族の直話によると、この時期の吉田は、庭先でじっと考え込むようにしていることがあり、周囲もこうしたときの吉田には話しかけにくいほどであったという。

五　戦後の吉田——日本自由党憲法改正要綱との関連で——

戦後の吉田はこれまで一般に、大学教授として静かな生涯を送ったという認識があった。しかしこれとは別に、吉田は戦後の早い時期に二つの役割を担っている。一つは自由党の政務調査会顧問として党の憲法改正案策定に加わったことと、もう一つは中央大学の学長代行を務めたことである。ここでは主に自由党の憲法改正要綱に関し、吉田の果たした役割について触れたい。

そもそもこれまで吉田が自由党の憲法改正要綱に携わったことについては、ほとんど論じられてこなかった。新憲法の制定に関連して、多くの憲法改正試案に関する研究書や論文があるが、翼賛選挙無効判決を書いた裁判官が特別委員に選ばれている点は注目に値する。[17]

先ず日本自由党が要綱案を発表したときの新聞記事が全体を簡潔にまとめている。

「自由党は昨年十一月以来憲法改正特別調査会を設置し、安藤政務調査会長、金森徳次郎（前法制局長官）浅井清（慶大教授）吉田久（前大審院部長）樋貝詮三（前保険院長官）呉文炳（日大学長）の六氏を特別委員とし慎重に検討中であったが、成案を得たので去る十六日の総務会にかけてこれを決定し更に二十一日午前十時から本部に総会を開き、……党議決定を見た[18]」

これを見て分かる通り、裁判官出身者は吉田だけであり元実務家としての役割を期待されたのではないかと推察されるが、ではなぜ吉田が選ばれたのかははっきりしない。

この点は回顧録の中で吉田は、「鳩山一郎先生から同志会をつくりたいからそれに参加してくれとの委嘱を受けた。政党自由党の創立であった。……わたしは承諾して学校の余暇の傍ら、自由党の政務調査会の顧問として新憲法綱領等の起案に参画した」と記されている。[19]これによれば、先ず自由党の政務調査会の顧問となったことが先にあって、それに付随して自由党の憲法改正案に参加したとも考えることができる。

そうすると、なぜ鳩山一郎が吉田に依頼をしたのかという点が疑問として残る。なお鳩山一郎には日記が残されているが[20]、戦時中に吉田久との交流は全く書かれていないようである。推察すれば、吉田の翼賛選挙訴訟無効判決を知って、親近感を抱いたということも考えられるが、裏付ける点はない。遺族や吉田の書生だった久野氏も、いつどのようにして知り合ったのかは不明とのことだった。

さて、憲法改正案を策定する委員会での具体的な議論については記録が残っていない。憲法調査会事務局には「日本自由党憲法改正要綱関係資料」が保存されているが、これにも議事録類は存在しない。特別委員の一人である浅井清は、「会議の議事録というものを全部取ってございません」と憲法調査会で述べている[21]。このため吉田がこの委員会でどのような発言を行なったのかについては、記録が存在しない。

立案の経過については、浅井清が、のちに内閣憲法調査会で質問に答えている。それによれば、全体として深く議論に関係したのは金森徳次郎と浅井の二人であり、樋貝と呉はほとんど出席していなかったという[22]。浅井は吉田に関して次のように言及している。

「裁判所の独立権、これは今の憲法とほぼ同じになっておるのでございますが、これは、この憲法改正特別調査会の吉田久氏が強く主張されたところでございまして、みんなもこれに反対意見はなかったのでございます[23]」

要綱中に含めることを吉田が強く主張したという裁判所に関する点は次の通りである。

「七、裁判所及会計検査院
一、司法権の独立を強化し、大審院長を天皇に直隷せしむ
二、大審院長の下級裁判所に対する独立の監督権を確立す
三、別に検察庁を設け司法大臣の下に置く
四、行政裁判制度を廃止し之を司法裁判所に移管し、且行政訴訟事項を拡大す
五、会計検査院長を天皇に直隷せしむ
六、大審院長及会計検査院長の任命は議会の議決を経ることを要す(24)」

浅井も言及するように日本国憲法には司法権の独立が明言されているほか、判検分離も実現している。さらに行政裁判所も廃止されて、裁判所が行政訴訟を扱うことになるという点も、この改正案の通りである。ただ、こうした自由党の要綱と実際の戦後司法の設計に何らかの関与があるかどうかは分からない。この点、吉田の意見が反映された憲法改正要綱と結果として同じ司法制度となったことについて、過度の評価はできないだろう。ここに記された判検分離や行政裁判所の廃止についても、戦後、複数の専門家から指摘されているためであり、吉田一人の意見だったわけではない。

なお、吉田のこうした活動は短期間であり、貴族院が新憲法施行に伴ってなくなると、大学に戻っていく。その後は、政治家が自宅を訪ねてきて法的な問題で助言を求めてくることはあったというが、政治との関わりはなかった。遺族は、吉田自身は政治家はあまり向いていなかったようだと話している。

吉田は、大審院を辞職してから間もない昭和二〇年五月に東京第一弁護士会に弁護士登録を行なう。戦中

戦後を通じて、事務所を設立することも特定の事務所に所属することもなく、北区滝野川の自宅を事務所として届け出ていた。

吉田は、一九四七（昭和二二）年に中央大学の教授に就任する。ところが、吉田にとって予想し得なかったことが起こる。学長の林頼三郎がパージされたのである。このため、講師だった吉田が教授になったばかりか、理事兼学長事務取扱になって突如として大学の行政職を担わされる事態となった。

しかも、当時、新制大学の設置という、吉田にとって青天の霹靂のような仕事が降ってきたのである。すなわち、当時の中央大学には付属の専門学校として「中央工業専門学校」があったが、これを大学に昇格させることになったのである。さらに総合大学を目指すためには文学部も必要だという別の理事の発案で、文学部の設置も目指すことになり、吉田は常任理事の一人として、また林が不在の中で学長事務取扱として合計五学部の新制大学として文部省の認可を求めることになる。吉田は、「有るか無しかの財源で五学部の総合大学をつくり上げるのであったから実に並々ならぬ苦労をした」と回想している。(25)

こうした仕事について遺族は、「向いていなかった」と話している。確かにそうであろう。学究を好む吉田にとっては、政治家も向いていなかっただろうが、大学行政、とりわけ文部省との折衝や根回しといった職務は、自ら望んで行なっていたとは考えにくい。

一九五一（昭和二六）年に理事を辞した吉田は、一教授に戻った。現在も現役の法学関係者の中には、この時期の吉田の講義を受けた者も多い。大学では「久（きゅう）さん」と呼ばれて親しまれていたという。(26)

その後、翼賛選挙訴訟における無効判決について、吉田久は自ら家族や周囲に語ることはなかったという。この結果、遺族は吉田の妻から簡単な事情を聞いた程度で、詳しく話を聞くことはなかった。

こうした状況が変わったのは、一九五八（昭和三三）年に毎日新聞東京本社社会部の板垣保記者が吉田の自宅を訪ねてからのことである。板垣記者は吉田や原告代理人から取材を行ない、同年五月発行の『サンデー毎日特別号』に「翼賛選挙に無効の判決」と題してその裁判の概要を掲載したのである。さらにこの記事がきっかけとなり、KRテレビ（現、TBS）で、この裁判がドラマ化されることになった。

二〇〇八年に行なった前述の久野氏に対する聞き取り調査によれば、久野は吉田がこの判決を出したことなど全く知らず、ただ元大審院判事の大学教授と思っていたという。ところが、一九五九（昭和三四）年に脚本家の大津皓一氏が吉田に面会に来たときに、お茶を二人に運んだ久野は隣の部屋に戻り、聞くとはなしに二人の話に耳を傾けたところ、そこで初めて自分の仕えている先生が大変な判決を出した人だったと知ったのだという。

テレビドラマとなることが決まったことで、吉田の家族や久野も当時のことを改めてきちんと聞くようになった。ところが吉田自身は自ら話すことをあまり好まなかったという。一度は久野が食事の時間に「判決後は先生の所にはどんな圧力があったのですか」と聞いたところ、吉田は黙り、返事をしなかったという。ただ、妻の盈子は、家族に問われると、当時苦労した話をしてくれたという。この中には判決直前に自宅周辺を数人の憲兵に囲まれたことや、言渡しで家を出る吉田が「もう、帰ってこられないかもしれない」と言い残したこと、それに鹿児島出張の直前に吉田から「自分が死んだら後はこのとおりにしてほしい」と遺言状を受け取ったことなどが含まれている。また吉田も審理の途中から特高の監視を受けていたことを家族に明かしている。

遺族直話によれば、テレビ放送当日の一九五九年五月六日、吉田は家族揃ってこのテレビを見ている。吉田は、妻を演じた女優の三宅邦子が吉田を送り出して泣くシーンで、「本当はこんなにしおらしくなかった」などと冗談を言っていたという。そして放送を終えたところで家族から、ドラマの内容はどこまで真実なのかを聞かれた吉田は、「嘘はない。全部真実だ」と答えたという。

吉田は八〇歳まで、講師を含めると四五年間も中央大学での講義を続けた。このころからたびたび胃を悪くして病臥していた。また脚も弱くなり、外出が難しくなっていたという。

六　最後に

最晩年の吉田は、嘆息しつつ「私の人生はつまらなかった」と述べたことがあったという。判決のことを知る周囲が「何がつまらないものですか」と言うと、「裁判官になったから、羽目を外すことができなかった。たまには酒を飲んで酔いつぶれてみたかったし、女遊びもしてみたかった」と答えている。このときは居合わせた人たちで大笑いしたという。

こうしてたどってみると、吉田の生涯は、日清・日露・太平洋と度重なる戦争による波乱と、その中においても変わらぬ努力の積み重ねに集約されている。しかし、吉田自身は自身の人生に別段の劇的な要素を見い出していなかったことが、前述の言葉からも分かる。本人とすれば、無効判決はあくまでも裁判官としての職務を忠実に果たしただけで、言ってみれば酔いつぶれてみるほどのドラマ性も感じていなかったのだと考えることができるだろう。

第三節　第三民事部の陪席裁判官

一　はじめに

吉田が第三民事部の部長に就任したのは、一九四〇（昭和一五）年一一月である。[27]退職は一九四五（昭和二〇）年三月だったため、大審院部長としての勤務は四年四ヶ月ということになる。この間多くの陪席判事が吉田と共に上告審の審理にあたっているが、ここでは翼賛選挙訴訟の本格的な審理を担当した裁判官に限定して、第三民事部の陪席判事の動向を紹介する。

まず提訴当時、つまり一九四二（昭和一七）年六月の第三民事部は部長判事として吉田久、部員判事として森田豊次郎、竹田音治郎、箕田正一、古川鈊一郎、代理判事として石神武蔵の計六名であった。開廷日は水曜日と土曜日とされている。[28]これが九月になると代理判事の石神が第二民事部に異動になり、第一民事部から梶田年が配属してきた。さらに翌月には竹田が第四民事部に異動し、瀬崎憲三郎が配属される。このときから、開廷日は月曜日と木曜日に変更されている。そしてさらに翌月の一一月には瀬崎が転任し、第三民事部の部員判事は森田、梶田、箕田、古川でしばらく固定している。

翌一九四三（昭和一八）年二月になって東京控訴院から代理判事として松尾實友が着任する。同年四月に箕田が異動し、六月に長崎控訴院部長だった武富義雄が判事として赴任する。これで、判決を言い渡す五人の裁判官が全員揃うこととなった。なお、この時点ではまだ松尾は代理判事であり、また、判決には名前を残していない古川も在籍している。

これらはいずれも民集に記載されている月毎の大審院判事の名簿を出典としているが、吉田が退職するまでの期間については、一九四四（昭和一九）年三月を最後に、この一覧表は姿を消す。この年から翌年（一九四五年）にかけての一覧表が存在しないのは戦争末期の混乱が理由と見られる（戦争末期に下された判決についての民集の発行は昭和二一年である点に注意）。

いずれにしても、このように戦前の大審院は全体として判事の異動がかなり頻繁であったことが分かる。大審院は最高裁判所の前身と言われるが、いったん就任したら定年まで在籍する戦後の最高裁判所とは大きく異なっている。特に部員判事と言われる陪席の裁判官は、わずか数ヶ月の在籍で移っていくなど、人によっては待機ポストのような役割も担わされていて、組織の性質としては、むしろ現在の高等裁判所に近いところもある。個別に見ていくと、意外なほど各判事のプロフィールや来歴はバラエティに富んでいることが分かり、とりわけ第三民事部については、戦後を含めて興味深い動向が見られる。

二　松尾實友

松尾實友（まつおさねとも）は『大日本司法大観』と戦後の『日本弁護士大観』に経歴が記されている。(29) それらを組み合わせると次の通りである。

松尾實友の出身は鹿児島県大島郡和泊村（現、和泊町）であり、沖永良部島である。一九二一（大正一〇）年に中央大学を卒業し、同年の判事検事登用試験に合格する。司法官試補として横浜地裁、前橋地裁などを経て、一九三五（昭和一〇）年には東京地裁の部長に就任する。その後、東京控訴院判事を経て、一九四三

（昭和一八）年に大審院第三民事部に配属される。戦後は司法研修所の所長を務め、大審院判事を最後に退官し、弁護士となる。

松尾については、二〇〇八年、甥にあたる松尾實介氏から話を聞くことができた。本項で「遺族」とある場合、この實介氏を意味する。遺族から松尾の経歴について伺ったところによると、小学教員検定試験に合格し、一九一六（大正五）年、宮崎師範二部を卒業している。また、四十代の若さで福井地裁所長となり、司法研修所の初代所長から大審院判事となっている。

断片的なものだが、この経歴を補うものとして松尾の遺族の元に自筆年譜の一部がある。これによれば小学校の訓導をしていたことが分かり、特筆すべきは宮崎県の宮崎尋常高等小学校だけでなく、東京でも京橋区（現、中央区）の京華尋常小学校の訓導をしながら中央大学に通っていたことが判明する。

小学校教師から裁判官になるという経歴やその後について、遺族から伺った話を再構成すると、松尾については以下のような社会的な背景や個人としての経緯があった。

松尾が出生した沖永良部島和泊は、明治時代、島を出て本土で栄達を遂げることを希望する若者たちも多く、学業が優秀な者、あるいは野心を持つ者は、次々と本土へ渡って行った。松尾が学校の教員を志したのもこうした動機であったと見られる。松尾の家庭は貧しく、宮崎へ渡り、宮崎県師範学校（現、宮崎大学）の夜間部を卒業した。

その後は宮崎で教員をしていたが、司法官になることを希望して学校を辞め、上京して小学校で教員をしながら中央大学に通った。この間、なぜ松尾が教師の職で安住せずに司法官を目指すようになったのかは分からない。しかし、小学校の教員をしながら中央大学に通い、判事検事登用試験に合格した松尾は、東京を中心に昇進を重ねている。遺族も「仕事は出来る人だったようです」と話している。

私学出身者で判事検事登用試験に合格して裁判官になった司法官の経歴は、前節三で見た通り、一般には東京から離れた裁判所を転々とするケースが多い。このことから考えると、松尾は私学出身者としてはかなり恵まれた出世コースだったことが分かる。

特筆すべきは東京地裁の部長を務めているのが昭和一〇年ということである。これは松尾がまだ三九才と三十代であり、帝大出身者に匹敵する出世の早さである。それだけ松尾が高く評価されていたことが窺われる。

その交友は戦時中の裁判官の中では、いわゆるリベラル派と言われる人たちと近かった。一九四三（昭和一八）年二月には、『法律新報』紙が企画した座談会に東京控訴院判事として出席している(30)。この出席者は、丁野暁春、根本松男、河本喜与之(31)、三野昌治（東洋大学第二五代学長）、正木旲といった人々である。このうち丁野、根本、河本は戦後の最高裁発足時に細野長良を中心とする細野派として活動した中心人物であり、三野などはいわゆる東京控訴院分科会事件(32)で分科会の開催要望書を提出したメンバーである。

写真４　松尾實友

この座談会のうち松尾が翼賛選挙訴訟について語っている部分を引用する。

「わたしは斯う思ふ。先刻の福田さん〔司会者〕の戦時型裁判といふことについてだが裁判所で扱はれる事件は国民の実生活の一面そのものである以上、事案の内容に時局色がにじみ出て來ることは當然である。裁判は事案に対する裁判所の率直な解答であるから其の意味では裁判にも時局色を帯びて來ることは免れぬ、だが併し乍ら之れは『斯くある』といふ面から見てのことであつて『斯くあらねばならぬ』といふ命題の下に扱はるべき問題ではなからうと思ふ。福田さんの戦時型といふ意味が若し後者としてのことであつたらあたしは断じて否とお答へしたい世の中の進みと共に法律も裁判も進まねばならぬ国家の動きや国民生活の現実といふものを無視した裁判であつてもならぬけれども併し乍ら若し裁判官が猫の眠（ママ）の様に変り移つて行く政治や、国民に或強ひをなす権力や勢力に無反省に和して行くことを以て御奉公の一面だと心得たり、時局向の忠実な態度だと考へたりする様だつたら、それこそ大変だと思ふ。今日の様に国民挙つて非常時を叫び人々の心がそわ〳〵してゐるときには冷静泰然たるべき裁判官もつい引き入れられて識らず〳〵のうちに衆と共にさすらひをせぬとも限らぬ。時局と深い関係を持つ選挙関係の訴訟などについては殊更この反省が必要と思ふね[33]」

この発言の後も丁野、根本、河本らは松尾の意見に同調する発言を行なっているが、いずれも、戦時中であっても司法はその独立を守り、時局とは一線を画すべきだという論調である。昭和一八年という時期を考えれば、松尾に限らず、彼等の言葉はいずれも勇気ある発言と言ってよい。そして、松尾は内心においては確実に翼賛選挙に批判的であったと推察される。

松尾は戦後も彼らと行動を共にしている。丁野や河本と相談の上、岩田宙造[34]司法大臣の家に、たびたび訪

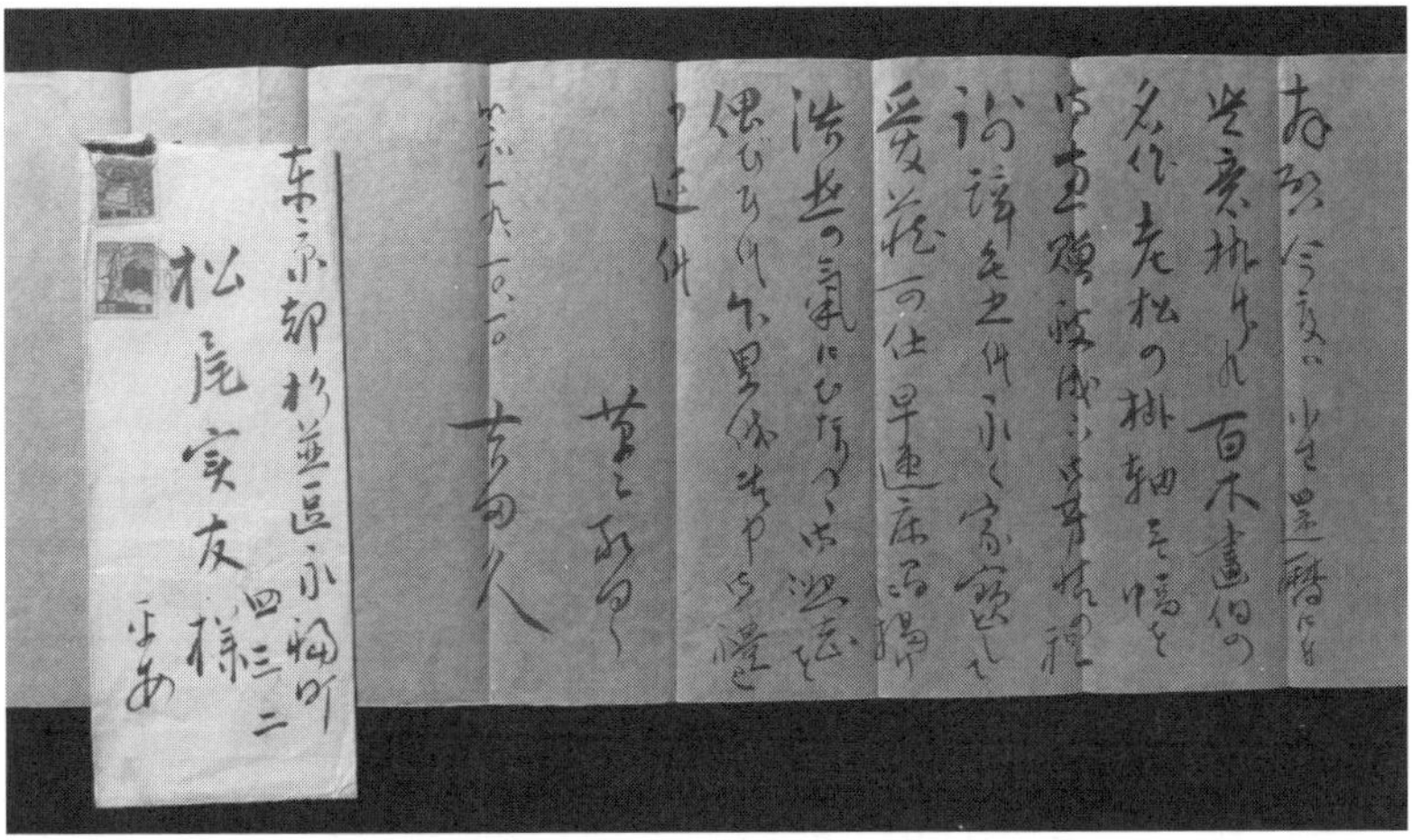

写真５　吉田久から松尾實友に宛てた手紙

れて司法改革の必要性を話し合っている[35]。さらに、河本の回想では、松江地裁所長として転出する丁野とともに、短期間で東京に戻すという大臣の約束で福井地裁所長となり、実際に二ヶ月ほどで司法研修所の所長に就任している。これに加えて丁野もほどなく大審院判事となって東京に戻ったことから、当時秘書課長だった河本が、人事を壟断していると非難を受けることとなる[36]。

こうしたことから、松尾はいわゆる細野派の一員であったか、あるいは一員と極めて近かったことが分かる。松尾は一九四七（昭和二二）年に裁判官を辞めて弁護士登録を行なっているが、これも細野派が敗れて新たな最高裁が発足したことで、これまで順調に出世していた松尾もまた、今後の栄達が望めなくなったことが理由と考えられる。なお、ここに出てくる丁野らも同年に裁判官を辞めている。

さて、松尾の遺族の元には、吉田久からの手紙が残されている[37]。これは吉田の還暦祝いとして松尾が老松の掛け軸を贈ったことに対する、吉田からの礼状である。まことに結構なものをいただき、御礼申し上げ、家宝としたい、といった趣旨が記されている。昭和一九年一〇月一〇日の消印が、八紘一宇の描かれた切手の上に押されている。両者はそもそも同じ職場であり、まさに選挙無効訴訟の審理中であったことからも、毎日のように顔を合わせていたはずで、この手紙からは吉田と松尾の交友関係の一端が垣間見える。

遺族によると、戦後、弁護士としての松尾は、有楽町に事務所を構え、多忙であった。また、作家の吉川英治の顧問を務めている。遺族の元には吉川英治からの裁判に関する手紙や文書が残されている。遺族によると、松尾は最初、吉川の民事事件で相手方の代理人だった。しかし、法廷で松尾が訥々と語る弁論の姿に、法廷で聞いていた吉川が感銘を受け、相手方だったにも拘わらず、その後、顧問の就任を依頼したという。翼賛選挙無効判決を書いた判事の一人が、「翼賛選挙の誓」を書いた吉川の顧問を務めるというのも奇妙な縁である。

昭和三〇年代に松尾は大腸癌を患い、その後も入退院を続けた。子どもはおらず夫婦二人だけの暮らしで、晩年は病臥が続いていた。そして、一九六三年三月二日に六七歳で亡くなっている[38]。

なお、遺族に取材したところ、松尾の生前、この選挙無効訴訟については全く聞かされていなかったという。ただ、遺族の元には鹿児島での出張訊問時の写真が残されているほか(第七章)、当時、沖永良部島にいた遺族らの元に、理由が書かれないまま、「今、仕事で鹿児島に来ている」という旨の郵便が届いたことがあったという。

調査した範囲においては、選挙無効訴訟について書き記したものはない。

三　武富義雄

武富義雄（たけとみよしお）については、二〇〇七年に、次男である武富潔氏に取材することができた。以下、本項において「遺族」とあるは、この潔氏のことである。

毎号の民集の判事一覧の記載によると、武富が第三民事部に着任したのは、一九四三（昭和一八）年六月であった。判決を言い渡す第三民事部の五人の判事のうち最後の配属である。同年に実施された鹿児島での出張訊問には、残されている写真に姿がないことや、着任時期からみて参加していないと考えられる。翼賛選挙訴訟には帰京後間もない時期に箕田正一[39]の後任として審理に加わったと考えられる[40]。

経歴は、『大日本司法大観』[41]および遺族の作成した経歴書をあわせると次の通りである。

写真６　武富義雄

一八九〇（明治二三）年一月に佐賀県七浦村[42]（現、鹿島市）飯田二一番地に生まれる。実家は造り酒屋で長男であった。父親は息子が酒屋を継ぐことを望んだが、幼少より頭がよく、第五高等学校を経て大正五年に東京帝大法科を卒業する。東大に進むときには、「酒屋に学問はいらない」という父親に頭を下げて進学の許しを得たという。その後は神戸地裁、長崎控訴院判事を経て、昭和九年に福岡地裁の部長を務め、昭和一四年からは長崎控訴院の部長に就任する。

子息の潔氏によれば、武富は静かでどちらかというと口べたであり、黙々と仕事をするタイプだったという。その一方で上司にお世辞を言うような行為を嫌っており、「裁判官は法廷での審理のみに全力を傾けるべきだ」という考え方であった。毎朝、起きると井戸の水を頭からかぶり、それから論語の素読を行なうのが日課であった。転勤のときにはトラック一台分の専門書があるほどの勉強家であった。

当時、長崎控訴院の判事の一部は「佐世保捕獲審検所」の判事を兼務していた。これは戦時中に拿捕された船が適正な手続きを経ているのかどうか審理する組織である。国内では佐世保の他に横須賀にもあり、横須賀では東京控訴院の判事が兼務していた。

このため長崎控訴院は、現在の福岡高裁よりも特殊な役割を担っていた。この審理のために武富はシンガポールや香港などに長期間出張することもあった。潔氏らは長い出張から帰った父親から異国の話を聞くことが楽しみだったという。

プライベートで武富は落語や歌舞伎を好んでいた。長崎の自宅の客間には個人宅には当時まだ珍しい蓄音機があり、棚には買い集めた落語や歌舞伎のレコードが多くあったという。また大学時代には寄席に通うことが楽しみの一つで「(三代目) 小さんの落語を聞いた」と話していたという。

その武富は、長崎控訴院に転勤したとき、院長として三宅正太郎、さらにその後任として草野豹一郎と知り合う。遺族の話によれば、両氏はともに地道に仕事に取り組む武富の姿に感心し、仕事の上でも高く評価するとともに、ともに公私にわたって親密なつきあいがあったという。

その後、大審院判事として東京に転勤になり、一九四三(昭和一八)年六月に第三民事部に着任する。大審院判事として転勤したとき、武富は最初、新宿矢来町の草野豹一郎の自宅の一部を家族で間借りして暮らしていた。遺族によれば、当時の草野の家は広大な屋敷であったという。これまた遺族の話によれば、この時期には、潔氏は父親の武富から寄席へ連れて行ってもらい、古今亭志ん生や桂文楽、三遊亭圓生の落語を生で聞いている。

一九四四（昭和一九）年頃のことと推測されるが、武富一家は草野の家から今度は滝野川の吉田久の自宅に住むことになる。

吉田は以前から逗子に持っていた別荘に一家で（当時長男、次男ともに出征、三男は養子先から同じように出征、長女稔子は結婚していたため自宅には夫婦と女中しかいなかったという。）引っ越していた。吉田の家に武富が住むようになった経緯は分かっていない。自分の部下のために自宅を明け渡して、自分は不便な逗子へと引っ越したことになる。潔氏はこの転居で板橋区の府立第九中学校に転入するが、吉田が身元引受人になってくれたという。

この家で武富一家は再三にわたる空襲に見舞われる。一九四五（昭和二〇）年三月一〇日の東京大空襲では滝野川周辺の被害は比較的少なかった。ただ、潔氏は東の空が真っ赤になり、その明るさのため手の指が数えられるほどだったと話している。滝野川が被害を受けたのは五月二四日と翌二五日の空襲だった。吉田の邸内には防空壕が作られていて、一家が逃げ込んでいると無数の焼夷弾が降る音が聞こえたという。滝野川周辺も文字通り焼け野原になるが、幸いにして吉田の家は一区画手前の道路で焼け止まり、焼失を免れている。戦時中は滝野川周辺には軍需産業や町工場が集中していた。このために工場が主に狙い撃ちされていたという。

無事に焼け残った家で、武富は戦後も生活を続ける。しかし、終戦時頃から体調を崩すようになった。それまで続けていた朝起き抜けに井戸の水をかぶることも、論語の素読もやめてしまった。それでも勤務を続けていたが、一九四六（昭和二一）年二月に水戸地方裁判所の所長に就任する。だが、病身で所長の仕事を続けることはできず、着任してまもなく大洗海岸病院に入院して療養を続ける。そして僅か約二ヶ月後の五月一日に急性肺炎のため死亡する。五六歳であった。

武富は地方での勤務が長かったためか、松尾のように細野派の中に名前が出てくることはなく、また反細野派の中にも登場しない。その性格から、こうした派閥の争いには興味を示さなかったとも考えられる。

武富は死去するまで、（裁判官としてある意味、当然のことかもしれないが）自分が担当していた翼賛選挙訴訟について家族にも漏らすことはなかった。遺族は判決文に名前が記載されていたことも今回初めて知ったが、「子煩悩であったため家族を心配させるようなことは話さなかったのではないか」と話している。武富は日記もなく、雑文その他で戦後に感想を述べることもなかった。このため、書き記したものも存在しない。

ただ、遺族によれば、戦時中、何かの折に「翼賛選挙は汚い選挙だ」と武富が吐き捨てるように語ったことがあった。武富はどちらかと言えば無口であり他者や時局に対して悪口を言うこと自体がほとんどなかっただけに、この強い口調の言葉を意外なこととして覚えていた。これが選挙無効訴訟に関すると思われる、武富の唯一の肉声である。

四　梶田年

可能な範囲での調査を行なったが、梶田は肉親の所在が判明せず、人柄などを直接聞くことはできなかった。

梶田年（かじたみのる）は、一八八八（明治二一）年、愛知県東春日郡に生まれる。大正二年に東京帝大法科を卒業し、神戸地裁部長などを経て、大正一二年には領事として青島に勤務している。その後、東京控訴院部長などを経て、昭和八年に大審院判事となる(43)。梶田は学究肌の裁判官で、戦前より論文を執筆したり、『陪審制の新研究』（清水書店、一九二七年）、『改正商法総則論』（法文社、一九四一年）を始めとして何冊か書籍を発行している(44)。戦後も『新憲法釋義』（法文社、一九四六年）を上梓している。

吉田の退職後には大審院の刑事部で部長を務めた後、福岡（長崎とする記述もある）控訴院で院長を務め、その後、裁判官を退職する。発足間もない参議院で司法専門調査委員を務めるが、一九四八（昭和二三）年六月一六日に心臓麻痺で死亡している(45)。

写真７　梶田年

梶田については、経歴の上での一つの特徴がある。それは日本法理研究会との関連である。日本法理研究会については、後に詳しく触れることになるが（第十一章第二節三）、元司法大臣の鹽野季彦らが中心になって設立した団体である。その論理は「法道一如」を掲げ、西洋の法学、とりわけ英米法の影響からの脱却を掲げ、「大東亜法秩序」を築くことを目的としていた。そのためか、日本の侵略行為を法的な側面から正当化する役割を担っていた。戦時中、研究者だけでなく多くの司法官がこの研究会に参加していた。

梶田は日本法理研究会の機関誌となった法律新報の中で、「經濟統制法令の基本概念」という論説を合計九回、連載で受け持っている。[46]これは法律の解説であり、文中ではとりたてて戦争を正当化する言説を用いていない。しかし、機関誌となった法律新報で連載を行なっていることから、梶田は研究会では活発な活動をしていたのであろう。

なお、選挙無効判決の末尾によれば、梶田は出張中で、言渡しの際に不在であった。梶田が日本法理研究会に積極的に加わっていたことを考えれば、意図的に署名を避けた可能性も否定できない。国家と軍部を支えようとする研究会のメンバーとすれば、事実上の国家敗訴判決に署名しづらかったと考えられるためである。もちろん、これは仮説にすぎない。この点については、後に詳しく論じる(第九章第三節二)。

梶田はさらに戦後の新憲法の下で、司法制度の整備にも少なくない役割を果している。

先ずは一九四六(昭和二一)年六月に司法省に設けられた臨時司法制度改正準備協議会の委員に選ばれている。この準備会は「司法制度改正のための本格的な委員会の協議に資するため、その準備として司法省各局、在京各裁判所・検事局、行政裁判所、在京各弁護士会から各々案……を出し、それについて協議した」とされている。[47]ここでの議論は司法省の存廃や新憲法下での最高裁の構成、判事の数、それに下級裁判所の構成など極めて多岐にわたる。なお、大審院部長から委員に選ばれているのは梶田一人だけであった。

この中の内藤が録取した議事録を見ると、梶田は司法省について現在の名称のまま存続させることを主張している。同様の主張は主に司法省からの出席者が行なっており、東京控訴院部長の三野昌治や大審院検事の池田克のような裁判所や検事局から参加している委員が司法省の廃止を求めているのとは対照的である。梶田の主張の理由は、法案の立案や検察、行刑、保護の関係などを裁判所が行なうことには無理があり、司法省が所管する必要があるという点であった。[48]結果としてこうした主張は現在の法務省の役割とほぼ同じである。ここで協議された議論の内容は翌月に設立された司法法制審議会第一小委員会に提出されている。

さらに梶田は、この翌月、つまり一九四六年七月に設立された臨時法制調査会と、内閣が同じ月に設置した司法法制審議会でも委員を務めている。このうち司法法制審議会は会長が司法大臣の木村篤太郎であり、委員の数は設置時だけでも八三人と大所帯である。梶田はこのうち裁判所構成法、検察庁法、判事弾劾法などを担当する第一小委員会の主査となっている。裁判所構成法と検察庁法はいずれもまさに戦後の裁判所・検察庁の姿を規定する重要な法律である。梶田は主査としてこの中で司会者を務めている。記録上残っている議事概要では、梶田は司会に徹しているようであり、個人としての意見はあまり述べていない(49)。

残されている議事概要によると、この第一小委員会では、検事局の裁判所からの独立、最高裁判所の構成数、最高裁の名称、下級裁判所の設置など、まさに戦後の司法制度の基礎となる事項が話し合われている。なお、この委員会では司法修習制度を司法大臣の所管とすることや、裁判所の予算を司法省から独立させることを決めている(50)。この裁判所予算の帰属問題はその後二転三転するが、ここでは割愛する。

第一小委員会で出されたこれらの結論は、司法法制審議会の総会に諮られることとなる。この審議会には吉田久と松尾實友も委員として名を連ねている。名簿上は吉田に肩書きはなく（貴族院議員就任はこの年の八月）、松尾は司法教官となっている(51)。

なお、吉田は総会で、最高裁でも民事部や刑事部を設けるべきだという意見を述べたり、最高裁で事実審理を行なわないという委員からの説明に対して、「私見によれば必ずしも不可能とは考へられぬ。体験より率直に述ぶれば、判事の待遇を改善し、判事数を現在の半数に減少しこれによる予算を待遇改善に充当することによつて能率を向上し得る。院長を総理大臣、判事を国務大臣と同等の待遇としても、充分事件は処理出来る。違憲事件の数は左程多くはないと思ふ、事実審を扱つても負担過重とはならぬ」と発言している。[52]吉田のこの意見は採決の結果賛成少数で否決されるが、吉田自身は最高裁においても民事部や刑事部といった部を残し、事実審理も行なうという、いわば戦前の大審院に近い組織を思い描いていたことが窺われる。

また松尾は、第一小委員会で決まった司法修習制度を司法大臣の所管とする点について反対意見を述べている。自身が司法研修所の所長を務めている経験を語り、「人格的方面の指導に重点を置く」べきことを強調して、「その修習は最高裁判所に於て為すを効果的なりと思考す」と修正を求めているのである。[53]これについては、吉田も「松尾委員の意見に賛成す」と側面支援を行なっている。一方で内閣や国会に対して責任を持つ司法大臣の所管が相応しいという意見も出されるが、採決の結果、出席委員四一人中二一人というぎりぎりの過半数で、松尾の意見は認められた。[54]この結果、司法修習の所管は司法大臣から最高裁判所へと修正されたのである。

このように、審議会の中で無効判決を出した五人のうち三人が委員を務め、同じ場で議論を交わし、戦後司法の重要事項の策定に携わっていたのである。とりわけ第一小委員会で主査を務めた梶田の役割は大きかったと言って良い。審議会の総会では第一小委員会の出した結論の説明役となっているため、自身の意見を活発に述べているわけではない。それでも翼賛選挙訴訟で現地へ出張するなど、いわば同じ苦労を重ねた梶田、吉田、松尾の三人が、戦後になって微妙にそれぞれの立場を変えながら、意見を述べ合っていたことは興味深い。そして、松尾の主張により司法研修所が最高裁判所の所管となったことは、司法権の独立の観点から松尾の一つの功績と言えるだろう。

五　森田豊次郎

調査の結果、森田豊次郎も肉親の所在が判明しなかった。

森田豊次郎（もりたとよじろう）は一八八八（明治二一）年生で大正三年に東京帝大法科を卒業後、司法官試補になる。大正一三年に司法省参事官、昭和六年には名古屋控訴院の部長を務め、さらに東京控訴院部長を経て、昭和九年に大審院判事となる。[55] 前述の吉田や梶田と共に無効訴訟係属時から第三民事部に所属している。

前述の武富の子息である潔氏は、この森田と一時期、生活を共にしている。それは、森田が昭和二〇年三月の東京大空襲で自宅が焼け出され、一家で吉田久の家に間借りしていたためである。このとき一緒にいた家族は、妻と娘が一人だけであったという。

写真８　森田豊次郎

森田は、写真で見ると丸顔にロイドめがねをかけて太った体で、朗らかな印象を受ける。潔氏によると、その風貌通りの明るい人で、どちらかと言えばひょうきんな一面があったという。自宅では時折、碁盤を縁側に持ち出して、「坊ちゃん、碁を打ちましょうや」とよく誘われている。腕前は互いにシチョウアタリを読み間違えるほどのヘボ碁で、森田が待ったをすると、「裁判官ともあろう人が待ったはなかでしょう」、「うーんそうか」といった微笑ましい遣り取りもあったという。[56]

森田自身の回想などはこれまで見つけることはできていないが、彼の動きは、戦後の司法改革のうねりの中で、水面に時折、断片的な姿を見せている。

一つは、戦後の一九四六（昭和二一）年の裁判所の予算権の帰属に関する文書である。この当時は司法省と大審院の間で裁判所の予算を司法省の所管とするか、あるいは独立させて新たに発足する最高裁が持つかで争われていた。前述の梶田が主査を務めた司法法制審議会の第一小委員会でも議論が交わされている。

この予算の帰属問題について、昭和二一年一〇月の裁判官による意見書がある。「裁判所の予算を司法省より離脱せしむることを絶対に必要なりと確信するものなり」と書かれたこの意見書に、森田は大審院判事二九人の一番最初に署名捺印をしている。[57]

結末としては周知の通り、裁判所の予算は最高裁判所が所管している。しかし、当時この問題については、司法省側と細野長良を中心とする大審院長側の激しい争いになり、最終的にGHQが細野を支持して、予算面での裁判所の独立を勝ち取ることができたという顚末を迎えている。またこのときの互いの不信感が、最高裁発足という本丸の新設で、細野派と反細野派との対立を一層際立たせることになる。ここでは、戦時中ではあり得なかった裁判官から司法大臣への意見書提出という行為を森田が行なったことは注目に値する。

一方で、この意見書から半年あまりたった一九四七（昭和二二）年五月一三日には、森田は別の姿を見せている。森田は、同じく大審院部長だった井上登、島保と共に、GHQの政治部長ホイットニーを訪問している。このとき、三人は、大審院の実情を述べるために参上したとして、司法省と裁判所の間に巷間言われるような軋轢は生じていないこと、諮問委員会の答申に従わずに最高裁判事を任命する動き（おそらく細野の行動のことであろう）は取り上げないで欲しいことの二点を述べている。[58] 森田はさらに、この三日後の一六日にも井上、東京地裁部長松田二郎、同鈴木忠一の四人でGHQのオプラー氏を訪問し、細野長良に対する非難の言葉を述べている。(59)

ここに登場する井上登、島保はともに、いわば反細野派であり、森田は今度はこうした判事たちと行動を共にしていることになる。もちろん、森田の背景に何があったのかは、本人の言葉などが残されていないため、分からない。ただ、こうした一連の経緯は、戦後の最高裁発足に際しての各判事の動静が、決して理念だけの一筋縄ではいかなかったことを表しているようにも感じられる。

森田はこの直後、二度にわたって裁判官任命諮問委員会から答申された最高裁判所裁判官の候補者三〇人に選ばれる。初代最高裁裁判官の候補リストに掲載されたのである。具体的には、第一次吉田茂内閣のときの裁判官任命諮問委員会による三〇名の候補者の答申（一九四七年四月二三日答申）および片山哲内閣のときの（全く新たな）裁判官任命諮問委員会による三〇名の候補者の答申（一九四七年七月二八日答申）のいずれにも森田が入っていた。しかも、共にホイットニーを訪ねた井上、島も掲載されていた。しかし、二人が首尾よく最高裁判事に選ばれたのに対し、森田はどのような経緯だったのか、選から漏れる。

その後、新裁判所制度の発足に際し、七高等裁判所長官は決まったが、東京高裁だけは決まらず（理由は不明）、上席判事として森田が東京高裁長官の職務を代行するが、(60)その翌月の一〇月一〇日、脳溢血で現職のまま死亡する。(61)前述の三〇名の候補者に入っていて、初代最高裁判所裁判官にならなくとも、後に最高裁判所裁判官に任命された者もいる。森田は、一九四七年一〇月に亡くなってしまったがために、最高裁判所裁判官の途が閉ざされたに過ぎないのかもしれない。

（1）『大日本司法大観』一二三頁。ここに記載されている吉田久の経歴は次の通りである。ただし、青山墓地にある吉田久の墓碑には「正三位勲二等」とある。

「大審院判事　正四位勲二等法学博士　吉田久
明治十七年八月二十一日生
東京市瀧野川区瀧野川町
明治三十八年七月東京法学院卒業
同年十一月判事検事登用第一回試験及第
同年十二月司法官試補　水戸地方裁判所詰　同四十年八月検事　岡山区裁判所検事　同四十二年十二月広島区裁判所検事　同四十三年四月広島地方裁判所検事　同四十三年九月濱松区裁判所検事　同年十一月判事　東京区裁判所判事　大正二年五月東京地方裁判所判事　同四年五月千葉地方裁判所判事　同七年二月千葉地方裁判所部長　同八年一月東京控訴院判事　同十三年一月東京控訴院部長　同十四年四月大審院判事　昭和三年八月高等官二等　同九年十一月高等官一等　同十一年十二月法学博士」

（2）岡保村は福井県の旧吉田郡にあった村の名前で、一九六一年に現在の福井市に合併されている。この『岡保村誌』の吉田久の記述は以下の通りである（六八五頁以下）。

「◎吉田　久　氏
氏は明治十七年八月二十一日吉田久蔵氏の長男として、福井市佐佳枝上町に生れたが幼児の頃、母の郷里である本村花野谷に一家族共居住されていた。そのため氏は暫く岡保小学校にも通学していたが、幼時より頭脳明晰で学業は極めて優秀であったから世間から神童と云われていた。
氏が十四・五才の頃父が福井市に出て生活することになったので、氏もまたこれに従い、福井裁判所に勤めることになった。そして大いに苦学するところがあったが、明治三十五年氏が十九才の時笈を負って郷関を出で上京し、東京法学院大学専門科に入学し、明治三十八年七月これを卒業し、同年十二月判事〔検事〕登用試験に合格した。そして爾後四十年間司法官生活に入ったが、主として東京地方裁判所・東京控訴院・大審院等中央部に勤務し大いに活躍された。昭和二十年三月依願退職と同時に正三位を贈られ、翌二十一年には貴族院議員に勅選された。

また氏は学界並に社会・政界方面に対しても尽瘁された外、永年司法官として蘊蓄された経験と学識に基き、我国民事法の理論解説に関する著書を数多く発刊されている。

氏は目下東京都北区滝野川六丁目十三番地に居住され、弁護士を開業されている。

尚氏の学歴其他社会活動の状況を摘記すれば次の通りである。

学歴

一、明治三十八年　七月　十二日　私立東京法学院大学専門科卒業
一、昭和　十一年十二月　十六日　法学博士の学位を亨く

職歴及叙勲位

一、明治三十八年十二月二十七日　判事、検事登用試験合格司法官試補を命す
一、同　四十年　八月二十一日　任検事
一、同　四十三年十一月二十八日　任判事補、東京区裁判所判事、同地方裁判所判事
一、大正　七年　二月　九日　補千葉地方裁判所部長
一、同　八年　一月　一日　補東京控訴院判事
一、同　八年　一月　一日　中央大学講師委嘱
一、同　十三年　一月　一日　補東京控訴院部長
一、同　同　叙勲二等授瑞宝章

一、同　十四年　四月　十五日　補大審院判事
一、昭和　十四年　五月　十二日　満州国へ出張を命す
一、同　十五年十一月　十六日　補大審院部長
一、同　二十年　三月二十三日　叙正三位
一、同　二十年　五月二十五日　東京第一弁護士会弁護士名簿登録
一、同　二十一年　八月二十一日　貴族院議員に勅選
一、同　二十一年十一月二十六日　恩給制度調査会委員
一、同　二十二年　一月　一日　中央大学法学部教授に任ずる
一、同　二十二年　二月二十八日　中央大学理事、中央大学学長事務取扱
一、同　二十六年　七月　中央大学理事辞任
一、同　三十四年　三月　二日　中央大学大学院長

学界並に社会に於ける活動

一、大正　十年　一月　神奈川大学評議員
一、昭和　二年　三月
昭和二十六年　三月　中央大学評議員
一、同　二十六年　四月　学校法人中央大学評議員
一、同　二十八年　五月　学校法人中央大学評議員
一、同　三十二年　五月　同
一、同　五年～二十一年　財団法人三五会監事
一、同　十一年～十三年　高等試験臨時委員
一、同　二十一年　五月　日本自由党政務調査会顧問
一、同　二十一年十一月　七日　警察制度審議会委員

一、同　二十三年　三月二十二日　大学設置委員会委員
一、同　十八年　七月　一日　財団法人仏教青年会理事
一、同　二十六年以降　東京家庭裁判所管内調停委員及参与員」（以下、略）

（3）吉田「わたしのこしかた　前」二三頁。
（4）吉田「わたしのこしかた　前」二二頁。
（5）吉田「わたしのこしかた　前」二一頁。
（6）吉田「わたしのこしかた　前」二一頁。
（7）吉田「わたしのこしかた　前」二三頁。
（8）渡辺好人『我一人我が道を行く』（法曹公論社、一九七三年）一五九頁、四七三頁参照。
（9）元最高裁裁判官である岩松三郎は、一九六六年から六七年の発言ではあるけれども、当時の試験制度に関して、「無試験であった時代の判事の成績が、いまのように試験制度を施行されて、厳格な試験を通って入ってきた判事に劣っているとは私は決して思わない」と述べている（岩松三郎『ある裁判官の歩み』（日本評論社、一九六七年）七頁）。
（10）吉田「わたしのこしかた　前」二四頁。
（11）吉田「わたしのこしかた　前」二四頁。
（12）林頼三郎は、一八七八（明治一一）年埼玉県行田市生まれで、東京法学院卒。一八九七年判事検事登用試験合格。一九三二年検事総長、一九三五年大審院長、一九三六年司法大臣。一九四七年公職追放。一九五八年没。
（13）遺族および書生だった久野修慈氏の直話であるが、日本大学と東洋大学の勤務については確認が取れていない。
（14）吉田「わたしのこしかた　後」二二頁。
（15）野村『風雲録　上』二三四頁。なお、東條英機首相がこの時期に裁判所を回って歩いたという事実は確認できていない。
（16）青山墓地の吉田の墓碑には「稔子　昭和二十年七月二十日　没」と記されている。

(17)泉徳治「吉田久大審院判事のことなど」法曹六五五号（二〇〇五年）一〇頁参照。
(18)一九四六年一月二二日付朝日新聞一面。長谷川如是閑氏もこれに入っていた。
(19)吉田「わたしのこしかた　後」二四頁。
(20)伊藤隆・季武嘉也編『鳩山一郎・薫日記　上巻』（中央公論新社、一九九九年）。
(21)『浅井清氏に聞く』一頁。
(22)『浅井清氏に聞く』二頁。
(23)『浅井清氏に聞く』一二頁。
(24)一九四六年一月二二日付朝日新聞一面。
(25)吉田「わたしのこしかた　後」二四頁。
(26)東京学芸大学名誉教授・中央大学元教授吉田豊氏他による。
(27)法律新報五九七号（一九四〇年）五頁。
(28)民集記載の氏名表より。なお、氏名表の末尾には、「上告其ノ他事件毎ニ順次平分ス但シ未済事件ハ前年度受理ノ部ニ於テ引続キ結了ス」と書かれ、文言の変更はあるものの、同趣旨の文章が印刷され続ける。
(29)『大日本司法大觀』四一頁には、次の通り経歴が記されている。

「東京控訴院判事　従五位勲五等　松尾實友

明治二十九年二月一日生

鹿児島県大島郡和泊村

大正十年七月中央大学卒業

同年九月判事検事登用第一回試験及第

同年十月司法官試補横浜地方裁判所詰　同十一年七月東京地方裁判所詰　同十二年六月判事　東京地方裁判所予備判事　同年九月前橋地方裁判所予備判事　同十三年一月前橋地方裁判所判事　同年十一月東京区裁判所判事　昭

和十年四月東京地方裁判所部長　同年五月東京民事地方裁判所部長　同十三年十二月東京控訴院判事」

法曹公論社編『日本弁護士大観』（国際聯合通信社、一九六二年）三七二頁には、以下のような記述がある。

「昭和二二年弁護士登録（四六〇四）　大正一〇年中央大学法科卒　同年司法官試補　同一二年東京地裁　東京控訴院　大審院各判事　昭和二一年司法省司法教官　同二二年大審院判事　同二四年東弁司法修習委員　日弁連司法修習生副委員長」

(30)「戦時下の裁判道を語る座談会――控訴院判事を中心として――」『法律新報』六八〇号七頁以下、同六八一号七頁以下および同六八二号八頁以下（いずれも一九四三年）。

(31) 河本喜与之は、一九四七（昭和二二）年、細野長良を支持したことから、木村司法大臣と対立、地方への転任を拒み、官吏分限令により休職を命ず、と休職処分を受けたことがある。後、弁護士。

(32) 一九四二（昭和一七）年に行なわれた東京控訴院部長の大審院転任と東京民事地裁部長の東京控訴院転任について、裁判所構成法に基づく分科会の議決を経ず、構成員の意見聴取も行なわれずに決められたことに対し、三野昌治ら部長判事から霜山精一院長に対し分科会の開催を要求し、その結果、分科会が開催されたものの、多数決の結果、当初の人事案がそのまま決定したという。

(33)『法律新報』六八〇号一〇頁。

(34) 西岡らによる長崎一区の選挙無効訴訟の訴訟代理人を務めた人物と同一人物であろう（第五章第一節）。

(35) 丁野暁春・根本松男・河本喜与之『司法権独立運動の歴史』（法律新聞社、一九八五年）二一四頁に河本の回想として以下の通り記されている。

「八月一五日敗戦の玉音放送を聞いたばかりのわたくしは、自宅の焼跡に茫然としていた時であったが、先生

〔終戦直後の東久邇内閣で司法大臣となった岩田宙造のこと〕のこの〔手伝ってくれという〕お言葉に感激したのである。いよいよ、われわれの理想を実現する日が来たということで、わたくしは当時東京民事裁判所部長であったが、同志丁野暁春、三野昌治、松尾実友、根本松男氏らと相談のうえ、毎日のように朝早く先生の登庁前に先生を訪ね、司法改革のことをお話しした」

(36) 前掲・『司法権独立運動の歴史』二二三頁以下に自身の回想として記されている。丁野の大審院判事転任案を細野大審院長は「おどり上がって喜」んだという(同頁)。

(37) 遺族所蔵。現物は長い巻き紙一枚に達筆の毛筆で書き連ねられている。手紙の住所から、吉田はこの時点ですでに滝野川から神奈川県逗子町(現、逗子市)に転居していることが分かる。なお、百木画伯とは樹木を描くのが得意だったとされる木村百木のことと思われる。

(38) 一九六三年三月四日付朝日新聞夕刊七面。

(39) 箕田正一は、一八九一(明治二四)年生まれ、京大法科卒。大阪地裁部長、大阪控訴院部長などを経て、昭和一二年三月大審院判事。選挙無効訴訟において鹿児島出張中の写真(第七章)にも姿を見せる。

(40) 吉田は、鹿児島に「出掛けた判事は、部員判事、森田豊次郎・梶田年・武富義雄・松尾実友の四氏であった」と記しているが(吉田「わたしのこしかた 後」一四頁)、記憶違いであろう。

(41)『大日本司法大観』五〇六頁によると、武富の経歴は次の通り。

「長崎控訴院部長　正五位　勲五等　武富義雄

明治二十三年一月一日生　佐賀県藤津郡嬉野町

大正五年五月東京帝国大学法科大学卒業

同年六月司法官試補　神戸地方裁判所詰　同八年三月判事　神戸地方裁判所予備判事　同年同月高松地方裁判所判事　同九年四月神戸地方裁判所判事　昭和三年七月長崎控訴院判事　同九年三月福岡地方裁判所部長　同十年四

月長崎控訴院判事　同十四年一月長崎控訴院部長」

(42)『大日本司法大觀』には「嬉野町」と書かれているが、ここでは遺族の直話を採用する。
(43)『大日本司法大觀』二一七頁。
(44) NDL-OPAC および Webcat Plus より。
(45) 一九四八年六月一八日付讀賣新聞二面に死亡記事が掲載されている。なお、肩書きは「参議院司法専門調査委員、元長崎控訴院長」である。なお、同日付朝日新聞二面にもある。
(46) 法律新報六九〇号（一九四三年）から七〇二号（一九四四年）まで休載を挟みつつ合計九回連載されている。
(47) 内藤『第二分冊』五六頁。
(48) 内藤『第二分冊』六四頁以下。
(49) 内藤『第二分冊』一三〇頁以下。
(50) 内藤『第二分冊』二四八頁。
(51) 内藤『第二分冊』一〇三頁。
(52) 内藤『第二分冊』二五七頁、二六〇頁および二六二頁。
(53) 内藤『第二分冊』二七五頁以下。
(54) 内藤『第二分冊』二七六頁以下。
(55)『大日本司法大観』二一五頁。
(56) 武富潔「身辺雑記」、『燦燦』（同人誌）一三号（二〇〇七年）一三頁。
(57) 家永『司法権独立』八七頁以下。
(58) 内藤頼博『終戦後の司法制度改革の経過（第五分冊）』、『日本立法資料全集別巻九四』（信山社、一九九八年）四二頁以下。
(59) 同書四四頁以下。

(60) 一九四七（昭和二二）年九月二三日付朝日新聞一面。ちなみに、決まったのは同年一二月二三日である（同年一二月二四日付朝日新聞一面）。

(61) 一九四七年一〇月一一日付朝日新聞二面。なお、訃報記事の六〇歳という表記は数えであるから、満年齢では五八歳だったことになる。

第七章　鹿児島出張訊問

当時の衆議院議員選挙法八一条によれば、選挙の効力に関する訴訟は、大審院が第一審にして終審であった。[1]そのため、大審院が事実認定を行なうことになる。第三民事部の裁判官たちは、鹿児島に証拠調べのために出張することにした。

吉田久裁判長を始めとする大審院判事による鹿児島出張証人訊問については、『法律新報』六八〇号（一九四三年）一五頁に記事が掲載されている。今となっては、鹿児島県の三つの無効訴訟に関する貴重な記事と言える。この号は、一九四三（昭和一八）年三月一五日発行のもので、三月一九日より二六日まで鹿児島に出張して約三〇〇人の証人を喚問する旨が書かれている。そして、鹿児島一区の訴訟担当の大審院第四民事部からは竹田、柳川両判事が出張して四八名の証人喚問を、鹿児島二区の訴訟担当の第三民事部からは吉田部長以下部員全員が出張して薄田知事、坂口県会議長、伊地知県翼壮団長海軍少将を含む一八七名の証人喚問を、鹿児島三区の訴訟担当の第一民事部からは田中、村田両判事が出張して一三九名の証人喚問を行なう旨が記されている。「大審院より斯の如く多数出張して審問に当ることは稀な事で、彼の大津事件以来の事として朝野法曹界齊しくその成行を刮目してゐる」とされている。第三民事部判事による証人喚問は一週間では終わっておらず、また、出張した判事の名前が吉田判事の回想[2]と異なっていたりするのは、この記事が鹿児島出張前の記事であるためであろう。それは措くとしても、当時より法曹関係者の間で注目されていたことは事実と考えられる。

さらに注目すべきは、「訊問は非公開にて行はれる筈であるが、右喚問が公正に行はれるか否かについては法曹界挙げて注視するところであり、日本弁護士協会では特に代表者として谷村唯一郎、吉井晃両氏を鹿児島に特派し右審問の実情を調査せしむる事になってゐる」と述べられていることである。非公開にて行なうことは鹿児島出張前から想定されていたことが分かるとともに、弁護士会からも派遣が予定されているのである。谷村唯一郎弁護士は、一九五一（昭和二六）年四月に最高裁判所裁判官に任命されることになる人物で、東京弁護士会の役員もされていた。また、鹿児島の松村鐵男弁護士（鹿児島二区の無効訴訟で訴訟復代理人を務めている）と一緒に事件を担当したこともあった[3]。そして、谷村弁護士と吉井晃弁護士は、いずれも鹿児島県出身であったために[4]、派遣に選ばれたものと推察される。実際に鹿児島に行ったかは確証は得られないが、まさに法曹界挙げて、選挙訴訟に取り組んでいたことが読み取れよう。

鹿児島一区を担当していた第四民事部の部長だった古川源太郎が、戦後、「吉田君の部で、現地の様子を調べるというので、私の部でも次席か三席に行ってもらった。岡村君の部でも、たしか田中秀雄さんが行ったはずです」と回想しているように[5]、吉田の第三民事部が出張訊問を行なうのに合わせて、陪席判事を派遣したという経緯だったという。一方で第三民事部の出張者については、一点疑問点がある。松尾實友の遺族の元に残されていた写真を見ると、この出張には、着任間もなく、まだ代理判事だった松尾が同行し、古川鈊一郎は写っていないのである。

また、記事には第一民事部は訊問する人数を四六人（このほかに大島区裁に八二人の喚問を委嘱）と記している。

一方、第四民事部は双方の当事者や代理人名を記していないが、第一民事部では書かれていない出張訊問の期日を、「三月十五日より同十八日迄」の僅か三日間と記し、この間に四八人から話を聞くとしている。

鹿児島出張中に写った写真が、松尾判事の遺族の家で大切に保存されている（グラビア5参照）。昭和一八年三月二一日という日付が写真の裏面に記されており、極めて貴重な一葉と言える。これらの写真によると、かなり大人数であることが分かる。鹿児島地裁の裁判官も写っているのかもしれない。とりわけ、多数の人物が写っている写真9は、本書が初公開となる。

実際の証拠調べの際には、特高警察が裁判の公開（大日本帝国憲法五九条）を盾に取って、証人訊問を傍聴すれば、証人も真実を言えなくなる。そのため傍聴を禁止したとされているが[6]、おそらく上記の『法律新報』の記事から推しても、これは真実であろう。また、鹿児島県内の弁護士の協力も得られたようである[7]。

出張していた期間はどのぐらいであろうか。先ず、第三民事部の判事たちの出張期間である。先程の記事によれば、吉田ら第三民事部の訊問の期間は「三月十九日より二十六日まで」となっている。その通りであるとすれば一週間になるが、これは出張前の予定に過ぎなかったのではないか。この期間についてははっきりとせず、例えば、戦後、自由候補であるとともに原告の一人であった下村栄二は、「約二〇〇人もの証人調べを幾日くらいでやられたのですか」という質問に、「半月くらいだったと思います。五人の判事が鹿児島地方裁判所で五カ所に分かれて、そこへ証人を入れまして、フルスピードでやったのです」と語っている[8]。確かに記載の通り証人の数が一八七人に上るのであれば、五人で手分けしても一週間で終えるのは難しいようにも思われる。

私たちは、学生の吉田未侑さんに依頼して、昭和一八年三月以降に三民事部が下した判決の年月日を調査

写真９　鹿児島出張訊問中の写真②　於海潟温泉の旅館

させた。「民集」と「法律新聞」を全頁めくってゆくという方法である。もちろん、この両者に掲載されない判決もあるであろうが、この二つを見ておけば、ほぼ間違いないと考えられる。すると、第三民事部では三月一八日の次の判決は五月三日であることから、出張期間は最長で一ヶ月ちょっとであることが分かるのである。民集では判決文に裁判官の名前が印刷されないが（この点については、「大審院判決全集」では名前が書かれるから、それで補うことができる。）、法律新聞では印刷される。昭和一八年三月一八日の判決には、吉田、森田、梶田、小堀保、松尾の五人の名前があり（法律新聞四八三五号五頁）、同年五月三日の判決には、吉田、森田、梶田、松尾の四人の名前と箕田は転補のため署名捺印できない旨の記載がある（法律新聞四八四六号七頁）。この後、五月一七日判決、五月二四日判決と続き、いずれも、吉田、森田、梶田、古川、松尾の五人の名前が記されている（前者は法律新聞四八四八号二頁、後者は法律新聞四八六四号四頁）。そして、国立公文書館つくば分館にある大審院民事判決原本を見ると、第三民事部は昭和一八年四月二六日に判決を下している（昭和一七年（オ）第七六六号）。当然のことながら、箕田は転補のため署名がない。

従って、先ず第一に、三月一八日に判決を出してから、翌一九日に出発したというのは話の筋が通ることになる。そして、森田は三月一九日の第一民事部判決に加わっているから（法律新聞四八三九号三頁）、この判決言渡し後に出発したのであろう。また、松尾判事の遺族所蔵の写真に三月二一日という記載があるわけで、これが間違いなければ、鹿児島までの距離を考えると一九日に出発していなければならないであろう。第二に、箕田は転補のため署名捺印できない旨の記載がある以上、箕田の異動前に審理は終わらせていたはずで（異動は四月二三日付であるから、鹿児島出発前に終わらせていたのか？）、その事件は判決言渡しのみが残されており、それが四月二六日に行なわれたわけだから、四月二六日の判決言渡しに間に合うように帰京していることになる。実際には、四月二三日より前に帰京し、かつその事件の審理を終わらせていたであろう。

では、第四民事部と第一民事部の出張期間についてはどうであろうか。

第四民事部は、三月一〇日の判決の後、三月三一日、四月二一日に判決を下している。三月一〇日の判決と三月三一日の判決には、いずれも、古川、犬丸、竹田、柳川、大嶋（島）の五人の名前がある（前者は法律新聞四八三四号一一頁、後者は法律新聞四八四四号四頁）。四月二一日判決には、古川、中島、犬丸、椎津、大島の五人の名前が記されている（法律新聞四八四四号八頁）。これを見る限り、三月三一日の判決言渡しに間に合うように帰京したとの理解は成り立つ。他方で、第四民事部からは竹田、柳川両判事が行っているはずであり、四月二一日判決には名前がない点が気になるところではある。椎津判事は第二民事部所属の裁判官であるから、竹田、柳川両判事に代えて椎津判事がいるのだとすれば、三月三一日の判決言渡しの後で鹿児島に行ったのか。しかし、吉田久部長が遺書を書いてまで行く鹿児島出張であるから、どうせ行くなら、第四、第三、第一民事部の大審院判事がほぼ同じ時期に出張に行った可能性もあるから、しかも、第四民事部の喚問する証人の人数は四八名と他の部より少ないわけであるから、記事通り三月一五日から一八日というのも可能であるし、あるいは三一日の判決に間に合うように帰ってきたという理解にもなるであろうか。

第一民事部は、三月一九日に三件の判決を出しており、いずれも民集に掲載されている。そのうちの一つ（民集二二巻七号二三一頁）については大審院判決全集第十輯一三号二四〇頁に同一判決が掲載されており、それによると、岡村、犬丸巌[9]、井上、田中、齋藤の五人の名前がある。その次の判決は四月一六日（民集二二巻八号二七一頁）で、大審院判決全集第十輯一五号二八四頁によると、岡村、井上、田中、村田、齋藤の五人の名前が記されている。従って、田中、村田の両判事は、三月一九日の判決言渡し以後に出発し、遅くとも四月一六日の判決言渡しに間に合うように帰京したと考えられる。

いずれにしても、この記事は、判決文の存在しない鹿児島一区と三区でも出張取調べが行なわれたことを裏付けるものと言える。

なお、二区についてのこのときの調査記録は、下村氏が所蔵されているようであるが[10]、依然として、公表されていないようである。

（1）衆議院議員選挙法八一条「選挙ノ効力ニ関シ異議アル選挙人又ハ議員候補者ハ選挙長ヲ被告トシ選挙ノ日ヨリ三十日以内ニ大審院ニ出訴スルコトヲ得」。大審院が専属管轄である理由は、従来、控訴院および大審院という二審制であったが、それだと選挙訴訟終結まで日数がかかり、議員たるべからざる者が不自然に長く議席を占め、真に議員たるべき者が長く議席に着くことができないという不合理な事態を生じる虞があるからであるという（『普通選擧法釋義』三三五頁）。

なお、一九四五年三月一九日に大達茂雄内務大臣は、その理由についてこれとは異なる説明をしている。すなわち、「同一議會ノ構成ニ關スル選擧法ノ解釋ガ二途ニ出ヅベカラザルコトハ當然ノコトデアリマス、随ヒマシテ選擧ニ關スル訴訟中、大審院ノ專屬管轄ニ屬シテ居リマスル」と述べているのである（「第八十六回帝國議會衆議院　衆議院議員選擧法中改正法律案委員會議録（速記）第二回　昭和二十年三月十九日」三頁）。しかし、この説明は、大審院に上告することが可能でありさえすれば回避できるから、説得力は弱いと考えられる。

（2）吉田「わたしのこしかた　後」一四頁参照。すでに述べたように、武富は、着任時期から考えて鹿児島に行っていないはずである。

（3）大判昭和一八年七月一二日法律新聞四八六〇号三頁の訴訟代理人欄参照。これが第三民事部判決であることも興味深い。この二人の主張（上告）を受け入れて、破棄差戻しとなった。

（4）『大日本辯護士名簿　昭和十八年五月』（大日本辯護士會聯合會、一九四三年）より。

（5）野村『風雲録　上』二一九頁。

（6）法学セミナー四一一号五九頁のドラマ脚本。

（7）冨吉栄二の長男である遼氏の話では、とりわけ、松村鐵男（原告側訴訟復代理人四人のうちの一人）、前之園喜一郎、天辰正守の三弁護士が原告側に加勢して下さり、事実認定等のために尽力されたとのことである。

（8）『証言3』二一四頁以下。

（9）第四民事部の犬丸判事がなぜ第一民事部の審理に入っているのかは不明である。

（10）『資料5』三八一頁参照。なお、同頁には証人訊問調書が下村光志氏所蔵と記されている。筆者（清永）は同書の編者の一人である吉見義明氏に問い合わせたり、自身でもできるかぎり下村氏を捜したが、不明であった。訊問調書の内容は、その一部を判決文から推測できるが、薄田知事への訊問内容なども含まれている可能性があり、価値ある記録であると思われる。

第八章　選挙無効訴訟の進行経過――『斎藤隆夫日記』から――

第一節　三訴訟の審理経過

実際の訴訟の進行経過については、もちろん、詳細は分からない。しかしながら、『斎藤隆夫日記』に記されていることは、かなり信憑性が高いから、ここで紹介および検討をしておこう。斎藤隆夫（第二章第二節）は、非常に几帳面な性格で、一九〇六（明治三九）年から一九四九（昭和二四）年七月まで（七月に病に倒れ、一〇月に死亡）、短文ではあるが、ほぼ毎日、日記をつけていた。今日、それが刊行されており、一般に見ることが可能となっている。それによると、尾崎末吉が意外と重要な役割を果たしていることが分かる。

日記上、鹿児島県の選挙干渉の話題が初めて登場するのが一九四二（昭和一八）年一月二一日で、尾崎末吉が斎藤の自宅を訪問し、「鹿児島県選挙干渉を詳論」したことから始まる。(1)同年二月二〇日には、尾崎末吉と「弁護士某」が訪問し、鹿児島の選挙干渉について話している。(2)少し飛んで、一〇月一五日になると、尾崎末吉と「鹿児島選挙無効事件の訴訟代理委任の話を為す」とあり、(3)翌日、翌々日と斎藤は訴訟記録を読み耽っている。(4)一八日に「所弁護士と会見」して、協議を行ない、(5)一九日に「訴訟代理委任用紙を買」っている。(6)その後も尾崎末吉は斎藤を訪問しており、(7)尾崎末吉が何らかのつてで斎藤隆夫に訴訟代理人を依頼し、訴訟提起時から訴訟代理人となっていた所弁護士と引き合わせたと見て間違いない。そして、一八年一〇月一九日かその直後に、斎藤は訴訟代理人となったのである。一二月一三日の日記には、次のように記されている。

「午前大審院出頭、鹿児島県第二区選挙無効事件原告代理人として所弁護士と共同、被告側は清瀬弁護士。久しぶりにて大審院法廷に立つ。証拠申請採用後閉廷。[8]」

翌一九年一月二八日には、「五時より赤坂錦水に於て尾崎末吉外数名と会食」しており、彼らは鹿児島選挙無効訴訟の関係者であった旨も書かれている。[9] ここまでで判明することは、この第二区の訴訟は、一八年三月の、あるいは三月から四月にかけての鹿児島出張の後、同年一二月あたりから、ようやく本格的に審理が始まったと考えられるということである。

一九年三月二八日は、終日自宅で「鹿児島選挙事件準備書面原稿起草を」行なっており、[10] 三月三〇日、四月一三日、四月二七日、五月一五日といずれも鹿児島選挙事件で大審院に出頭したと書かれている。[11] その間の四月四日には、「下村栄二、広田茂両氏」と鹿児島選挙事件について協議をしており、[12] 四月一〇日には、衆議院図書室で朝日新聞で選挙のことを調べた後、「裁判所に趣(ママ)き、所弁護士と共に橋本清之助氏宅の証人訊問に臨む」となっている。[13] こうして、三月末から本格的な審理が行なわれていることが判明する。

驚くべきことは、五月一五日の日記の後半部分であり、所、下村両弁護士と会った後の記述で、彼らが「大審院にて午后阿部、湯沢の両証人訊問せずとの決定ありと報ず。失望極りなし」と書かれていることである。[14] ここで言う「阿部、湯沢」は、間違いなく阿部信行翼協会長と湯澤三千男内務大臣と考えられ、所、斎藤両訴訟代理人は、彼らの証人訊問まで請求して、国家による組織された選挙であったことを主張しようとしたと考えられる。しかし、さすがに、彼らは鹿児島の選挙結果と直接関係ないと考えられたのであろう、大審院は訊問請求を却下したわけである。

六月五日にも「午前大審院出頭、鹿児島選挙無効事件」とあって、[15] 六月八日になると、「午前大審院出頭、鹿児島選挙無効事件。午前午后に亘り二時間の弁論を為す」とあり、[16] さらに六月二一日になると、こう記されているのである。

「午前大審院出頭、鹿児島県第一区選挙無効事件。午后弁論約二時間を費す。五時過帰宅。稍疲れたり。咽喉の支障に依り発音常ならず、聊か弁論意の如くならざるも、大体やることが出来ると思ふ。」[17]

ここで『斎藤隆夫日記』の編者は、「第一区」の「一」の文字の横に「ママ」を付している。その編者は（鹿児島二区の訴訟しか知らなかったのであろうか？）「第二区」の書き間違いと理解しているのであろうが、実は斎藤隆夫の記載に誤りはないのではなかろうか。几帳面な人間ほど、数字は間違えない可能性が高いのではあるまいか。加えて、弁護士が自分の担当する事件、しかも地裁レベルのありふれた簡易な事件ではなく国家的規模の重大事件を書き間違えることも考えにくい。もしこの日記の記載が正しいとすると、昭和一九年六月二一日には鹿児島第一区の訴訟の審理が続いていたことになる。

八月二九日になると、さらに驚愕の記載が現れる。

「午前在宅。午后大審院出頭、鹿児島第三区選挙事件、裁判長の訴訟取下勧告あり。原告本人と協議すべき旨意にて期日延期と為る。[18]」

ここで、この書の編者は、この「第三区」の「三」の文字の横に「ママ」を付していない。真実と考えたのかあるいは「ママ」を付け忘れたのかは定かでないが、いずれにしても、第二区担当の吉田久裁判長が訴訟取下勧告を出したとはとうてい考えられない。従って、この「第三区」の記載は、「第二区」の誤記ということはなく、真実と考えるべきである。となると、第三区の訴訟は、まだ続いていたことになる。第三区の訴訟は第一民事部に係属しており、裁判長は岡村玄治であった。訴えを取り下げてもらえば、裁判所としては何もしないで済むから、これほどありがたいことはない。おそらく岡村裁判長は、もし無効となれば政治に影響を及ぼす虞が大であるし、有効となるなら訴訟の意味はないから判決を待つよりもう争いを止めたら良いではないかとの趣旨を述べたのであろう。しかし、それで引き下がるような人物であれば、初めから、東條内閣批判に繋がる選挙無効訴訟など起こさないであろう。その翌日、斎藤は所と「鹿児島事件の事を協議」しており[19]、九月二〇日には、「午后下村弁護士外三名来宅、鹿児島選挙訴訟に付協議す。裁判長の勧告を排し進行に決す」となる[20]。

そして、翌二一日に尾崎末吉と「事件協議」の後[21]、一二月五日に、「午后大審院出頭、鹿児島第三区選挙無効事件、約二時間の弁論を為す」とあるのである[22]。ここでまた、この編者は、「第三区」の「三」の文字の横に「ママ」を付している。その編者は「第二区」の書き間違いと理解しているのであろうが、すでに述べた理由と全く同じ理由から、斎藤隆夫の記載が正しいのではあるまいか。訴訟取下勧告を排することが九月二〇日に決まったとすると、これが訴訟団の中での話で、その直後に大審院で、取り下げない旨を述べたであろう。そうすると、事案の複雑性からして、その後の弁論が一二月にずれ込むことは十分に考えられるところである。第三区の訴訟は一二月五日まで続いていたと考えるべきである。

ここまでくると、斎藤隆夫は、鹿児島県の三訴訟すべての訴訟代理人になっていた可能性が極めて高いことが分かる。所弁護士は最初から三訴訟の訴訟代理人だったわけで（第五章第三節）、斎藤隆夫が一八年一〇月から第二区の訴訟の訴訟代理人に加わったことは既知の事柄であった。しかしながら、実は、三訴訟すべてにおいて、一八年一〇月から訴訟代理人になっていたと解すべきである。従って、一九年三月下旬から五月中旬にかけて、何度も大審院に行っているが、これは第二区の訴訟のためだけだったというわけではないであろう。

斎藤隆夫の日記で、鹿児島選挙事件の訴訟進行に関する記述は、この一二月五日の記述が最後であり、次の記述は翌二〇年三月一日の無効判決についての記述となってしまう（第九章第一節）。その後、第二区再選挙関連の記述はあるが（第十章第一節）、一区と三区の判決についての記述は存在しない。

斎藤隆夫は、二時間の弁論を三回行なっていることが分かる。このうち、六月八日の記述のみ選挙区が書かれていない。その後の二回の弁論には、「第一区」と「第三区」の記載があり、しかも第三区については訴訟取下勧告との関係で、記載の真実性が高いことから推せば、第二区の二時間の弁論（最終弁論であろうか）が昭和一九年六月八日に、第一区の二時間の弁論（最終弁論であろうか）が六月二一日に、第三区の二時間の弁論（最終弁論であろうか）が一二月五日に行なわれたと考えるのが、最も筋が通る仮説であろう。

第二節　鹿児島第一区と第三区の判決

第二区の判決については次章で詳しく述べるので、ここでは、第一区と第三区の判決について触れておきたい。

鹿児島一区と三区の二つの無効訴訟の判決に言及する資料は極めて少ない。その中で重要なものは、松阪廣政司法大臣による一九四五（昭和二〇）年三月二四日（土）の答弁である。これは、鹿児島二区無効判決の後、貴族院予算委員会において、大河内子爵から鹿児島二区無効判決の要旨を問われた際の答弁である（第三章第二節）。以下、引用しよう。

「昭和十七年四月ノ衆議院議員ノ總選擧ニ付キマシテハ、鹿兒島縣ニ於キマシテ、一區、二區、三區トモ、ソレゾレ選擧無效ノ訴訟ガ提起セラレマシテ、何レモ總テノ選擧長ヲ相手取リ原告カラ提起セラレタノデゴザイマス、何レモ大審院デ審議ノ結果、第一區ト第三區ハ選擧ハ有效デアルト云フ判決ガアリマシタガ、第二區ニ付キマシテハ、其ノ選擧ガ之ヲ無效トスルト云フ判決ガゴザイマシテ、其ノ爲ニ先般再選擧ノ行ハレタコトハ御承知ノ通リデアリマス[23]」

いま一つは、古川源太郎が、一区、二区、三区の訴訟について、「相前後して、判決を言渡したのでした」と述べていることである[24]。

この松阪答弁の内容が真実であるとすれば、一区と三区は有効判決が出されていることになる。その時期は、長崎・福島の判決の後でかつ東京大空襲で大審院が燃える前の昭和二〇年三月九日以前のどこかと考えるのが自然である。[25]そして、『斎藤隆夫日記』が正しいとすれば、判決日は範囲がもっと狭くなる。すなわち、第一区は六月二一日以降、第三区は一二月五日以降で、いずれも昭和二〇年三月九日以前に出されたと考えることになろう。

この仮説は、霜山の就任日との関係でも、信憑性が増す。すなわち、こういうことである。霜山大審院長の就任が昭和一九年九月一五日である。なぜこれが関係あるかと言えば、三訴訟で結論が異なりそうになったので、霜山に報告して意見を求めたという回想（古川）があるからである。[26]従って、鹿児島県の三つの訴訟は、霜山大審院長の就任後に、部長会議（しかも、二回目の）が行なわれていなければならないからである。[27]また、部長会議が三訴訟の弁論終結後に行なわれたとすれば、第一区も判決日は一二月五日以降ということになる。しかし、これについては、全く何とも言えないであろう。

さて、新聞などの資料にも一区と三区の判決の話題は登場しないので、もし判決が下されているとすれば、事実上、訴訟当事者のみに知らされたと考えるのが妥当であろう。内容的には、法律論について長崎・福島の判決と同様かあるいはそれらの判決の範囲内であったことであろう。なぜなら、もしそうでなければ、法律雑誌等に登場した可能性が高いからである。報道関係者としては、全くニュース性がなければ、報道しないわけである。

しかしながら、判決が出されていない可能性も残されていると考えておく方が無難だと思われる。大河内子爵が鹿児島の選挙訴訟という訊き方をしたことは確かであるが、松阪の答弁中で長崎と福島の有効判決が全く登場しないのは些か奇異である。

(1)『斎藤隆夫日記』四七九頁。
(2)『斎藤隆夫日記』四八二頁。
(3)『斎藤隆夫日記』五〇五頁。
(4)『斎藤隆夫日記』五〇五頁。
(5)『斎藤隆夫日記』五〇五頁。
(6)『斎藤隆夫日記』五〇六頁。
(7)『斎藤隆夫日記』一八年一二月一八日(五一二頁)、一九年二月二三日(五二二頁)、二月二九日(五二二頁)。二月二三日に尾崎は訴訟費用五〇〇円を渡している。
(8)『斎藤隆夫日記』五一一頁。
(9)『斎藤隆夫日記』五一九頁。
(10)『斎藤隆夫日記』五二五頁。
(11)『斎藤隆夫日記』五二五頁以下。
(12)『斎藤隆夫日記』五二六頁。広田茂氏については不明である。
(13)『斎藤隆夫日記』五二六頁。
(14)『斎藤隆夫日記』五三〇頁。
(15)『斎藤隆夫日記』五三二頁。
(16)『斎藤隆夫日記』五三二頁。
(17)『斎藤隆夫日記』五三四頁。
(18)『斎藤隆夫日記』五四〇頁。

(19)『斎藤隆夫日記』五四〇頁。
(20)『斎藤隆夫日記』五四二頁。
(21)『斎藤隆夫日記』五四二頁。
(22)『斎藤隆夫日記』五五〇頁。
(23)「第八十六回帝國議會貴族院豫算委員會議事速記録第八號　昭和二十年三月二十四日」三頁。
(24)野村『風雲録　上』二一九頁。
(25)実際、昭和二〇年三月九日に第一民事部で決定が出ている(大決昭和二〇年三月九日民集二四巻三号九一頁)。
(26)野村『風雲録　上』二一九頁。
(27)野村『風雲録　上』の回想が正しいとすると、少なくとも二度、部長会議をやっている。第一は鹿児島に出張訊問に行く前であり(二三四頁)、第二が霜山就任以降である(二一九頁)。

第九章　無効判決

第一節　無効判決の検討

本節では、無効判決の内容について検討する。先ずは事実認定についてである。

この訴訟では、大審院判事全員による鹿児島出張はもちろん重要であるが、それ以外に、非推薦候補として落選した中央大学出身弁護士の下村栄二による違反事実の調査があった[1]。おそらく、その詳細な違反事実の記録が、第三民事部の裁判官たちを動かす一因であった可能性が高いであろう。様々な選挙妨害事実については、ここで逐一指摘することはせず、詳細は資料1を参照願いたい。原告側主張事実をごく簡潔に指摘すると、薄田知事が推薦候補のために地盤の配当を行なわせたとか、自由候補に投票しそうな者がいたら壮年団員が四六時中つきまとうようにさせたとか、推薦候補に投票することを隣組に申しつけたとか、巡査が投票を終えた者に対して誰に投票したかを尋ねたり、投票所に入ろうとする者に推薦候補名を書けば間違いない旨を述べて投票に干渉したといった事実が列記されている。

冨吉栄二の証言も紹介しておこう。選挙公報・挨拶状の検閲で運動開始が大幅に遅れ、選挙運動員の自宅へは投石や脅迫がなされた、演説会入口へ多数の警官が配置され、演説会当日には常会、酒宴、野焼などの行事がぶつけられた、投票日には選挙人に同行者をつけて、投票の監視が行なわれた、とのことである。[2]ここまで組織的に妨害が行なわれていたとすれば、冨吉に投票した二千六百人余の有権者の勇気ある行動には脱帽せざるを得ない。

こうした原告側主張に対し、大審院は、「翼賛政治体制協議会ノ推薦候補者即チ特定ノ候補者ヲ當選セシメントスル不法ナル選擧運動カ鹿児島縣第二選擧區ニ於テ相當廣範圍ニ行ハレタルコト明カニシテ……〔このような〕不法選擧運動カ一般選擧人ニ徹底滲透シタルハ大政翼賛会縣支部ノ組織的活動ニ基クモノト推断シ得ヘク從テ右不法選擧運動ハ組織的且全般的ニ行ハレタルモノト認定」した（資料1［61］、［63］）。こうして、「啓蒙運動」・「選挙倫理化運動」が、「不法選挙運動」であることが認定されたのである。

次は、判決理由である。衆議院議員選挙法八二条一項は、「選擧ノ規定ニ違反スルコトアルトキハ選擧ノ結果ニ異動ヲ及ホスノ虞アル場合ニ限リ」選挙の全部または一部を無効とすることができると定めていた。ここには、二つの要件がある。第一が「選擧ノ規定ニ違反スル」こと、第二が「選擧ノ結果ニ異動ヲ及ホスノ虞アル場合」であることである。ところが、第一の要件の解釈について、――地方議会に関してではあるが――（府県制三五条、市制三五条の）「選挙ノ規定」とは選挙執行の手続規定のみを指し、[3]選挙運動の取締りに関する規定・罰則規定は含まれないという解釈が通説であり、官憲がどんな選挙干渉をしてもそれは「選挙ノ規定」に違反したことにはならず、（個々の違反者が刑事責任を追及されることはあっても）選挙そのものが無効にならないのは「当然」とされていた。[4]そして、第二の要件に関して、たとえ「選挙ノ規定」に違反していても選挙の自由公正を害する程度に至らなければ無効とはならないと解されていた。[5]確かに、軽微な手続違反があるに過ぎず当選者が変わらないような場合にまで無効となるのを避けるのは、妥当な解釈であろう。

従って、この見解によれば、選挙無効となるためには、「選挙ノ規定」（これは手続規定のみを意味する）に違反し、かつその程度が選挙の自由公正を害する程度に至っていなければならないのである。この通説と第三民事部は対決しなければならなかった。

この点、すでに述べた第二民事部判決が重要となる。すなわち、長崎一区の判決において、官公吏がある団体の推薦候補のために選挙運動・選挙干渉を行なったとしても、それだけでは選挙の規定違反にならないから、選挙無効ということにはならないが、しかしながら、選挙干渉が選挙の自由公正を害して公選の趣旨が没却されるぐらいに至った場合には、選挙の規定に違反するとして無効となり得るという解釈を示していた。ただ、選挙干渉が公選の趣旨を没却する程度にまで至っていないから有効という結論であったに過ぎない。また、福島二区の判決では、選挙が自由公正に執行されることは選挙法の精神であることが指摘されている。第三民事部としては、こうした解釈に従うだけで、従来の通説はクリアーできたのである。

これらの第二民事部判決は、前記の通説と比べれば、かなり斬新的な解釈である。なぜなら、①「選挙ノ規定」の違反の有無と②選挙の自由公正を害する程度に至ったか否かは、本来、別要件であるのに、それを合体させて、官公吏がある団体の推薦候補のために選挙運動・選挙干渉を行なったことが選挙の自由公正を害して公選の趣旨が没却されるぐらいに至った場合に「選挙ノ規定」違反となるという解釈を示したからである。「官選」ではなく「公選」という趣旨を守ろうとするならば、この解釈はもちろん支持されるべきであるが、しかし単純に前記第一の要件である「選挙ノ規定」の意味を広げるだけでも良かったはずである。つまり手続規定違反に限定されず、官公吏の選挙運動禁止の規定の違反もこれに当たるとすれば、もっと簡単であった。この第一の要件で仮に無効となり得る範囲が広がっても、第二の要件でまだまだ調節が可能だからである（つまり、有効の結論にすることが十分、可能）。しかし、第二民事部はそれをしなかった。なぜであろうか。

長崎一区の判決は、「單ニ選擧ニ關係アル官公吏カ或團體ノ推擧スル候補者ノ爲メニ選擧運動又ハ選擧干渉ヲ爲シタリトノ一事ヲ以テ直ニ該選擧ハ選擧ノ規定ニ違背シテ行ハレタリト爲」す（長崎一区の判決文より）ことを否定したかった。この理由を考察しなければならないことになる。長崎一区判決によれば、もしかような解釈を採用すれば、選挙のたびに効力について疑義を生じ、選挙訴訟の頻発を招くから、選挙の結果を不安にさせるという。確かに、軽微な違反があるからと言って選挙訴訟が数多く発生することは避ける必要がある。しかし、選挙の自由公正を害する程度に至っているかという第二要件で絞りをかける手だても残されている。

以下は、完全に推測の域を出ない議論であるが、長崎一区判決は、選挙訴訟頻発を避けるという理由の他に、実は、翼賛選挙での個々の官公吏の個々の行動はあくまでも規定違反ではない、としておきたかったのではないだろうか。なにしろ、選挙運動は禁止されているけれども、啓蒙運動・選挙倫理化運動はやっても良いとされていたのである（第二章）。誤解を恐れずに一言でまとめてしまえば、（いくら一要件の議論の中だけとは言え）翼賛選挙を形作る官公吏の個々の選挙干渉行動が規定違反になるとは明言したくなかったのではあるまいか。

しかしながら、裁判所として、翼賛選挙を見逃しておくわけにはいかなかった。そこで、第一の要件と第二の要件をうまく合体させて、官公吏がある団体の推薦候補のために選挙運動・選挙干渉を行なったことが選挙の自由公正を害して公選の趣旨が没却されるぐらいに至った場合に「選挙ノ規定」違反となるという解釈を出してきた。かような場合に「自由公正ニ行ハレタル公選ナリト强辯スルノ不當ナルハ論ナク」と述べて、裁判所として、判事として、「公選」といういわば最後の砦は死守したのである。そして、事実認定の結果、長崎一区と福島二区は、選挙干渉がかような程度に至っていないという理由で有効となったのである（当該二選挙区の事情については第五章ですでに述べた）。

いずれにしても、この二つの訴訟で第二民事部が出してきた新解釈は、第三民事部に対する援護射撃となっている。「選挙ノ規定」の問題については、「選擧全般ノ效力ニ影響ヲ及ホス規定ニ違反スルコトヲ意味スル」としつつも（従って、個々の選挙運動に関する規定は含まれない）、この種の規定に限定される法文上の根拠はないとして、「選擧法ノ目的トスル自由ト公正トカ全ク没却セラレタル如キ場合ニ」は「公選ノ精神ニ鑑ミ」、「選擧ノ規定」違反になるとした（資料1〔50〕）。

そして第三民事部判決は、さらに一歩進めて、「衆議院ヲ組織スル議員ハ選擧法ノ定ムル所ニ依リ公選スヘキコトハ憲法ノ規定スル所ニシテ、……政府ノ指示ニ従フモノナルト否トヲ問ハス又所謂翼賛選擧貫徹運動トシテ積極有為ナル最適人材ヲ議員タラシムルコトヲ目的トスルヤ否ヤヲ問ハス議員候補者ヲ銓衡推薦シ其ノ選擧運動ヲ為スヘキコトヲ使命トスル翼賛政治体制協議会ノ如キ政見政策ヲ有セサル政治結社ヲ結成シ其ノ所属構成員ト関係ナキ第三者ヲ候補者トシテ廣ク全國的ニ推薦シ其ノ推薦候補者ノ當選ヲ期スル為ニ選擧運動ヲ為スコトハ憲法及選擧法ノ精神ニ照シ果シテ之ヲ許容シ得ヘキモノナリヤハ大ニ疑ノ存スル所」と述べて（資料1〔56〕）、東條内閣が行なった翼賛選挙そのものを正面から批判したのである。憲法と選挙法の精神に照らして大いに疑があるとの言明は、当時としては、最大限の批判の言回しと評価できるのではあるまいか。(6)

第三民事部がこうした無効判決を出すためには、連合部にいかないようにする必要があった。大審院には、民事および刑事の各部の他に、民事の連合部、刑事の連合部、および民刑事の連合部があった。そして、上告事件をある部が審理したところ、法律上の点について、かつて一または二以上の部において下した判決と相反する意見を有するに至ったときは、連合部で審理・裁判することとなっており（裁判所構成法四九条）、しかも、法律点のみならず当該事件全体が連合部で裁判されると解されていた。[7] 回想によれば、「同じようなケースで、ちがった結果がでても妙なものだから」[8] という理由で、また吉田も「大審院全体の解釈を統一しておく必要を認め」[9]、部長会議での話し合いが行なわれている。この部長会議で、衆議院議員選挙法の解釈、すなわち手続規定以外の規定の違反により選挙の自由公正が阻害されるに至った場合も八二条により無効となるという解釈で、吉田の意見に各部長が同意したということが、[10] 無効判決が出るか出ないかの大きな分かれ道だったのかもしれない。当該解釈という点で各部が一致してさえいれば、あとは事実認定の問題に過ぎず、事案毎に異なるのは何の不思議もないわけである。もし鹿児島の三つの無効訴訟をまとめて民事の連合部で審理することになれば、単純に判事の数の上で三選挙区とも有効という結論になったであろう。第三民事部の五人だけだったからこそ、無効となり得たのである。

さて、周知のように、最高裁判所となってからは、裁判所法一一条によって、最高裁判所の裁判書に明確に各裁判官の意見を記載することになっているわけであるが（下級審については、同法七五条二項後段参照）、大審院の時代はそうではなかった。評議の際に徐々に少数意見が切り捨てられていって、最後に唯一の統一した理由・結論が判決となって現れていたわけである。[11] 従って、判決自体は全員一致の判決となる。となると、冷めた見方をすれば、実は三対二で無効となったと言えなくもないわけである。この点は、もちろん分からない。少なくとも、吉田、松尾の両判事は無効判決を下す立場であっただろう。いずれにしても、第三民事部の中では多数の判事が無効という結論を是としたのである。

なお、鹿児島二区の無効判決は、朝日新聞と毎日新聞には、ともに二段見出しで掲載されている。これについて『サンデー毎日特別号』八四頁には、「苦心の判決も、片すみに、ほんのちょっぴり掲載されただけだった」と書かれているが、当時の朝日新聞は僅か二面しかなく（もちろん夕刊は発行されていない）、二段見出しで掲載されただけでも、判決の重大性を当時としても認識した扱いだったと言えるであろう。[13]

また、斎藤隆夫は三月一日の日記に「鹿児島県第二区選挙無効判決下る。快哉。」と記しているし、[14]下村栄二のところには、判決直後、ひっきりなしに電話がかかってきて、「家の電話が焼き切れて役に立たなくなな」ったという。[15]この無効判決に、心の中で拍手喝采を贈った者が多かったことであろう。

第二節　吉田の辞職

吉田は無効判決から四日後の三月五日付で裁判官を辞職する。[16]その理由が検討されなければならない。これについては、吉田本人からの情報として次のようなものがある。

「わたしは、この判決を最後に昭和二十年三月、大審院部長判事の職を辞した。当事（ママ）の大臣松坂（ママ）広政氏の、大審院判事を新しく入替えたいとの希望によるもので、わたしはその希望に応じたまでで翼賛選挙の判決をしたがためではない。同大臣も止むを得ない判決として了としてくれた。しかし退職が決り大臣の処に挨拶に行ったとき、わたしは、戦局不利は一目瞭然であるから何とか打つ手はないものだろうかと申すと、大臣は軍部は大丈夫だと言っているからとて相手にされなかった[17]」

「直接に圧迫を受けたようなことはなかったが、四十年の裁判官生活は、この事件で完了したような気持からだった[18]」

記録によると、吉田と同日付で第二民事部の部長だった矢部克己と田中秀雄も辞職している[19]。しかし同じく選挙無効訴訟を受け持っていた第一民事部の岡村玄治と第四民事部の古川源太郎は辞職していない。二人は、霜山精一、三宅正太郎らと共に一九四六（昭和二一）年に退官している。それぞれの年齢は、矢部、岡村、古川共に吉田の一つ上になる。このことから、「大審院判事を新しく入替えたい」というのが理由だったとする吉田の回想文には不審が残る。そして、元最高裁判所判事の泉徳治弁護士は、この点について触れ、「吉田判事の辞職理由が右の回想のとおりであるかどうかは定かでない[20]」と、やや疑問を呈する態度をとられている。他方、家永教授は、吉田は「ただちにその職を辞するの余儀なきに追いこまれたとのこと」と書かれている[21]。

では、吉田の退職についてはどのような事情があったのであろうか。ある程度その背景が推察できる資料が二つある。

一つは吉田の訃報記事である。一九七一（昭和四六）年九月二〇日に吉田が死亡したことは、朝日、讀賣、毎日ともに通常の訃報記事として掲載している。元最高裁裁判官や元長官の死去に関しては、最高裁判所事務総局がお知らせを最高裁担当の記者に配布している。書かれている記事のうち、死因や告別式の日取りといういわゆる定型記事の次に書かれている記述を引用する。

「昭和十五年十一月大審院部長判事になったが、東条内閣のもとでの翼賛選挙に関し、二十年三月、鹿児島二区の自由候補者の訴えを認め『自由と公正を欠いた』と同選挙の無効判決を言渡し、その日のうちに辞職に追込まれた(22)」

「昭和十七年の翼賛選挙で、鹿児島二区から出た候補者の訴えを認め『この選挙は自由と公正を欠いている』と無効判決を言渡し、即日、辞職させられた(23)」

なお、讀賣新聞には、死因や告別式の日取りしか書かれていない(24)。いずれの記事も、内容は主要部分が同じである。

朝日と毎日の記事には、いずれも「即日」または「その日のうちに」とある。この点は事実と異なるが、誤りを含めて同じような記事になっていることから、最高裁事務総局への取材を元にしていると考えられる。これは、現在も元最高裁裁判官など幹部だった元裁判官の訃報については、最高裁事務総局から訃報が各社に配布されるためである。各社の担当は、配布された訃報に加えて、事務総局への取材を元にして記事を書いたのであろう(25)。このことから戦後の最高裁事務総局においても、吉田が単純に自発的に退職したのではなく、「辞職させられた」または「辞職に追込まれた」と認識していたことが推察されるのである。

もう一つのものとして、当時、東京控訴院判事だった丁野暁春の回想がある。丁野は一九七一年に発表した回想で、この吉田の判決について一節を設けてその内容を紹介しつつ、以下のように記している。

翼賛選挙無効「判決については重大なる後日談がある。それは……、吉田裁判長は右判決の言渡しの直後、退職しているということである。これにつき吉田氏は、それは司法大臣松坂[ママ]広政氏の大審院判事を新しく入れ替えたいという希望に基づいたといわれるが、終身官たる判事に対し予告もなく即時の退職を求めたことは、なんとしても納得できないことである。もし反対に政府の方針に迎合して選挙有効の判決をしたとしたらどんなにほめられたかと考えるだけでも、想像がつく。すなわち、当時の松坂[ママ]法相は、東条の命令に従ったとしか考えられない」

「まことに市井の孤独なよるべなき一労働者の首切りより、ずっとたやすく吉田裁判長の首が切られたのである。もし裁判所側からなんらかのプロテストがなされたならば、松坂[ママ]法相にしても東条の暴力をはねのけることができたのではないかと思うと残念でならない[26]」

この回想は戦後に行なわれたもので、東條内閣退陣後のことであるのに「東条の命令」などと記載している点に若干、問題はあるが、丁野自身は全くの傍観者だったわけではなかった。引用した記述の後には、判決直後に、丁野自身が大審院をわざわざ訪ねたことが記されている。丁野が陪席判事の松尾實友と知り合いだったこともあり（第六章第三節二で触れた座談会に共に出席している）、判決を知って、弾圧を予想し訪問しているのである。丁野はそこで吉田の退職を知り、松尾から退職のいきさつについても話を聞いている。引用した回想はそれを前提として書かれている[27]。

こうした資料を読む限り、少なくとも吉田は罷免されたのではなく、形としては自ら退職している。遺族も吉田が自ら退職したという認識を持っていた。しかしながら、退職と判決には一定の関係があったことが推認される。少なくともこの判決を出したことで、吉田は事実上、自発的に退職せざるを得ない雰囲気が当時の大審院内に醸成されていたと考えるべきであろう。

さて、以前一度指摘したが、矢部と田中も同日に辞職している。これについてはどう考えるべきか。矢部は長崎一区と福島二区の訴訟を担当し、田中は第一民事部で鹿児島に出張して、鹿児島県での選挙妨害・選挙干渉の実態を目の当たりにしたと考えられる人物である。いずれも、実は翼賛選挙に批判的であったかもしれず、翼賛選挙を無効と断じた吉田が辞めるのなら一緒にと考えたのかもしれない。しかしながら、矢部、田中については資料が全く見あたらず、何かを述べることはできないであろう。

第三節　判決原本の数奇的漂泊

一　移管された判決原本

ここでは、判決原本および正副本について述べておく。すでに再三、述べてきたように、判決直後の東京大空襲で大審院が燃えたことで、吉田も含め、判決原本は焼尽したと考えられてきたが、二〇〇六（平成一八）年になって、実は原本が存在していることが明らかとなり、二〇〇六（平成一八）年八月一〇日のＮＨＫニュースで報道されたのであった。

鹿児島二区の翼賛選挙無効判決の原本は、二〇一〇（平成二二）年七月一日以降、茨城県つくば市にある国立公文書館つくば分館で閲覧することが可能になっている（ただし、許可が必要）。これは最高裁判所から一八七五（明治八）年から一九五五（昭和三〇）年までの判決原本一六四二冊が国立公文書館に移管されたことに伴うものである。なお、これらの内訳は、明治時代のものが三〇〇冊、大正時代が三八三冊、昭和時代が九五九冊である。この中には、最高裁判所において「特別保存」とされていた文書が一一冊含まれている。いずれも史料的価値が高い判決文であり、選挙無効判決の原本も、この「特別保存」という朱書きが付けられている。

従来、最高裁の判決原本はすべて最高裁内部にある記録保管庫に厳重に保管されていた。それらは一般の者の閲覧はできず、記録保管庫への立ち入りも厳しく制限されていた。しかしながら、筆者（清永）は二〇〇六年八月にこの最高裁記録保管庫内に取材のために入り、そこに保管されていた判決原本を閲覧するとともに、撮影することができた。この閲覧までには申請を行なってから許可を得るまで数ヶ月がかかったが、これは実際の閲覧のみならずテレビカメラを伴っての映像取材を求めたためであった。なお、当時の広報担当者によると、記録を見る限り、「施設紹介」という目的を除けば、この記録保管庫にテレビカメラが入ったのは、これが初めてのことであったという。

最高裁の記録保管庫の部屋は入口が二重扉になっていて、中は二階建てに分かれてぎっしりと書棚が並べられている。そして民事と刑事に分かれて明治から年毎に分類されていた。一番奥には、まるで座敷牢のように鉄格子で区切られた部屋が続いている。これは上告中の事件の書類を保存している部屋であったが、ここには近づくこともできなかった。

判決が記録保管庫から国立公文書館に移管されたことに伴い、原則として誰でも閲覧することが可能となった。判決文は、今日、三種類残されている。

一冊は原本である[28]。一冊は弁護士の所龍璽の元に残されていた判決正本を、複写（コピー[29]）したもの。さらにもう一冊は、同じく所の元にあった判決正本を筆記した謄本である[30]。いずれも綴じられて厚紙で製本がなされている。判決原本の表紙裏には、朱書きで次のように記されている。

「昭和五十九年末から着手している特別保存記録の整備作業中、未整理のまま混在していた判決書・記録等群の中から、従来戦災により焼失したものとされていたこの原本を発見したものである。昭和六十年八月／訟廷首席書記官　印／訟廷首席書記官補佐　印[31]」

また判決謄本にも、同じように製本された厚紙の表紙裏に次のように記されている。

「表書事件の一件記録判決は昭和二十年戰災により全部焼失したが、たまたま当時原告代理人であった所弁護士がその判決正本を保管されていることを知り、之を借用して複写しこの謄本を作製した。／昭和三十四年十二月／訟廷部記録係」

正本の複写、および謄本にはいずれも「付属書類」という付箋紙が付けられている。おそらく、原本が発見されたことで、これらの資料は用をなさなくなり、付属資料へと格下げされたのであろう。なお、正本の複写の表紙裏には、こうした記述はない。

判決原本は裁判所の原稿用紙にガリ版で記されている。末尾には四人の署名捺印があり、最後に「判事梶田　年ハ出張中ニ付署名捺印スルコト能ハス」と書かれ、吉田の署名がある。これらを除くと本文はすべてガリ版刷りの印刷である。なお、吉田、武富、松尾の署名については、それぞれの遺族の目で本人の筆跡であるとの証言が得られた（遺族については第六章参照）。

紙は薄く、破れそうであるが、一枚として破れや欠落はない。当然、紙の日焼けもないため、まるで今日の資料のようにすら見える。文字数は、原稿用紙換算ではなく、（スペースを考えない）純粋文字数換算で、約三万五千字である。これだけの文字数を手で書いたわけである。

二　原本に関する論点

この原本に関しては、以下の諸点が論点となり得る。先ず第一に、誰が作成（記載）したのか。第二に、校正作業は誰が行なったのか。第三に、第一頁目（グラビア参照）右下の欄外にある「梶田判事」とはどのような意味なのか。

先ず、判決原本は誰が作成したのかである。原本全頁を見ると、一見、雰囲気が異なる頁があり、筆跡が複数あるように見え、三人ぐらいで作成したのかとも思われるが、一人で作成したと考えるのが妥当であろう。原本の筆跡の特徴として、①右払いおよびしんにょう・えんにょうの右下への伸ばし方、②カタカナの「モ」や漢数字の「七」のような文字の書き方（「モ」を例にとると、二画目の横画の起筆がやや左に寄り、最終画が右横に伸びる）の二点を挙げることができる。これらに注目すると、最初から最後まで書き方が一貫しており、同一人物の筆跡と考えたい。雰囲気が違って見えるのは、さすがにこれだけの文字数を手で書く疲労で文字が右に寄り、行の左側が空いてしまったからであろう。また、証人として一九一人の人名が八頁近くに亘って列記される場所は、明らかに慎重に、丁寧に書いており（人名は、文字の連続に意味がないから、慎重に書くことは十分、予想できる）、その頁は、一見、雰囲気が異なって見える（資料1〔44〕～〔48〕）。しかし、筆跡は同じと考えられるのである。しかも署名の文字から推せば、吉田ということになるであろうか。

次に校正作業を誰がやったのかである。書き間違いが全部で五ヶ所訂正されている。あと、うすい文字をはっきりさせるための二重書きが何ヶ所かで行なわれている。訂正に際して、松尾は、訂正した行の上部に「正一字」とか「加一字」と記載して、「松尾」と訂正印を押している。「理由」以下、五ヶ所を松尾は訂正している。従って、松尾が確認を行なった頁があることは間違いない。松尾は、訂正印が押されている訂正箇所について、行の真下にレ点でチェックしており、「理由」の行の真下にもレ点が書かれている。従って、松尾が「理由」以下の確認を担当したことは間違いなかろう。レ点は、訂正印や訂正文の記載漏れを防止する意図であろうか。もっとも、誤記を松尾が見逃した箇所もあるのではあるが。

ただ、一ヶ所だけ「第」の文字が補われている箇所があるが（資料1〔36〕）、ここには、一文字加筆した旨の記載は書かれていないし、下部にレ点もない。これが、単純に行の先頭であって、「第」の文字追加と書く必要はない（従って訂正印も必要ない）と松尾が考えたのか、あるいは松尾以外の誰かが訂正を行なったのかは、今となっては特定できない。「第」の文字一文字だけでは、筆跡から誰の字かを推論するには厳しいものがある。「理由」の前は、判決文作成者が未だ疲れていなかったからなのか、訂正は「第」の文字の追加が一ヶ所あるだけなのである。

以下は、証明できない推論になってしまうが、裁判長の吉田が、（下書きのようなものは合議の際に誰かが、あるいは共同で作成していたとしても）判決文を一人で記載し、松尾にチェックを依頼したのではあるまいか。松尾は、第三民事部で最も若かったから、事務的な作業が依頼されることは組織としてあり得よう。加えて、吉田と松尾は意気投合していたような節がある（第六章第三節二）から、このような理解は、一応、成り立つように思われるのである。もちろん、松尾が「理由」以下を、その前を他の陪席判事が行なったと考えるのも成り立つ。後者であれば、確認の分量をほぼ同じくするために、松尾以外の陪席判事が行なったのであろう。

もう一つ、考えられる仮説がある。それは、「理由」より前の部分は校正を行なっていないという仮説である。吉田は、法的理論構成として重要な「理由」部分のみ松尾に校正を依頼したため、松尾はチェックする場所を明らかにするために、「理由」の行の真下にレ点を記載したということも考えられるのである。

第三の問題点は、一頁目右下の「梶田判事」の意味である。その四文字の筆跡は、判決文作成者と同じであり、筆者（矢澤）は吉田と考えているので、吉田の筆跡と考えられる。この意味であるが、国立公文書館つくば分館で昭和一八年四月および五月の大審院民事判決原本を見ると、各判決の右下に判事の名前が「主筆」の文字とともに書かれているものがある。従って、ここは主筆者の判事名を書く場所であったと考えられる（この点につき、木村和成「大審院（民事）判決の基礎的研究・1」立命館法学三三五号（二〇一一年）も参照）。そして、この主筆は、各判事が交替で行なっていた。となると、この無効判決の主筆は梶田ということになるが、本当にそうであろうか。主筆の意味が、文案を考える意味なのか、実際に判決文を書く意味なのかは明らかではない。梶田の筆跡がどこかで発見されれば、真相に一歩近づくであろう。いずれにしても、もし「梶田判事」の記載が真実であるとすれば、梶田が判決文の文案起草の担当者であったことになる。しかし、梶田は、署名をしていないのであった。

梶田に関しては、原本最終頁（グラビア参照）に一ヶ所だけ、疑問点があるのである。それはハンコである。この原本を見る限り、「裁判長判事」というハンコと「判　事」というハンコが大審院にあって、それを押してから、各判事が署名捺印していたことが分かる。毎回毎回、裁判長とか判事とかいう文字を書くのが面倒だったのであろう。この原本では、「裁判長判事」の後、一行毎のアキを作って、「判　事」というハンコが四回、つまり四人分押されている。これを誰が押したかは分からないが、梶田が出張で不在であることが分かっていたのであれば、初めから「判　事」のハンコは三回だけにして、「裁判長判事」のハンコを最終行に押してもよかったのではあるまいか。陪席判事が四人共いると思って誰かが（吉田か？）「判　事」のハンコを四回押してしまったら、梶田がいなかったので、その上部に、「裁判長判事」のハンコの上三文字だけが写るようにそのハンコを押し（その結果、「裁判長判　事」という印字ができあがった）、吉田が、梶田不在の文章を書き、自署したのではあるまいか。

こうした推論は、箕田転補のときの判決原本によって、ほぼ確証される。箕田が昭和一八年四月二三日付で転補となったとき、その直後の判決に箕田は署名捺印できないから、その旨を吉田が記載することになる。第七章で触れた大審院第三民事部が昭和一八年四月二六日に下した判決（昭和一七年（オ）第七六六号）では、判事が四人ともいると思ってか、「判　事」のハンコが四回押されているのである。従って梶田の出張による不在は、真実性に疑問があると解することができよう。

もちろん、だからといって、ただのハンコからなにがしかの結論を引き出すことはできない。二月末も東京は空襲に遭っていたから、それ故に梶田が大審院に来ることができなかったという推論も可能なのである

（もちろん、当時は、大審院に行くことができないということを梶田が伝えるすべはなかったであろう）。論証はできないのであるから、真相は闇に包まれてしまったのである。しかし、梶田が日本法理研究会の重要メンバーであったこと（第六章第三節四）、最終頁のハンコの押し方、この二点から、梶田が署名を拒否して現れなかったために吉田が出張扱いにした可能性がゼロとは言えないことを指摘しておきたい。

三　判決原本の発見時期と発見に関する問題

前述の表紙裏の記載によれば、判決原本は戦災によって焼失したとみなされ、一九八五（昭和六〇）年に発見されたことが分かる。焼失したとみなされたのは、判決直後の三月一〇日に大審院が東京大空襲によって全焼したためである。この空襲によって訴訟記録も失われた。吉田久自身も判決原本は焼尽したと考えていた。[32] 無効判決がどの判例集にも未登載なのは、原本が失われたことが主たる理由と考えられる。

謄本が作られた一九五九（昭和三四）年は判決がテレビドラマで取り上げられた年であり、[33] その判決文が手元にないのは不都合だと考えた事務総局が所弁護士を訪ねて借用してきたのだろうと推察される。もう一つの判決文の複写は、一枚目に「所龍璽殿」という文字が見られることや末尾に「右正本也」と書かれていることから、これが最高裁が所氏から借用した正本をそのまま機械的に複写したものと考えられる。

注目されるのは、判決原本が発見された時期が一九八五（昭和六〇）年だったと明記されている点である。発見時期を二〇〇六（平成一八）年とする記述があるが、[34] これはNHKでの原本発見報道がその理由であると思われる。[35] そして、最高裁が、せっかく発見されたこの歴史的な判決原本について、どこにもその事実を明かすことなく、再び記録保管庫の中にしまいこんでしまって二〇年も留め置いておいたことに根本的な問題があったと言わざるを得ない。このため、原本の存在が社会に明らかになるのは二〇〇六年まで待たれることになる。その意味では二〇〇六年が「存在が明らかになった年」という意味にもなるだろうが、やはり原本の発見は一九八五年と考えるべきである。

なお、筆者（清永）が当時、この判決原本がどこでどのように発見されたのかを最高裁内部で取材したところ、この記録保管庫の中、とりわけ一番奥に非常に古いロッカーがあり、未整理資料がここに積み上げられていたという。記録係の職員によると、その大半は雑記録であったが、この中から丁寧に紙に包まれたこの判決文が出てきたのだという。

この判決文を戦争末期に誰が持ち出したのかは、現在も分かっていない。ただ、その経緯は、今日、推察することができる。朝日新聞の記者だった野村正男氏が一九六五（昭和四〇）年前後に法曹関係者と対談した中で、大審院長だった霜山精一と大審院書記長だった前田牧郎（まえだもくろう）の話を残している。この中で霜山は、判決文を長野県に疎開させていたことを語っていて、[36]前田は戦時中に苦労して車を準備し、判決を運び出したことを語っている。[37]また、前田は、これとは別に、東京大空襲があった日も職員たちが四百件に上る裁判記録を運び出したことも語っている。[38]判決文の長野県への疎開の時期は不明であるが、無効判決は昭和二〇年三月一日に言い渡されており、直後に東京大空襲に遭遇していることから、計画的な疎開ではなく、東京大空襲による火災という混乱の中で今となっては無名の職員たちの手によって運び出されたのであろう。

しかし、これでもなお疑問は残る。なぜ選挙無効の判決原本だけが、四百件の記録とは別になり、昭和六〇年に至るまでロッカーの中に他の雑記録と一緒に置かれたままになっていたのかという点である。

これについては、誰が判決を持ち出したのかという疑問とともに調査を続けたが、未だ分かっていない。

当時の事情を知るのは、おそらく大審院第三民事部の書記だと思われる。判決文には奥平秀氏が書記として出てくる。[39] 奥平氏は戦後も最高裁判所で書記を務め、その後、昭和三〇年代には簡裁判事となり、墨田簡易裁判所などに勤務している。自宅は千葉にあったが、その後の消息はつかめず、遺族にもたどり着くことはできなかった。

この他に原本の一枚目上部に「言渡」、「交付」、「取扱書記」という欄がある。言渡しと交付はいずれも判決日と同じ昭和二〇年三月一日であり、「取扱書記」としては「神野」という印が押されている。[40]

補論　尾崎末吉の訪問

最高裁保管時には添付されていたが、現在、国立公文書館には残されていない資料がある。それは尾崎末吉の訪問記録文書である。

尾崎末吉は冨吉栄二や下村栄二らと共に、選挙無効訴訟の原告の一人であり、斎藤隆夫に訴訟代理人を依頼したと考えられる人物である（第八章）。戦後、自由党の衆議院議員を通算四期務めていて、冨吉が死亡したときには衆議院議員の代表として追悼演説を行なっている（第十章補論）。

この文書は一枚紙で、肩書きのない尾崎の名刺が添付されていた。そして、尾崎が一九七七（昭和五二）年に選挙無効の判決文の閲覧・複写を求めて最高裁を訪問したことが記されていた。

この紙にはさらに首席調査官の緒方節郎が尾崎に対応したと記されていた。紙に書かれていた内容によると、緒方は尾崎が訴訟当事者であったことから、判決文の複写の求めに応じようとしたが、現在は保管されている判決正本のコピーも、謄本も見つからなかった。文書には、このため尾崎に対して一九五五（昭和三〇）年に最高裁事務総局が発行した『選挙関係行政事件裁判例要旨集』から鹿児島二区の判決要旨を複写して渡したと記されていた。

この顚末文は判決文と無関係なためか、国立公文書館へ移管された判決文群の中に含まれていなかった。移管にあたって廃棄されたのではないかと思われる。貴重な記録であったため、後世に残すために、当時のメモ書きを元にここに紹介した次第である。(41)

（1）『証言3』二一二頁。
（2）『資料5』三六九頁。
（3）宮澤俊義『選擧法要理』（一元社、一九三〇年）一七三頁。
（4）美濃部達吉『昭和十五年度公法判例評釈』（有斐閣、一九四一年）八六頁、宮澤俊義「判例評釈四〇」国家学会雑誌五五巻一二号（一九四一年）一四八九頁以下。多くの行政裁判所判決（行裁判昭和一五年一〇月九日行政裁判所判決録五一輯六一三頁など）については、『選挙関係行政事件裁判例要旨集』（最高裁判所事務総局、一九五五年）五八五頁以下参照。
（5）『普通選擧法釋義』三三八頁。なお、選挙の規定に違背しても選挙の自由公正を害する程度に至らなければ無効とする必要がなく、選挙の自由公正を害するに至って初めて選挙は無効となるとした下級審判決として、札幌控判大正一三年九月八日法律新報一八号一七頁（大正一三年五月一〇日の北海道八区の衆議院議員選挙の事件）がある。
（6）不法な選挙運動の背後に政府があったという点に留意して、この無効判決を高く評価するものとして、田中真次『選挙関係争訟の研究』（日本評論社、一九六六年）七〇頁以下。
（7）長島毅「裁判所構成法」、『現代法学全集　第十二巻』（日本評論社、一九二九年）一三五頁以下。

（8）野村『風雲録　上』二一九頁（鹿児島一区の審理を担当していた第四民事部の古川源太郎裁判長の話）。

（9）法学セミナー四一号六三頁。

（10）法学セミナー四一号六三頁。

（11）真野毅最高裁判所裁判官が、最大決昭和三〇年一二月二三日刑集九巻一四号二九六三頁の中で、最高裁の意見の表示制度に関して、ドイツの制度と英米の制度の両者について述べている意見は、参考になる（二九六八頁以下）。

（12）朝日新聞の記事を書いたのは野村正男氏であることが分かっている（野村『風雲録　上』二二三頁）。

（13）『サンデー毎日特別号』八四頁。なお、引用した文章の次には、「吉田氏が正式に退職したのは五（ママ）月三（ママ）日だが、その月に大審院が空襲で焼失、判決原本も焼けてしまった」と書かれている。吉田の退職は三月五日、大審院の全焼は三月一〇日であり、誤植であると思われるが、判決原本の「焼失」が初めて一般に公表されたのはこの記事によると考えられる。

（14）『斎藤隆夫日記』五六二頁。なお、三月七日の日記には、「夜所弁護士来宅。勝訴判決書を受取る。」と記されており（五六三頁）、斎藤も判決文を受け取っている。

（15）『証言3』二一七頁。

（16）官報五四四二号（昭和二〇年三月八日）五六頁、一九四五年三月六日付毎日新聞（大阪）一面、同日付鹿児島日報一面。

（17）吉田「わたしのこしかた　後」二二頁以下。

（18）『サンデー毎日特別号』八四頁（板垣記者の文章）。

（19）注（16）で挙げた文献。なお、同所に「東京控訴院判事　松尾実友」が「東京控訴院部長」に補せられたと書かれているが、これが同姓同名の別人なのか、あるいは陪席判事の松尾本人のことなのか、全く不明である。

（20）前掲・泉一〇頁。

（21）家永三郎『歴史のなかの憲法　上』（東京大学出版会、一九七七年）一〇九頁。もっとも、この記述は、後に述べる訃報記事を根拠としているに過ぎないのかもしれない。

(22) 一九七一年九月二一日付朝日新聞夕刊一一面。
(23) 一九七一年九月二一日付毎日新聞夕刊九面。
(24) 一九七一年九月二一日付讀賣新聞夕刊一一面。
(25) 筆者（清永）の経験による。裁判官や検事のOBの死亡記事は、不審死でもない限り、最高裁事務総局や法務省から発表される訃報を元に記事を作成する。これに補足する形で旧知の人を捜してエピソードや人柄を聞いて記事を肉付けすることが多いが、死亡や経歴の裏取りはせずに発表をそのまま用いることが多い。
(26) 丁野暁春「司法権独立運動の証言・六　東京控訴院分科会〔議〕事件など」法学セミナー一八二号（一九七一年）四二頁。なお、丁野は、戦後まもなく、大審院長だった細野が吉田久と話し合いを行なっていたとの証言も残している（丁野・前掲四三頁）。最高裁発足時のいわゆる細野派と反細野派の抗争の中で吉田がどのような役割を果たしていたのかは興味ある点である。
(27) その退職のいきさつは具体的に書かれていない。本人は「スゴスゴと」引き上げたと記している（丁野・前掲四二頁以下）。
(28) 文書番号は「平二二裁判一六三三」。
(29) 文書番号は「平二二裁判一六三四」。
(30) 文書番号は「平二二裁判一六三五」。
日本弁護士連合会編『弁護士百年』（日本弁護士連合会、一九七六年）一一五頁に、所弁護士の写真とともに、判決文冒頭部分の写真がある。同所の写真が所弁護士が所有していたものの写真であるとすれば（おそらく、そうであろう）、「謄本」との記述は誤りである。同書をほぼ転記した『鹿児島県弁護士会史』（鹿児島県弁護士会、二〇〇四年）一二〇頁の記述も誤りということになる。なぜなら、「（自筆署名で裁判所が保管しておく）『原本』を元にし、訴訟当事者に渡されるもの」は「正本」だからである。所弁護士が所有していたのは「正本」である。ちなみに、所弁護士が判決正本を所蔵していることを突き止めた毎日新聞の記事は正しい表現をしている。すなわち、所弁護士の自宅も東京大空襲で焼けたが、「判決正本は貴重品扱いにして持出した」という（一九五八年四月二七日付毎日新聞朝刊一一面）。

(31) 書記官の印は「岡崎」、書記官補佐の印は「座間」と読み取れる。
(32) 吉田は、「判決を言渡してから数日を出でないうちに大審院の庁舎が空襲で全焼したため判決原本も訴訟記録も全部灰になって仕舞った」と記している(吉田「わたしのこしかた 後」一一一頁)。また、三男・耕三さんも「父は原本が焼失したことをいつも残念がっていました」と語っている。
(33) 一九五九(昭和三四)年五月六日、一三日、KRTV(現、TBS)で放送。
(34) 二〇一〇年三月一四日付讀賣新聞日曜版二面。
(35) 二〇〇六年八月一〇日NHKニュース「翼賛選挙訴訟 〝幻〟の判決原本発見」では、昭和六〇年発見という表現を用いていないが、これは、当時、最高裁の記録係の担当者より、発見年についてはニュースで触れないよう求められたためである。
(36) 野村『風雲録 上』二四〇頁。
(37) 野村『風雲録 下』一八七頁。
(38) 野村『風雲録 下』一八七頁。
(39) 判決正本末尾。判決文を活字資料として掲載した『資料5』二〇九頁には「奥中」と書かれているが、誤記であろう。
(40) 神野氏については、取材を尽くすことができていない。
(41) この添付書類について、筆者(清永)は当時のメモ書きのほか、取材した当時の記録に基づいて記している。ただし、取材に際し時間的な制約がある中で、添付書類のすべてを筆記できなかったため、正確でない部分もあり得る。

第十章　再選挙

第一節　再選挙の様子

こうして鹿児島二区の推薦候補の四名の議員は失格となり、一九四五（昭和二〇）年三月二〇日（開票二一日から、一部地域は一八日、一九日繰上投票）に再選挙が行なわれた（投票率六六・七％）[1]。この時期は、まさしく戦争末期に近づいていた時期である。鹿児島からはなれるが、最も選挙当時を象徴する記事が、開票日である三月二二日付鹿児島日報一面の記事である。それは、「硫黄島皇軍全員最後の總突撃」という大見出しで、硫黄島最高指揮官・栗林忠道中将からの電報があり、爾後通信が絶えたというものである。激戦地硫黄島が陥落間近というこの記事は、まさしく本土での戦いを残すのみという切迫した事態となりつつあることを示すものであった。このような状況であるにも拘わらず、再選挙が行なわれたのである。

吉田らの第三民事部判決によって四名の議員が失職した。衆議院議員選挙法七五条一項四号により再選挙となる[2]。しかしながら、法文上はそうであっても、時代状況からしてそのままうやむやにしてしまうことも可能であったのではあるまいか。事実、無効判決が下された直後の新聞記事では、再選挙は未定と報じられているのである[3]。再選挙の実施は、鹿児島県の判断であった。鹿児島県が再選挙実施に踏み切った理由としでは、この再選挙を利用して、再度、国民（選挙民）の士気高揚を謀ったというのも理由の一つではあるまいか。

翼賛政治会[4]は、当選失格となった四氏のうち、東郷、寺田、原口の三氏しか推薦しなかった。鹿児島県は、関係市町村に対して、「決戰下特に行はれる本選擧をして適正明朗ならしめんがため」に、「國体の本義に徹し其の思想信念に於て十分信頼するに足る人物」かどうか、「常に國家的大局的に物事を判断し地域職域等の立場に偏することなき人物」かどうかといった点に留意して、「戰争完遂に寄與すべき最適任者を」選ぶよう、「啓蒙運動」を行なうことを命じている[5]。また、戦争末期に近づいていたこの時期の状況から、立候補者の間で、演説会は三五回以内とすること、政見の発表は一定の字数で「鹿児島日報」に掲載するだけにすること等の自粛協定が結ばれている[6]。

こうして再選挙が実施されたが、結果的には、當選者の顔ぶれは変わらなかった。三月二三日付鹿児島日報一面は、「苛烈な決戰下に相應しく当局の啓蒙指導が行はれたので……文字通り明朗公正な投票が行はれ……醜敵撃滅必勝の信念に沸りたつ人物を議政壇上に送らんとした第二区選擧民の熱意を充分に反映し」た、と報じている。

また、翌二四日付鹿児島日報一面には柴山知事の談話が報じられており、知事は、「この凄烈な激戰の眞只中に選擧が行はれる矛盾を思はないでもなかつた、餘すところなくすべてを戰力増強の一途に傾注しなければならないときではあり、當局としても増産に支障なきよう啓蒙指導を行つたので、棄權率も意外に少なく六割六分七厘といふ投票率を示し、一方立候補各位においてもよく自肅申合を守つて周知のやうな成果を収めた、殊に空襲時に投票凾の輸送その他に心配がないではなかつたが、何等の故障もなく好都合に終了したことは慶賀に堪へない」と語っている。この再選挙の特徴を見事に述べていると言えよう。

再選挙のときの各候補者の得票数を資料として末尾に掲げた（資料7。なお第四章本文末の表1も参照）。これによれば、三人の推薦候補者について、一九四二（昭和一七）年の総選挙時とほぼ同じ区割りが行なわれているいることがはっきりする。この点で、三人の推薦候補者は、効率的な得票が可能となっていて、やはり有利であったと言えよう。冨吉栄二は、得票を三倍に伸ばし（地元姶良郡では、三一三四票）、一三五九票差の次点となったが、第二〇回総選挙での得票数と終戦後の国政選挙での得票数にも留意すれば、やはり妨害があったことで票が伸びなかったと見るべきである。

なお、一九四二年総選挙の際に選挙違反を克明に記録していた下村栄二は、大審院から電話がかかってきたりしたが[7]、東京に自宅があり、大空襲で列車も寸断されて鹿児島まで帰れなかったということである[8]。また、斎藤隆夫は鹿児島まで出向いて尾崎末吉の応援演説を行なっている[9]。斎藤としてみれば、せっかく尾崎の仲介で鹿児島県の選挙訴訟に加わり二区だけは勝訴したのであるから、当の尾崎の再選挙を応援する気になったのであろう。しかしながら、斎藤自身感じ取っていたように[10]、あまり成果はなかったようである。

再選挙のとき、当局からはどのような干渉・妨害があったのであろうか。また、その程度はどうだったのであろうか。

これに関しては、一枚だけ史料が残っている。戦争末期であり、しかも鹿児島は、戦線に近く、空襲の被害に遭っていたため、再選挙時の史料が今日残っていること自体が奇跡的なことである。現に、以下に紹介する史料の前後には、三月一四日付の国分町長からのお知らせ文があり、「敵機ガ何処ニカ見ヱタ様ナトキ」にサイレンがどのように鳴るかについて知らせている。まさに再選挙当時の生活状況が推察されよう。

再選挙のときの史料として唯一残っているものは、これまた野口公民館によって保管されていた綴りの中にある。その中に一枚だけ、次のような史料が残っている。地元の人たちからも存在自体が全く気づかれていないようであるが、私たちは重要性が高いと判断したので、ここに全文を掲載する。

> 國選第二十六号
> 昭和二十年三月十九日
> 國分町長石塚彦一
> 各部落會町内會長殿
> 衆議院議員選擧ニ付棄權防止方
> 依頼ニ関スル件
> 三月二十日執行ノ本縣第二区衆議院議員再選挙投票ニ関シテハ有權者ハ棄權者ノ無之様周知徹底方御取計ヒ相成度
> 投票時間ハ　三月二十日午前七時ヨリ午後六時迠

これは国分町長名による文書であり、これにより、当局による棄権防止活動が行なわれたことが実証される。この意味するところは、再選挙時も「啓蒙運動」が県から指示されていた（本章注（5）参照）点も併せ考慮すれば、棄権することなく推薦候補への投票をするよう働きかけるという意味が含まれていた可能性が高い。当時の史料として、極めて貴重なものと言えよう。

以上の検討より、一九四二年の総選挙時ほどではないが、「啓蒙指導」と称した干渉がなされたと見た方が良さそうである。もっとも鹿児島の選挙民にとっては、米軍が迫っているこの時期は、選挙どころではなかったかもしれない。具体的にどのような妨害があったかは、闇に包まれてしまった。

一九五四（昭和二九）年九月二六日、冨吉栄二は不慮の死をとげる。北海道へ遊説に行った帰途、青函連絡船で帰ろうとした。洞爺丸であった。享年五五歳。このような死に方をせず、自伝を書き残していれば、鹿児島二区の詳しい状況が後世に伝わったかもしれない。

第二節　冨吉は「勝利」したのか

さて、無効判決と再選挙の結果をめぐって、冨吉は果たして勝利したのかという点で議論が戦わされている。久米雅章・松永明敏・川嵜兼孝・鹿児島県歴史教育者協議会始良・伊佐地区サークル著『鹿児島近代社会運動史』（南方新社、二〇〇五年）二四五頁は、大審院の無効判決を勝ち取った冨吉の闘いについて「冨吉の勝利」と見ている（松永明敏執筆）。しかし他方で、同書の書評者である横関至氏は、書評の中で同書について六点ほど疑問点を示し、その第五の疑問点として、冨吉らは裁判において「勝訴」したのは確かだが、再選挙で当選者の顔ぶれが変わらなかったのであるから、「勝利」という表現には違和感を抱かざるを得ないと述べておられるのである。[11] 確かに、冨吉は、最下位当選者の原口に一三五九票足らず、次点であった。

この問題については、私たちは、社会運動史についてまさしく門外漢であるので、それを専門とする諸氏の論争を聞くしかないのであろう。しかしながら、敢えて私見を述べるとすれば、次のようになる。

先ず、同書にも、反論となり得る記述がある。それは、この書の「あとがき」の中で姶良郡加治木町における冨吉の得票を紹介した箇所である（川寄兼孝執筆）。すなわち、加治木町においては、翼賛選挙のときは有効投票数二二〇七票、冨吉の得票七〇票であったのに対し、再選挙のときは有効投票数一六一〇票、冨吉の得票五七六票であった（三五二頁）。従って、三分の一が冨吉に投じており、権力の不法を糾す投票行動が見られるではないかというものである。定数が四人であることを考えると、三分の一の得票は確かに大きい。しかしながら、これだけでは、一つの町の結果を持ち出しただけであるし、選挙で当選していないではないかと言われると、書評者の横関氏に軍配が上がるであろう。しかし、更なる考察が可能である。

ここで、姶良郡の状況について、今一度、考えてみる。姶良郡において、翼賛選挙のときの冨吉の得票は一一九四票、一位で当選した濱田尚友の得票は二一三九八票であった。再選挙のときの冨吉の得票は五一三四票、三位で当選した濱田の得票は九四三二票であった。[12] 両者ともここが地元であるため、有効投票数一七二六八票のほとんどが両者に投じられている。ただ、冨吉がトップとなった市町村は存在しない。しかしながら、冨吉の票の伸びとともに、もう一つ、注意すべき点があろう。濱田は、一九四五（昭和二〇）年二月一九日に翼賛政治会を脱会しており、[13] 再選挙のとき、翼賛政治会は、東郷、寺田、原口の三氏を推薦しただけで、濱田は推薦されていない点[14]がそれである。

ここで、濱田尚友について紹介しよう。昭和二〇年二月に翼賛政治会を脱会したため、再選挙のときに翼賛政治会から推薦されなかった濱田尚友は、翼賛選挙から敗戦までの四年間、実に数奇的な運命をたどった人物であった。

濱田は、昭和一七年四月の翼賛選挙で推薦候補としてトップで初当選するも、東條内閣に批判的なところがあり、昭和一八年一〇月に召集される[15]。いわゆる懲罰召集である[16]。国会議員として初めて召集された五人のうちの一人であった。この時期の東條は、第八三回帝国議会を開いて実質審議三日で政府提出の一四法案および追加予算案三件をすべて原案通り成立させてしまったり[18]、東條に批判的だった中野正剛議員を自殺させる（推定）[19]など、東條が最も強権的に振る舞った時期と言うことができるかもしれない（偶然かもしれないが、長崎一区と福島二区の有効判決が一〇月二九日であり、まさにこの時期なのも興味深い）。そして濱田は二等兵として硫黄島に送られるが、昭和一九年一二月に戦死者遺骨引渡しを命じられ、小舟で戻ってきて[21]、内地転属となる。その後、昭和二〇年三月に選挙無効判決と再選挙である。硫黄島からの脱出がもっと遅ければ命を落とした可能性が高いし、第三民事部による無効判決がもっと早くに出されていれば、再選挙に立候補できないわけである。昭和一七年四月の総選挙と昭和二〇年三月の再選挙とで、当選者の顔ぶれは確かに変わっていない。しかし、戦時中という時代の特質とも関連して、単に「顔ぶれは変わらなかった」の一文の背後に、これだけの事情が隠されていたのである。これは、歴史上の様々な同時代の出来事を複合的に見ることができる一例と言えるのではあるまいか。濱田は、結局、この再選挙での当選が国政選挙での最後の当選となったが、戦後は国分市議会議長、自由民主党鹿児島県連顧問を務めた。

さらに、濱田は、明治の終わりから大正期の、国分地方を中心とする小作争議を指導し、鹿児島県における農民運動の先駆者と評されている濱田仁左衛門[22]の長男である。尚友自身は農民運動とは一線を画していたが、姶良郡においてそれなりの支持を得るだけの知名度があったことは忘れてはならないであろう。

加えて、先に指摘したように、再選挙のときも推薦候補者間の地区割りがあった可能性が極めて高い。そのため、推薦候補である三名は、効率的に票を得ることができる。

従って、姶良郡において一定の票が濱田尚友に投じられたとしても、それが直ちに翼賛政治会支持というわけではないのではなかろうか。これ故に冨吉票が伸び悩んだと見ることはできないであろうか。次点となった冨吉が選挙に勝ちきれなかったのは事実であるが、それを責めることはできず、横関氏ほどシビアな見方をする必要はないと考えるべきである。

また、こうした当選者が同じだったか否かという議論から少し離れて、もっと大きな視点から考えるとすれば、冨吉票の動向を見るだけでなく、戦争末期にも拘わらず、判決に基づいて再選挙が行なわれたという事実そのものについても注意を払うべきではなかろうか。平和な現代とは違い、空襲の合間を縫って改めて再選挙を告示し、候補者が選挙運動を行ない、職員を動員して投票所を設営し、投票の立会や開票作業をもう一度行なうという一連の行為は、おそらく当時の行政および候補者らにとってかなりの困難を強いたであろう。それでも、こうした戦争末期にも拘わらず、(法的には当然のことだとしても)司法の判断に行政が速やかに従って行動したことは、再選挙の結果は別にして、一定の評価を与えても良いであろう。司法面からアプローチする私たちとしては、選挙で当選者が変わらなかったのだから「勝利」という言葉を使うのは違和感があるという議論よりも、この裁判を起こして勝訴し、その結果として行政に対して実際に再選挙を行なわせしめた事実こそが、冨吉らの功績であり、意義ある行為であったと言うべきだと思われる。誰が当選したかとは別次元の問題なのである。

補論　尾崎末吉による追悼演説

一九五四（昭和二九）年九月に冨吉栄二が死亡した後の一一月三〇日（火）、衆議院本会議において追悼演説が行なわれている。壇上に立ったのは、共に選挙無効訴訟を闘った尾崎末吉であった。すでに述べたように（第九章補論）、尾崎末吉は、後に、選挙無効の判決文を読みたいと最高裁を訪問している人物である。関連箇所をここに再現したい。

「また、世上にあまり流布せられなかった事柄ではありますが、わが国を敗戦に導いたできごとの一つともいわれる昭和十七年の翼賛選挙終了後、この前例のない、無謀にして不法、しかも極端なる弾圧が行われたのに対し、国民の遵法精神を破壊するものであり、国家存立のために黙視するに忍びずとして、私どもが翼賛選挙なるものは選挙にあらず、正しき法律によらずして特定の議員をつくったものであるから、これは無効であるとの訴えを当時の大審院に提起いたします際、このことを冨吉君に諮りますと、君はただちに進んで共同原告として参加せられ、あらゆる圧迫の中にあって資料を集め、費用を捻出し、かつ法廷に立つ等、四年近くの間私どもとともに尽力をせられ、終戦近くに至って、遂にこの訴訟は私どもの主張通り選挙無効の判決となったのであります。（拍手）一たび国家の重大時にあたっては、政党政派を越え、行きがかりと感情を去り、一身をむなしゅうして力を尽すという君の性格を発揮せられた好事例の一つであります。私どもの敬服にたえないところであります[23]」

同日には、冨吉死亡から僅か十日後の一〇月六日に死去した衆議院名誉議員尾崎行雄に対する追悼演説も行なわれている。[24]同じ翼賛選挙でかたや被告人となり、後に名判決と称されることとなる大審院刑事部の判決で無罪となった尾崎行雄（第二章第二節）と、かたや大審院民事部の判決で選挙無効を勝ち取った冨吉栄二。この二人が相次いで世を去り、同日に国会で追悼されたのは、奇妙な縁であったと言える。議場で拍手を贈ったかつての非推薦候補たちは、この日、尾崎末吉が語った、冨吉への惜別の言葉に耳を傾けながら、自らが選挙中に受けた数々の不当な干渉と戦時中の暗い日々を思い出さずにはいられなかったことであろう。また、当の尾崎末吉こそ、選挙無効を求めて闘い続けた日々の様々な場面を想起し、感慨に耽ったに違いない。

（1）『証言3』二一七頁、今井「翼賛選挙」三五頁および『資料5』「資料解題」三四〇頁には、再選挙は「四月二〇日」に行なわれたと、また木坂順一郎『昭和の歴史　第七巻　太平洋戦争』（小学館、一九八二年）八八頁には「三月二一日」に行なわれたと書かれているが、いずれも誤りである。
（2）『普通選擧法釋義』二九九頁、三〇一頁。
（3）一九四五年三月二日付鹿児島日報二面（柴山知事談）、同月四日付鹿児島日報二面。
（4）これは、総選挙直後の一九四二年五月二〇日に結成された政事結社であり、衆議院では（八名を除く）全議員がこれに参加した（前掲・木坂『第七巻』九一頁）。
（5）一九四五年三月一一日付鹿児島日報二面。
（6）一九四五年三月一四日付鹿児島日報一面。各候補者の政見および立候補挨拶は、三月一五日付一面および二面ならびに一六日付一面に掲載された。
（7）下村栄二の発言によれば、「再選挙は大審院から『すぐに用意して鹿児島に帰って、この判決の意のあるところを選挙民に訴えてくれ』という電話があり、承知しましたということで、金を送ったり、いろいろ準備をしました」とのことである（『証言3』二一七頁以下）。

（8）『証言3』二一八頁（下村栄二の発言）。ただ、この後、見るように、斎藤隆夫は三月一四日に東京駅を発って鹿児島二区まで着いている。下村は一三日の立候補の届出の締切に間に合わないと判断したということであろうか。

（9）『斎藤隆夫日記』によると、三月四日（日）午後に尾崎末吉、下村栄二両氏と「鹿児島県第二区選挙の相談を為」し（五六二頁）、三月一四日午前八時三〇分に東京駅を発っている（五六三頁）。当初は、下村栄二の応援演説も行なうつもりであったのかもしれない。三月一五日午後六時過ぎに阿久根に到着し、一六日に阿久根町で、一七日には三笠村で、一八日は川内市でそれぞれ演説を行なっている（五六四頁）。二〇日正午に「帰京の途に上る」となっている（五六四頁）。

もう一点、注目すべきは、三月一三日の記載であり、大河内輝耕の自宅に行ったが不在で、「家人に鹿児島行を伝言す」となっている（五六三頁）。斎藤としては、無効判決を非常に喜んだであろう大河内に、鹿児島再選挙で原告たちの応援演説に行くことをどうしても伝えておきたかったのだろう。

（10）『斎藤隆夫日記』によると、一六日阿久根では三〇〇名ぐらいの聴衆に対し約五〇分演説したが、「上出来にあらず」と記され、一七日三笠村では、三〇名ぐらいの聴衆で、「演説会振はず」と書かれ、一八日の川内市での演説では、聴衆が三〇名ぐらいであったとしか述べられていない（五六四頁）。尾崎の得票数から見て、当時の尾崎は、限られた者からしか支持されていなかったことが原因だろう。

（11）大原社会問題研究所雑誌五七六号（二〇〇六年）七四頁。なお、第六の疑問点として出されている点も、本書と若干関連性があるので、触れておく。すなわち、山元亀次郎氏は第二一回衆議院議員選挙には立候補していないとの記述（前掲・『鹿児島近代社会運動史』二三〇頁）について、山元氏はこの選挙に立候補しており、鹿児島三区の選挙無効訴訟の原告の一人であるとの批判である（七五頁）。これは横関氏が正しいであろう。

（12）一九四五年三月二三日付鹿児島日報一面。

（13）一九四五年二月二一日付鹿児島日報一面。

(14) 一九四五年三月八日付鹿児島日報二面。同月一五日付同紙一面に掲載された濱田の立候補の挨拶文も参照。
(15)「官報號外昭和十八年十月二十八日　第八十三回帝國議會衆議院議事速記録第二號」三一頁に濱田を含む五議員の応召入隊が報告されており、牧野良三議員による祝辞が述べられている（同三一頁以下）。
(16) ただ、具体的にどの発言が東條の逆鱗に触れたのかは定かでない。
(17) 国会議員に初の応召という記事は、一九四三（昭和一八）年一〇月一八日付朝日新聞夕刊二面にあり、元陸軍の小山田義孝氏が初めてであった。しかし、立て続けにあと四人が召集され、五人がほぼ同時に入隊ということになったようである。従って、五人の国会議員が初召集という理解で良いであろう。
東條内閣は、国会議員を召集するという前代未聞のことを行なうにあたり、召集によって国会議員の地位は失う（失職）が、もし生還した場合には、その地位が復活するという法律案を作成して、議会に提出し、成立させている。その際、東條は、委員会審議中に恫喝ともとれるような発言を行なっている。以下、引用すると、「應召セラレマスル所ノ議員諸君ハ固ヨリ生還ヲ期シテハ居ラレナイノデアリマスルガ、若シ生還セラルル場合ニ於キマシテハ、其ノ時コソハ生死ヲ超越シテ得ラレマシタル貴重ナル前線ノ體驗ヲ十分ニ國政審議ノ上ニ發揮シテ戴クコトガ最モ大切ナリト存ズルノデアリマス」（「第六類第一號　第八十三回帝國議會衆議院　衆議院議員ニシテ大東亞戰爭ニ際シ召集中ナルニ因リ其ノ職ヲ失ヒタルモノノ補闕及復職ニ關スル法律案外一件委員會議録（速記）第二回　昭和十八年十月二十七日」一四頁）。召集される議員を選ぶのは東條であるから、召集されたら生命はないと明確に議会で述べたと理解できる。
(18) 第八三回臨時帝国議会は、一〇月二五日召集、成立し、翌二六日開院式、二八日会期終了、翌二九日閉院式という凄まじいスピードの日程であった。この間、「晩食抜き」の「白熱審議」が行なわれたと、当時、報じられた（一九四三年一〇月二七日付朝日新聞朝刊三面）。また、衆議院本会議では、「大東亜民族総蹶起決議案」も可決している。
(19) 中野正剛氏の割腹自殺を報じた記事として、一九四三年一〇月二七日付朝日新聞夕刊二面。同日同面の左下で、濱田ら五議員の入隊確定が報じられている。
(20)『国分郷土誌』七六一頁、『郷土人系　上』一六三頁（鹿児島四十五連隊に入隊させられたという）、谷口純義編『西郷隆盛と明治維新』（三笠出版、一九九二年）一三四頁（佐藤八郎執筆）。

(21)『郷土人系　上』一六三頁。前掲・『西郷隆盛と明治維新』一三四頁によると、硫黄島玉砕寸前の生還は、「陸軍省担当記者時代に知遇を得ていた杉山元帥の配慮によったものだったらしい」と濱田が話してくれたそうである（佐藤八郎執筆）。濱田は早稲田大学卒業後、毎日新聞に入社して、従軍記者をしていたのである。

また、「第八十六回帝國議會衆議院議事速記録號外　昭和十九年十二月二十四日」一頁の冒頭で「議院成立ニ關スル集會」の模様が記録されており、そこで岡田忠彦議長が次のように述べている。「尚ホ今次ノ戰爭ニ召集セラレ、本院議員ノ職ヲ失ハレマシタ濱田尚友君ハ、一昨二十二日召集解除トナリ、再ビ議員ノ職ニ復セラレ、本日茲ニ君ヲ迎フルニ至リマシタ、君ガ第一線ニ於ケル言語ニ絶スル艱苦ト、健闘トニ對シ、諸君ト共ニ厚ク感謝ノ意ヲ表スル次第デアリマス」。その後、「〔濱田尚友君起立〕／〔拍手起ル〕」と書かれている。

(22) 冨吉は、この濱田仁左衛門を引き継いだのである。

(23)「官報号外昭和二十九年十一月三十日　第二十回国会衆議院会議録第一号（その一）」五頁。

(24) 同四頁以下。

第十一章　戦時司法論――『法律新報』を中心として――

第一節　はじめに

翼賛選挙無効訴訟が係属していた当時の司法、つまり主に戦前から戦中にかけての大審院や全国の裁判所・裁判官の姿について論じた著作は少ない。これまでこうした点について取り上げられることが少なかったのにはいくつかの理由があろうが、私たちが今回、翼賛選挙無効訴訟について調査や取材、そして研究を進める中で強く感じたのが、当時の戦時司法の姿を確認し、かつ検討することの重要性であった。それは、とりわけ当時の裁判官の置かれた状況が、あまりにも現代の裁判官と大きく異なっているからである。このため、本章では戦時中の司法の姿を紹介し、翼賛選挙訴訟が争われた当時の裁判官の置かれた状況を考える材料としたい。それは、こうした研究を行なうことで、鹿児島二区無効判決の意味を一層深く知ることができるであろうし、さらに、無効判決に関わった裁判官らが、戦争末期から戦後にかけてどのような運命をたどることとなったのか、そして何故そのような運命をたどらざるを得なかったのかを少しでも知ることができると考えられるからである。

ここでは、戦時中も発行されていた法律雑誌の変遷を追っていくという手法をとった。当然のことながら、こうした法律関係の逐次刊行物は戦時中も多くある。しかしここでは、①単なる論文ではなく、司法の動きをある程度俯瞰して眺めることができる資料、②戦時中も可能な限り定期的に刊行を続けていて、その経年変化を見ることができる資料、③司法官の幹部の発言などが多数掲載されており、当時の状況を知ることができる資料、そして④翼賛選挙および翼賛選挙訴訟に関連した資料が掲載されている資料、こういった観点から、主として『法律新報』という雑誌を取り上げることとした。戦時中を含め、司法の動きをまとめた国による記録は存在するが、この記録には関係者の肉声などは当然ながら全く掲載されていない。加えて、誌面の都合もあってか、戦時中の司法の動向はすべてが網羅されているとは言いがたく、小さな変化や動きについては触れられていない。むしろ民間の手になる同時代雑誌を使うことで、戦時中の司法の姿と選挙無効訴訟当時の裁判所の姿を垣間見ることができるのではないかと考えた次第である。もちろん、それ以外の刊行物を無視しているわけではなく、必要に応じて、適宜、参照した。

『法律新報』は一九五二（昭和二七）年に事実上、廃刊している。現在、この雑誌の存在はあまり知られておらず、復刻も行なわれていない。加えて、大学の図書館や最高裁図書館でも、特に戦争末期については欠号が多い。こうしたことが理由であろうか、この刊行物が引用されることは稀である。本章では、この雑誌を主たる検討対象とし、戦時中の司法の姿について考究したい。

第二節　前提問題としての『法律新報』の変遷

一　発刊から太平洋戦争開戦まで

戦時中の司法の姿について考えるとき、先ず始めに『法律新報』という雑誌の変遷をたどる必要がある。『法律新報』は三〇年近く発行されたが、その間、時代の激変とともに、内容面で大きな変化がある。その変化は、そのときそのときの世相の裁判所における反映とも言える。本節では、『法律新報』を素材として戦前・戦中の司法一般を見る前提として、その変化を確認しておくこととしたい。

『法律新報』は、一九二四（大正一三）年五月に法律新報社（社長が水野豊弁護士）によって創刊された旬刊の法律雑誌で、一九三九（昭和一四）年一月に内閣総理大臣となる平沼騏一郎氏と鈴木喜三郎氏を顧問とし、主筆・山内確三郎弁護士、主幹・水野豊弁護士の手になるものである。[1] 一九三八（昭和一三）年一〇月に水野弁護士が死去したため、五三二号（一九三九年）より森眞一郎弁護士が主幹を務めて、七六〇号（一九五二年）まで続いていく。創刊から間もない頃、巻頭言に「速に裁判所を獨立せしめよ」との一文を載せて裁判所が司法大臣の監督下に置かれている現状を批判し司法権の行政権からの独立を主張したり、[2] 刑事法廷について検事と弁護士は訴訟当事者として対等であるはずなのに、検事が上席となっているのは「弾劾主義の精神に悖り且つ官尊民卑の陋習を脱せざるものにして時代錯誤の甚しきもの」であるとして法廷の改造を求めたり、[3] 婦人参政権と公娼廃止を唱えたりして、[4] まさしくリベラルな雑誌であったと言える。

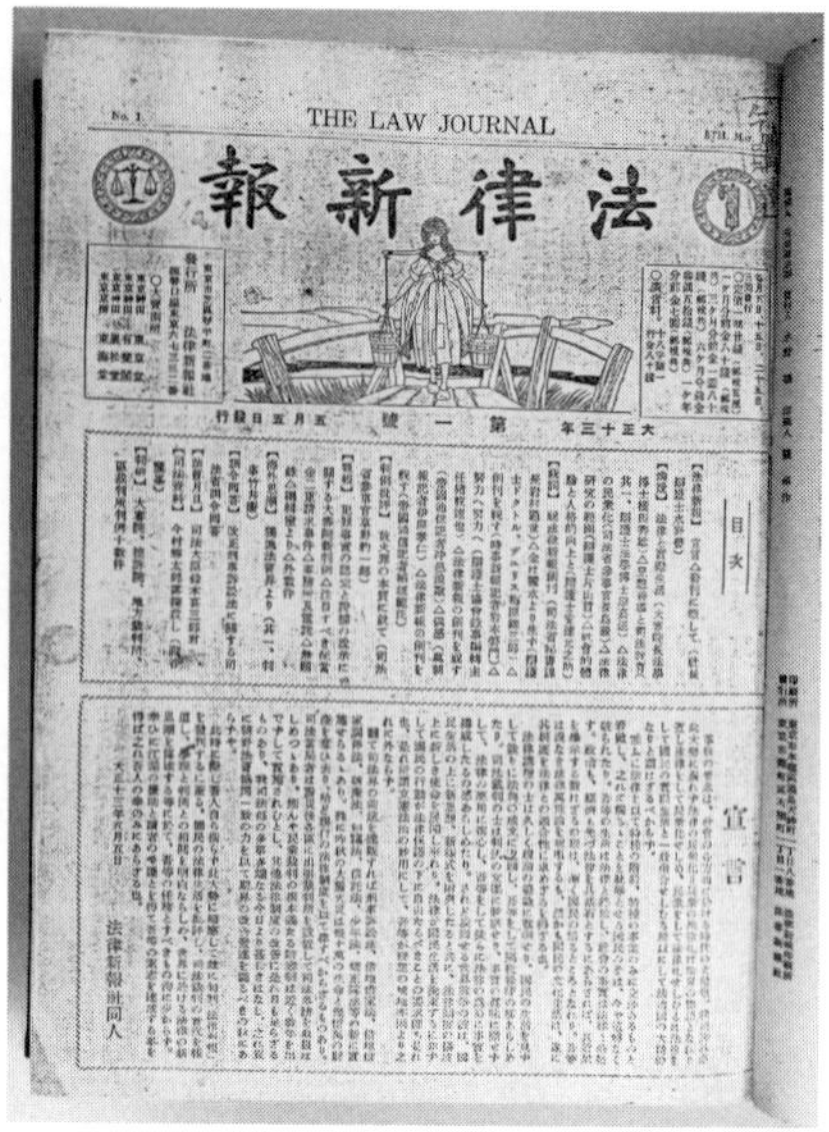
No. 1
THE LAW JOURNAL
法律新報
第一號
目次
宣言
法律新報社同人

写真10　法律新報創刊号

昭和に入っても、太平洋戦争の前までは、その誌面に大きな変化は見られない。雑誌の大きさは、Ａ４より些か小さな大きさである（七二四号以下はＢ５サイズ）。表紙には上からともに横書きで、「THE LAW JOURNAL」という英語の活字と筆による「法律新報」の文字が並んでいる。その下に、正義の女神を連想させる西洋人とおぼしきパーマのかかった長い髪の女性が天秤に似た水おけを二つ、肩から提げて木の橋の上を歩いている図が描かれている。この女性像は創刊号から太平洋戦争の時期までずっと続いている。

この表紙の下部は比較的ニュース性があり、読者を引きつける写真を用いた記事が多い。特に、太平洋戦争が始まるまでは、時折柔らかな内容もそこに盛り込まれているのが特徴であろう。例えば、五八一号（一九四〇年）には、表紙に東京の裁判所会同運動会の写真が飾られている。それも、女性職員によるスプーン競争の様子が掲載されていて、関連記事が雑報欄に載っており、提灯競争、漢字競争、魚釣競争、どぜう掴み競争などが行なわれたといった記事はいかにもほのぼのとさせる。[5]『法律新報』はもともと、法律専門家だけではなく裁判所職員といった広く裁判所関係者向けのものだったのであろう。従って、読者の興味を呼ぶためにこういう話題も積極的に取り入れられたと考えられる。

もちろん、基本的には法律雑誌らしく、判決の紹介や法令を解説するコーナーが誌面の大半を占める。この中でも、かの大学湯事件を担当した前田直之助元判事の辛口の判例批評「或大審院判例に就きて」が人気連載であったようである。掲載される批評は長文な上、前田独特の難しい言葉遣いや独特の漢字の使い回しがあって決して読みやすいものではないが、極めて刺激的なものである。(6)

また同誌には弁護士の正木昊がたびたび寄稿している。特に「誰でせう?·」というコーナーで、正木の手による司法省の幹部や裁判官の似顔絵が掲載されている（例えば、六〇四号二七頁）。正木はこの法律新報で、本社客員という肩書きを持っている。六〇〇号（一九四〇年一二月二五日号）四頁では、個人誌「近きより」が宣伝されている。また、『法律新報』主催で裁判官らの座談会を開催するときにも出席者の一人として在野法曹の立場から発言を行なっている（例えば、五九九号）。しかし、正木は戦争が激化し、『法律新報』が姿を変えていくと、徐々に誌面から遠ざかっていく。

また一九四一（昭和一六）年の新年号（六〇一号）一二頁には、東京区裁判所判事（当時）の内藤頼博による「紐育の家庭裁判所を観る」が掲載されている。内藤は、司法省の命を受けて一九四〇（昭和一五）年四月からアメリカ各地の家庭裁判所を視察に訪れている。当時、日本にはまだ家庭裁判所が存在しておらず、その概念からして日本では馴染みがなかった。そのため内藤は、家庭裁判所はどのような役割を持つのかという点から紹介しており、ニューヨークの裁判所庁舎や法廷内部の写真も掲載されている。内藤の記述は家庭裁判所の内容に止まらず、アメリカの法廷の構造や裁判所の空気をも客観的に描写している。すでに開戦まで一年を切っており、両国の関係は悪化していたわけだが、内藤の記述にはこうした先入観が一切ない。それどころか、むしろアメリカ人を友好的に捉えている箇所が多い。(7) 一九四一年という開戦の年の記事であるのに、この雑誌のリベラルさが残っていたと理解できる。

その一方で同じ雑誌の中で、政府の方針を基本的に肯定する内容がたびたび掲載されていることもまた事実である。これは社長の森眞一郎が記している社説が最も特徴的であろう。例えば、昭和一六年以降で見ると、「帝國議會の動向」（六〇二号）、「支那事變の解決について」（六〇五号）、「新體制未だし」（六〇六号）、「官民協力の具現化」（六一〇号）、「翼賛精神の實践難し」（六一一号）とその大半が国の動向について触れている。そして基本的には政府の方針に賛成するとともに、その中で司法が果たすべき役割を謳いあげているのである。その他の記事の中でも司法省の動きについて触れている欄が設けられているが、当局に対する批判精神はほぼ皆無である。

また、詳しくは次節で紹介していくが、この時期の『法律新報』に掲載された司法省や裁判所の幹部の発言を見ても、その多くが時局を強く意識し、前述のように司法が治安維持や国家体制の維持のために尽くすべき役割を語っているのである。

その一方で、こうした記事の間を埋めるように、トピック的な内容やユニークな読み物記事が含まれていることも特徴である。前述の裁判所の運動会や、正木昊による似顔絵、その他にも司法省や裁判所の幹部について、その顔の形を元に性格を分析する「骨相は語る」というコーナーがある。さらには、司法省幹部や裁判官の趣味を紹介する「カメラ漫脚」というコーナーもあり、裁判官が記者の前で弓術を披露したりしている（六〇八号二八頁）。

さらには、不定期ではあるが、裁判官による座談会も開かれている。この時期だけでも「刑事裁判の動向を語る　東京刑事地方部長座談会」（五九九号、六〇〇号）、「民衆裁判を語る　東京區裁判所判事座談會」（六〇五号、六〇七号）、「司法の秘境　豫審を語る座談會」（六一五号、六一六号）が掲載されている。出席している裁判官たちはいずれも実名であり、個別の事件についても踏み込んで発言している。各裁判官の発言も興味深いものがあり、こうした意味でも、戦時司法を研究する上で貴重な資料と言えよう。

二　開戦後の変化

一九四一（昭和一六）年に入ると、人事異動の記事が急激に増加する。これは、近衛内閣から東條内閣へ続く中で、司法大臣を始め幹部の顔ぶれが大きく変わるためである。主なところでは、一九四一年一月三一日付で大審院長に大審院上席部長の長島毅が就任し、併せて大審院次席部長には名古屋控訴院長の大森洪太が昇格していることが報じられている（六〇四号八頁）。

続いて六二二号（八月五日号）九頁では、岩村通世検事総長が近衛内閣の司法大臣に任命されたことを大きく報じている。さらにこれに伴って東京控訴院検事長だった松阪廣政が検事総長に就任している（六二四号二五頁）。なお、『法律新報』には、岩村の大臣就任について、当初は三宅正太郎との呼び声が高かったと記している。(8)

この年に異動した幹部は、その多くが翼賛選挙を経て東條内閣退陣まで同じ顔ぶれが続いていく。『法律新報』の記事の中には、単なる異動情報に止まらず、観測情報や異動結果を受けての論評もある。いずれも当時の下馬評を知ることができる記事である。

この時期を前後して、『法律新報』は内容の戦時色が一層強くなっていく。最も大きな点は、表紙の変遷である。前述の通り、創刊号より、表紙上部には女神像をイメージさせる西洋人の女性の図柄が使われていた。加えて、前述のように九二号（大正一五年一一月一五日）からは、女神像の左側に「顧問」、「主筆」、「主幹」、「社長主幹」の記載がなされていた。これが六〇七号（昭和一六年三月五日）まで続いている。ところが、六〇八号（昭和一六年三月一五日）で表紙がガラリと変わる。代わりに登場したのは八紘一宇を強く連想させる石塔の図であった。創刊号以来、一五年以上続いてきた女性の図柄を変えたにも拘わらず、記事の中ではこれについて説明は一切ない。

この石塔を用いた表紙の図柄は六三六号（昭和一六年一二月二五日）まで同じであるが、六三七号（昭和一七年一月五日）でさらに図柄が変わり、「法律新報」の文字の形も変わることになる。これが六五四号（昭和一七年六月二五日）まで続く。六五五号（昭和一七年七月五日）ではついに図がなくなり、一頁目下半分が巻頭言になる。このときは、「法律新報」の文字は変わっていない。この変更については、六五五号一九頁の「編輯後記」に説明がある。すなわち、「本紙表紙の従来の圖案は天皇中心と一億合掌を象徴した非常に意義深く含蓄に富んだものであったが、用紙節約といふ時局の要請と出版文化協會等の方針に適應する爲、圖案を割愛して記事欄の量的維持に役立たせることにした。大方の御諒恕を乞う次第である(9)」

さらに、細かな点であるが、英語表記も変遷が見られる。五九五号（昭和一五年一一月五日）までは、一頁右上に「5th November 1940」と、英語による日付の表記があった。ところが、五九六号（昭和一五年一一月一五日）からは、「11.15 紀元 2600」と、皇紀表記に変わり、英語による日付表記はなくなる。これは、一九四〇（昭和一五）年一一月一〇日に皇紀二六〇〇年記念式典が挙行された(10)ことと関係していると考えられる。すなわち、記念式典の前後に、英語による日付表記は時局に沿わないとされたのであろう。さらに、六〇七号までは一頁上部に「THE LAW JOURNAL」および「TOKYO JAPAN」の記載があったが、先に述べた六〇八号の表紙の大変更とともに、英語表記が消えているのである。この六五五号あたりから、日本法理研究会の思想への展開が急となっていったように思われる。

次いで、いわば名物連載であった前田直之助の「或る大審院判例につきて」（六一四号の表記）が唐突に終わる。最終回の文字などもなく、また連載終了の説明もないまま、六一四号を最後に掲載されなくなるのである。この他にも前述の「骨相は語る」や「カメラ漫脚」といったユーモラスなコーナーが、徐々に姿を消していく。

この頃、編集部が執筆したと見られる短いコラム欄には、アメリカに対する強い敵意のむき出しとともに、ドイツへの傾倒があからさまに記されている。[11] 僅か八ヶ月前に内藤頼博がニューヨークの家庭裁判所を客観的に報じた同じ雑誌とは思えない敵意むき出しの文章なのである。このような露骨な文章は、開戦後は毎号

法律新報
第六百八號
目次

写真 11　法律新報 608 号

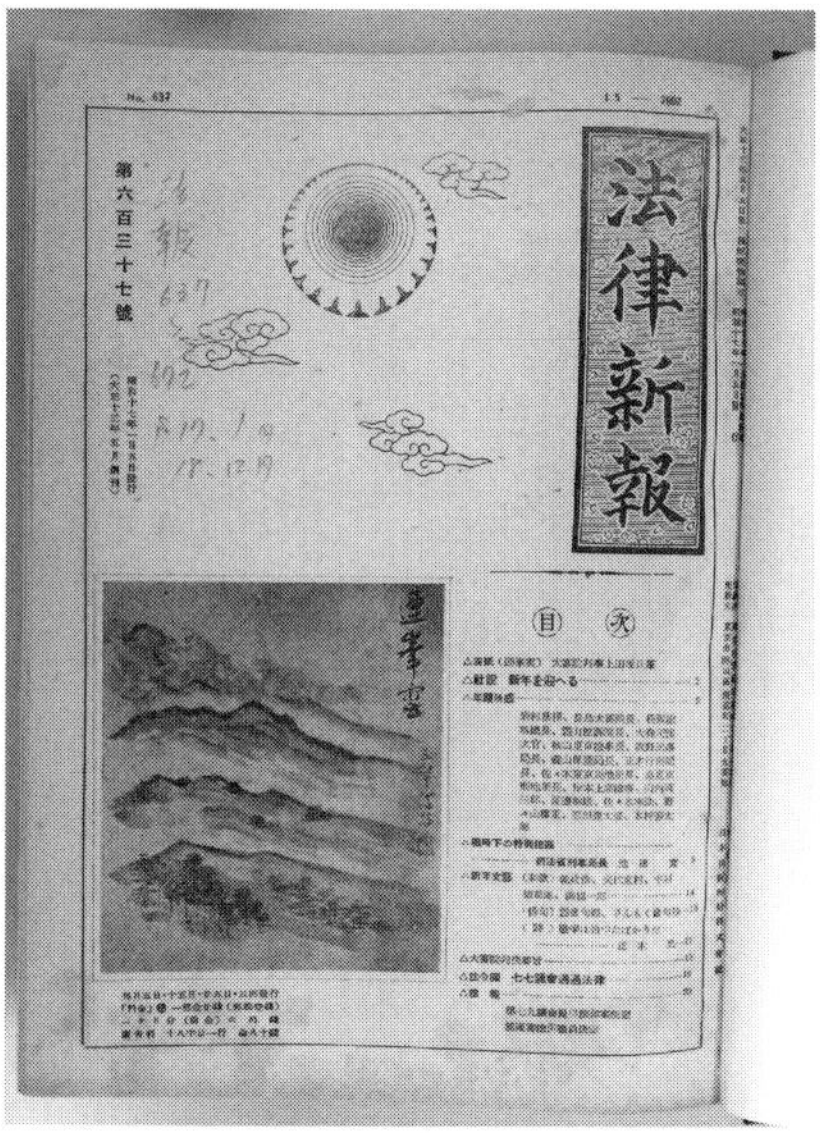
法律新報
第六百三十七號
目次

写真 12　法律新報 637 号

のように紙面の中で繰り返されていく。

そして、一九四一（昭和一六）年一二月八日、真珠湾攻撃とともに太平洋戦争が勃発する。この直後に発行された六三五号は、その大部分を戦争に関する記事にあてている。表紙には山本五十六提督の写真が掲載され、続いて二頁には社説[12]、三頁には岩村司法大臣の談話が掲載されている。さらにこの後、五頁には松阪検事総長の「所信」なども掲載されている。いずれも開戦を受けての言葉である。

この後、『法律新報』は急速に保守化していく。リベラルな連載などは、すべて姿を消している。所々に時代を反映させる記事の掲載はあるものの、その内容も戦時色が濃くなり、掲載される言葉も反米反英と戦争協力に染まっていくことになる。また、戦争に伴う法律の改正が相次ぎ、記事は法律の紹介や解説に紙面を費やすことになっていく。

三　日本法理研究会

その『法律新報』がさらに大きく変わるのが、六八〇号（一九四三（昭和一八）年三月一五日号）からである。この号は、最初の頁の「法律新報」の題字の隣に「日本法理研究會機關誌」と書かれている。独立した法律雑誌は、ここで「日本法理研究会」という組織に所属することになり、その機関誌としての創刊号となるのである。

日本法理研究会は、今日、論じられることがほとんどない。これは、一九三七年から三九年にかけて、林、近衛、平沼内閣で司法大臣を務めた鹽野季彦が中心となって一九四〇年に設立された民間の研究会である。掲げられた綱領は次の通りであった[13]。

「一、國体の本義に則り、日本法の伝統理念を探究すると共に近代法理念の醇化を図り、以て日本法理の闡明並にその具現に寄与せんことを期す。
二、皇國の國是を体し、國防國家体制の一環としての法律体制の確立を図り、以て大東亞法秩序の建設を推進し、延いて世界法律文化の展開に貢献せんことを期す。
三、法の道義性を審にして、日本法の本領を発揚し、以て法道一如の実を挙げんことを期す。」

会の中心メンバーであった小野清一郎は、明治以後の日本法学は西洋法学の移植・受容が主であったが、歴史的事態はもはや西洋文化の模倣を許さなくなったとして、「日本精神を意識するばかりでなく、新なる世界観・文化観に立たなければならなかつたのである」と記している(14)。綱領に「法道一如」という言葉が書かれているように、ここに挙げられている内容は法と道徳の一元化であり、その考え方に沿って大東亜帝國(ここでは当然、満州や南方などを含む)に「法秩序の建設」を目論むものであった。

では、なぜ『法律新報』がこの日本法理研究会に取り込まれることになったのか。その理由は、社長の森眞一郎自身の言葉から推測することができる。『法律新報』六八〇号の社説と、戦後の森の回想を紹介する。

「日本的法制の確立は本誌の年來唱導し來たところであるが、事の是非に拘らず最早孤立して進むべき時代ではない。目的の貫遂は國家の事であり、尊き使命の達成である。それには中心を太くし強化することであり、諸勢力が中心に歸一してその共通力をもつて邁進せんか、國家の法制部門における修理固成に寄與する光榮を荷ふわけである[15]」

「新聞や出版用紙の統制がだん〱深刻になつて来た。御多分に洩れず私の主宰する法律新報も廃刊の運命が迫つた。当時次々と廃刊の声をきくので、法律新報は日本法理研究会の機関紙となつた。そして僅かに露命が続けられたのである。爾来法律新報の存続には、先生から少なからぬ恩恵にあずかつた[16]」

いずれも本人が機関誌となることを選択した理由を述べているが、戦中と戦後でその内容は全く異なる。しかし、当時の状況を考えると、この二つの理由はいずれも事実の側面があったと考えて良いだろう。前者について言えば、森自身が開戦前から社説や署名入りの主張欄で民族主義的な意見を述べており[17]、その点では日本法理研究会と考え方が一致しているのである。また後者についても、戦局が悪化していく中で次第に雑誌は紙を入手することが難しくなってきたことは事実であり、現に『法律新報』も減頁や紙質が悪化している。こうした中で、森が雑誌の延命を図るために当局の覚えめでたい日本法理研究会の傘下に加わることを選択したとしても何ら矛盾はないであろう。

この号の表紙下で日本法理研究会会長の鹽野季彦は、「法律新報との提携に當りて」で次のように述べている[18]。

「今回日本法理研究會に於ては、法律新報と提携し、これを機關誌として廣く朝野法曹との連絡に資することゝした。これは法律新報社側の時局下この種新聞としての使命に對する反省が、偶々日本法理研究會の積極方針と合致し、こゝに兩者間に同志としての連携が成立するに至つたものである。……
今や國家の總力を擧げて外敵を倒すの時である。國内に於ける米英的思想の排撃は申すまでもない。法の分野に於ても過去の誤れる歐米追隨から覺めて、漸く日本的なるものへの反省の行はれんとする氣運の見えることは邦家の爲まことに慶びに堪へないところであるが、それは飽くまでも日本の國體に對する十分の自覺、認識から出發したものでなければならない。……
今後研究會は本紙を通じて、會の動靜、活動の内容を一般に傳へると共に、從來その志を有しながら直接參加の出來なかつた人々に、紙面を通しての參加を期待するものである」

検事から司法大臣と司法官の位を極めたOBが「米英的思想の排撃」を打ち出したことに加え、読者に対して日本法理研究会へ「紙面を通しての參加」を呼びかける言葉は、いずれも現場の司法官に対して、一定の影響を与えたであろう。むしろ、鹽野の言葉はそうした効果を狙っていたというべきかもしれない。

これ以降、雑誌には鹽野がたびたび登場し、「日本法理」、「大東亜法秩序」といった言葉が繰り返されるようになる。機関誌となった雑誌からは読み物はほとんどなくなり、記事には「祭政一致の大道と日本法理」[19]、「祭祀の本義」[20]、「靈と道義法」[21]など、これまでとは全く色彩を異にする論文で埋められることになる。さらにまたこうした論稿とは別に、侵略行為を日本法理上正しいものであると理論づけて、戦争と軍部への協力を強烈に呼びかけるのである。

四　戦争末期

戦局が悪化していく中で、『法律新報』はヒステリックという言葉が相応しくなるほど、戦争協力を声高に訴えるようになっていく。大東亜法秩序を創造しようとする日本法理研究会にとって、戦争に負けるということは、その存在意義が失われることに他ならない。書かれている内容は、もはや読み通すことにも努力が強いられるほどであり、そこには理論だった内容は見い出しがたい。

七〇二号（一九四四年二月三日号）からは表紙脇に見出しと同じ大きな文字で「米英撃滅!!　撃ちて止まむ」という文字が記されるようになる。同じ頃からは記事の間に「皇國は生きて生きかひあり／死して死にかひある國[23]。」とか、「みたみわれ　大君にすべてをさゝげまつらん」といった標語が囲みで書かれるようになり[24]、もはやこれが法律雑誌かと思うほどであり、今日の目から見るとその変貌ぶりは痛々しい。記事の内容も、戦争協力を求める言葉で埋め尽くされる。

昭和十九年三月十八日發行　法律新報第七百五號　（大正十三年五月創刊）

法律新報

〔日本法理研究會機關誌〕一周年記念號

記念號に題す

日本法理研究會長　鹽野季彦

米英撃滅!!　撃ちて止まむ!!

写真 13　法律新報 705 号

戦時中の最後の『法律新報』の発行は七二三号（一九四五（昭和二〇）年二月一八日号）である。実際には、印刷工場が罹災したため、この号は一部の読者にしか届けることができなかったとされている[25]。今回、私たちが見ることができたのは、この一つ前の七二二（一月一八日号）までである。僅か一六頁しかない。一頁目には相変わらず「米英撃滅‼　撃ちてし止まむ‼」と書かれ、記事の合間には「死して死にかひある國」などのスローガンが記されている。特筆すべきは、連載されていた「大東亜法秩序研究要綱」がこの号で完結していることであろう。「編輯後記」の末尾、つまり今回私たちが見ることができた戦時中の最後の言葉として、こう書かれている。

「連載中の大東亞法秩序研究要綱も本號で一應完結とはなつた。ともかく今日、これだけの業績を得られたといふことは研究部諸先生の勞を多とせねばならぬ。將來、大東亞の諸政策を進める上に貴重なる資料を提供されたわけである(26)」

この自画自賛の言葉で、雑誌は締めくくられている。彼らが信じた日本法理研究会は、もちろん敗戦とともに姿を消す。彼ら自身が「これだけの業績」、「貴重なる資料」とする要綱は、当然ながら役立てられることはなく、夢見たであろう「大東亞法秩序」もすべてが幻となって終わるのである。

五　戦後と『法律新報』の最後

戦後、『法律新報』は再開される。すなわち、七二四号の発行である。それは、休刊から十ヶ月後の同年十二月一日号、つまり終戦から僅か四ヶ月後のことであった。戦後の第一号にあたる七二四号で、再び表紙がガラリと変わる。

再開第一号の表紙には「法律新報」と横書きの看板風のタイトルが書かれ、さらにその下には大きなレタ

写真14　法律新報724号

リングで「HORITSU－SHIMPO」、「JOURNAL oF LAW AND POLITICS」と二行にわたって英語表記されているのである。臆面のないこの派手な英語表記は、GHQに対する配慮であったのだろうか。再開第一号の表紙下の「社説」は「國體と民主主義」（一頁）であり、巻頭論文があの清瀬一郎の「憲法改正論議の焦點」なのである（二頁以下）。当然のことながら「日本法理研究会機関誌」という文字は消え失せ、それどころか機関誌だったことについてや、戦争協力や賛美を重ねていたことについて、雑誌のどこを見ても、一言の弁明も自己批判もない。そこに寄稿する人々も同じ人物が含まれている。ほとんどが何も言わぬまま、米英の司法制度の紹介や法律解説などを行なっている。

『法律新報』は七六〇号で休刊となる。NACSIS-CATで七六一号以降は登場しないので、七六〇号が最後の号であることは間違いないであろう。そこでは、「次號予告」があったり（六頁）、「新刑事訴訟法の改正について」という座談会が「以下次號」で終わっていたりしており（一七頁、六五頁後記）、法律新報新社の森眞一郎社長としては、終了させる意図は全くなかったと言い得る。事実、後記には、本誌の「伝統を堅守して行く方針にかわりありません。御期待を乞う所以であります」との一文や、「陣痛の苦悶を一掃、次号の編集に取りかかる次第です」との文章も見られる（いずれも六五頁）。しかしながら、前号である七五九号が発行されたのが一九五一（昭和二六）年二月一日であるのに、七六〇号は翌年の一九五二年一月一日なのである。後記に「出版界凋落の折とて、かかる純学術雑誌の経営は一層困難を極める」との一節があるが（七六〇号六五頁）、ここ何年か、年に二冊しか発行できない状態であったことから推せば、七六〇号の発行で法律新報新社も力尽きたということなのではなかろうか。

第三節　戦前、戦中期の司法省、裁判所幹部らによる発言から見た裁判所

『法律新報』はすでに触れたように、その主要読者は全国の弁護士や裁判所関係者であり、いわば戦前の業界誌である。現代と違って活字媒体が主要メディアであった時代においては、この雑誌が持っていた業界への影響力は、今日我々が考える以上に大きかったことは容易に想像できる。

全国の司法官の幹部が集まる各種会同では、司法大臣や大審院長、そして裁判所幹部の発言がなされ、また記録されている。こうした内容をまとめ、その問題点を指摘した著作はあるが[27]、会同そのものは限定された出席者だけで開かれ、一般に公開されるものではなかった。『法律新報』のように、一般に購入できる雑誌に掲載された幹部の発言の方が、全国に与えた影響は大きいと考えることができるだろう。実際に『法律新報』には戦前・戦時中を通じて、幹部の発言が多数掲載されているが、会同での挨拶よりもなお時局について、ある者は踏み込み、ある者は本音に近いと思われるような発言を行なっていて、各地方裁判所と検事局の判事、検事、さらには給仕や雇といった職員までもが、紙面を通じ、これを上司の言葉として受け入れたことは想像に難くない。また発言の中には、こうした効果を狙って敢えて掲載していると見られるような

内容も含まれている。

そこで第三節では、前節で見たような雑誌の変遷を踏まえた上で、司法省と裁判所、そして検事局の幹部たちが時局や戦時中の司法に関してどのような発言を行なったのかを見ていきたい。なお、こうした発言は非常に膨大になるが、開戦前から戦争末期にかけて特に特徴的な内容が含まれているものや、典型的な内容を中心に紹介することとしたい。

まず紹介するのは、一九四一(昭和一六)年の新年号(六〇一号)である。この号は太平洋戦争が始まる年の最初の号であり、司法省や裁判所、検察庁の幹部の挨拶が揃って掲載されている。

「年頭所懐　大審院長　泉二新熊

司法裁判は常に國家社會の安寧秩序の維持と國民生活の安定及び其の福祉の確保とを使命として、國政の重要部面を擔當して(ママ)ものであるから、叙上の新秩序の建設、新體制の助長に順應すべきは當然であるが、其の性質上前述の政治經濟文化其他社會各層の新體制の歸趨を見定め、それに適應すると同時に我が國體の本義に適合することを充分考慮して司法に關する法律の改正又は裁判組織制度機構に付ての改正が行はれねばならぬのである(28)」

「年頭の辭　検事総長　岩村通世

戰爭目的遂行の爲には尚一層經濟統制の强化を必要とするのであるから之が取締の徹底を期する事の必要なるは云ふ迄もないところである。されば今後業者自身の自肅自戒を求むると共に一般國民も亦此の重大時局を能く認識し之が違反防遏に協力せらるべきであると信ずる。國民思想の健不健は其の國の興亡に至大なる關係あることは古往今來幾多歴史の明證するところである。……司法の職司は本來平常時たると非常時たるとを問はず國内の治安秩序保持の責務を有するものであるが殊に現下の如き非常重大の時局下に於て銃後の治安秩序確保の重責に對し、司法の各職域に於て夙夜聖旨を奉體し司法の使命達成の爲に献身的努力を致し治安維持の完璧を期せなければならないと思ひます[29]」

「新年所感　東京控訴院検事長　松阪廣政

此の時に方り、吾々檢察の任に在る者は之等の豫防と防遏の爲に力を致し、國家の治安を確保し、國民をして安じて其業に服せしむる樣渾心の努力を拂ふ覺悟である。

而して、立法、行政の各部門に於ては、既に高度國防國家建設の爲めの新體制が其緒につき、着々凡ゆる企劃が進められてゐる事情あるに鑑み、我司法部に職を奉ずる者に在つても、此大勢に順應し、よくこの新體制の理念を體得し、徒らに舊套を墨守せず、事務處理の迅速を圖るは勿論必要なる改善に留意し、國民の期待に添はしむる用意と心構へを持することが望ましい次第である[30]」

ここでは発言に一定の傾向を見ることができる。それは当時の新体制運動について全面的に肯定していることである。引用している他にもほとんどの人たちが口を揃えて新体制下の司法のあるべき姿というものを説いている。さらに、司法が国家の秩序維持のために存在するとする考え方がはっきりと打ち出されている点も特徴である。もとより治安維持の役割を担わされていた検事局のトップである岩村通世の発言はその意味では典型的なものであるし、大審院長の泉二にも同じことが言える。ここに引用していない他の発言者についても似た内容が多く含まれていて、中には弁護士会の代表からも、「在野法曹の職域に於ても寧ろ之を法制的に擴充し翼賛面を擴大强化し公益擁護的性格を顕著ならしむる必要があると思ふ[31]」とする発言が見られる。『法律新報』には一九四〇（昭和一五）年まで「新體制欄」というコーナーまであり、新体制支持が基本路線だったのである[32]。

一九四一（昭和一六）年一二月八日の開戦の直後に発行された『法律新報』は、その大部分を戦争に関する記事にあてている。ここでは岩村司法大臣の談話と松阪検事総長の「所信」を紹介する。

「米、英に對する宣戰の大詔を拜し奉りて　司法大臣　岩村通世

本日米國及英國に對し、畏くも宣戰布告の大詔を渙發あらせられました。誠に恐懼感激に堪へないところであります。……

各位に於かれては何卒この總力的決戰下に於いて社會治安の確保と國民權義の保全の責務に任ずる職責の重大さに深く思ひを致して、法の適正、妥當、迅速なる處理に協力邁進し、如何なる新事態に直面するとも些かも狼狽することなく、立派に各々の職務を死守して職責を完ふし、君國の爲には進んで水火の中へも飛び込むの決然たる心構を以てこれからの毎日々々の事務に精進して頂き度いと希念して止みません[33]」

「更に一段と遵法精神の昂揚を望む　松阪検事總長語る

畏くも米、英に對する宣戰布告の大詔を拜しまして一億國民は恐懼感激して茲にいよ〳〵驕慢なる米英膺懲の征戰に奮ひ起ちました。今こそ私共は戰線に立つ者も銃後を守るものも、一身一命を捧げて君國に報ずるの大義に殉じ、以て宸襟を安んじ奉ると共に、光輝ある皇國の歴史の前に恥ぢることなきを

期せねばならぬと痛感する次第であります。……
さて時局下の検察としましては、この長期覺悟の總力的決戰下の銃後に最も重要な國内治安の確保に全力を竭すべきは謂ふまでもないところでありまして、苟も國内の治安を紊るべき行爲は嚴として彈壓を加へなければならぬと存じます。而して現事態下の國内治安に最も重大な問題は、申すまでもなく反戰反軍的な思想言動、國體に類を及ぼすやうな思想言行、又は外國の爲の諜報活動、國内の人心を惑亂させる様な流言蜚語、經濟不安を釀すやうな言動等でありまして、これ等は斷乎として取締る考へであります[34]」

この号全体にこのような発言がちりばめられている。当時の社会情勢では、開戦直後の熱病に国民が冒されていたようなものであり、その点では割り引いて捉える必要があろう。

岩村司法大臣の談話は、長文のため冒頭部分と司法関連に言及している場所のみ引用した。見て分かる通り、岩村は「法の適正、妥當、迅速なる處理に協力邁進し」と述べていて、比較的冷静で独立したスタンスをとっている。ここでは、戦争が始まったとしても、法律の適正な運用を行なうことなどを全国の部下に命じているのである。

これに対して松阪廣政の言葉は、「決戰下の銃後」の治安維持に全力を傾けるのは良いとしても、「反戰反軍的な思想言動、國體に類を及ぼすやうな思想言行」などを断固取り締まるというのは、政府や軍部に対して、検察は時局に追従することを宣言していると言われても仕方がないであろう。「嚴として彈壓を加へなければならぬと存じます」という強い決意が示されている[35]。

こうした趣旨の発言は、昭和一八年に入ると戦争に対する協力を一層声高に求めるものへと変わっていく。特に新年号には、開戦の際と同様に司法省や裁判所の幹部の新年挨拶が掲載されている。

「年頭箴言　大審院長　長島毅
司法權は獨立であり確固不動であらねばならぬ、世界の物心兩界に於ける變轉が激しければ激しい程益々左樣でなければならぬ。

司法權の運用は圓滑でなければならぬ。世の中から取殘されてはならない。世の中の有情無情の態勢が目まぐるしく變れば變る程左樣であらねばならぬ。……

假りに司法權の運用が世の中から取殘されたならばどうであらう。司法は只空虚な古典的な大伽藍のそれとして殘るのみであらう。

吾等は大東亞戰爭の第三年を迎へんとしてゐる、世界動揺の渦は山をさき海を覆さんとしてゐる、吾等は確固不動なる司法の礎を踏みつつ其圓滿無礙なる運用に意を廻らさねばならぬ。

曰く動中靜。靜中動」(36)

「新年を迎へて　東京控訴院長　霜山精一
……この大戰を勝抜くためには國家の總力を擧げて戰爭完遂の一點に集注し其の綜合國力を急速に發揮せしめることが何よりも必要である。即ち總力戰に於ては前線銃後の區別はない。銃後も亦戰場である。國民の一人一人が戰士である自覺をもち不屈不撓の精神をもつて各其の職域に御奉公することが要請せられるのである。

戰時下に於ける銃後治安維持の重責をもつわが司法部が如何なる覺悟をもつて如何に運營せらるべきかは多く言ふを須ひない。戰争目的の完遂といふ使命と司法本來の使命の達成との間に何等の扞格なく、圓滿に共に其の使命を果たすことが緊要(ママ)である[37]」

「新年の所感　東京民事地方裁判所長　佐々木良一

……顧みれば一昨年十六年十二月八日宣戰の大詔を拜し、全國民の忘れんとしても忘る能はざる彼の感激の日より既に一年餘を閲し、此の間御稜威の下皇軍將士の忠烈勇武なる力戰奮闘により世界史上比類無き輝かしき大戰果を収め、廣大なる占領地域に於ては大東亞建設の偉業が武力戰と併行して、駸々乎として其の巨歩を進めつゝあることは誠に感謝感激に堪へない所であります。……

戰局愈々重大性を加ふるの秋職を國民の權義を保全し、國内治安の維持に任ずる司法部員は迎春に際り其の職責の愈々重きを深く肝に銘し、國内も戰場なりと云ふ自覺の下に粉骨碎心司法報國の誠を致さねばなりませぬ[38]」

「年頭所感　東京刑事地方裁判所長　島　保

……本年こそ決戰の年である。反攻を期する敵米英の戰意を撃滅するがため、國民の總力を結合し、國家の全機能を集中しなければならぬ。國家機能の一たる司法裁判(ママ)も亦、その擔當する領域たる治安の維持、思想經濟その他國民生活の全般に亘る秩序の確保において、聖戰完遂に即した正義の實現に全力を傾例(ママ)しなければならぬ。社會のあらゆる分野において米英思想の残滓を拂拭するの要あるが如く、司法においても、卒に外國の事例に追隨する事なく、時局の要請に應ずると共に傳統の精神を尊重し司法本來の使命を全ふしなければならぬ[39]」

寄稿している幹部の言葉は、もはや司法が国家の秩序維持のために存在することは当然の前提であり、むしろ戦争の勝利のために司法は存在すると言わんばかりの内容である。

引用した中では大審院長の長島毅の発言に問題が多く含まれている。長島の言葉には、『法律新報』の他の寄稿などで記している彼の言葉と比べると、一定の共通性がある。それは単純な戦争協力の言葉よりも、裁判官に対して時局に積極的に追随することを求めるという点にある。

そこには遵法という前提条件はなく、むしろ後には、法律を急転回せよと求めたことすらある。[40] 引用した文章からも、戦時中で激しく動く時局から、司法だけが取り残されることを恐れていることが窺われる。松阪のように、検察組織であれば銃後治安確保のためとわだかまりなく言い切ることもできるであろうが、政治や社会から独立した存在であるべき裁判所のトップである長島には、むしろ「司法の独立を保つためには時局に追随すべき」という発想が見られるところに問題があろう。本来であれば、時局と距離を置いて司法の独立を保たなければならず、時局に追随して司法の独立が保てるはずもない。長島はこの後も『法律新報』や各種会同において、現場の裁判官に対し、似たような内容の言葉を繰り返している。また長島だけでなく、前述の松阪など複数の司法官が同じような趣旨の言葉を述べていることにも注意する必要があろう。

ここに引用した中では、霜山精一と島保の二人が戦後、最高裁判事に就任している。また佐々木良一は名古屋高等裁判所の長官に就任している。もちろん、立場ある人間の戦時中の発言は、多かれ少なかれ、このように時局に迎合せざるを得なかった側面もあろう。しかし、戦後の司法は、これらに対する組織だった反省や内部からの検証を行なってこなかった。この問題は、第六節で考察する。

『法律新報』が日本法理研究会の機関誌になると、発言の内容は一層保守色と国粋色を強めていく。例えば、弁護士の木村篤太郎は、六九四号（一九四三年一〇月三日号）において、「勝ち抜く一途あるのみ」という巻頭言を寄稿している。


「最近『一體戰爭はどうなるのであらうか』『果して國家の將來はどうなるのか』などといふ言葉を往々耳にするのであるが、全く言語道斷、以ての外の言葉であると痛憤を禁じ得ない。

日本は、畏くも　天皇陛下が帝國の自存自衞の爲東洋制覇の非望を逞ふする醜敵米英を擊てと宣はせ給ふた大詔を奉じ、一億國民が眦を決して起ち上つたのである。往くべき道はたゞ一途、不遜非望の米英を擊ち摧き、勝ち拔いて聖慮を安じ奉るのみである。……

……國内態勢强化方策についても區々たる批判や不平不滿は一切きり棄つべきである。戰ひ敗れて何處に一億民族の福祉、權益が存在しようか、それをじつくり考へたならば、現在位の困苦に耐へる事が何であらうか。『先づ勝て』である」[41]

木村はこう述べるとともに、米英が一度は反撃に来ることは分かりきっていたことであり、今勝ち抜くことが勝利への道であると訴え、司法の分野で行なうべき事を提言するのである。曰く、弁護士は各地で移動法律相談を行ない、その場で法律手続きを処理して戦力増強に資するべきである。また、裁判官と検事は積極的に隣組等の街頭組織に進出し、闇行為の防止を説くべきという。大真面目にそう記すその木村は、戦後、一九四六（昭和二一）年に、司法大臣に就任している。

日本法理研究会の機関誌となった同誌では、発言者の顔ぶれは次第に固定化していく。その中でも多数の寄稿を行なっているのが、会長であった鹽野であり、次いで東京帝国大学の教授だった小野清一郎である。小野は、この研究会では中心的なメンバーの一人であり、理論的指導者でもあった。その小野が六八八号（一九四三年七月三日号）に書いている巻頭言を紹介する。

「大東亞建設と日本法理　東京帝國大學教授法學博士　小野清一郎

我々は今きびしき現實の中に立つてゐる。

大東亞戰爭の第一段階は輝かしき戰果の擴大であり、敵軍を大東亞地域から一掃することであつた。しかし今や戰爭は第二の決戰段階に入り、大東亞周邊に於て反攻を企圖する米英軍に對し、日夜激烈なる陸・海・空の戰鬪が繰返されつつある。しかも、一方この決戰の連續であると同時に、他方大東亞建設の歩武を進めなければならない。戰爭と建設とは一體不二である。戰爭は建設を目的とし、建設は戰爭なくして遂行されない。我々は物質的、精神的あらゆる力を擧げてこの嚴しき戰を闘ひ抜かなければならない。

大東亞新秩序の建設は政治的、經濟的文化的な綜合的過程である。しかも其は單に我が帝國の權益のためにするのでなく、又『持たざる國』の『生存權』のための戰などといふ如きものでは斷じてない。かかる思想こそは米英的な思想である。日本は實に道義に基く大東亞の新秩序を建設せんとしてゐるのである。道義とは日本の道義であり、東洋の道義である。しかも其は亦世界の道義たるべきものでもある。其は西洋流の抽象的な個人主義的、世界主義的倫理思想ではない。具體的、現實的な人倫、即ち君臣、父子夫婦、家族、鄉土、國家を基本とする倫理であり、道義である(42)」

「戦争と建設とは一體不二である」、「日本は實に道義に基く大東亞の新秩序を建設せんとしてゐる」という理論を展開したこの法学者は、さすがに戦後、厳しい批判にさらされた。中には「狂気の指導者・大量殺戮狂」とまで極言する指摘もある。(43)

もともとは私法領域で始まった抽象的人格と具体的人間という議論を西洋的国際法と東洋的道義に応用して大東亜戦争を正当化しようとする小野の論旨は、もしラートブルフ（Radbruch）がこれを目にしていたならば、驚愕したことであろう。

第四節　翼賛選挙と選挙無効訴訟に関する記事

続いて、一九四二（昭和一七）年四月の翼賛選挙とその後の選挙無効訴訟について、当時の幹部や司法官がどのように見ていたのか、そして『法律新報』がどのように伝えていたのかを追ってみたい。

六四三号は、一九四二年三月四日に地方長官会議が開催されたことを伝える記事を掲載しており、この中では、岩村法相が目前に迫つた翼賛選挙に向けて「司法當局の態度を明示した」として長文の訓辞を掲載している。(44) ここでの岩村の発言は、比較的冷静である。例えば、選挙違反の取締りについては、些末な形式犯で行きすぎた取締りを行なうのではなく、買収などの悪質範囲に重点を置くよう求めている。さらには「後日司法警察官吏に對する選擧干渉、人權蹂躪（ママ）等の非難の聲なからしむる樣努」めるよう求めている。発言を行なった三月四日の時点で岩村がこうした非推薦候補側からの不平や不満を想定していたことが窺われるが、その中でも公平な取締りを求めていることは注目してよい。

また、六四六号（同年四月五日号）では、司法長官会同が開かれ、岩村は、取締りでの公正さを求めたり、選挙干渉と非難されないよう気を付けることなど、ほぼ同一の内容の訓示を行なったことが報じられている。[45]岩村は紙面で見る限りにおいては、司法官出身の大臣らしく、法の尊重を厳格に捉える様子が見えてくる。

実際に取締りを行なう立場である検事総長の松阪廣政については、岩村の言葉が掲載された次の号に「總選擧取締方針」として、その言葉が掲載されている。記事によれば、これは三月一四日に警察部長会議で行なわれた訓示の内容であるという。[46]松阪は開戦時に、反戦反軍的な思想や言動を徹底的に取り締まるよう求める「所信」を述べていた。[47]その松阪も、この言葉を見る限りにおいては、総選挙に際して捜査の公正を求めている。とりわけ注目されるのは、明言を避けつつも「特定の團體に依り推薦せられたる者と、否らざる者との存在」という言葉を使っていることである。ここでは候補者の推薦制度があることに触れ、捜査担当者が非推薦候補側から、推薦候補の有利になるような取締りばかりを行なっているという非難を受けたり、公正を疑われたりすることがないよう、細心の注意を求めている。

こうした幹部の発言とは別に、投票日が近づくと、『法律新報』にはこの翼賛選挙に関する記事が増えていく。とりわけ表紙には、枠で囲まれた「翼賛選挙の誓」（第二章第一節）が、掲載されるようになる。この言葉は、表紙に投票日まで合計三回、連続で掲載されている。[48]既に述べたように、この「翼賛選挙の誓」には、推薦候補への投票を呼びかける言葉はないが、繰り返し読まされる一般庶民の多くは、推薦候補へ投票するよう仕向けられていったであろう。そのような文章が当局配布の文書ではなく、自主的に編集されている法律雑誌の表紙に何の断りもなく掲載されていることが、この雑誌の当時のスタンスを示す象徴と言える。

『法律新報』には、各地で起こされた選挙無効訴訟提起に関する記事はないようである。ただ、提訴からおよそ九ヶ月が経過した一九四三（昭和一八）年三月に、鹿児島出張訊問が行なわれることが一般記事として記されているが、これについてはすでに述べた（第七章）。

同じ号に掲載されている「戰時下の裁判道を語る座談会（一）――控訴院判事を中心として――」でも、選挙無効訴訟が取り上げられており、「天下の視聴を集めてゐるのぢやないですか」（河本）、「恐らく司法部に於ける吾等の同僚たる全判事が耳目をそばだててゐる筈だ」（三野）などと、発言者はそれぞれ裁判の行方に注目する発言を行なっている。[49] 提訴を取り上げなかった『法律新報』が、一般記事で出張訊問を詳報していることや、日本弁護士協会がわざわざ弁護士を派遣していることからも、反応の高さが窺われる。

そして、裁判官らの座談会中の「全判事が耳目をそばだててゐる」という発言からは、出張訊問のみならず、大審院がこの審理を続けていること自体に対して、熱い視線を送っていることが推察できる。それは戦時下において大審院がどこまで政府に対峙し、司法の毅然とした姿を示すことができるのかを多くの裁判官が見守っていたことを示すものと言えるのではなかろうか。

この記事が掲載された後の『法律新報』は、前述の通り、日本法理研究会の機関誌となってしまうこともあり、その後、一般記事で選挙無効訴訟が取り上げられることはなかったようである。判決についても、鹿児島二区無効判決は昭和二〇年三月であり、雑誌はすでに休刊している。鹿児島一区と三区についても何も掲載されていないようである。一九四三（昭和一八）年一〇月二九日に大審院第二民事部が退けた長崎一区の判決要旨は、ごく短く掲載されている。[50]

第五節　戦争末期の発言から見た裁判所

前述の通り、『法律新報』が戦時中に事実上、休刊するのは七二三号（一九四五年二月一八日号）後である。頁数はかつての半分ほどである一六頁に減っている。またその内容も、日本法理研究会の機関誌となってからの変容が一層進み、誌面の多くが戦争への協力と皇国史観に基づく法理論について独自の主張を展開した記事、それに研究会による大東亜法秩序関連の研究発表に費やされるようになっていく。

七一六号には、「司法事務非常措置の基本理念」という一文が掲載されている。著者は当時、東京区裁判所執行上席判事だった林徹である。林は、現役の裁判官であるとともに、日本法理研究会で世話人の役割を果たしていた。林は司法部内のあるべき姿について、次のように記している。

「司法部は畏くも　天皇の名における司法権の行使を託せられ、司直の府として法の生命たるみことのりを奉行すべき職司を與へられ、國家の安寧及び國民の福祉を保全すべき尊きつとめを命ぜられてゐる。かくの如くみこともちとして天皇のみことのりを奉行する事こそ司法部の使命であり、司法のいのちである[51]」

現役の裁判官が、雑誌でこのような意見を発表していた時代がかつてあったということは、記憶されるべきであろう。この中で、「天皇のみことのりを奉行する事こそ司法部の使命であ」るという林は、この文に続き、その実現のために司法部内に参謀本部の機構を設ける旨を主張している。すなわち、「司法本省内に司法大臣直轄の司法參議室（假稱）を設け、たとへ無給にても馳せ參ずべき司法部内外の憂國の志士を囑託」すべきだというのである[52]。いわば軍を真似した組織を作り、憂国の志士を募れという独自の理論の展開はさらに続く。林は、その司法の参謀本部機能が迅速果斷なる非常措置を行なうことこそが、戦時司法の使命の達成に必要であるとする。その非常措置の内容について林はこう記す。五点のうち、第一点のみ記す。

「戰時思想犯の取締は、思想戰における敵對行爲者及至利敵行爲者をまつろはしめて皇國の戰意を昂揚すると共に、敵國の戰意を破碎して皇道を宣布する事を眼目とし、軍及至關係官廳との連絡を密にし、且戰局の推移に應じ、厭戰及至敗戰思想、造言飛語、左翼思想を始め各種思想事犯の因つて來る根源を徹底的に究明して、これに對する拔本塞源的具體案の企畫運營に萬全を期すること[53]」

裁判官が、軍などとの協力を堂々と呼びかけるだけでなく、敗戦思想や左翼思想は徹底的に究明するよう語る内容は、司法の独立も裁判の中立も自ら放棄したと言うに等しい。それはもはや時局への順応でもなく、過度の忖度に基づく国家権力への積極的迎合に他ならない。当局よりも自ら一歩先んじる態度を示すことで、国家への一層の忠誠を示しているかのようである。さすがに現役の司法官でここまでの発言を行なっていたのはごく一部であろうが、こうした声が正々堂々と誌面に掲載されることの影響は、司法の現場では決して少なくなかったであろう[54]。とりわけ選挙無効訴訟を担当していた吉田久始め第三民事部の裁判官たちは、当時こうした言葉が公然と交わされる中で、審理を行なわなければならなかった。特に他の部が原告の請求を退けた後も審理を続行していた吉田たちには、それは厳しい環境であったろう。第六章第二節四で触れたように、自身は戦後、「直接、間接な圧迫がありましたなあ」と述べているが[55]、その心理的な負担は現代と比べても格段に重かったことは容易に想像がつく。

休刊直前の一九四五（昭和二〇）年の新年号である七二一号（一月三日発行）では、日本法理研究会の会長である鹽野季彦が巻頭言を執筆している。

「巻頭言　皇國の危急に處す　日本法理研究會長　鹽野季彦

昭和二十年の初頭われわれは最も冷嚴深刻に内外の事態を憂ふるものである。戦局必ずしも有利ならず、國内また强力政治の出現を望んでしかも未だ實現せず、もとより神州不滅、聖戰必勝の信念に搖ぎなしとするも、皇國存亡の危機亦否むべからず。この秋に當りわれ等思想戰を擔當するものとしては、内に天皇御親政の國體を愈々明徵にし、外米英ユダヤの思想攻勢を擊滅して、以て鞏固なる國民思想體制の確立を期せねばならぬ[56]」

さすがに鹽野も、戦局不利を認めている。また、政治に打開を求める言葉を述べているのも、これまでになかったことと考えられる。しかし、注目すべきはここまでであり、結局は「思想戦」という言葉を使って、国民の思想体制を確立するよう求めるのである。

一九四五年の新年号で年頭挨拶が掲載された幹部の数が僅か二人だったのは、戦争末期で頁数が減少していたことも理由として挙げられるだろうが、その一方で、変容する『法律新報』に対し、特に裁判所の幹部などが距離を置いたということも考えられる。彼らは日本法理研究会の機関誌になる前にはたびたび寄稿し、あるいは機関誌になった後も、しばらくは戦争や時局への協力を主張してきたが、同誌の内容が変わっていくにつれ、前述の林徹のような一部を除いて、誌面に姿を見せなくなっている。

その結果、戦争末期になると、『法律新報』は執筆者が固定化されていく。多くは日本法理研究会で中心的あるいは指導的な役割を果たした者たちである。この時期の『法律新報』は題名の左脇に「日本法理研究會機関誌」と副題が書かれているが、まさに研究会の身内による機関誌の色彩を強めているのである。しかし、あくまでも法律雑誌の名前を使いながら一部の執筆者がこの機関誌を一般向けに販売し、情報を発信し続けたことにこそ、問題があったと言えよう。

第六節　「戦時司法」の結末――最高裁判所発足と追放を受けなかった裁判所幹部――

既に記した通り、戦時中は七二三号（一九四五（昭和二〇）年二月一八日号）を最後に休刊となり、戦後、再開されたのであった。そこでは、「法律新報」と横書きの看板風のタイトルが書かれ、さらにその下には大きなレタリングで「HORITSU－SHIMPO」、「JOURNAL oF LAW AND POLITICS」と二行にわたって英語表記されているのであった。再開第一号の表紙下の「社説」は「國體と民主主義」であり、当然ながら「日本法理研究會機関誌」という文字は消え失せ、それどころか機関誌だったことについてや、戦争協力や賛美を重ねていたことについて、雑誌のどこを見ても、一言の弁明も自己批判もない。そこに寄稿する人々も同じ人物が含まれており、ほとんどが何も言わぬまま、米英の司法制度の紹介や法律解説などを行なっていたのであった。

今日の視点でこうした彼らの変わり身の速さやその行動を批判することはたやすい。しかしながら、そのような視点で一方的に彼らを断罪することはフェアではないし、それだけでは今日に撃がる教訓を見い出すことは難しいであろう。そうならないようにできるだけ冷静な筆致を心がけつつ、本節では本章の結語として、『法律新報』という逐次刊行物から見た戦時司法の姿、とりわけ当時の裁判官や研究者のあり様、そして戦中から戦後にかけてその刊行物のどこに問題があったのかを考えていくこととしたい。

『法律新報』は見てきた通り、開戦前から戦時色を徐々に強め、開戦後はほとんど戦争をただ賛美する立場にあった。しかしながら、戦時中に発行された他の雑誌や当時の新聞がそうであったように、それは、各紙誌で見られた時局への追随であり、検閲の行なわれていた当時としては、やむを得ない面もあったであろう。

だが、そこから大きく踏み出し、特異な変貌を遂げていくのは、日本法理研究会の機関誌となってからである。日本法理研究会には研究者だけでなく、現役の裁判官、検事、弁護士ら法曹関係者も多くが参加していた。一九四四（昭和一九）年一月に、鹽野は『法律新報』の新年号巻頭挨拶中で、特に研究会の活動に協力的な人々の名前を列挙している。[57]「シテ役として」活躍する小野清一郎を賞賛し、例えば、久禮田益喜、梶田年、犬丸巖、柳川昌勝（いずれも大審院判事）など裁判官の実名を挙げて、「むしろ學者としての立場で共同研究に加はつて居り」と紹介し、「この人達を中心にして、在京の學者、實務家數十人が入れ替り、立ち替り一週三四回の研究會に出席して意見を闘はし」ていると記している。[58]さらに機関誌となる前やその後も、司法省や裁判所の幹部が誌面で日本法理研究会の趣旨に沿った発言を繰り返していくのである。[59]

日本法理研究会が、このように現役の裁判官らを急激に取り込んでいったのはなぜだったのか。

ここでは二つの点を指摘することができる。第一の理由は当時の時代状況である。一九三〇年代から、ナチスの台頭もあって、日本社会全体が国家主義的な色彩を強めていった。それは明治以降海外からの影響を受け続けてきた司法の分野にあっても例外ではなかった。日本法理研究会の機関誌となる前の『法律新報』を一例としても、既に述べたように、司法省や裁判所の幹部はいずれも国の動きに賛同する言葉を次々と載せている。加えて、本誌自体も近衛内閣の下で「新體制」欄が設けられ、東條内閣の下での翼賛選挙の時期には、「翼賛選挙の誓」が掲載され続けてきたのである。こうした国策を全面的に受け入れる動きに対しては、良識ある司法官もほとんどが沈黙で受け流すか、遠慮がちな言葉で司法の独立を求めることが精一杯であった[60]。その一方で小野清一郎が『日本法理の自覚的展開』を刊行する。日本の法には日本歴史的・民族的な特徴として、いわゆる日本的性格がなければならず、その日本法に内在する理または事理を「日本法理」と名付け[61]、西洋の法思想からの脱却を掲げたその内容もまた、林といった一部の司法官、さらに鹽野という元司法大臣の看板を抱えて、右へ右へと既に大きく傾きつつあった司法にとって導きの星となったのではあるまいか。少なくとも、日本法理研究会設立に関する林の回想や[62]『法律新報』に繰り広げられた多くの司法官の発言から見ると、鹽野や小野がトップダウンで指示し誘導した組織とは言えないことは明白であろう。彼らが中心人物であったことは間違いないが、現職の司法官や弁護士がそこに積極的に加わっていったことは認めざるを得ないであろう。

もう一つの理由として、日本法理研究会が『法律新報』という媒体を獲得したことが挙げられよう。前述のように、『法律新報』は一九四三（昭和一八）年三月から日本法理研究会の機関誌となる。その理由は、雑誌の発行を続けたいという森の思惑と一致したからと考えられる。大正時代から続くこの法律雑誌は、すでに述べてきたように、判決紹介からトピックまで掲載した法曹界向けの総合誌でもあった。それが日本法理研究会の機関誌となったことで、研究会はその思想を広く全国に伝える場を得ることができるようになったのである。こうした二つの要素が絡み合って、多くの会員と寄稿者を生み出していき、法曹界に急激に広がっていったと言えるのではないだろうか。

では、この日本法理研究会が戦争において果たした役割とは何だったのか。確かに、日本法理研究会が、日本固有法の研究や法と道義の一元化だけに止まっているのであれば、持論を展開するのも研究するのも自由であろう。しかし、問題は、研究者に止まらず裁判官を含む多数の司法官が『法律新報』誌上で繰り返し述べた発言や研究発表の数々が、侵略行為と大東亜共栄圏という考え方を正当化するものであり、その行為を法理論から支えようとするものであったことにある[63]。

しかも、本章第二節三で指摘した日本法理研究会の綱領の第二から分かるように、彼らが独自の自由な研究を進めていく中で聖戦への協力に立ち至ったのでも、彼らの理論が次第に発展していくことで自然発生的に戦争へと結びついていったのでもない。むしろ、意図的に国家の戦争行為を法律面から支えることを明言し、研究会はそのことを目的に活動を進めていたのである。そして司法官たちはそのことを認識しながら、『法律新報』という媒体を活用して、戦争を正当化する言辞を述べていった。そこに最大の問題があったのではないだろうか。

それにも拘わらず、戦争が悲惨な犠牲を伴って終結を迎えたとき、大多数の発言者の責任は曖昧となった。司法大臣の松阪廣政、さらには岩村通世は、戦犯容疑で逮捕される。日本法理研究会の会長だった鹽野季彦もまた戦犯容疑を受けるが、健康状態が悪化したため、逮捕は免れるものの、いわば「幽閉生活」を強いられることとなる。さらに小野清一郎は公職追放となった[64]。その点で、彼らは一定の責任を負ったと言うべきであろう。ところが、この『法律新報』という逐次刊行物上で繰り広げられた、侵略行為や大東亜共栄圏を正当化し、司法官に対して戦争への協力を強く呼びかける多数の意見の掲載がなぜ行なわれたのかは、結局、検証されず、明確な非難が浴びせられることはなかった。それは、彼ら中心人物が逮捕され、あるいは追放されたことをもって、終わったものと判断されたのであろう[65]。

そして、『法律新報』誌上で発言を行なってきた裁判官は、戦後も多くがその地位を保ち続けた。そこに他の政治家や国家公務員との根本的な違いがある。司法官の中で公職追放とされたのは、岩村通世、松阪廣政、三宅正太郎、池田克、正木亮らで、司法省関係の追放該当者は三七名であり、すべて思想検察の関係者であったという[66]。この中では、三宅正太郎が裁判官出身であるが、これは司法次官だった経歴が対象とされたためであり、裁判官は幹部を含めて、責任を問われることはなかったのである[67]。

その結果、『法律新報』での自らの発言について自己批判した者はほとんどいない。揃って口を閉ざし、なかったものとする態度を見せた。そして、霜山精一、島保などが最高裁判事として就任するほか、長官や所長として引き続き裁判所の幹部として影響力を持ち続けたのである。それは、逮捕や追放、さらには退職した一部の幹部に全ての責任を被せたと言うことができよう。

その一方で、戦時中に『法律新報』の座談会に出席し、司法権の独立などを訴えた裁判官、例えば、丁野暁春、河本喜与之、根本松男や、第三民事部の陪席判事でもあった松尾實友、さらには一九四一（昭和一六）年にニューヨークの家庭裁判所を紹介した内藤頼博らは、一人として最高裁判事に上り詰めることはなかった。

本来であれば、彼らは戦後の裁判所で改革のイニシアチブをとってもおかしくない人材であった。だが、その多くは最後の大審院長となった細野長良と行動を共にし、戦後、派閥争いを繰り広げることになる。細野は、一九四四（昭和一九）年二月に行なわれた司法官会同（臨時）で「戦争遂行上ニ重大ナル障害ヲ与フルガ如キ処置ヲセラルルニ於テハ、……政府ハ機ヲ失セズ此ノ非常措置ニモ出ヅル考ヘデアリマス」という内容の訓示を行なった東條英機内閣総理大臣に対し、反対する長文の意見書を送ったことで知られている[68]。その意味では、細野は彼らと同じく戦時中も軍部への盲従に警告を発し、司法権の独立を求めてきた人物である。

その細野派は、最高裁発足時にことごとく排除され、結局、丁野、河本、根本らも辞職することになる。その背景は単純ではなく、細野の人格的な問題点を指摘する意見もあるが[69]、その他にも、いわゆる細野派となった人々が、司法省および裁判所の中において多数派になり得ず、極めて少数にとどまったことも理由として挙げられるだろう。戦時中の自らの発言に口を閉ざしてきた大多数の幹部やそれにただ従ってきた裁判官らは、ほとんどが司法省や全国の裁判所になおとどまっており、絶対数としては細野派を圧倒していたのである。彼らからすれば自身の戦時中の発言を蒸し返されかねない細野派の存在は、ただ煙たかったであろう。家永三郎教授はこれについて、いみじくも「かれらがこのような形でもろくも敗北させられたのも、かれらの戦いが官僚機構内部での同志的結合のみに依存し、国民的な支持によって進められていなかった事情に因るものであろう」と指摘している[70]。ここまで見てくれば、ごく一部の良識を持ち続けた裁判官らが、内部にとどまり続けた大多数の司法省や裁判所の幹部たちを駆逐することは、事実上、難しく、国民的支持を集めるだけの余力も時間もなかったであろうことは容易に想像がつく。前述の座談会に出席した裁判官の中では、唯一、内藤頼博が名古屋高裁長官に就任するが、最高裁判所裁判官に就任することはなかった。戦時中の発言の責任をとらなかった裁判官[71]は、こうして発足した戦後の日本の裁判所で、自らは口を閉ざしたまま最高裁の事務総局で要職につき、一部は最高裁判事に就任した。戦後、司法省は姿を消し、裁判所が自身で司法行政を担うことにより、機関としての司法権の独立は獲得された。だが、そこに就いた人材は、実は戦前からの連続性を持っていることに注目すべきなのである。そしてそれが、今日まで続く司法行政と司法官僚の出発点となっているのである。

（1）もっとも、顧問、主筆、主幹という記載は、一九二六（大正一五）年一一月一五日発行の九二号より行なわれる。

（2）四号（一九二四年）一頁、五号（一九二四年）一頁、六号（一九二四年）一頁。些か長くなるが、六号の「速に裁判所を獨立せしめよ（下）」の中から注目すべき箇所を引用する。「我憲法は司法権は天皇の名に於て裁判所之を行ふことを定めて居るので、裁判所は其裁判事務に就て事務の何人の監督をも受くべきものでないから、此裁判所は亦其事務の性質から見て行政官たる國務大臣の監督下に立たしむべきものではない。或は裁判事務と司法行政事務とは別異であるから、司法行政事務に就ては國務大臣の監督を受けしめても差支ないと云ふ説もあるが、之は机上の空論である。成程、現行の制度でも司法大臣は裁判事務其ものを指揮監督することは出来ないが、司法行政事務に於て監督権を有し且つ判事の進退を管掌する上は、単に制度上裁判事務を指揮監督せぬと云つても精神的には判事等の脳裡に多大の権威を有することは當然である。故に憲法の精神に従ひ司法権を行政権より完全に獨立せしむるには是非共裁判所を司法大臣の監督より離脱せしむることとし裁判所は裁判官以外の者の勢力に依り形式上実質上影響を受る疑を除くの要がある」

（3）『法律新報』一五号（一九二四年）一頁巻頭言。

（4）『法律新報』一八号（一九二四年）一頁巻頭言。

(5)『法律新報』五八一号(一九四〇年六月一五日号)二五頁。

(6)前田による大審院判例批評は、全体として大審院に対して極めて厳しく、ときには罵倒というほどの表現がぴったりなほどの痛烈な言葉を繰り出している。『法律新報』において、これは呼び物の連載であったようである。前田の連載に対する反響の大きさが窺われる記述として、五八二号(一九四〇年)末尾(三五頁)の「編輯雑記」では、「全国を通じ前田ファンの多いこと!」と書かれている。なお、前田は、吉田久も指導を受け、世話になった旨を自ら語っている先輩の一人であった(吉田「わたしのこしかた 前」二七頁)。

(7)記事の一部を紹介する(二三頁以下)。

「こゝで一寸法廷の構造を申上げると、法廷の廣さは東京民事地方裁判所の法廷より稍ゝ狭く、判事席の壇は床から六七寸の高さで、判事席の後ろには星條旗が立ててあります。机、椅子の調度類や、周圍の腰板は何れも薄いワックスを塗つたゞけ、殆んど白木で木目も美しく、その明るい瀟洒な意匠は、東京の裁判所の法廷より以上に日本趣味を感じさせました。……

私の傍聽した法廷はダンハム判事の審理でしたが、堪えず人なつつこい微笑を湛えて、數多い事件を次々に裁いてゆく判事の手際は中々鮮やかなものでありました。……

尚、紐育の家庭事件裁判所では、前に述べた法廷の意匠の外、書記長のやうな仕事をする人の室に日本の盆裁(ママ)が飾られてあつたり、『オハヨウ』『サヨナラ』等の簡單な日本語を解する書記が二人も居たりして、米國の社會に浸み込んで行きつゝある日本と云つたやうなものを感じて、愉快を禁じ得なかつたのであります」

(8)六〇二号(一月一五日号)二五頁では、以下のような観測記事が書かれている。「噂に上る人々/泉二大審院長後任として噂に上る人々で順序から見れば長島毅大審院部長が有力で先づ間違いないと、定評あるも霜山東京控訴院長、岩村検事總長説もあるが大體來る二十七日前後には正式に發表される。因に噂に上る人々を左に掲ぐ」

これに続いて、長島、霜山、岩村の三名の経歴が顔写真とともに紹介されている。この結果は、記事の予測通り長島毅が大審院長に選ばれ、霜山東京控訴院長は据え置かれる。霜山は長島の後任で大審院長に就任するが、岩村はこの記事から五ヶ月後に、一足飛びに近衛内閣の司法大臣に就任する。ここで取り上げた人々は、多くがそのまま続く東條内閣でも同じ要職にとどまり続ける。従って、太平洋戦争中の司法の幹部は、ここで多くが出揃うのである。

(9) この文章の後、些か注目に値する文章が続く。長くなるが、引用する。「法律新報は法學研究の専門雜誌でもなく、通常の日刊新聞でもない。その使命は法曹界の重要又は参考事項の速報的役目と各裁判所の重要判決の迅速なる周知にあると同時に、朝野法曹の實務に對する適切な資料の提供にある。／併し常に所謂讀物として興趣性を具へる必要があり是が『法律新報』をして『法律新報』たらしむる所以であると信ずる。／以上の主義使命の旗幟を確立し鮮明にする爲此所數號は或は記事の内容等に多少の變化混淆を来し統一を缺くかも知れないが整備と發展の過程に於ける小波紋として讀者諸賢の寛恕をお願ひする」。『法律新報』の性質を見事に指摘しながら、時局や日本法理研究会によって徐々に変わりつつあることを暗示していると見るのは考えすぎであろうか。

(10) 一九四〇年一一月一一日付朝日新聞臨時夕刊（一一月一〇日発行）等参照。

(11) 以下、一例を引用する。六二三号（一九四一年八月一五日号）一〇頁の「時の問題」である。

「ルーズヴエルトはほえたてる。樞軸めがけて咆哮も久し、だが然し、その都度强まつた樞軸陣容ここに愈々鞏固なり。

威赫の戰法、これぞ拙劣の極、敵を强化する之に勝るなし。

思へ、ヒツトラーの沈黙强力！　大虎悠然とかまへて狙ひは必ず過たず。

巨軀咆哮のルーズヴエルトと沈黙電擊のヒツトラー、世界天氣豫報はあすは晴れ？　嵐か？」

(12) 六三五号の社説の一部を以下に引用する。末尾に「（森）」と書かれており、著者は森眞一郎であろう。

「社説　大東亞戰争

宣戰の大詔が渙發せらるゝや、神速果敢なる皇軍の精鋭は廣袤一萬キロにわたる敵の要衝に、電撃的奇襲を決行して大戰果をおさめた。敵に與へた大損害は、再起を疑はしむるまでに心膽を寒からしめたのみならず、皇軍の武威を世界に轟かした影響は甚大なものがある。……

このたびの大詔には道義日本の大精神をお諭し給はられ、世界平和のために御軫急あらせらるゝ御慈愛に充ち〳〵た、大御心を拜して何人も恐懼感涙に咽ばぬものはなからう。

わが國には、上に、皇祖皇宗の神靈の御加護があり、下國民は各々祖先の靈をうけついでゐる。しかも、ひとたび國難に遭へば億兆一心に、國民の心が期せずしてまとまつてくるのは、わが國の外には求められないことである」（以下、略）

「國民は各々祖先の靈をうけついでゐる」とか、「國民の心が期せずしてまとまつてくるのは、わが國の外には求められないことである」といった発言は、後に出てくる日本法理研究会と共通する思想を森自身がすでにこの時点で有していたことを物語っている。

(13)『法律新報』六八〇号四頁。
(14) 小野清一郎『日本法理の自覺的展開』（有斐閣、一九四二年）三四頁以下。
(15) 六八〇号（一九四三年三月一五日号）二頁。筆者名はないが、この時期の社説はいずれも森が筆者であると推測される。
(16) 森真一郎「追憶三つ」、『鹽野季彦回顧錄』（鹽野季彦回顧錄刊行會、一九五八年）七〇四頁。
(17) 例えば、六七五号の社説（二頁）および六七九号の社説（二頁）参照。
(18) 六八〇号一頁。
(19) 天野德也「祭政一致の大道と日本法理」六八六号（一九四三年六月三日号）三頁。
(20) 西田長男「祭祀の本義」六八八号（一九四三年七月三日号）三頁。
(21) 岩田新「靈と道義法」七〇五号（一九四四年三月一八日号）一九頁。

(22) 七〇三号から「!!」が文末に付されている。
(23) 例えば、六九八号（一九四三年一二月三日号）三頁。
(24) 例えば、六九四号（一九四三年一〇月三日号）六頁。
(25) 戦後の復刊第一号にあたる七二四号（一九四五年一二月一日号）二〇頁の「編輯後記」参照。
(26) 七二二号一六頁。
(27) 家永『司法権独立』。
(28) 六〇一号八頁。
(29) 六〇一号九頁。
(30) 六〇一号一一頁。
(31) 第二東京弁護士会副会長・吉村宗次の「年頭所懐」法律新報六〇一号一二頁。
(32) 本文では一部の幹部のみを引用しているが、この時期の司法官の発言がすべて同様だというわけではない。時局とは距離を置くことの大切さを婉曲ながら表現する発言も一部ながら見られる。この数少ない貴重な発言として六〇一号の宮城控訴院検事長の石塚揆一の「年頭所感」をここに引用する。「天邪鬼の様に聞えては恐縮だが、私は歳末と云はず新年と云はず、唯だ與へられただけの微力を盡して、生き抜いて行くのが人生の本義だと考へて居るので、皇紀二千六百一年の新年だとて、特に改つての所感も無いけれど、近頃日本固有精神に基く法制と云ふ事が頻りに唱へられて居るが、……近時流行の所謂新體制とて、首相も放送された通り、決して石が流れて木の葉が沈むと云ふ様な途方も無い新奇なものでは無く、矢張三千年來の國本を確り把握して生を好み仁を施し、刑無きに期するの聖意を仰副奉戴し、沈むべき石は天地の公道に基いて其儘沈ませ、唯だ流るべき木の葉が腐朽して沈んで居るのを、濁りなく流れしめるだけのものと思ふ」（一二頁）。
　この時期の発言としては、極めて注目に値すると言ってよいであろう。ここで石塚は、流行の新体制と言っても、別に途方も無いものではないだろうと、浮き足立つかのような社会の動きを冷静に批判しつつ、沈むべき石はそのまま沈ませ、流れるべき木の葉が腐敗して沈まぬよう、濁らぬよう流すべきだと言い切っており、時代とは無関係に本来の検察のあるべき姿を、的確に語っている。この号の同じ欄では、他の発言者が軒並み「司法も新体制に」という、いわば「バスに乗り遅れるな」という趣旨の発言を繰り返している中で、為すべきことを行なうべきが司法である、とするという発言を敢えて行なっている石塚は、高く評価されて良い。問題は、こうした発言を行なった司法官が、戦後は軒並み姿を消している点にある。

(33) 六三五号三頁。
(34) 六三五号五頁。
(35) 同号では正木亮司法省行刑局長が言葉を寄せているほか、東京辯護士會、第一東京辯護士會、第二東京辯護士會、日本辯護士協會が「征戰完遂の決意披瀝」を行なっている。司法省、検察、各弁護士会が一列となって戦争への協力を誓っている構図である。
(36) 六七三号三頁。
(37) 六七三号四頁。
(38) 六七三号六頁。
(39) 六七三号六頁。
(40) 長島毅は、六八八号（一九四三年七月三日号）二頁で、「戰争と法律」と題して、次のような寄稿をしている。「何でもかでも勝たねばならぬ、勝ちさへすればよいのである。吾國の凡ての人と物と力は此目標に向つて進まねばならぬ、又進みつつある。人と物と力との結付に依て働いて居る法律も亦此方向に向つて進むべきである。人と心と物との働きに立遅れた法律は只屑籠に棄て去られて顧みられない反古紙でしかあり得ない。法律は急轉廻をせねばならぬ、又しつつある。人と心と力の結集は法律を戰争の目的へ目的へと追込みつつある。只法律は此急轉廻の最中に於て其中心を失つてはならぬ、顚覆してはならぬ、崩壊してはならぬ」
(41) 六九四号一頁。
(42) 六八八号一頁。
(43) 白羽祐三『「日本法理研究会」の分析』（中央大学出版部、一九九八年）二一九頁。他に「日本型ファシスト小野清一郎」との記載もある（同書三〇三頁）。
(44) 六四三号六頁。
(45) 六四六号一五頁。
(46) 六四四号三頁。
(47) 六三五号五頁。
(48) 六四五号（昭和一七年三月二五日号）から六四七号（同年四月一五日号）まで、いずれも表紙下部。
(49) 六八〇号（一九四三年三月一五日号）一〇頁。なお、同号はターニングポイントとなっている重要な号である。前述の通り、この号で日本法理研究会の機関誌となる一方で、この座談会が掲載され、さらに吉田らの鹿児島出張訊問実施が記事として掲載されている。日本法理研究会の機関誌となった後は急速に保守化を進めていくだけに、丁野らのリベラルな座談会を掲載できる最後の時期であったと言えよう。
(50) 七〇一号九頁。
(51) 七一六号九頁。
(52) 七一六号九頁。
(53) 七一六号一〇頁。
(54) この七一六号の編輯後記は、林の一文について、「戰時下に直面する司法事務の措置に寄與されること大いなるものがあると思ひます」と述べている（一六頁）。
(55) 野村『風雲録　上』二三四頁。
(56) 七二一号一頁。
(57) 七〇〇号一頁。
(58) 七〇〇号一頁。
(59) 例えば、島保（東京刑事地方裁判所長）「皇國の裁判道」六七九号一頁、犬丸巖「必勝態勢強化と民事訴訟（一）、（二）」六九五号三頁および六九六号二頁。

(60) 前述「戦時下の裁判道を語る座談会――控訴院判事を中心として――」がこれに当たるであろう。出席者の一人である丁野暁春は、戦後、この座談会について、「原稿がまわってきたとき、法律新報社に累が及ばぬようにと大分気をつけて自分の発言部分につき加除訂正をした。じつは、発行されたのちにこの記事を読んだ在満州の一判事からは、満州等ではとうてい許されない記事である、よくも通ったものだといわれたくらいである」と記している（前掲・法学セミナー一八二号四〇頁）。

(61) 前掲・『日本法理の自覚的展開』二頁、四一頁以下。

(62) 林徹「日本法理研究会の思い出」、前掲・『鹽野季彦回顧錄』六五四頁以下。

(63) 中山研一「小野博士『日本法理の自覚的展開』の再検討（下）」判時二〇七一号（二〇一〇年）一一頁は同旨。この中山教授の指摘は小野清一郎に対する分析であるが、それはそのまま、『法律新報』誌上で、日本法理研究会の趣旨に沿って発言を行なったすべての者に妥当すると言えよう。

(64) 小野清一郎は、戦後間もない『法律新報』七三〇号（一九四六年七月号）において、「英米の刑法」と題して一文を寄せている。一、二年前まで日本法理研究会において英米の法の排除を主張していた氏であったが、ではこの記述については、どう理解すべきであろうか。些か理解に苦しむ。

「日本法は明治以後西洋の法を繼受することによつて發達してきた。其はひとり立法の體系を一變せしめ、司法制度の相貌を一新したのみではない。國民の生活及び思想にも根本的な變化をもたらした。ただし立法及び司法制度の改革は政治的過程として比較的に急速であり得たが、生活及び思想の變化はそれと同樣の速度をもつことが出來ず、文化一般の變化と同じく一進一退しつつその西洋化、近代化の途を辿つて來たのである。民族の文化は常に外國文化の刺戟によつて發展する。……

……日本民族は敗戰後の今日においても、その民族的文化による世界文化への創造的寄與に對する意思と信念とを失ふことがあつてはならない。だが今や日本法學は何よりも謙虚に英米法を學ぶべきときであらう」（九頁以下）。

(65) 前田朗『ジェノサイド論』(青木書店、二〇〇二年)二四四頁は、小野の追放は小野の政治的・社会的責任を問うものであったが、同時に、小野の法思想自体の批判的分析を閉ざす結果ともなったことを指摘する。追放によって小野の思想は克服されたと考えられたとの指摘である。これまた、多くの司法官にも妥当すると言えよう。すなわち、小野ら中心人物の追放によって、『法律新報』誌上で戦争協力を唱えた人物の責任が克服されたとされてしまったのである。
なお、前掲・中山一一頁も、小野理論について率直な反省や自己批判が回避されたところに大きな問題があった旨を指摘する。

(66) 上田誠吉『司法官の戦争責任』(花伝社、一九九七年)一二七頁以下。総理廳官房監査課編『公職追放に關する覺書該當者名簿』(日比谷政経会、一九四九年〈奥付は明らかに印刷ミスのため四九年に修正〉)によれば、岩村は「法相検事総長」(八二一頁)、池田は「思想検察」(七七七頁)、正木も「思想検察」(九四八頁)、松阪は「法相検事総長」(九六八頁)、三宅は「G項該当」(九八三頁)となっている。「G項該当」というのは、「昭和二十二年勅令第一号公職に関する就職禁止、退職者に関する勅令の施行に関する命令」一条の別表第一の七において、司法省では、「次官」、「刑事局長」および「思想課長」がこれに当たるとされている。そのため、三宅は戦時中の司法次官だったことが理由とされたと推定できる。

(67) 本来であれば、その理由について論じなければならないわけであるが、それはさすがに私たち筆者の能力を超えている。しかし、「裁判官については判定する能力も時間もなかった」とか、「アメリカの裁判官は、むしろ政府の批判者。そのイメージがあるので、追放なんて考えもしなかったのではないか」との指摘は興味深い(朝日新聞裁判班編『法学セミナー増刊　日本の裁判』(日本評論社、一九七二年)四九頁以下)。今後の研究が待たれる。

(68) 家永『司法権独立』四五頁以下。

(69) 家永『司法権独立』一二七頁以下。

(70) 家永『司法権独立』九二頁。

(71) 細野を葬り去った多数派は、戦争責任の究明を回避しようとした(家永『司法権独立』一二八頁)。

第十二章　司法権の独立論と無効判決の意義

一　本章の目的

本書の最終章として、これまで論じてきたことを総括しながら、この無効判決の意義について考究してみたい。

先ず、当時の状況については、道府県毎に温度差はあったものの、原則として全国的に非推薦候補（自由候補）への妨害・干渉が確認できた（第二章および第三章）。しかもそれは、政府が直接行なったものではないが、間接的ではあれ、事実上、推薦候補の決定には東條内閣が関与していたし、その後の妨害・干渉に対しても県知事を筆頭とする官憲が深く関わっていた。従って、当選した議員は官選議員ではないかとの誹りは免れないものであった（大河内）。敗戦後とは言え、安藤正純が述べたように、日本だけでなく世界の国々においてもこの選挙は憲法違反の悪政と認識されていた（第三章補論）。

こうした中、五件の選挙訴訟が実質審理され、鹿児島一区と三区については不明であるものの、「選挙ノ規定」違反の問題については、選挙干渉が選挙の自由公正を害して公選の趣旨が没却されるぐらいに至った場合には、選挙の規定に違反するとして無効となり得るとの大審院の立場が示されるに至った（第五章および第九章第一節）。しかし、実際に無効となったのは、第三民事部が担当した鹿児島二区のみであった。長崎一区と福島二区については、確かに一部の非推薦候補が善戦しており（第五章）、同列には論じ得ないとしても、吉田ら第三民事部の判事らが無効判決を下すにあたっては、政府からなにがしかの圧力はかかっていた（第六章）。また、判決の四日後に吉田は辞職しており、吉田自身は「直接に圧迫を受けたようなことはなかったが、四十年の裁判官生活は、この事件で完了したような気持からだった」旨を述べているものの[1]、吉田が自発的に退職せざるを得ない雰囲気が当時の大審院内に醸し出されていたと考えられることを指摘した（第九章第二節）。

そして、戦時中の司法の姿については、裁判所の関係者を主たる対象としていたと考えられる法律雑誌『法律新報』の分析から、戦局の悪化とともに、時局に応じた行動がますます求められ、戦争遂行に協力することが要求されていった（第十一章第三節および第五節）。他方、一九三〇年代以降、大審院・控訴院の裁判官たちによって（大審院長による）「司法裁判事務」の監督が強調され、この概念が単なる司法行政上の監督の範囲を超えて裁判事務そのものにまで広がってゆき、（結局は司法省による）裁判統制が容易に浸透していたという[2]。このように裁判統制のあり得る時代において、しかも、裁判官が対司法省との関係で自己の独立を保つという彼らにとって正当と考えられる行動を起こさなければ職権の独立を保てない時代に（本章注（2）参照）、国体に逆らうような判決を出すとか、あるいはそのような行動をとることは不可能に近かったであろう[3]。

こうした状況下で、まさに東條内閣が行なった衆議院議員総選挙を無効と断じた第三民事部判決は、訴訟となった鹿児島二区の選挙における干渉の実態を事細かに認定し、かつ公選の趣旨に違反し、憲法に違反する疑があると述べた点で高く評価されなければならない。このことについて、司法権の独立という観点から論証することを試みたい。

二　司法権の独立論との関係

さて、いわゆる（理念としての）「司法権の独立」という言葉で、三つの側面が論じられている。先ずは司法機関、すなわち裁判所の他機関からの独立、第二が裁判官の他機関からの独立、第三に裁判官の裁判所内部における独立である。(4) これに加えて、国民による裁判批判の可否という問題も論じられており、(5) 言ってみれば、これは、国民からの独立という第四の側面と言える。ここでは、この四つの観点から翼賛選挙無効判決を順次、検討することとする。

先ず始めに裁判所の他機関からの独立についてである。すなわち、翼賛選挙無効訴訟が係属していた当時の裁判所（大審院）対他機関（とりわけ内閣）の関係についての問題である。東條首相は、総選挙終了後に出された多くの告発等について、干渉・圧迫の疑念は公正な司直の裁断によって、一掃されつつある旨を述べている（第三章第二節）。しかしこれは、東條としては、裁判所に圧力をかけさえすれば、裁判所は時局に相応しい判断をするとの意識があってのことではなかったか。かの昭和一九年二月二八日の臨時司法長官会同での東條首相の訓示（第十一章第六節）から明らかなように、裁判所は内閣よりも下位の組織であり、内閣に従順する組織であると見られていたと考えられよう。こうした中で出された、翼賛選挙を否定する無効判決であるから、まさに第三民事部判決は第一の意味での独立を守ったのである。

では、個々の裁判官の他機関からの独立の面はどうか。ここでも、第一の議論と同じことが言えよう。具体的に個々の大審院判事に対して圧力があったという事実は見出し難いが、憲兵が吉田の周辺を彷徨いたりしていたという証言（第六章第二節四）は真実と考えられるから、こうした官憲の妨害に抗しての無効判決は、この第二の意味での独立という点でも、大きな意義があると言えよう。

次に、第三の裁判官の裁判所内部における独立である。ここでは、岡原昌男元最高裁長官の大阪国際空港公害訴訟での行動と霜山精一大審院長の行動の比較が可能となる。

戦後の司法の歴史の中には、司法権の独立に対する侵害の疑いがもたれた事件がいくつかあるが、そのうちの一つに岡原元長官が関わっている。それは、大阪国際空港公害訴訟に関するもので、毎日新聞のスクープにより明らかとなったものである。[6] 一九八一（昭和五六）年一二月一六日の最高裁大法廷判決は、過去の損害賠償のみを認め、夜九時以降の飛行差止と将来の損害賠償を却下した（民集三五巻一〇号一三六九頁）。ところが、最初に審理をしていた第一小法廷は、審理に関わった四裁判官の全員一致で、岸上康夫裁判長が定年退官する一九七八年九月二一日までに、原審判決通り住民側全面勝訴の判決を下す予定であった。それを察知した岡原長官（当時）が、大法廷への回付の意向を伝えたというのである。事実、この訴訟は、同年八月三一日に第一小法廷から大法廷へ回付され、一九八一年の前記判決日には、一九七八年当時の第一小法廷判事のうち三名が定年退官しており、一人残った団藤重光裁判官は、将来の損害賠償を否定する判示等について反対意見を書いている。[7][8] なお、岡原裁判官もすでに定年退官していたので、この判決には関与していない。

大阪国際空港公害訴訟において岡原長官（当時）は、小法廷毎に判断が異なる可能性があることを考慮したようである。しかしながら、そのような考慮をして大法廷へ回付するか否かを決定するのは、審理を担当している第一小法廷であって、その第一小法廷が判決日以外は決めているのに、長官がなぜ意向を述べることができるのであろうか。翼賛選挙が無効か否かを審理する際、他の選挙区の訴訟との間でも同種の問題が起こっている。鹿児島二区を含めて五件となる選挙訴訟が民事各部で審理されており（第五章）、その帰趨に関して部長会議で話し合いが行なわれていたのであった（第九章第一節）。衆議院議員選挙法の解釈、すなわち手続規定以外の規定の違反により選挙の自由公正が阻害されるに至った場合も八二条により選挙が無効となり得るという解釈という点で、吉田裁判長の意見に各部長も同意したということであった。このとき、鹿児島一区と三区を担当した部は（第四民事部と第一民事部）、翼賛選挙は選挙倫理化運動が行なわれたに過ぎず、選挙の自由と公正を害するに至っていないと考えていた（長崎一区および福島二区を担当した第二民事部も考え方は基本的に同じであろう）。そのため、意見が合わず、当時の「霜山院長にも、一応耳に入れておいた方がよかろうというので、報告だけした」という。[9] すると、霜山院長は、「みな思う通りやられたらよかろう」との旨を述べたという。[10] この点で、戦後の岡原長官の行動と根本的相違を見ることができる。大日本帝国憲法下の裁判官は、天皇制下のいわば官僚的裁判官であったにも拘わらず、しかも太平洋戦争遂行中という最も暗黒の時代において、自由な言論と権力への批判を尊重していたことが、吉田裁判長や霜山大審院長の行動から読み取ることができるのではあるまいか。毎日新聞の前記記事は、所詮、スクープ記事に過ぎず信憑性は疑わしいとの批判もあり得るだろうが、しかし、霜山大審院長の行動については疑義は生じないであろう。

また、無効判決を書こうとした吉田が陪席判事に働きかけて第三民事部内で無効意見を多数派にしたなどということも考えにくく、大津事件のときにあったとされる個々の裁判官に対する説得行為といったものも、本件では存在しなかったと言い得るのである。

最後に、第四の点について考察しよう。ここでは、次の吉田の言葉に関する検討が必要となる。

吉田が述べた言葉、すなわち「私は〔こ〕の判決をするにも些か〔も〕政治理念には左右されなかった。もし判決が時の政治理念を支えてなされたとするならば、その判決は不純であり死んでいると考える」[11]との言葉には、重い意味がある。

確かに、この言葉は、あの厳しい圧力のかけられた状況で死を覚悟してまでも鹿児島まで証拠調べに出向き、無効判決を下した吉田であるからこそ、訴える力がある。しかしながら、本書が学術書である以上、一旦この言葉から離れて客観視し、批判的検討をしてみなければならない。

この言明に対しては、二つの議論が可能であろう。第一に、「政治理念」から離れた判決が可能なのであろうかという点である。第三民事部の無効判決は、実は、それも一定の政治理念に基づいているのであって、全く政治理念から離れた判決は実はできないのである。しかしながら、この点については吉田の言葉を批判する理由とならない。吉田の言葉の後段、「時の政治理念」が重要となろう。第十一章第三節で論じたような、司法は言う「政治理念」の実質的意味は、戦争遂行体制への協力である。当時は戦争中であり、吉田の秩序維持のために存在し、司法だけ遅れてはならないといった趣旨の発言に裁判官が従い、率先して、そのような内閣や軍部の方針に適った判決を下すことの拒否が、吉田の真意であったと解釈されるべきである。

もう一つ、政治理念を国民が選択し、その選択された政治理念に基づく内閣によって最上級審裁判官が選ばれているのであれば、裁判官が政治理念に従わないことは、却って国民の信託に反していることになるのではないかという問題が発生する。容易には解答しにくい難問だが、この点はどう考えるべきか。

東條首相は、「俗稱推薦制度、是ハ私ハ時代ノ要求ニ基ク民意ノ反映ニ依ツテ行ハレタモノデアリト信ズルノデアリマス」と述べたことがあった。すなわち、翼賛選挙は国民が望んだものであったはずという趣旨である（第三章第四節）。もし国民が望む「時の政治理念」が推薦制度で、翼賛選挙であったとしても、このことだけを理由に裁判官はそれに従ってはならない。これは、司法だけ遅れてはならず新体制に走らなければならないという趣旨の発言の場合と同じであって、こうした見解に従うならば、それはやがては衆愚制に繋がる虞なしとしないからである。専門知の集団である裁判所が、立憲主義のいわば最後の砦であり、守護者であると解さなければならないのであり、国民の意識の進んでゆく方向をチェックし、立憲主義に反する事態となりそうなときにブレーキをかける任務が求められ、かつそれが裁判所に認められて初めて、立憲主義が機能すると考えなければならないのではあるまいか。もちろん、それは事件性の要件を満たした場合のみの話ではあるが、しかし、少なくとも、当時の戦争協力体制のような立憲主義の破滅を指向する事態に対して、それを止めることも司法機関の任務とされるべきである。このとき、裁判官の能力に対する国民の信頼（委託と言っても良い）が必要となるが、この信頼が司法権の独立の一根拠と言えるだろう[12]。吉田の言葉をこうした意味で（いわば補正解釈をして）理解するならば、十分、支持することができるものであり、むしろ、私たちは、この言葉の意味を噛み締める必要があるのではなかろうか。

三　本判決の意義

最後に、本判決の意義をまとめておこうと思う。先ず、この選挙訴訟それ自体の意義を述べておかねばなるまい。

本書で検討してきた鹿児島二区の選挙訴訟は、ただ単に一選挙区の有効・無効という問題に止まらない意味がある。すなわち、鹿児島県第二区という場に、当時、軍部に抵抗し議会制民主主義を守りたいと考えた人たちが結集する形となったということである。冨吉、下村、尾崎といった訴訟を提起した鹿児島二区の非推薦候補はもとより、弁護士の所、弁護士にして衆議院議員の斎藤、訴訟復代理人を務めた地元の弁護士たち、実質的な協力はできないまでも議会で翼賛選挙の問題性を追及し、当然にこの選挙訴訟を知っていたであろう大河内――彼らは、もともと何の繋がりもない者たちだったはずだが、偶然にもこの選挙訴訟で無効を求める点で一致し、かつ東條内閣の翼賛選挙そのものを批判し、いわば官選議員を否定し、公選の趣旨を守ろうとしたことで、繋がっていたのである。そして、訴訟代理人になってくれそうな弁護士を探す、証言してくれそうな証人を探す、訴訟費用を捻出するといった、それぞれが自らできることを行ない、それが積み重なった結果、無効判決を勝ち取ったと考えることができよう。例えば、斎藤隆夫が鹿児島二区再選挙で尾崎の応援に行く前に大河内の家に立ち寄っているのは、尾崎の応援演説に行くことをどうしても伝えたかったのであろう（第十章注（9））。こうしたことからも、彼らの連帯の精神が垣間見ることができるのではあるまいか。その大河内は、無効判決後の委員会で、「誠ニ喜ブベキコト」、「誠ニ好イ結果」と述べているし（第三章第二節）、また、判決言渡しの後、下村の家に祝福の電話が大量にかかってきた（第九章第一節）ことから推せば、翼賛選挙無効を心の中で喜んだ人間はかなりの人数いたのである。

そして、この者たちは、戦後、政治の世界で一定の活躍をする（大河内だけが例外であるが、ただこれは、戦前は子爵として貴族院議員だったからであろう）。斎藤隆夫はもちろんのこと、冨吉は戦後の総選挙できちんと議席を取り返し、逓信大臣を努めたり、従来からの農民運動指導者たる活躍をしている。戦前は衆議院議員に当選できなかった尾崎末吉も、戦後は四回当選し、議員として活動している。尾崎行雄や安藤正純も、今回の訴訟と関わりは薄いが、戦後も一定の功績を残していることは言うまでもなかろう。

彼らの訴訟提起に応えたのが、第三民事部の裁判官たちであった。昭和二〇年三月一日午後二時、鹿児島二区の「選擧ハ之ヲ無效トス」。そして、鹿児島二区において実際に再選挙を行なわせしめたところにこの判決の意義があり、かつそれが冨吉、下村、尾崎らの功績なのであった（第十章第二節）。

ところが、無効判決を下したこの五人の裁判官は、直後に病死するなどの不幸な面はあったものの（第六章第三節）、いわばバラバラになってしまい、長命であった吉田は大学教授、松尾は弁護士として、在野でしか活躍の場がなかった。これはこれで社会的に重要であったことはもちろんであり、吉田が長年、中央大学大学院にて行なった講義に参加した者たちの間で、（当時、燃えたと考えられていたため）判決原本は存在しなくとも、戦時中に東條内閣の選挙を無効とした判決があったという事実が受け継がれていったことは否定できない事実である。しかしながら、三権の一つである司法権の中に話を限ってみれば、第六章第三節四で指摘したように、せいぜい終戦直後の司法法制審議会で梶田、吉田、松尾が意見を述べあい、戦後の司法制度の構築に参画した程度である（とは言え、松尾の発言をきっかけに、一票差で司法研修所を司法省から最高裁の所管へと変えたことには大きな意義があった）。松尾が裁判官を辞して弁護士となる途を選んだのは、反細野勢力が一致団結して、最後の大審院長であった細野長良（一九四七年五月三日からは最高裁判所長官職務代行）を排除したことも理由の一つであったであろう（第六章第三節二）。しかし、戦後、裁判官で公職追放された者は一人もおらず、司法の面で戦後活躍するのは、結局、第十一章で紹介した戦争協力を唱えた人物であったのも紛れもない事実なのである（第十一章注（32）で触れた石塚揆一も戦後は姿を消す）。司法省解体後、司法官僚たちは最高裁事務局（後、事務総局）に異動することで司法行政の実権を握り続けた[13]。ここに戦中から戦後にかけての司法面での連続性が見て取れるわけである。

第三民事部が鹿児島二区の選挙を無効と宣言したことによって、近代日本の司法史の上で、裁判所への信頼が保たれたことは否定できないであろう。もし他の選挙区の訴訟と同様に、鹿児島二区についても有効であると判示していたならば、いくら事実認定は裁判所の職権であって選挙の自由公正の侵害はない程度に過ぎなかったとの認定は自由であるとは言え、戦中の裁判所は内閣に従順する組織であったとの誹りは免れなかったであろう。従って、裁判所の他機関からの独立という意味で本判決に意義があることは論を俟たない。この無効判決は、吉田らが守ろうとしたもの、否、正確に言えば、守るのではなく当然のものとして、所与のものとして存在している状態であり続けなければならないはずのもの――これが何なのかについて教えてくれるのである。

しかしながら、この無効判決は、司法権の独立という観点からの重要性だけでなく、不幸にも（？）、先に指摘した司法における戦中・戦後の連続性を明らかにしてくれるという側面を併せ持っているのである。ささやかながら、この点を明らかにしたことも本書の意義と言えるのではあるまいか。

最後に、もう一つ指摘しておきたいことがある。それは、判決原本が東京大空襲を潜(くぐ)り抜け、今日、本来あるべき場所にあるということと関連する。そこには、今となっては全く無名の裁判所職員による命懸けとも言える「救出作業」というドラマがあった。こうした事実から、普通、論じられることはまずないが、しかし留意すべき点があるように思われるのである。それは、司法権の独立の護持のためには、大津事件のときの児島惟謙のようなあまりにも周知となった人物だけが重要なのではなく、司法というものに携わるすべての者、そしてたとえ携わらずとも司法制度の存在のお蔭で日々安心した生活を送ることができる私たちが、常に司法権の独立の意義を理解し、かつそれを維持することを心の片隅に置き続ける必要があるのではないかということである。裁判というと、一般にとかく敬遠されがちで、狂言の中では「惣(そうじ)て公事と申物は、いひ様に依て理を以(もつて)非に落る物で御座る」（右近左近[14]）と揶揄されたりする存在である。しかしながら、揶揄したり敬遠したりするだけではなく、司法権の独立を維持し続けることの重要性を市民が理解し、（法曹や裁判所職員でないにしても）行動を起こさなければならない。これが、日本国憲法に言うまさしく「不断の努力」なのであり、このとき、太平洋戦争中という暗黒の時代に命懸けで下され、火の手が迫る中、判決原本が救出されたこの無効判決は、私たちに力と勇気を与え続けてくれるはずである。

（1）『サンデー毎日特別号』八四頁。

（2）萩屋昌志編著『日本の裁判所――司法行政の歴史的研究――』（晃洋書房、二〇〇四年）六一頁、七一頁（三阪佳弘執筆）。その論者は、裁判官たちが（大審院長による）司法裁判事務の監督を強調することで、対司法省との関係で自己の権限の独立性を確保し、裁判官の地位を司法官僚内部で上昇させようとする意図が潜在していたと分析する（同頁）。言ってみれば、裁判官の職権の独立を重視しようと考えたはいいが、結果的に（司法省による）裁判統制に繋がってしまったということかもしれない。この書は、見逃すことのできない重要な研究と言えよう。また、『法律新報』六号（一九二四年）の巻頭言は、司法行政事務についても明確に司法大臣の監督から離脱せしめよと主張しており、先見の明があったと言えよう（第十一章注（2））。

（3）青木英五郎『裁判官の戦争責任〔増補版〕』（日本評論社、一九七一年）一一五頁以下参照。同書奥付によれば、青木氏は昭和一二年から昭和三六年まで裁判官であった人物である。

（4）野中俊彦・中村睦男・高橋和之・高見勝利『憲法Ⅱ〔第四版〕』（有斐閣、二〇〇六年）二二九頁以下（野中俊彦執筆）。

（5）同書二三三頁（野中俊彦執筆）。

（6）一九九一年一二月一二日付毎日新聞朝刊一面他。

（7）差止請求については同一四〇六頁以下、将来の損害賠償については同一四七五頁以下。

（8）小法廷は大法廷の委任授権の下に行動していると見るべきであることを理由に、大法廷は自ら小法廷に係属中の事件を取り上げることができるとの有力説がある（兼子一・竹下守夫『裁判法〔第四版〕』（有斐閣、一九九九年）一七三頁）。しかしながら、この見解は、小法廷が判決内容を決定し、判決日だけが決まっていなかったという場合にも妥当せしめる趣旨なのかは不明である。大法廷も三つの小法廷も一つの独立した法廷を形成し、かつ最上級審として一つの判決を出すことができる機関であるはずで、法文上、大法廷で審理しなければならない場合はともかく、大法廷による事件取り上げの可否の問題については本格的な法理論的研究が待たれる。

（9）野村『風雲録　上』二一九頁（古川源太郎判事の話）。

（10）野村『風雲録　上』二一九頁（古川源太郎判事の話）。

（11）前掲・法学セミナー四一号六三頁。

（12）樋口陽一編著『講座・憲法学　第六巻』（日本評論社、一九九五年）五〇頁以下（樋口陽一執筆）は、責任を問われる可能性が公権力の重要な正統性根拠であるのに、その可能性が否定されている裁判官の正統性根拠は何なのかという問いを提起して議論を展開し、国民の側からの最終的なコントロールを遮蔽する制度の説明の困難性を論じている。そして、エリーティズム解釈観により、正解を見出す裁判官の能力への信頼の中に、裁判官の独立の正統性が基礎づけられる可能性もある旨を指摘する（同書五六頁）。

なお、本文で述べた議論は、制定法ではなく、法による裁判という視点からの議論も可能であろう。

(13) 近時の文献として、西川伸一「最高裁のルーツを探る——裁判所法案起草から三淵コート成立まで——」政経論叢七八巻一・二号（二〇〇九年）六六頁。

(14)『大蔵虎寛本能狂言（中）』（岩波書店、一九四三年）三〇八頁以下。

第二部　資　料

【資料1】大判昭和二〇年三月一日・鹿児島二区無効判決

［1］昭和十七年（選）第六號

判　決

鹿児島縣始良郡國分町向化

原　告　　富　吉　榮　二

東京都牛込區戸山町二番地

仝　　　　尾　崎　末　吉

同都本所區江東橋四丁目

仝　　　　下　村　榮　二

鹿児島縣囎唹郡岩川町中之内七千二百十番地

仝　　　　古　川　義　雄

右四名訴訟代理人辯護士

［2］

所　　龍　璽

齊　藤　隆　夫

右訴訟復代理人辯護士

登　　政　良

松　村　鐵　男

谷　村　源　助

原告尾崎末吉、仝古川義雄訴訟代理人辯護士　中馬新之助

中馬新之助

被告　鹿児島縣第二區選擧長

西垣秀正

右訴訟代理人辯護士

清瀬一郎

右訴訟復代理人辯護士

重永義榮

中摩直一

山下榮吉

栗脇盛吉

中屋勝臣

右當事者間ノ昭和十七年（選）第六號衆議院議員選擧ノ效力ニ関スル異議訴訟事件ニ付當院ハ検事田口環、亀山愼一立會ノ上審理判決スルコト左ノ如シ

主　文

［3］昭和十七年四月三十日施行セラレタル鹿児島縣第二區ニ於ケル衆議院議員ノ選擧ハ之ヲ無效トス

訴訟費用ハ被告ノ負擔トス

事　實

原告訴訟代理人ハ主文第一項同旨ノ判決ヲ求メ其ノ請求ノ原因トシテ陳述シタル要旨ハ
第一、原告等ハ昭和十七年四月三十日施行セラレタル衆議院議員選擧ノ鹿児島縣第二區ニ於ケル議員候補者ニシテ被告ハ其ノ選擧長タリシ加藤精三ノ後任者ナリ
第二、右選擧ニ於テハ原告等竝ニ濱田尚友、原口純允、寺田市正、東郷實、宮崎董、及宮下巖ノ十名候補者トシテ立候補シ、選擧ノ結果、右濱田尚友、原口純允、寺田市正、東郷實ノ四名ヲ以テ當選者ト決定セラレタルモ、右當選者ト決定セラレタル候補者ハ何レモ翼賛政治体制協議會ヨリ推薦セラレタル候補者ニシテ右選擧ハ左ノ理由ニ依リ無效ナリ
第三、抑右衆議院議員總選擧ハ我國肇國以來ノ大難局ニ當リ且國家ノ總力ヲ擧ゲテ以テ大東亜共榮圏ノ確立ヨリ進テ世界新秩序ノ完成ニ邁進スル大東亜戰爭完遂ノ途上ニ於テ行ハレタルモノニシテ眞ニ翼賛政治體制ノ確立ヲ目指ス極メテ重大ナル使命ヲ持ツ總選擧ナリ、然レバ其ノ選擧タルヤ極メテ嚴正ニ極メテ公正ニ而シテ極メテ明朗ニ施行セラレ、[4] 以テ聖戰目的達成ノ推進力タルノ重責ニ堪ユルノ適材ヲ選出スル選擧タルベカリシニ、鹿児島縣第二區ニ於テ施行セラレタル選擧ハ右ノ如キ精神ヲ没却セルモノニシテ甚ダ遺憾ノ極ミナリトス。即チ當時鹿児島縣知事薄田美朝ハ右總選擧ノ開始セラル、ヤ同縣下ノ関係官、公吏、學校長、警防團、警察署壮年團等ニ對シテ、特定候補者即チ翼替政治体制協議會ノ推薦候補者ノ當選ヲ期スル為、極力運動ヲ為スヘキ指令ヲ為シ、一方非推薦候補者ノ落選ヲ期スルタメ極力妨害ヲ為スヘキコトヲ指令シテ、右関係ノ團体又ハ個人ヲシテ或ハ特定候補者ノ為ニ積極的ニ選擧運動ヲ為サシメ、或ハ特定候補者ノ落選ヲ期スル為其ノ選擧妨害ヲ為サシメタリ
其ノ事例繁多ニシテ枚擧ニ遑ナシト雖具体的ノ事例ノ一班ヲ擧示スレハ
（甲）教育関係選擧運動

（一）鹿児島縣加治木中學校長渡邊秀雄ハ昭和十七年四月二十九日天長節拜賀式ノ席上「今回ハ推薦制ガ採用セラレ濱田、原口両氏ガ推薦セラレタ、両氏共本校卒業生ナルヲ以テ是非當選セシメネバナラヌ諸君ノ父兄ガ何人ニ投票スルカヨク注意セヨ」ト同校生徒ニ訓話シ

（二）鹿児島縣始良郡隼人町小野國民學校長今田中某ハ同校區壮年團々長ニシテ同年四月二十五日常會［5］長大迫宅ニ於ケル役員並ニ總會ノ席上選擧ニ言及シ「此度ノ推薦制ハ天皇陛下ノ御命令ニ依テ定メラレタノデ推薦候補者ニ入レナイ者ハ陛下ノ命令ニ背ク者デアル、自由候補者ニ投票シタ者ハ身元ガ汚レテ子供ガ學校卒業後官職ニモツケナイト警察カラ達シガアツタカラ、當區域カラ一人モソンナ者ヲ出シテハナラヌ」ト嚇シ

（三）鹿児島縣始良郡霧島村東襲山國民學校長塩川満英ハ同年四月二十八日夜重久區常會ニ於テ長瀬直志ト共ニ「自由候補ニ投票スル者ハ國賊ダカラ、絶對ニ自由候補ニ投票シテハナラヌ、一人モ洩レナク濱田候補ニ投票シナケレバナラヌ」ト無届選擧運動ヲナシ

（四）鹿児島縣伊佐郡菱刈町青年學校長同町壮年團長桑波田忠志ハ

（1）同年四月九日同壮年團幹部會ヲ招集「此ノ際原口候補ノ為運動セネバナラヌ、ソレニツイテハ原口氏略歴及調査用紙ニ各自ノ取引縁故交友関係ヲ調査記載シ十日迄ニ提出スベシ、是レハ原口氏ノ為ノ潜行運動ノ手ガカリニスル為ダカラ絶對秘密ニ取扱フベシ」トテ右用紙ヲ幹部約三十名ニ配布シ酒宴ノ後更ニ「自由候補ヲ支持シ相ナ者ニハ壮年團員ガ手分シテ四六時中ツキ纏フ様ニスル」ト決議シ

［6］（2）同年四月十一日午前八時菱刈町前目池田松太郎ガ自宅ニテ田畑駐在巡査ト喫茶中、一私服巡査ト同行シ来リ、「オ前ハ昨日富吉候補ノ事務所ニ行ツタ相ダガ、日本人ヂヤナイ、原口氏ノ如キ

立派ナ人ガ出ルノニ自由候補ヲ支持スルコトハコレコソ共産黨ダカラ日本ニ置クコトハナラヌカラ死ンデ仕舞へ」ト罵聲ヲアビセ

（3）同年四月二十九日午前十一時理髪店庄屋昇方ニ於テ右池田松太郎ニ對シ「オレハ共進部落ニ行ツテ来タガ同部落ハ川村新右衛門ノ首ヲツマンデ置イタカラ、今迄ノコトハ間違ツテ井タト涙ヲ流シテアヤマツタ、明日ノ選擧ニハ富吉ニハ當町カラ君一票ダ、若シ二票アレバ承知シナイ」ト怒號シ斯クテ桑波田ハ連日連夜有權者ヲ訪問シ投票ヲ原口候補ノ為ニ強要シ歩キ居レリ

（4）同年四月三日町壮年團總會ヲ召集シ「自由候補者ノ演説會ヲ一般有權者ニ聽取セシメザルタメニ山林下拂ヒ、道路工事、臨時常會等ヲ開クコト、但シ選擧法違反ニ問ハル、虞アルカラ極メテ暗々裡ニコレヲ行フコト」ヲ申合セタリ

（五）鹿児島縣出水郡阿久根町壮年團長兼阿久根青年學校長白濱貫道ハ
同年四月二十五日青年學校生徒ニ對シ「自由候補ニ投票スル者ハ不忠者デ陛下ニ申譯ナイコトダ國ガ選ンダ推［7］薦候補者ノ濱田尚友ニ投票セネバナラナイ」トノ講話ヲナシ其ノ父兄ニ之ヲ傳ヘル様申付ケタリ、又壮年團長トシテ各所ニ集合ヲ催シ「自由候補ニ投票スル者ハ不忠者テ陛下ニ申譯ナイコトダ國ガ選ンダ推薦候補者ノ濱田尚友ニ投票セネバナラナイ」ト説キ廻ハリタリ

（六）鹿児島縣囎唹郡岩川町立青年學校桐野正教諭ハ
同年四月二十九日岩川町立青年學校ニ於テ全學生ヲ招集シ壇上ニ立チ「皆サン家ニ帰ツタラ明日ノ選擧ニハ誰ニ投票シマスカ、古川義雄ト言ツタラソレハ間違ヒデセウト言ヒナサイ、東郷實ニ入レナサイ、ト言ハセ且東郷實ノ字ヲ黑板ニ書キ、○ヲ付ケタリ、點ヲ打ツタラ無效ニナルカラ」ト言ヒ聞カセ

（七）鹿児島縣出水郡阿久根町山下國民學校長古市義彦ハ

同年四月二十一日阿久根山下集會所ニ山下部落ノ翼賛壮年團幹部會ヲ開キ、此ノ選擧ノ為、同團幹部ヲ増員スル必要アリトテ、其ノ候補者山下尾崎ノ川崎國吉等ヲモ招キタル席上ニテ、「我學校區ハ推薦候補者濱田尚友氏ニ入レル様ニト決定シタカラ團員各位ハ隣組ニ漏レナク其ノ通リ申附ケテ貰ヒタイ」ト力説シ之ニ對シ團員ヨリ「其ノ様ナ出過ギタコトヲシテモヨイモノダラウカ、違反ニハナラナイノカ、餘リ非道過ギルデハナイカ」ト詰リタル者アリシ處、「國ガ選ンダ候補者ニ投票スルノハ當リ前ダ萬一之ニ従ハヌモノガアレバ陛下ニ對シテ申譯ガナイ、大東亜戰争モ負ケルノダ縣知事デアル縣教育會［8］長カラモ右ノ通リ學校區民ニ命令セヨト云ツテ来テ居ルノダ」ト強調シ遂ニソレモ同意セシメ濱田ニ投票スルコト、各隣組ニ申附ケルコトノ申合セヲ行ヒタリ

（八）鹿児島縣出水郡阿久根町大川國民學校長永牟田國武ハ

同年四月二十五日大川國民學校五年生以上ノ生徒ニ對シ「自由候補ハ非國民ミタ様ナ人ダカラソンナ人ニ投票スルト非國民ニナツテシマウ、ソレデ政府ガ選ンデ呉レタ推薦候補者ニ投票スル様ニ父兄ニ傳ヘナサイ間違ツテ自由候補ニ入レルト戰争ガ負ケニナルノダ」ト話シタ上「翼賛政治体制協議會推薦候補者濱田尚友（ハマダヒサトモ）」ト記載シタル謄寫刷ヲ父兄ニ届ケシメタリ

（九）鹿児島縣出水郡阿久根町波留上野部落擔當教員某ハ

同年四月二十六日右部落區長上村松榮宅ニ開キタル臨時常會ニ臨ミ「國ガ推薦シタ候補者デアル濱田サンニ投票ヲ入レヌトナレバ學校ノ教員ヤ警察署長ハ首ニナル、可哀相ダト同情シテ貰ヒタイ、又投票ヲ入レナカツタ人モ警察ニ引張ラレルコトニナルダラウ、ソンナ人ハ非國民デアル、大体自由候補ナドト言フ非國民ハ死ンデシマヘハ斯ンナ心配ハナイノダ」ト繰返シ強調セリ

（十）鹿児島縣囎唹郡始良郡伊佐郡薩摩郡出水郡各學校ニ於テハ

同年四月三十日施行ノ選擧ニ関シ推薦候補ニ投票スベ〔9〕キヲ生徒ヲ通シテ勧誘ヲ為シ且父兄ノ意向ヲ聞カシメ更ニ其ノ父兄ノ行動ヲ見張ラシメタリ

（乙）縣職員警察警防團関係選擧運動

（一）鹿児島縣始良郡國分警察署巡査部長藥丸利秋ハ

同年四月十二日始良郡霧島村王子原青年學校ニ於ケル霧島村農會主催ノ各種品評會授與式ニ署長代理トシテ臨席シ「自由候補ハ赤ノ思想デアルカラ推薦候補ヲ絶對支持スベキデアル」ト演説シ特定候補者ノ為メノ選擧運動ヲ為シタリ

（二）同國分警察署濱ノ市駐在湊川巡査ハ

同年四月三十日隼人町役場投票所入口ニ立塞リ、隼人町眞孝、西虎熊ガ午前九時頃投票所ニ入ラントスルヤ、之ヲ引キ止メ「君ノ處ニ數回行ツテ見タガ國分ノミニ行ツテ宅ニ居ナカツタダナイカ」ト暗ニ威嚇シ投票ヲ入レテ出場セントスルヤ「誰ニ投票シタカ」ト訊シ次々ニ投票所ニ入ラントスル者ニ對シ「三水（濱田ノ意）ヲ書キサヘスレハ間違ヒナイゾ」ト投票ニ干渉シタリ

（三）鹿児島縣始良郡加治木町警察署長田中義雄ハ

同年四月二十六日夜加治木町反土吉原常會ニ臨ミ推薦候補者ニ投票スヘシト言ヒ、「若シ推薦候補者ガ落選スルトキハ推薦者ノ一人タル加治木町長日高彦市ハ腹ヲ切ラネバスマヌコトニナル、ダカラ必ズ推薦候補者ニ投票スベシ」ト主張シ、席上推薦候補ニ投票ス可キヲ申合セシメタリ

〔10〕（四）鹿児島縣始良郡國分警察署管内清水村弟子丸駐在畠中巡査ハ

村内常會ニ臨ミ或ハ戸別的ニ濱田尚友ヘノ投票ヲ強要セリ即チ

（1）同年四月十四日清水村郡田宮下四郎兵衞ガ仕事ヲ為シ居ル處ヘ来タリ「投票ハ必ズ推薦候補濱田

ニ入レヨ」ト命シタリ

（2）同年四月二十日清水村郡田久保田大紋慶次郎方ニ来リ「富吉ニハ清水カラドノ位得票ガアルカト思フカ」ト言ヒタルニ大紋ハ「自分ノ村ダカラ二百票位ハ入ルダラウ」ト言ヘバ畠中ハ「清水ハ思想ガ悪イカラネー」ト暗ニ威壓シタリ

（3）同年四月二十七日（旧暦三月十三日）清水村姫城外姫城公會堂ニ於ケル臨時常會ニ於テ常會長米澤米盛ト共ニ「推薦候補者ハ政府ガ指命シタノダカラ、之ニ反對スル者ハ政府反對者デアリ自由候補者ニ投票シタル者ハ島流シニナル」ト威嚇シ「富吉ヤ下村ニ投票シ彼等ヲ當選サセレハ戰爭ニ敗ケル」トテ濱田候補ヘノ投票ヲ強要シタリ

（五）鹿児島縣囎唹郡岩川村警防團長川崎千仭ハ

今次ノ選擧ニ際シ警防團員ヲ動員シテ推薦候補ノ為選擧運動ニ狂奔シ四月二十八日夜ヨリ二十九日夜等ハ村界ニ火ヲ燃シ暖ヲ取ラシメツ、團員ヲ配置シ通行他候補者ノ自動車ヲ止メ妨害ヲ為シタリ

[11]（六）鹿児島縣囎唹郡夫吉町岩崎六十四番地上村助七ハ

自ラ投票ニ行カズ巡査ニ投票ヲ依頼シタリトノコトナルガ若シ同氏投票ヲ為シタリトスレバ該巡査ガ代理投票ヲ為シタルモノト思ハル

（七）鹿児島縣出水警察署長河内某ハ

（1）同年四月二一、三日頃出水郡米ノ津町國民學校講堂ニ於ケル大日本婦人會支部發會式ニ臨ミ「選擧ハ男丈ケガスルモノデナイ、女ノ力ガ偉大デアル寝物語等ノ際推薦候補者ニ投票下サル様可成主人ヲ勧メルコトニセヨ」トノ訓示ヲ為シタリ

（2）同年四月七日米ノ津町公會堂ニ於テ、米ノ津町警防團ノ總會ヲ召集シタル際「今回ノ選擧ハ外國

環視ノ中デ行ハレルモノデ、推薦候補者ガ負ケル様ノコトガアレバ、政府ノ信用ヲ失ヒ國家ニ取ッテ大問題ナル故可成推薦候補者ニ投票シテ貫ヒタイト公言セリ

（八）鹿児島縣特高課長原文兵衞ハ

同年四月十六日出水郡高尾野下水流國民學校ニ於テ翼賛選擧貫徹ノ名目ニテ命令ヲ以テ區長等ヲ通シテ約七百人ヲ集メ翼賛選擧ニ関シ約一時間推薦候補者（地盤協定ヲ特定シ居レリ）ヲ支持セヨトノ趣旨ヲ話シ、映画（戰時將兵ノ勞苦ノ模様、翼賛政治体制協議會ノ模様等ヲ寫セルモノ）ヲ観覧セシメ、参集者ヲシテ感嘆セシメタル後翼賛支部ノ人々ニ依テ翼賛選擧ノ誓ヲ為サシメ「皇軍將士ハ斯様ニ苦勞シテ居ルノデアルカラ、選擧［12］ニモアレヤコレヤト騒ガズニ、推薦候補者ニ投票シ必ズ當選セシメマセウ」ト誓ハシメタリ。

其ノ直後ニ翼協竝ニ縣當局ト共ニ行動セル原口、濱田等ノ候補者ノ運動員ハ直チニ高尾野郵便局、荘郵便局等ヨリ「参加者七〇〇效果偉大ニシテ大成功ナリ」等ノ文句ノ電報ヲ各々其ノ選擧事務所及候補者ニ發信シタリ

（九）鹿児島縣始良郡國分警察署長山ノ内某ハ

同年四月八、九日頃管内警防團幹部ヲ集メ「コレカラ選擧運動ハ出来ナイガ、啓蒙運動ハヤツテクレ、ソシテ推薦候補ニ投票スル様ニ盡力シテ貫ヒタイ」ト述ヘ後カラ「少シ言ヒ過ギタ點ガアルガソレハ取消スガ然ルベクヨロシクヤレ」ト言ヒ渡シタリ

（十）鹿児島縣振興課長奥野某ハ

（1）同年四月二十日頃始良郡加治木町加治木座ニ於ケル翼協支部映画會ニ於テ映寫「野戰ノ將兵映画デ今見ラレタ通リ苦勞シテ戰ツテ居ル此度ノ選擧ニハ是非推薦候補者ニ投票シテ戰ニ勝チ貫ク様ニ

セネバナラヌカラ其ノ積リデ選擧ニ臨マレタイ」ト濱田尚友候補ノ應援演説ヲナシタリ

（2）同年四月二十某日鹿児島國民學校ニ於ケル市常會班長會議ノ席上ニ臨ミ推薦候補者ヲ當選セシメル様支持スベキ旨ヲ講演シタリ

（丙）市町村常會関係選擧運動

[13]（一）鹿児島縣姶良郡隼人町長（縣會議員）薗田新太郎ハ

（1）同年四月二十六日鹿児島神宮修養道場ニ於ケル姶良郡東部荷車牛馬車組合總會ニ於テ「今回ノ總選擧ニハ自由候補ニ對シ一票モ投シテハナラナイ断然濱田尚友氏へ投票スベシ」ト話ヲ為シタリ

（2）同年四月三十日午後零時三十分頃隼人町々役場投票場入口ニ數名ノ壮年團員ト共ニ立塞リ有権者ニ對シ威壓ヲ加ヘツヽアリシヲ目撃シタル天徳重雄甲斐喜雄ガ之ヲ撮影セント寫眞機ヲ取出シタル處何レモ退散シタリ』

（3）同人ハ數年来書画骨董品ノ賣買ニ狂奔シ約八万圓ノ損失ヲ為シ財政的ニ相當苦腦シ居レリ、濱田尚友ハ之ヲ東京地方ニ於テ賣捌キ薗田ノ損失ヲ減少セシメタルヲ以テ濱田トノ親密ノ度ヲ増シ今回ノ立候補ニ對シ全力ヲ擧ケテ濱田ノ當選ニ盡力セリ即チ町内常會ニ命シテ濱田候補ヘノ投票ヲ申合セシメ、自ラ出席シテ猛烈ナル運動ヲ為セリ、殊ニ實弟川添新藏ノ常會長タル湯之元常會ニハ常ニ出席シテ濱田候補ヘノ投票ヲ強調セリ

（二）鹿児島縣姶良郡帖佐町長黑江透、同助役東條繁記ハ

（1）帖佐町三叉校區各部落ハ三月末一斉臨時常會ヲ開キ推薦候補ヘ投票決議ヲ為シ候補者氏名ハ追而回覧スヘキ旨傳達シタリ

（2）四月二日開催ノ臨時常會ニ於テ、自由候補ニ投票スル者ハ國賊ナルガ故ニ、自今常會ハ一切ヲ共

ニセサル旨申合［14］セシメタリ

（3）四月七、八日推薦候補者名ヲ回覧シ、各自捺印ノ上常會長へ提出セシメタリ

（4）四月十四日再ビ濱田尚友ニ投票スル様回覧シ、各自ノ署名捺印ヲ求メタリ

（5）四月十八日臨時常會ニ於テ同月二十六日三叉校ニ於ケル濱田尚友候補ノ政見發表演説會ニハ一人ノ缺席者アルベカラサルコト、不参者ハ警察へ報告スト威嚇セリ

（6）選擧當日常會副會長ハ投票場タル町役場入口ニ立塞リテ一所属常會員ノ手ヲ握リ濱田候補ニ投票シテ呉レト依頼セリ

（三）鹿児島縣始良郡加治木町長日高彦市ハ

縣町村長會長、大政翼賛會縣支部顧問翼賛政治体制協議會縣支部員ナルガ

（1）今回ノ總選擧ニ當リテハ推薦候補者濱田尚友ノ當選ヲ期スル為町内役場學校其他一切ノ機関ヲ擧ケテ選擧運動ニ狂奔セシメタリ、町内各常會ニ對シ臨時常會ヲ開カシメテ自ラ其レニ臨ミ、投票勸誘ニ務メタリ町内全常會ニ對シ回覧板ヲ配布シ捺印セシメタリ

（2）同年四月二十日頃始良郡加治木町諏訪隣組會長宅ニ隣組臨時常會ヲ開キ翼賛政治体制協議會推薦候補者濱田尚友ト書キタル回覧板用ノ紙ヲ示シ「我ガ町會ハ濱田尚友氏ト決定シ同氏ニ投票スルコトニナ［15］ツタカラ、一票漏ラサズ同氏ニ投票セネバナラナイ、萬一他ノ自由候補等ニ投票スル者ガアルト天皇陛下ガ御定メ下サッタ推薦候補者ニ弓ヲ引クコトニナリ、陛下ニ弓ヲ引クト同シコトデ不忠トナルシ、町ヤ警察カラニラマレルト大変ナ迷惑ヲスルコトニナル」ト隣組長ガ強調シタルニ對シ或ル隣組員ヨリ「ソンナ乱暴ナ話ヤ申合ヲシテヨイカ、其レコソ選擧違反ニナラナイノカ、自由候補デ日本國民デアツテ天皇陛下ニ弓ヲ引ク様ナ人ハナイト思フ現ニ下村榮二サンノ様ナ人ニ

ハ我ガ日本ノ國士頭山満翁ヤ我ガ縣出身ノ菱刈大將ノ様ナ立派ナ方ガ推薦ヲシテ居ラレルデハナイカ」ト詰問シタルニ「ソンナ事ヲ言フアナタハ何派カ」ト激シクナジリタル為「何派デアラウトソンナ事ヲ言フ必要ハナイト思フ選擧違反ニナル様ナ非道ヒ事ヲセネバヨイデハナイカ」ト答ヘタルニ「推薦候補者ノ方ノ事ハ何ヲシテモ違反ニナラナイ事ニナッテ居ル我ガ隣組デ我カ町デ決マッタ濱田候補ニ投票シナイ者ガアルト我々ガ迷惑スル絶對ニ濱田様ニ入レテ貰フコトヲ誓ッテ貰ヒタイ」ト強調シタル為メ一隣組員ハ「ソンナ乱暴ナ命令ハ誰ガ出シタカ隣組長ハソンナコトヲ申合セサセル権限ガアルノカ」ト問ヒタル處「此ノ事ハ日高町長カラノ命令ダカラ異議アル人ハ明日町役場ニ行ッテ町長ニ談判シテ貰ヒ度イ兎ニ角濱田候補ヲ入レル事ノ誓ヲシテ貰ヒタイ」[16]ト強調シテ右申合セヲ行ヒタリ

（3）又同年四月二十五日午後八時鹿児島縣廳吏員加治木町ニ出張シ隣組會ヲ町會議事堂ニ開キ「加治木町ニ割當テタル推薦候補者ニ投票セヨ」ト強調セリ

（四）鹿児島縣始良郡清水村姫城中姫城常會長満留熊次郎ハ

同年四月二十八日夜臨時常會ヲ開キ同常會員ヲ吉丸熊太郎方ニ招集シ村常會ノ決定事項トシテ「一人モ残リナク濱田尚友ニ投票スベシ」ト言ヒ其ノ旨決議セリ

（五）同所西瓜原班長濱田敬次ハ

同年四月二十九日朝自宅ニ班員約二十名ヲ招集シ昨夜（中姫城常會）ノ決議ヲ傳ヘ一票モ洩サズ投票スベキコトヲ命シタリ

（六）鹿児島縣始良郡隼人町内日當山温泉場内湯之元常會長川添新藏ハ

隼人町長薗田新太郎ノ實弟ニシテ今回ノ總選擧ニ際シテハ數回ニ亘リ常會ヲ開キ濱田候補ノ為連續的ニ

運動ヲ為シ常會員ヲシテ強テ濱田ニ投票セシメタリ

（1）四月二日ノ夜同地御寺ニ於ケル常會ニ於テ薗田新太郎ト共ニ「自由候補者ハ英米派ナリ陛下ニ弓ヲ引ク者デアルカラ必ズ推薦候補者ニ投票スベシ」ト言ヒ更ニ富吉候補ノ名譽ヲ毀損スル言辞ヲ弄シ其ノ選擧ノ妨害ヲ為シタリ

[17]（2）四月二十日夜右御寺ニ於テ常會ヲ開キ隼人町三次壮年團幹部末廣某ガ臨席シ交々「自由候補ヲ排撃シ一票モ洩レナク濱田候補ニ投票スベシ」ト強硬ニ主張セリ

（3）四月二十九日（選擧ノ前日）夜三度目ノ常會ヲ開キ「推薦候補ハ陛下ノ直接ノ任命デアルカラ自由候補ニ投票スル者ハ國賊デアリ非國民デアル」ト宣言セリ

（4）又連續的ニ同常會員ヲ戸別訪問シ相手ガ強硬ト見レバ「今度ノ投票ハドンナ風ニスルカ」ト言ヒ又或者ニ對シテハ「必ス濱田候補ニ投票セザレハ後デ判リ警察ノ注意人物トナル」ト脅シ廻リタリ

（七）鹿児島縣始良郡蒲生町長小山田政一ハ

候補者富吉榮二ニ對シ演説會ノ為同年四月十六日午後七時半ヨリ蒲生國民學校使用方ヲ同月八日許可シタルヲ以テ同候補者ハポスターヲ貼リ演説會開催告知ヲ為シタル處、右小山田政一ハ演説會當日同時刻ヨリ町臨時常會ヲ招集シ「出席者ハ男ニ限ル若シ出席セザル者ニハ物資配給券ヲ停止スル」ト示達セシメ演説會ヲ故意ニ妨害シ「濱田候補ニ投票スヘキ事」ヲ申合セシメタリ

（八）鹿児島縣伊佐郡大口町長有満金次郎ハ

同年四月二十三日午後八時大口國民學校ニ於ケル富吉候補ノ演説會ヲ妨害センガ為原口候補ノ派ト結托シ同日同時刻ヨリ大口町公會堂ニ全部ノ臨時常會ヲ召集シ原口候補ヘノ投票ヲ慫慂シ其ノ常會ノ終了（九時半）[18]ト同時ニ原口候補ノ演説會ヲ開カシメタリ

（九）鹿児島縣伊佐郡山野町平出水國民學校第二投票場管理者山野町助役木之元秀雄及投票立會人永富直彦ハ

同年四月三十日午前七時ヨリ投票ヲ開始シタル處、川原三之助、宮之前國義、瀬戸口武彦等ヲ初メ投票者ノ殆ト全員ハ投票用紙ニ原口純允ト記名シ一々之ヲ管理者及立會人ニ示シ「コレデヨイデスカ」ト聞キツ、裏返シニ折リテ投票セリ、是レ明ニ事前ニ於テ一々示シテ原口ニ入レタルコトヲ明カニセヨトノ命令アリタルハ明カナリ

（十）鹿児島縣始良郡清水村姫城常會長米澤米盛ハ

同年四月二十七日（旧三月十三日）夜清水村姫城外姫城公會堂ニ臨時常會ヲ開催シ立會ノ清水村弟子丸駐在巡査ト交々立チテ「推薦候補ハ政府ガ指名シタノダカラ之ニ反對スル者ハ政府反對者デアリ、自由候補者ニ投票シタル者ハ島流シニナル」ト威嚇シ「富吉ヤ下村ニ投票シ彼等ヲ當選サセレハ戰爭ニ敗ケル」トテ濱田候補ヘノ投票ヲ強要シタリ

（十一）鹿児島縣伊佐郡菱刈町長高島芳秀ハ

（1）菱刈町壮年團名譽團長ナルガ同壮年團ハ同年四月三日演説會妨害ノ秘密申合ヲ為シタリ

（2）同年四月十七日ノ町常會ニ於テ「富吉候補ノ演説會ノ時刻ニハ必ズ緊急常會ヲ開クベキコト」ヲ決定セ〔19〕リ、果セル哉四月二十三日午後一時ヨリ富吉候補ハ菱刈前目ノ商業倶樂部ニ於テ開催セルトコロ緊急指命ヲ發シ今日同時刻ヨリ拾ケ所ニ臨時常會ヲ開キ各常會ニ於テ壮年團幹部ガ「原口候補推薦演説會ヲ為セリ」明カニ選擧妨害タルヲ免レズ

（十二）鹿児島縣伊佐郡山野町長中村政良ハ

同年四月二十八日午後一時頃町民小屋敷市之助、小屋敷宇左エ門ヲ役場ニ呼出シ、町長室ニ招シ入レ

「上湯カラ何票、石井カラ何票富吉ニ入ルカ」ト問ヒタルヲ以テ「ソンナ事ハ判ラヌ」ト答ヘタルトコロ右町長ハ「君等モ必ズ富吉ニ入レズニ原口ニ入レル様セナケレハナラヌゾ僕ノ顔ガ立タヌカラ頼ム」ト投票ヲ勸誘セリ

（十三）鹿児島縣出水郡阿久根町赤瀬川部落隣組長新坂上利助ハ

同年四月二十九日夜「二十九日夜ノ尾崎候補ノ演説ヲ聞キニ行クト其ノ人ノ手ガ後ニ廻ルカラ行ツテハイケナイ」ト傳ヘ廻リタリ、其ノ為皆恐レヲ為シ一人モ同部落カラ行カナカツタガ、後デ聞クト演説ヲ聞キニ行ツタ人モ縛ラレナカツタ相ダト阿久根町波留三九六番地イ、大和田德太郎氏ニ同部落民ガ話シタル由ナリ

（十四）鹿児島縣阿久根町濱部落部落會長坂元卯之助ハ

同年四月二十九日夜常會ト稱シテ部落民全部ヲ集メ「尾崎氏ノ演説ヲ聞キニ行ク者ハ非國民ダ行ツタ人ノ手ガ直グ後ニ廻ル」トテ手ヲ後ニシバラレタ恰好ヲ［20］シテ見セ演説會ノ終ルマデ集合セシメ置キタリ

斯クノ如ク自由候補者ニ投票スル者ハ懲役ニテモヤラレルト言フ風評ヲ山間僻地浦々マデ立テシメ民心ヲ恐怖セシメタリ、而シテ右ハ出水郡内各町村ニ於テ行ハレタルノミナラズ、薩摩郡、伊佐郡、始良郡、囎唹郡ノ各町村ニモ連續行ハレ、鹿児島縣第二區ノ選擧民ヲ恐怖セシメタリ、同年四月二十一日阿久根町ニ於テハ各地ニ常會ヲ開カシメ推薦候補者ニ對シ斯クナツタ上ハ致シ方ガナイカラ、各々ノ中カラ怪我人（犠牲者ノ意）ヲ出シテデモ濱田推薦候補者ニ投票シヨウト申合セ居タル趣ナリ

（十五）鹿児島縣始良郡敷根村村長高野健介ハ

同年四月中旬翼協鹿児島支部ニ於テ縣知事立會ノ上縣第二區定員四名ニ對シ推薦四名ナリシニ依リ、之

等四名ニ對シ地盤ヲ四分シ協定ヲ為シ之ガ發表セラル、ヤ四名ノ推薦候補者名ト始良郡全部（栗野町ヲ除ク）ハ國分町出身ノ翼賛協議會推薦ノ濱田尚友ノ地盤ト協定セラレタル旨記載ノ回覧板ヲ謄寫シテ町内常會ニ配布シタリ此レ地盤協定ニヨリ候補者特定シ此ノ特定候補ノ為公吏タル村當局ガ暗ニ同氏ニ投票スベキヲ指示シタル一種ノ無届選擧運動タルヲ免レズ

（十六）鹿児島縣伊佐郡大口町大田部落會長西與次郎ハ

（1）同年四月十四日午後八時三十分頃同所大田部落中間正市宅ニ常會ヲ開キ「尾崎サンハ自由候補ダカラ、ソ[21]ンナ人ニ投票シタリ援助シタリシテ我ガ部落ガソバ杖ヲ喰ハヌ様ニ氣ヲツケテ呉レ」ト丸デ罪人扱ヒニシタリ

（2）同年四月二十三日午後八時右同所中間正市宅ニ大田部落民高柳部落民一同ヲ招集シテ、常會ヲ開キ市来政香、町議員新園畩右衛門立會ノ上、右西與次郎ハ部落民ニ對シ「自由候補ヲ投票スルト云フ様ナソンナ不心得ナ考ヘヲ起ス人ノナイ様ニソシテ是非原口候補ニ投票シテ呉レ」ト繰返シ命シタリ

（3）同年四月三十日朝七時右大田部落中間正市宅ニ常會ヲ開キ西與次郎ハ「本日ノ投票ハ間違ナク推薦候補者原口純允氏ニ投票スル様ニ」ト申渡シ一同打連レテ投票所ヘ向ヒ、全部ノ投票ヲ終リシ後「誰モ間違ナク原口候補ニ入レタカ」ト問ヒ訊シ帰宅セリ

（十七）鹿児島縣噌唹郡岩川町馬場常會長枚之瀬續ハ

同所馬場常會場ニ常會ヲ開キ部落民ヲ集メ而シテ東郷候補ノ演説會ヲ為シタリ

（十八）同郡末吉町岩崎飯塚部落會長ハ

常會ト稱シ部落民ヲ集メ東郷氏ノ演説會ヲ為シタリ

（十九）鹿児島縣出水郡阿久根町山下木野部落區長前田常義ハ
同年四月二十五日右區長外數名ハ町長久木田重固ノ命令ナリトテ「濱田尚友」ノ名前ヲ記載シタル紙ヲ各［22］戸ニ持廻リ「推薦候補者デアル此ノ人ニ入レヌ人ハ國賊ミタ様ナモノデアル又大東亜戰争ハ負ケルソウダ」ト告ケ歩キタリ

（二十）鹿児島縣出水郡阿久根町波留土野部落區長上村松榮ハ
同年四月二十六日自宅ニ臨時常會ヲ開キ部落擔當教員某ヲ迎へ「國ガ推薦シタ濱田様ニ投票セヌトスレバ學校ノ教員ヤ警察署長ハ首ニナル、可哀相ダト同情シテ貰イタイ、又投票ヲ怠ツタ人モ警察ニ引張ラレルコトニナルダラウソンナ人ハ非國民デアル大体自由候補等云フ非國民ハ死ンデ仕舞ヘハコンナ心配ハナイノダ」ト繰返シ〳〵言ハシメ濱田候補ニ絶對投票スル様申渡シタリ

（二十一）鹿児島縣噌唹郡末吉町長植松重明同町吏員矢野某ハ
同年四月三十日衆議院議員選擧ニ関シ、末吉町長ハ前後三回ノ常會ヲ開キ東郷實ニ投票スヘキヲ強調シ且町役場矢野某ハ「此度ノ自由候補ハ一個人ノ利益ノ為ニハ天皇陛下ニモ弓ヲ引ク者共デアルコンナモノニ欺カレル様デハ諸君モ國賊トナル若シ翼賛推薦者ニ投票スルナラハ帳簿ニ印ヲ捺シナサイ。印ヲ捺サナイ人ハ國賊デアルカラ之レカラ配給品ハヤラヌ」ト言ヒ町民ハ日常品ノ配給ガナケレバ仕方ナイト皆捺印シタリ

鹿児島縣第二選擧區内各町村共總テ常會ヲ通シ洩レナク以上ノ如キ方法ニテ各町村共推薦候補（地盤［23］協定ニ依リ特定シ居レリ）ニ投票スル様猛烈ナ運動ヲ為シ選擧民ヲシテ恐怖セシメタリ

（丁）壯年團関係選擧運動

（一）鹿児島縣始良郡帖佐町三叉校區壯年團長某ハ

同年四月二十四日開催ノ同校區壯年團會合ニ於テ町長助役ト共ニ「住吉部落ニ於テハ自由候補ニ投票スル疑アル者ハ已ニ團幹部迄報告済ナリ」此ノ際疑ヒアル者ノ宅ニハ團員ガ膝詰談判ニ行クコトニナッテ居ル」「此ノ決定ニ服従シナイ者ニハ部落常會ハ今後一切ヲ共ニセズ」ト決議セシメタリ

（二）鹿児島縣始良郡三次壯年團幹部末廣某ハ
同年四月二十日夜隼人町オ寺ニ内湯之元臨時常會ヲ常會長川添新藏ガ開催シタルニ臨ミ「自由候補ヲ排撃シ一票モ洩レナク濱田候補ニ投票スベシ」ト強硬ニ主張シタリ（前顕（丙）（六）（2）参照）

（三）鹿児島縣始良郡蒲生町始良郡壯年團長北原健ハ
始良郡内各町村壯年團長ヲ集メ、此ノ度ノ選擧ニハ推薦候補ニ選擧民ヲシテ投票セシメル様壯年團トシテ全力ヲ盡スベキヲ申渡シ且自身ハ壯年團長ノ腕章ヲ附ケ濱田候補ノ應援演説ニ廻リ壯年團長トシテ選擧運動ニ狂奔シタリ

（四）鹿児島縣伊佐郡山野町山野壯年團長古川彦次郎、同副團長永富直彦、同郡大口町大口壯年團副團長圖師榮一ハ
同年四月二十七日午後二時山野町尾之上公會堂ニ臨時［24］常會ヲ召集シ、部落全員集合ノ上ニテ、永富直彦ハ「必ズ原口候補ニ入レナケレバナラヌ、断シテ富吉ヤ木場野ニ賛成シテハナラヌ彼等ハ共産黨ノ親分テアル」「自由候補ニ投票スレバ警察ニ引ツパラル、ゾ」ト嚇シ、古川、圖師ノ両名ハ交々「永富氏ノ言ハルル通リデアルカラ必ズ原口候補ニ投票セヨ」ト命令的ニ投票ヲ依頼シ、翌四月二十八日朝右古川彦次郎ハ小屋敷市之助、同宇左衞門宅ヲ訪問シ「アンナ風ダカラ皆マトメテ投票シテクレ」ト言ヘリ

（五）鹿児島縣伊佐郡菱刈町吏員（壯年團幹部）原口高徳同町藥種商（壯年團幹部）室秀雄ハ同年四月二十

三日菱刈商業倶樂部ニ於ケル富吉候補ノ演説會附近ヲ徘徊シ聽衆ヲ威壓シ演説會ヲ妨害セリ
（六）鹿児島縣伊佐郡大口町壯年團員（新聞記者）圖師榮一ハ
同年三月三十一日午後八時三十分伊佐郡大口町太田中間正市宅ニ於ケル大田部落常會ニ於テ「此度ノ選擧ニ於テハ是非共推薦候補者ニ投票スル様ニ」ト言明シ一同ニ誓ハシメタリ
（七）鹿児島縣囎唹郡岩川町壯年團長川崎隆、同岩川町長大津廾、同岩川町五十町川野重義、同坂口篤、同鮫島清則、同岩川町警防團長川崎千仍ハ
岩川町壯年團トシテ東郷實候補ニ應援シ常會ニ於テ同氏ニ投票スル様強要セリ
[25]（八）同縣出水郡米之津町壯年團副團長土屋武行ハ
同年四月二十八日附葉書印刷文書ニヨリ壯年副團長ノ資格ニテ米之津町有權者約三十人ニ對シ推薦候補原口純允ニ投票ヲ願フ旨ノ文書ヲ發送セリ
（九）鹿児島縣出水郡高尾野町下高尾野上大政翼賛會員伊牟田亀壽ハ
同年四月二十二日午前八時四十分ヨリ九時五十分迄高尾野國民學校講堂ニ於テ、同校五年生以上ノ男女生徒及受持教員計八百名ニ對シ「今回ノ選擧ニ於テ推薦サレナカツタ候補者ハ何カ缺陥ノアル人デアツテ、其ノ上米英崇拜ノ自由主義者デアル、萬一ソンナ人ガ當選スル様ナコトガアレバ日本ハ大東亜戰爭ハ敗ケルノダ、ソレデ大東亜戰爭ニ勝ツテ、ヨイ世ノ中ニスル為ニ政府ガ推薦候補者ト言フモノヲ選ンデ呉レタノデアル。ソレダカラ皆サンノ父兄ハ一人モレナク推薦候補者ニ投票セラレル様ニ間違ヒナク傳ヘラレタイ、ソシテ高尾野町ハ原口純允ト言フ候補者ニ決シテアルノダ、字ニ書イテ見タリ、口ニ何度モ唱ヘテ見タリシテ忘レズニ父兄ニ傳ヘルコトニセヨ」ト繰返シ繰返シ話ヲ為シタリ
（十）鹿児島縣姶良郡隼人町壯年團長三島金藏ハ

同年四月二十四、五日頃同町出征軍人家族慰安會ヲ催シタル時「胸ニ推薦候補者」ト書キ「背中ニ濱田」ト書キ、ハダカオドリヲ為シ濱田候補ノ選擧運動ヲ為シタリ

（十一）鹿児島縣第二選擧區内各郡町村壮年團員ハ

［26］右第二區伊佐郡、姶良郡、薩摩郡、出水郡、囎唹郡、全部ニ於テ「翼賛壮年團ナル腕章（赤地ニ白字）ヲ附シタル多數ノ團員ヲ使ヒ同年四月二十日ヨリ三十日迄翼賛政治体制協議會推薦ノ濱田候補、原口候補、東郷候補寺田候補等ノ選擧運動ヲ為シ一般選擧民ニ對スル示威行動ヲタクマシクセリ

（十二）鹿児島縣出水郡阿久根町光接寺住職大政翼賛會幹部ト稱スル太田淳昭ハ

同年四月二十七日午後一時同町大川中之濱平迫部落中濱某宅ニ部落民約八十名ヲ集メ説教ト偽稱シ無届選擧運動ヲ為シ「今回ノ選擧ハ大東亜戰争ニ勝ツ為ニ是非共出サネハナラヌ人ヲ代議士ニスル目的デ行ハルノデ、其ノ為推薦候補者ト言フモノヲ政府ガ選ンダノデアル、萬一政府ガ選バヌ候補者ニ投票スレハ戰争ハ負ケルニ決マッテ居ル、我町ハ多年尾崎候補ニ投票シテ居タノデアルガ、尾崎候補ハ自由候補デアルカラ、今迄ノ因縁ヤ情實ヲ立チ切ツテ政府ガ選ンダ濱田尚友氏ニ投票セネバナラヌ今迄ノ選擧デハドノ候補者ガヨイヤラ悪イヤラ分ラナカツタガ今度ハ政府ガ大キナ目デ見テ選ンデ呉レタノダカラ良イ候補ト悪イ候補トハ明カニ分ツテ居ル、吾々ガ山ノ中ニ居ツテ澤山ノ木ヲ見上ゲルトドレガ高イヤラ低イヤラ又ドレガ良イヤラ悪イヤラ分ラヌガ高イ所カラ見ルトスグ分ル様ナモノデ政府ガ高イ所カラ選ンダノダカラ推薦候補者ノ濱田尚友氏ニ投票シ［27］サエスレバヨイノダ、ソレヲ間違フト政府ニ壓迫セラレテ非道イ目ニ逢フゾ」ト半説教ノ如ク半演説ノ如クヤツテ濱田候補ノ選擧運動ヲ為シタリ

（十三）鹿児島縣壮年團長伊地知四郎ハ

選擧區内（縣下全部ニ亘リ）各町村ノ壮年團長ニ四月十日以降數次ニ指令ヲ發シ或ハ自身各町村ニ出張

シ或ハ各町村壮年團長竝ニ幹部ヲ鹿児島市ノ壮年團事務所ニ招致シ各地域別ニ割當テタル翼賛政治体制協議會推薦ノ特定候補者ヲ當選セシメ非推薦候補者ヲ落選セシムル為「推薦候補者ハ陛下ノ御定メ下サレタ候補者デアリ自由候補者ハ自由主義思想ノ持主デ英米親和派デアル」又「自由候補者ヲ援助シタリ之ニ投票シタリスルモノハ陛下ニ弓ヲ引クモノデアル」又「推薦候補者ハ政府ガ非常時局ニ必要ニシテ有力ナリト見テ選ンダ候補者デアルカラ之ヲ援助シ之ニ投票スレバ大東亜戰争ハ勝テルガ非推薦候補者ハ國民ノ知ラナイ方面カラ金ヲ貰ツテ選擧運動ヲスルノデ之ヲ援助シタリ之ニ投票シタリスルト戰争ニ負ケル」又「自由候補者ハ國賊デアル之ヲ應援シタリ之ニ投票シタリスル者ハ國賊デアル」等ノ流言ヲ縣内ニ流布セシメルコトヲ命シ又壮年團幹部ニ對シテ左記ノコト等ヲ選擧人ニ通達スルコトヲ命シタリ「自由候補者ニ加擔スル者ニハ日用品ノ配給ハ停止サレル」「自由候補者ヲ應援シタリ其運動ノ勞務者ニ為［28］ツタリスル者ハ警察ニニラマレ、町村當局、縣當局ガ將来其者ヤ縁故者ニ壓迫ヲ加ヘルガ推薦候補者ニ對シテハ何ンナ應援ヲシテモ、ドンナ勝手ナ違反行為ヲシテモ選擧違反ニハ問ハレナイコトニ為ツテ居ル」「自由候補者ヲ應援シタ人ノ子孫ハ將來公職等ハ與ヘラレヌコトニ為テ居ル」

右等ノコトヲ鹿児島縣會副議長兼農會長中馬猪之吉及縣會議長兼翼賛政治体制協議會縣支部長坂口壮介等ト共ニ相謀リ縣下各職域ニ徹底セシムル様狂奔シ且非推薦候補ニ應援スル者候補者ノ縁故者等ニ對シ應援ノ手ヲ引カシムル様各町村壮年團員ヲシテ膝詰談判ヲ為サシムルコトヲ壮年團幹部ニ命シタル等アラユル非合法非愛國手段ヲ盡シタリ

（戊）其ノ他一般関係選擧運動

（一）鹿児島縣伊佐郡本城村原口兼一ハ

數名ト共ニ同年四月二十三日午後三時本城國民學校ニ於ケル富吉候補ノ演説會場附近ヲ徘徊シ演説會ニ

入ラントスル本城町北野孝右衛門外數名ヲ呼ヒ止メ「何ンノタメニ演説會ニ行クカ」トカ「返レ〳〵」ト威嚇シ演説會ヲ妨害セリ取締ノ大口署巡査ハ此ノ事實ヲ目撃スルモ一言ノ注意モ與ヘズ職務ヲ懈怠シ居タリ此種ノ行為ハ菱刈商業倶樂部大口町羽月議堂、西太良校、薩摩郡鶴田校、求名校、黑木校、永野校大村上手校下手永福寺ニオートバイ自働車ニ分乘セル原口派大口町［29］草道某（鹿日支局長）外數名ガ何レモ妨害行為ヲナセリ

（二）同年四月二十二日伊佐郡内各町村ノ民家及公營場ニ商業報告會ノ名ヲ以テ「推薦制ヲ支持シマセウ正シイ選擧手近イ奉公」ト記サレタルポスターヲ貼布シ之ト竝デ「翼賛政治体制協議會推薦候補者原口純允」ナル張札又ハ其ノ演説會告知ノポスターヲ貼布シタリ而モ是等ハ所轄署ノ許可印モナク責任者ノ住所氏名モナキ奇怪ナルモノニテ其ノ數約八百ニ及べリ

（三）現住所ニ選擧權無ク原籍ニ帰リ投票シタルモノ濱崎某等ニ名アリ

以上ノ如クニシテ縣知事ヲ初メトシ縣、市町村ノ官公吏、學校長、警防團員、警察署員、壮年團員等知事ノ指令ノ趣意ヲ体シテ一面推薦ヲ受ケタル特定候補者ノ為メ公然選擧運動ヲナシ、他ノ自由候補者（非推薦候補者）ヲ落選セシムベク公然ト選擧妨害ヲナシ選擧人ヲシテ自由公正ナル選擧ヲナサシメズ、以テ所期ノ目的ヲ達成シテ前記ノ如ク推薦候補者ノ當選ヲ見ルニ到ラシメタリ、

第四、他面薄田知事ハ昭和十七年四月二十日附ヲ以テ縣下各學校長ニ對シ「來ル三十日行ハルべキ衆議院議員總選擧ニ付テハ翼賛政治体制協議會ガ設ケラレ推薦制度ニヨリテ大東亜戰爭目的達成ノ為清新強力ナル議會確立ヲ企圖シ、目下翼賛選擧貫徹運動展開中ニ有之候處貴下ニ於テモ會員ニ對シ又常會等ニ於テ右ノ趣旨ヲ十分［30］ニ理解セシメ推薦制度ノ意義ノ徹底ヲ期セラレ度此段通牒候也」ト通牒シ且推薦狀ヲ發スヘキコトヲ附記シ其推薦狀ノ形式ハ「翼賛政治体制協議會推薦候補者……氏ハ最適任ト認メマスカラアナタノ一票ヲ同氏ニオ

與へ下サイマス様オ願ヒシマス」トナスベキコトヲ指令シタリ。而シテ右通牒ハ鹿児島縣教育會長ノ名ニヨリ發セラレタルモノナルガ教育會長ノ名ニ隱レテ行ハレタル選擧運動ナリ文中「推薦制度ニヨリ」テ「推薦制度ノ意義ノ徹底」等ノ文言ヲ使用セルモ今次ノ選擧ハ推薦制度ニヨルモノニ非ズ衆議院議員選擧ニ於ケル推薦トハ選擧人ガ他人ヲ議員候補者トシテ届出ヲ為シ選擧ヲ行フ場合ノミニシテ其他ニ推薦ナル制度ナシ。翼賛政治体制協議會ハ政治結社ニシテ協議會ニ於テ議員候補者ヲ推薦スルコトアルモ所謂推薦制度ト謂フベカラス往時ニ於ケル民政黨政友會等ガ議員候補者ヲ推薦推擧スルト何等異ル處ナキニ特ニ推薦制度ナルモノアルガ如キ言辞ヲ用ヒ選擧人ヲシテ制度ニ非サルモノヲ制度ナルガ如ク誤信セシメタルモノ、又其ノ掲示シタル推薦狀ノ形式ニ特ニ「翼賛政治体制協議會推薦候補者」トシタルハ推薦候補者ノミニ應援ヲ為サシメントスル意圖ニ出ルモノニ外ナラズ、巧ニ縣教育會長ノ名ニ隱レ啓蒙運動ニ名ヲ藉リテ翼賛選擧ニ制度ニ非ル推薦ヲ推薦制度ナル文句ヲ用ヒテ結ヒ付ケ推薦候補ノ為ニ推薦狀ヲ發スヘキコトヲ依頼慫慂シタル極メテ奸悪ナル選擧運動ナリ

第五、又薄田知事ハ昭和十七年四月十五、六日頃翼賛政治体［31］制協議會鹿児島縣支部長坂口壮介ニ命シテ推薦候補ノ為ニ左ノ如ク全選擧區内ノ地盤割當（投票ノ配給）ヲ行ハシメタリ

東郷　實　噌唹郡内一円各町村（末吉、岩川、志布志各署全管内）

濱田尚友　姶良郡内一円各町村（横川、加治木、國分各署管内但シ栗野町ヲ除ク）及出水郡内阿久根署管内一円（阿久根、三笠、東長島、西長島四町村）

原口純允　伊佐郡内一円各町村（大口署管内）
姶良郡横川署管内栗野町出水郡大川内、米之津高尾野、野田各町村薩摩郡内宮之城署管内宮之城鶴田、大村、佐志、黑木、繭牟田、永野、求名各町村（山崎村ヲ除ク）

寺田市正　川内署管内一円（川内市及薩摩郡水引、樋脇、上東郷、下東郷、永利、入來、高江、高城各町

村）

宮之城署管内山崎村甑島署管内一円（上甑、下甑里各町村）

而シテ右地盤割當アリテ推薦候補者ヲ當選セシムヘク一票ト雖モ非推薦候補者ニ投票ヲ與フヘカラストノ立前ニヨリ其ノ趣旨ヲ全選擧區内選擧人ニ徹底セシムル様指示シテ前項掲記ノ如キ運動ヲ為サシメタリ。此ノ結果トシテ四月三十日投票ヲ行ヒ之ヲ開票シタル結果

得票數	二五、三六〇	濱田尚友	〃	一八、四一〇	原口純允
〃	一七、六二七	東郷　實	〃	一七、二〇八	寺田市正

ヲ以テ當選者トシ（何レモ推薦候補者）

得票數	三、六二九	宮下　巖	〃	二、六二三	富吉榮二
〃	二、四九七	尾崎末吉	〃	二、二八七	宮崎　董
〃	三三七	古川義雄	〃	二六四	下村榮二

[32] ヲ落選者トシタリ（何レモ非推薦候補者）

右ノ結果ニヨレハ當選者ノ末位ナル寺田市正ノ得票數一七、二〇八票ニ對シ次點者ナル宮下　巖ノ得票三、六二九票ニシテ其ノ差一三、五七九票ノ驚クヘキ懸隔ヲ見ル又右當選者四名ノ得票合計七八、六〇五ニ對シ落選者六名ノ得票合計一一、六七二ヲ得タルニ過キス。殊ニ富吉榮二ハ昭和十一年ノ總選擧ニハ一五、四三四票ヲ得テ第三位ニ當選シ昭和十二年ノ總選擧ニハ一七、一三二票ヲ得テ第一位ニ當選セルニ拘ラズ今回ノ選擧ニハ右ノ如ク僅ニ二、六二三票ヲ得テ落選シタリ此ノ結果ノミヲ見ルモ如何ニ地盤ノ割當投票ノ配給ノ趣旨ガ徹底シテ行ハレ又不法手段ニ依ル彈壓ガ行ハレ選擧ノ結果ニ異動ヲ及ボス虞アルモノナルカヲ想像スルニ難カラズ

第六、以上ノ如クニシテ縣知事ヲ初メトシテ縣、市町村ノ官公吏、學校長、警防團員、警察署員、壯年團員等

カ知事ノ指定ノ趣意ヲ體シテ一面推薦ヲ受ケタル特定候補者ノ為公然選擧運動ヲ為シ他ノ自由候補者（非推薦候補者）ヲ落選セシムベク公然ト選擧妨害ヲ為シ選擧人ヲシテ自由公正ナル選擧ヲ為サシメズ以テ所期ノ目的ヲ達成シテ前記ノ如ク推薦候補者ノ當選ヲ見ルニ到ラシメタリ、而シテ事ノ茲ニ至レル由來ヲ按スルニ本件選擧ニ先チ、政府ハ昭和一七年二月十八日臨時閣議ヲ開キ總選擧對策トシテ大東亜戰争完遂翼賛選擧貫徹運動ノ方策ヲ決定シ大東亜戰争完遂、翼賛議會ノ確立、翼賛選擧ノ實現ヲ目的トスル一大啓蒙運動ヲ起シ、部落會町内會［33］隣保班等ノ市町村組織ハ勿論各種團体其ノ他有ユル組織ヲ動員シテ活潑ナル展開ヲ期シ最適候補者推薦ノ氣運ヲ積極的ニ釀成セシムルコトトシ政府及地方廳ニ於テ之ガ運動全般ヲ指導シ大政翼賛會（翼賛壯年團ヲ含ム）及選擧肅正中央聯盟ハ政府及地方廳ニ協力シ民間運動ヲ展開スルモノトナシ、政府ハ右決定ニ基キ同年二月二十三日大政翼賛會ノ最高役員及總務ヲ大部分トスル三十三名ヲ首相官邸ニ招待シ首相ヨリ政府ノ選擧對策ヲ説明シ右三十三名ハ直ニ協議會ヲ開キ其ノ結果政府ノ要請ニ應ヘテ積極的且全面的ニ之ニ協力スルコトトシ、大東亜戰争終局ノ目的完遂ノ爲來ルベキ總選擧ニ際シ強力ナル翼賛議會体制ノ確立ヲ期スルコトヲ申合セタル後、翼賛政治体制協議會ヲ結成スルコトヲ決定シ會長ニ阿部信行大將ヲ推擧シ會長ヨリ十三名ノ特別委員ヲ指名シテ運動方策ノ基本方針トシテ、適正ナル全國的推薦運動ヲ行ヒ、東京市ニ本部、各道府縣ニ支部ヲ設置シ、臨時政治結社ノ届出ヲナシ候補者ヲ推薦決定シ、推薦候補者ニ對シテハ本部及各支部ハ夫々適當ナル方法ニ依リ第三者ノ推薦運動ヲ行フモノト為シ同年三月四日政治結社ノ許可ヲ受ケ四月五日四百六十六名ノ候補者推薦ヲ終ハリ之ヲ當選セシムル為ニ裏面ニ於テハ官憲、大政翼賛會其他各種ノ地方團体ト聯結シテ其ノ全力ヲ傾倒シ各支部ニ命シテ候補者ノ選擧事務長選擧委員ニ至ル迄［34］斡旋ノ勞ヲ取ラシメ又各界知名ノ士ニ委囑シテ候補者ノ應援演説ヲ為サシメ候補者ニ對シテハ相當ノ運動費ヲ給與シタリ、殊ニ各道府縣市町村ニ支部ヲ設ケ地方長官市町村長ヲ支部長トシ道府縣市町村會議員ノ一部及各種團体ノ長等有力者ヲ會員トスル大政翼賛會ハ同年二月選擧直前ニ至リ急ニ全國各道府縣市町村ニ亘リテ一齊ニ其ノ指導監督ノ下ニ存在スル壯年團ノ發會式ヲ擧行セシメ壯年團員ハ啓蒙運動ト稱シテ演説會又ハ集會ヲ催シ推薦制支持若ハ推薦候補援助ノ申合ヲナシ翼賛會ノ會員ト共ニ一齊ニ起チテ啓蒙運動ニ名ヲ藉リテ推薦候補者支持ノ運動ヲ為シタリ

大政翼賛會鹿児島縣支部ニ於テモ縣知事其ノ支部長トナリ縣ノ部長課長等吏員町村長各種團体ノ長學校長議員等ノ名譽職ヲ其ノ構成員トシ縣支部ノ下ニ各市町村毎ニ支部ヲ置キ、支部長ニハ市町村長ヲ充テ其ノ構成員ハ市町村吏員學校長、區長、市町村會議員、各種團体（農會、水産組合、産業組合、青年團、婦人團体、産業報國會、宗教團体、醫師會等）ノ長ヲ以テシ其ノ機関トシテ縣ニ縣協力會議、郡ニ郡協力會議ヲ有シ市町村ニ市町村常會、學校區常會、部落常會、隣組常會ヲ設ケ、縣協力會議ニ於ケル決議事項又ハ申合事項ハ郡協力會議以下順次市町村常會、學校區、部落、隣組各常會ヲ通シテ最下部ニ之ヲ徹底セシムル組織ナリ、又鹿児島縣翼賛壯年團ハ縣、郡、市町村ニ設置セラレ縣壯年團ハ縣知[35]事ヲ名譽團長トシ、知事ノ推薦ニヨリ團長ヲ戴ク（昭和十七年三、四月當時ハ伊地知四郎團長タリ）郡壯年團ニ於テハ郡内ノ町村長會長又ハ縣會議員ヲ以テ團長トシ市町村壯年團ニ於テハ市町村長ヲ名譽團長トシ議員學校長又ハ各種團体中ヨリ團長ヲ選ヒ上下一体トナリテ翼賛會ノ別働体乃至推進機関トシテ活潑ナル活動ヲナシ尚警防團農會、水産組合、産業組合、青年團婦人團体、商業報國會、宗教團体等ト相聯繋シテ選擧期間中推薦制絶對支持、推薦候補ノ當選ヲ期シ縱横ニ猛運動ヲ為シタリ

第七、要スルニ今次鹿児島縣第二區（第一區第三區モ同様）ニ於ケル選擧ニ前項掲記ノ如キ不法不正ノ事實ガ行ハレタルコト、而シテ前項掲記ノ事實ハ僅ニ其ノ一部ニシテ此種ノ事實ハ全選擧區ニ亘リ各町村ノ隅々ニ至ルマデ徹底シテ行ハレタルモノニシテ是等ノ事實ハ悉ク鹿児島縣知事薄田美朝ノ指令ニ基キ縣下各官公吏、學校教職員警察署員警防團員、壯年團員、市町村隣組常會ノ主腦部等ガ終始一貫シテ行ヒタル一聯ノ運動ニシテ一面推薦候補ノ當選ヲ得セシメントシ、他面非推薦候補ノ落選ヲ期スル選擧運動乃至選擧妨害運動ナリ

而シテ如上ノ事實ハ衆議院議員選擧法（單ニ選擧法ト称ス）及其ノ附属法令ヲ無視シ名ヲ選擧ニ藉リテ選擧法所定ノ手續ヲ以テ為シタリト雖モ、毫モ公平ナル選擧ヲ行ヒタルニ非ズ、豫メ定メラレタル推薦候補者ヲ衆議院ニ送ラン［36］トシ、得票地盤ノ割當即チ投票ノ配給ヲナシテ以テ所期ノ結果ヲ擧ケタルモノニシテ、斯クノ如キ事實ヲ以テ選擧ト稱スベキニ非ズ。

以上ノ結果トシテ是等ノ事實ハ（一）衆議院議員選擧法及其ノ附属法令ニ違反シ（二）法律ヲ蹂躙シテ選擧ニ所謂公選ノ精神ヲ無視シ遵法ノ精神ヲ紊リ（三）選擧ニ関係アル縣知事以下官公吏其他ノ職員ガ敢テ選擧運動ヲナシテ選擧法ニ違反スルノ行為ニ出デ（四）縣知事以下官公吏其他職員ガ選擧ノ公正ニ行ハルヘキコトヲ監視シ違反行為無之様取締ヲナスベキ職責ニ在ル者ガ何等ノ取締ヲナササルノミナラズ、却テ違反行為ヲ助長セシムルノ所為ニ出テタルモノナリ

第八、惟フニ帝國憲法第三十三條ニハ帝國議會ハ貴族院衆議院ノ両院ヲ以テ構成スト定メラレ同第三十五條ニハ衆議院ハ選擧法ノ定ムル所ニヨリ公選セラレタル議員ヲ以テ組織スト明定セラレタリ。即帝國議會ノ一院タル衆議院ヲ組織スル議員ハ選擧法ノ定ムル処ニヨリ公選スベキコトハ憲法ニ於テ定メラレシトコロナレバ、衆議院議員選擧法ハ憲法附属ノ法律ナリト謂ハザルベカラズ。然ラバ選擧法ニ違反シ公選ノ精神ヲ無視シテ行ハレタル選擧ハ唯々選擧法ニ違反シタリト云フニ止マラズ憲法ニ所謂公選ノ精神ヲ紊リ憲法ニ違反シテ行ハレタルモノト謂ハザルベカラズ

今次鹿児島縣第二區（全縣下同様ナリ）ニ於テ行ハレタル［37］選擧ノ狀態既ニ述ヘタル如シ將ニ之レ選擧法（第九十九條第二項、第百十六條ヲ含ム）及其ノ附属法令（選擧ノ執行ニ関スル規則及選擧手續ニ関スル規定ヲ含ム）ニ違反スルノミナラズ憲法ニ違反シテ行ハレタルモノト謂フベシ選擧ガ法令ニ違反シテ行ハレタリト謂フ蓋シ是レヨリ大ナル違反ナカルベシ。而シテ其ノ結果ガ選擧ノ結果ニ重大ナル影響ヲ及ホスノ虞有ル事否重大ナ

ル影響ヲ及ホシタルコト當落ノ結果ニ徴スルモ明瞭ナリ
果シテ然ラバ鹿児島縣第二區ニ於ケル選擧ハ之ヲ無效ナリトナスベキモノナリ
ト謂フニ在リテ

被告ノ答辯ニ對シ、縣教育會長名義ニ依ル縣知事薄田美朝ノ發シタル通牒（甲第一號證ノ一）ガ同縣知事ノ不知ノ間ニ發送セラレタリトノ事實竝ニ同知事ガ右事實ヲ知リタルハ選擧終了後五月二十日頃ナリトノ事實ハ否認ス、被告ハ右通牒ハ第一區ヨリ立候補セル高城憲夫ノ為メ教育関係者ニ其ノ應援ヲ為サントスル者アルニ依リ之ニ發シタルモノノ如ク主張スルモ、右高城候補ハ第一區ヨリ立候補セルモノナルニ、右通牒ハ第一區ノミナラズ第二區第三區トモ廣ク縣下全般ニ亘リ各學校長ニ發セラレシモノニシテ獨リ高城候補ノミニ止マラス翼協推薦候補支持ノ為發セラレシモノタルコト其ノ文意ニ徴シ又甲第一號證ノニト彼此對照シテ明瞭ナリ、被告ノ主張スル處ハ後日ニ到リ考案セラレタル辯疏ニ過ギサ［38］ルナリ、又薄田知事ガ推薦候補ノ地盤割當ニ付関知セズト謂フハ世人ヲ盲目ト倣シタル論ナリ、此ノ地盤割當ノ決定シタル昭和十七年四月十六日知事ハ鶴鳴館ニ於ケル縣會倶樂部翼選懇談會ニ出席シ翼協支部長坂口壯介縣會副議長中島猪之吉其ノ他二十數名ト共ニ選擧ニ関シ懇談ヲ遂ケタル事實明白ニシテ知事ガ推薦候補ノ地盤割當ヲ指揮シ之ニ參畫シタルコト疑ヲ容レサル處ナル旨陳述シ

被告代理人ハ本訴ヲ却下ストノ判決ヲ求メ然ラザルトキハ原告ノ請求棄却ノ判決ヲ求ムル旨申立テ其ノ答辯トシテ

一、原告等ガ昭和十七年四月三十日施行セラレタル鹿児島縣第二區ニ於ケル衆議院議員選擧ノ候補者ナリシコトハ之ヲ認ムルモ、本件ニ於テハ原告等ハ右選擧ノ效力ニ関スル訴ヲナスモノナルモ、ソレ自体不適法ナル訴ナリ、衆議院議員選擧法第八十一條同第八十二條ノ選擧ノ效力ニ関スル訴ト謂フハ當該選擧ガ「選擧ノ規定ニ違背シタルコト」ヲ理由トシテ其ノ無效ヲ主張スル為ニ許サレタル訴訟ニシテ、汎ク選擧ニ関スル規定ト謂ヘバ或ハ

選擧運動取締規則、選擧干渉防止ノ規則等ヲモ含ミ極メテ多岐ニ亘ルベシト雖モ、茲ニ所謂「選擧ノ規定ニ違背ス」トシテ訴ノ原因トナルハ特ニ選擧ソノモノガ有效適法ニ行ハレザル場合即チ選擧執行ノ手續ニ關スル規定ニ違背シタル場合ノミヲ指稱スルコトハ學理上ニ〔39〕於テモ確認セラルル所ナリ、甞テ行政裁判所ニ於テハ町村會議員選擧ニ於テ町長又ハ區長ガ選擧干渉ヲ為シ又自ラ選擧事務ニ關係アル吏員ナルニ拘ラズ關係選擧區内ニ於テ選擧運動ヲ為シタリト謂フ案件ニ於テ町村制ノ選擧ノ效力ニ關スル規定中選擧ノ規定ト謂フハ選擧執行ノ手續ニ關スルモノヲ指稱シ罰則ノ規定ノ如キハ之ヲ包含セズ、選擧ニ關係アル吏員ガ其ノ選擧區内ニ於テ町村會議員ノ選擧運動ヲ為シタリトスルモ、之ヲ以テ町村制第三十二條ノ所謂選擧規定ニ違背スルモノト謂フコトヲ得ザル旨判決シ（昭和四年六月十五日及昭和三年五月三十一日宣告）又市會議員選擧ニ際シ警察官廳ノ選擧運動取締公正ヲ失シ從テ選擧ノ結果ニ異動ヲ及ボスノ虞アリトスルノ訴ニ對シ選擧訴訟上選擧ノ規定ニ違背スル云々ト言フハ選擧執行手續ニ關スル規定ノ違背ヲ意味シ選擧運動ノ取締ニ關スル規定ヲ包含セズト判決シタル（昭和三年七月十七日昭和六年三月二十三日宣告）ハ行政裁判所ガ以上ノ案件ニ於テ市制三十五條又ハ町村制第三十二條ヲ衆議院議員選擧法第八十二條第一項ト同趣旨ニ解釋シタル結果ニシテ両法律ノ趣旨毫モ異ルナシ、要スルニ選擧ノ效力ニ關スル訴ハ選擧執行ノ手續ガ法規ニ違背シ而モ之ガ為ニ當選ノ結果ニ異動ヲ及ボスノ虞アル場合ニ於テノミ許サルルモノナリ、從テ選擧手續ニシテ法規ヲ遵守シ執行セラレタル以上選擧運動取締ニ關スル規定違背ノ如キ或〔40〕ハ選擧取締ノ不妥當ノ如キハ選擧效力訴訟ノ原因トシテ適當ナラザルモノト謂フベシ。

而シテ本訴ニ於テ原告ガ其ノ原因トシテ主張スル事實ハ要スルニ鹿児島縣知事薄田美朝ヲ初メトシ縣、市町村ノ官公吏、學校長、警防團員、警察署員、壮年團員等ガ特定推薦候補者ノ為、公然選擧運動ヲ為シ他ノ自由候補者非推薦候補者ヲ落選セシムベク、公然ト選擧妨害ヲナシタリト謂フニ外ナラズシテ、斯カル事實アリトスルモ、ソレ自体已ニ選擧ノ效力ニ關スル訴訟ニ於ケル選擧ノ規定違反ト謂フコトニ該當セサルモノナルコトハ前述ノ如クニシテ、本訴ハ此種訴訟トシテノ適法ノ原因ト為シ得ベキ選舉執行手續違背及當選ノ結果ニ異動ヲ及ボスベキ虞アル事實ノ主張ヲ含マザルモノナルヲ以テ本案ノ審理ヲ俟タズシテ不適法トシテ却下セラルベキモノナリ。

二、假リニ本訴ガ其ノ要件ヲ具備スルモノトスルモ原告主張事實ノ誤レルコトヲ指摘シ請求ノ棄却ヲ求ムルモノナリ、即チ

鹿児島縣知事薄田美朝ハ昭和十七年二月十八日閣議決定ノ「翼賛選舉貫徹運動基本要項」ノ趣旨ニ從ヒ大東亜戰争ノ完遂ヲ目標トシテ清新強力ナル翼賛議會ノ確立ヲ期スル為這般衆議院議員總選舉ノ施行セラルルニ際シ、一大舉國的國民運動ヲ展開シ、以テ重大時局ニ對處スベキ翼賛選舉ノ實現ヲ期シタルモノナリ。之ガ為ニ部下ヲ督勵シ大政翼賛會縣、市、町村支部、翼〔41〕賛壮年團、其他各種團体ノ協力ヲ得テ熱心事ニ從ヒタルモノナルガ、本運動ト選舉運動トヲ混淆シ本運動ニ名ヲ藉リテ選擧運動ヲ為スガ如キコトナカラシムルコトニハ特ニ注意ヲ拂ヒ、選舉運動期間ニ入リテハ選舉倫理化運動ヲ一層徹底セシメ苟クモ特定人ノ當選斡旋ノ虞レアリト認メラルルガ如キ運動方法ハ絶對ニ之ヲ差控ヘシメタリ、縣市町村ノ官公吏モ亦總テ此ノ趣旨ニ依リ活動シ大政翼賛會縣、市、町村支部、翼賛壮年團其他各種團体モヨク此ノ意ヲ体シテ行動シタリ。以上ノ者ガ故意ニ啓蒙乃至倫理化運動ノ限界ヲ超エテ行動シタル證據ナキノミナラズ皆其ノ分ヲ守ランコトニ炭々タリシナリ。原告ノ主張スル所ハ右ノ事實ヲ誤解シタルモノナルベク、光榮アル大東亜決戰下ノ總選舉ニ苟クモ一縣ノ知事ガ特定候補者ノ當選ヲ期スル為、極力運動ヲ為シ、或ハ特定候補者ノ落選ヲ期スル為極力運動ヲ為シ或ハ特定候補者ノ落選ヲ期スル為極力選舉妨害ヲ為スベキ指令ヲ發スルガ如キコトハ想像スラ能ハズ事實無根ナリ、言者ハ正シキヲ言フノ意思ニシテ聽者之ヲ誤リタリト云フガ如キ場合ニハ本來選舉違反ノ行為ニ非ズシテ多數投票者中斯カル誤解者ガ多少存在シタリト謂フコトニ依リ選舉全体ヲ無效ト為スベキニ非ザルナリ、尤モ原告主張（前掲第四項）ニ係ル同縣知事ノ教育會長名義ニ依ル通牒文書ハ事實發送セラレタルモノノ如キモ、右ハ當時衆議院議員總選舉ニ際シ縣下教育関

係者ニ於テモ翼賛選擧ニ對スル熱意強ク殊ニ遇々第一區ヨリ前鹿児島縣女子師範學校教頭髙城憲夫ガ翼賛政治体制協議［42］會推薦候補トシテ立候補セル為教育関係者間ニ演説會或ハ推薦状ニ依ル第三者運動ヲ為サントスル者相當ニ多ク教育會或ハ縣學務課宛ニ第三者運動ノ可否ニ付問合セ頻々ナリシヲ以テ、教育會長（知事）ニ於テハ教育者トシテノ立場上演説ニ依ル第三者運動ハ差控ヘシメ推薦状ニヨル、第三者運動モ肩書ヲ用ヒズ單ナル個人名ニテナストキノミ差支ナキ旨示シ置キタル次第ナルガ縣教育會副會長日高佐七ハ右ノ趣旨徹底ト併セテ翼賛選擧貫徹ニ関スル協力方ヲ求メンガ為教育會長タル知事ト充分ナル打合セヲ遂グルコトナク、極メテ善意ニ簡單ニ考ヘテ教育會長名義ニテ然モ親切ノ積リニテ参考ノ為推薦ノ雛形ヲモ附記シタル翼賛選擧ニ對スル協力方ノ通牒文ヲ印刷ノ上縣下ノ主タル學校長宛發送セル由ニシテ知事ハ事實選擧終了後五月二十日頃外部ヨリノ通報ニ依リ始メテ該通牒文發送セラレタルヲ知リタルモノナリ又原告主張ノ選擧區内地盤割當ノ事實（原告主張前掲第五項）ノ如キハ何等知事ノ関知セサル処ナリ

三、之ヲ要スルニ原告請求原因中第一項第二項ノ外形事實ハ之ヲ争ハサルモ縣、市町村ノ官公吏、學校長、警防團員、警察署員、壮年團員等ハヨク政府ノ方針ヲ體シテ行動シ縣民擧ツテ之ニ和シテ翼賛選擧貫徹ニ関スル眞摯ナル一大學國的國民運動ガ展開セラレ随所ニ翼賛選擧ノ貫徹ニ[?]シ或ハ選擧ノ倫理化、棄權防止ニ関シ講演會、座談會ガ開催サレ學校職員ノ訓話ガ實施セラレ或ハ回覧板ガ利用セラレタルモノニシテ、原告ノ主張スル如ク知事ノ指令ノ下ニ縣、市町村ノ官公吏、學校長、警防團員、警察署員、壮年團員等ガ特定候補者ノ為ニ公然選擧運動ヲナシ、他ノ特定候補者ヲ落［43］選セシムベク公然選擧妨害ヲナシタリト謂フ如キハ全ク事實ニ相違スル所ナリ、原告ガ具体的事例ノ一般トシテ擧示セル所（原告主張前掲第三項（甲）乃至（戊）ノ事實）モ全ク聞カザル所ニシテ原告ニ於テ事實ヲ誤解推断シタルモノナルカ或ハ選擧ノ際兎角行ハレ易キ誇張ノ風評又ハ虚無若ハ歪曲ノ事實ヲ根據トシタルモノナルベシ斯カル原告獨自ノ邪推臆測ノ意見ニ基ク原告ノ主張事實竝ニ選擧執行ノ手

續規定ニ違背セルコトハ絶對ニ之ヲ否認ス。

右ノ如ク原告ノ本訴請求ハ虚無又ハ歪曲ノ事實ヲ根據トスルモノニシテ全ク理由ナキモノナリ。

原告主張ノ選擧ノ結果即チ當選者落選者各其ノ得タル投票數ハ之ヲ認ム、由是觀之、翼賛政治体制協議會推薦ノ候補者ハ壓倒的多數ノ票ヲ獲得シ右ノ推薦ヲ得ザリシ者ハ極メテ少數ノ票ヲ得タルニ過ギズ翼協推薦ノ當選者中最下位ノ寺田市正ノ得票ト落選者中最上位ノ宮下巖ノ得票トヲ比較スルモ其ノ差一萬三千五百七十九票ニシテ宮下ノ票ハ濱田ノソレノ四分ノ一ニモ達セズ如斯大差ナルモノハ少々ノ技巧ヤ非違ヨリシテ生ズベキニアラズ、其ノ因テ来ル所以ハ第一ニ時局ノ影響ナリ、即チ時局ニ鑑ミ政府ハ昭和十七年二月十八日其ノ所謂「大東亜戰爭完遂、翼賛選擧貫徹」ノ運動方針ヲ立テ國民ノ政治的良心ノ喚起ニ努メタルコトガ右ノ結果ヲ來タシタル重大原因ナリ、第二推薦手續ハ公明ニシテ且推擧セラレタル候補者ノ人物モ亦良好適當ナル人物ナリシガ為ナリ、第三ハ鹿児島縣ニ於ケル擧州一致ノ風習アル為ナリ、第四ハ推薦セラレタル候補者（又ハ事務長）ノ間ニ合法的ニ地盤ノ協定行ハレタルガ為ナリ、被告富吉榮二ガ候補者トシテ得タル得票ガ前二回ノ総選擧ノソレニ比シ大差ヲ生シタルハ同候補者ガ曽テ社會大衆党ニ属シタルノ特別事由ニ基クモノニシテ同党ハ戰時ニ於テハ［44］甚ダ適セザル社會民主主義ヲ根本ノ主張ト為シタレバナリ、原告主張ノ事由ハ事ノ當否ニ拘ラズ大勢ニ影響少ク萬一其ノ事ガ一部ニ存シタリト假定スルモ選擧ノ結果ニ異同ヲ生スルモノニアラズ故ニ原告ノ請求ハ棄却セラルベキモノナリ

尚産業報國會、農業報國會、商業報國會、海運報國會等ガ大政翼賛會ノ傘下ニ入リタルハ本件選擧施行後昭和十七年五月十五日ノ事ナリ又部落會町内會ガ大政翼賛會ノ指導スル組織ト為リタルモ亦右ト同様昭和十七年五月十五日ノ閣議決定ニ因ル從テ選擧當時又ハ其ノ前ノ地方協力會議等ニ此等ノ團体ガ各團体ノ代表者ヲ出席セシメタル事實ナシ、大政翼賛會ノ為シタル啓蒙運動又ハ倫理化運動ガ善カリシニモセヨ、悪シカリシニモセヨ、此ノ

運動ガ右等ノ團体ノ組織ヲ通ジ普遍的ニ選擧區内ニ傳播滲透セシト謂フガ如キ事實ナキ旨陳述シタリ

證拠トシテ

原告代理人ハ

甲第一號証ノ一、二同第二、三、四號証同第五、六、七號証ノ各一、二、同第八號証ノ一乃至二十、同第九號証同第十號証ノ一乃至四同第十一號証ノ一、二、三、同第十二、十三號証同第十四號証ノ一乃至三五、同第十五號証ノ一乃至四七、同第十六號証ノ一、二三、同第十七、十八、十九號証、同第二十號証ノ一、二、三、同第二十一、二十二號証ヲ提出シ證人渡辺季雄、岩本武治、今田中諭吉、種子田政雄、島田親樹、田代正直、森良孝、塩川滿英、山田畩市、桑波田忠志、池田松太郎、木場野喜左衛門、庄屋昇、植木米五郎、永瀬直志、白浜貫道、大石軍吉、山下清、桐野正、重久直美、田代春美、池島典右衛門、古市義彦、川崎國吉、[45] 永牟田國武、奥平斧之助、湯田矢次郎、松元清彦、目床秋彦、迫田市郎、米丸小吉、野村武重、別府清之亟、中尾廉、川田幸雄、古川順助、藥丸利秋、川崎榮吉、野間正志、西虎雄、濵屋敷國雄、港川盛秀、田中義雄、宮下四郎兵衛、大紋慶次郎、川崎千仭、谷村源助、平田吉次郎、畠中勉、上村助七、村上トキ、中里シズ子、崎元忠助、浜辺廣志、瀬戸喜右衛門、河内岩夫、神田彦二、林辰雄、野間口猪太郎、松島三之助、小園善助、川原眞藏、早水岩助、坂元良治、飯尾市次、松本勝次郎、山内榮藏、薗田新太郎、富吉武盛、天德重雄、東條繁記、久保良右衛門、岸園清、宮田斌、日高彦市、馴松助市、郡山誠藏、満留熊次郎、吉丸熊太郎、浜田敬次、原清、川添新藏、吉留慶助、末廣利吉、小山田政一、野村景義、永冨直彦、有満金次郎、堀下清八郎、川原三之助、宮之前國義、米澤米盛、高吉米吉、髙島芳秀、中村政良、小屋敷市之助、新坂上利助、大和田德太郎、松田勇右衛門、坂元卯之助、松元仲藏、高野健介、西典次郎、仮屋園喜三次、中間正市、新園畩右衛門、牧之瀬續、山中弘、桑森鎌藏、前田常義、久木田重固、前田庄吉、餅越清、上村松榮、植松重明、黒岩重衛、中村平助、矢野篤、永田武安、市來喜彦、上原義彦、遠矢長、池田戸兵衛、池袋武夫、山元政彦、田中秀國、春日八郎兵衛、藤屋一郎、佐土原典吉、山下頼正、北原健、白尾平、古川彦次郎、圖師榮一、荒平直左衛門、圖師新一、大津廿、川崎隆、川野重義、馬場[46]榮徳、土屋武行、村上進、坂口篤、伊牟田亀壽、宮崎龍雄、太田淳昭、清水精三、原口兼一、北野幸右衛門、草道徳藏、野村善藏、上村榮之助、細山田重、長島折吉、室秀雄、原口孝規、原口髙德、寺田彦七、日高直二、武田彦右衛門、福永佐次郎、山下関吉、池田良繁、武経利、鎌田仁志、佐藤清彦、作田豊吉、出石重、西川兵吉、山内喜左衛門、平八郎、柏原公正、池出実、梶原仲吉、村尾守雄、橋口義夫、阪口壮介、伊地知四郎、原口純允、榊柴夫、上野喜左衛門、日高佐七、西田捨治、薄田美朝（職権訊問）奥野誠亮、大迫記吉、長福太次兵衛、山元直志、大田武信（職権訊問）川畑茂（同上）中野卯八（同上）桑木喜次郎（同上）畠中善兵衛ノ各証言並ニ原告本人富吉榮二本人訊問ノ結果ヲ援用シ証人猪俣敬次郎、増田為正、小城輝美、原告本人尾崎末吉、下村榮二ノ各訊問ヲ求メ

乙第四號証ノ一、二ニ対シテハ不知ヲ以テ答ヘ其餘ノ乙各號証ノ成立ヲ認メタリ

被告代理人ハ乙第一號証同第二號証ノ一乃至十、同第三號証ノ一乃至六、同第四號証ノ一、二、同第五號証ヲ提出シ、證人渡辺季雄、今田中諭吉、島田親樹、田代正直、森良好、田中義雄、藥丸利秋、野間正志、港川盛秀、富吉武斌、薗田新太郎、東條繁記、久保良右衛門、岸園清、宮田斌、牧之瀬續、山中弘、榮森鎌藏、北原健、白尾平、古川彦次郎、岡崎榮一、荒平[47]直右衛門、福永佐次郎、日高直一、大迫記吉、長福太次兵衛、植木末五郎、塩川満英、永瀬直志、山田畩市、桑波田忠志、庄屋昇、原口純允、大紋慶次郎、畑中勉、川崎千仭、日高彦市、馴松助市、満富熊次郎、吉丸熊太郎、濱田敬二、原清、前田常義、前田正吉、餅越清、久木田重固、上松榮、大津廿、川崎魁、川崎重義、阪口篤、土屋武行、村上進、山下関吉、池田良繁、鎌田仁志、山元直志、奥野誠亮、白濱貫道、大石軍吉、山下清、桐野正、田代春美、池島典右衛門、河内岩夫、村上トキ、中里シズ子、崎

元忠助、濱辺廣志、上村助七、瀬戸善右衛門、川添新藏、吉留慶助、末廣利吉、小山田政一、野村景利、永冨直彦、川原三之助、宮前國良、有満金次郎、中村平介、太田淳昭、宮崎龍雄、伊牟田亀壽、清水清藏、堀下清八郎、植松重明、矢野篤志、薄田美朝、坂口壮介、川畑茂、太田武信、西川兵吉、榊柴夫、北野孝右衛門、五市良彦、永牟田由武、目床秋彦、松元清彦、神田彦二、松島三之助、小園善助、米澤米盛、髙吉末吉、髙島芳秀、新坂上利助、大和田徳太郎、松田勇右衛門、中村政良、永田武安、池袋武夫、池田戸兵衛、遠矢長、草道徳藏、細山田重、長島新吉、野村善藏、山田喜左衛門、柏原出正、米丸小吉、別府清之亟、[48] 野村武重、中尾廉、川田幸園袈裟右衛門、中間正一、西典次郎、山元政彦、田中秀國、春日八郎右衛門、藤屋一郎、山下頼正、佐土原典吉、雄、吉川順助、山川榮藏、川原眞藏、坂元良治、早水岩介、松元勝次郎、松元仲藏、坂元卯之助、髙野健介、新原口孝規、室秀雄、梶原仲吉、村尾守雄、橋口美夫、中野卯八、桑木善四郎、西田捨二、横山助成、橋本清之助ノ各証言ヲ援用シ證人原文兵衛ノ訊問ヲ求メ

甲第一號証ノ二、同第三、四號証同第五、六、七號証ノ各一、二同第九號証同第十一號証ノ一、二、三、同第十二號証ニ対シテハ不知ヲ以テ答ヘ其ノ餘ノ甲各號証ノ成立ヲ認メタリ。

理　由

昭和十七年四月三十日施行セラレタル衆議院議員総選擧ニ際シテ鹿児島縣第二區ノ議員候補者トシテ原告等四名並ニ浜田尚友、原口純允、寺田市正、東郷実、宮崎董、及宮下巖ノ六名併セテ十名立候補シタルトコロ選擧ノ結果右浜田尚友、原口純允、寺田市正、東郷実ノ四名カ當選者ト決定セラレ而モ右當選者ト決定セラレタル四名ハ何レモ翼賛政治体制協議会ヨリ推薦セラレタル所謂推薦候補者トシテ立候補シタルモノナルコトハ辯論ノ趣旨ニ徴シ當事者間ニ争ナキ所ナリ而シテ原告等四名ハ右鹿児島縣第二區ニ於テ行ハレタル選擧ハ選擧法及其ノ附属法令ニ違反スルノミナラス憲法ニ違反シテ行ハレタルモノニシテ選擧ノ結果ニ重 [49] 大ナル影響ヲ及ホシタル

不法ノ選擧ナルヲ以テ之ヲ無效トスル旨ノ判決ヲ求メ被告ハ之ニ対シテ右選擧ノ效力ニ関スル本訴ハ鹿児島縣第二區ニ於テ行ハレタル右選擧カ衆議院議員選擧法第八十二條所定ノ「選擧ノ規定ニ違反スルコト」ヲ理由トシテ其ノ無效ヲ主張スルモノナルトコロ、右ノ選擧ノ規定ニ違反ストハ特ニ選擧ソノモノカ適法有效ニ行ハレサル場合即チ選擧執行ノ手續ニ関スル規定ニ違背シテ行ハレタル場合ノミヲ指称スルモノナレハ選擧運動取締ニ関スル規定違背或ハ選擧取締ノ不妥當ノ如キハ選擧ノ效力ニ関スル訴訟ノ原因ト為スヲ得サルモノト解スヘキモノニシテ原告等ノ本訴請求ノ原因事実ハ要スルニ鹿児島縣知事薄田美朝ヲ初メトシ縣市町村ノ官公吏、學校長、警防團員、警察署員、翼賛壮年團員カ特定ノ推薦候補者ノ為ニ公然選擧運動ヲ為シ他ノ自由候補者即チ非推薦候補者ヲ落選セシムヘク公然ト選擧妨害ヲ為シタリト謂フニ在ルヲ以テ斯カル事実アリトスルモ選擧ノ效力ニ関スル訴訟ニ於ケル選擧ノ規定ニ違反スル場合ニ該當セサルモノナレハ本訴ハ此ノ種訴訟ノ適法要件タル選擧ノ執行手續ニ違背シ因テ當選ノ結果ニ異動ヲ及ホスヘキ虞アル事実ノ主張ヲ含マサル不適法ノモノトシテ却下セラルヘキモノナル旨主張スルヲ以テ先ツ此ノ点ニ付審按スルニ

抑衆議院議員ノ選擧ノ效力ニ関スル異議ノ訴訟ハ一定ノ地區ノ選擧全体ニ付其ノ無效ノ宣言ヲ求ムルモノナレハ、是ニ関スル衆議院議員選擧法第八十二條カ右選擧無效ノ原因トシテ規定スル「選擧ノ規定ニ違反スル」トハ選擧全般ノ［50］效力ニ影響ヲ及ホス規定ニ違反スルコトヲ意味スルモノニシテ各個ノ投票ニ関スル規定、各個ノ選擧運動ニ関スル規定並ニ各個ノ選擧干渉禁止ノ規定ニ違反スル場合ハ直ニ右ノ「選擧ノ規定ニ違反スル」モノト謂フヲ得ス。従テ一般的ニ謂ヘハ右ノ選擧ノ規定トハ選擧全般ニ亘ル規定即チ主トシテ選擧ノ管理又ハ其ノ執行ノ手續ニ関スル規定例ヘハ選擧人名簿、選擧ノ告示、選擧ノ期日、投票ノ時刻、場所、選擧區、選擧スヘキ議員数、立候補届出ノ受理、投票用紙ノ調製、投票立会人ノ選任、選擧会場ノ管理等ニ関スル規定ヲ指称スルモノト解スヘキモ必シモ斯カル規定ニ限定スヘキ法文上ノ根拠アルコトナシ。故ニ不法ナル選擧運動又ハ選擧ノ干渉若

ハ選擧妨害カ一定ノ選擧區ニ亘リ全般的ニ且組織的ニ行ハレ當該選擧區ノ選擧人ニ対シ其ノ自由意志ニ基ク投票カ全般的ニ著シク抑壓セラレ、選擧法ノ目的トスル自由ト公正トカ全ク没却セラレタル如キ場合ニ於テハ其ノ結果ニ於テ當該地區ニ於ケル選擧全体ノ效力ニ影響ヲ及ホスニ至ルヘキ虞アルヲ以テ選擧法ノ目的トスル公選ノ精神ニ鑑ミ猶ホ衆議院議員選擧法第八十二條ニ所謂「選擧ノ規定ニ違反スル」モノト觧スヘキモノトス、盖シ右ノ如キ選擧全般ニ亘ル不法ノ選擧運動又ハ選擧干渉若ハ選擧妨害ニ関シテハ其ノ各個ノ行為ニ付夫々是ニ対スル禁止若ハ取締規定乃至罰則存スヘキモ之カ為選擧全体ノ效力ニ影響スル虞ナシト做スヲ得ス若シ其ノ虞アルニ於テハ選擧ノ実ナキニ至リ自由公正ナル選擧ノ結果［51］ヲ確保セントスル衆議院議員選擧法第八十二條ノ規定ノ精神ニ反スルコト選擧全般ニ亘ル規定ニ違反スル場合ノ比ニ非サルヲ以テナリ。然リ而シテ本訴ニ於テ原告等ノ請求原因トシテ主張スルトコロハ鹿児島縣第二區ニ於ケル本件選擧ニ際シ行ハレタル選擧取締規定ニ違背スル各個ノ選擧運動又ハ選擧関係吏員ノ選擧取締ノ不妥當又ハ選擧妨害ノ各個ノ行為ノミヲ主張スルニ止マラスシテ右選擧全般ニ亘リ組織的ニ行ハレタル不法ナル選擧運動、又ハ妨害乃至干渉ノ事実ヲ主張スルモノナルコト辯論ノ趣旨ニ徴シ明白ナルノミナラス仮リニ被告主張ノ如ク選擧取締ニ関スル規定違背若ハ選擧取締ノ不妥當ノ事実ノミヲ主張スルモノトスルモ衆議院議員選擧法第八十一條第八十二條第一項ノ訴提起ノ要件ヲ具備セサルモノト觧スヘキニ非ス従テ本訴ヲ不適法トシテ却下ヲ求ムル被告ノ申立ハ到底之ヲ採容スルノ限ニ在ラス

仍テ原告ノ主張スル本訴ノ請求原因ニ付按スルニ

原告ハ本件選擧ニ際シテ當時ノ鹿児島縣知事薄田美朝ハ右選擧開始セラルルヤ同縣下ノ関係官公吏、學校長、警防團、警察署、壮年團等ニ対シテ特定候補者即チ翼賛政治体制協議会ノ推薦候補者ノ當選ヲ期スル為極力運動ヲ為スヘキ指令ヲ為シ一方非推薦候補者ノ落選ヲ期スル為極力妨害ヲ為スヘキコトヲ指令シテ、右関係ノ團体又ハ個人ヲシテ或ハ右推薦特定候補者ノ為ニ積極的ニ選擧運動ヲ為サシメ或ハ右非推薦特定候補者ノ落選ヲ期スル為

其ノ選擧妨害［52］ヲ為サシメタルモノナル旨主張シ被告ハ之ヲ否認スルヲ以テ、本件ヲ判断スルニハ右翼賛政治体制協議会ノ推薦候補者ナルモノノ出現スルニ至レル由來経過ヲ詳ニシ同時ニ翼賛政治体制協議会ナルモノノ根源並ニ其ノ性質ヲ検討スルヲ要スヘシ。仍テ之ヲ按スルニ成立ニ争ナキ乙第一號証同第二號証ノ一乃至十及証人薄田美朝同横山助成ノ各証言ニ依レハ政府ハ昭和十七年四月三十日施行セラレタル本件衆議院議員総選擧ノ実施ヲ機トシテ昭和十七年二月十八日ノ閣議ヲ以テ翼賛選擧貫徹運動基本要綱ヲ決定シ、該運動ノ名称ヲ「大東亜戰争完遂翼賛選擧貫徹運動」ト為シ、該運動ノ目標トシテ一大擧國的國民運動ヲ展開シテ重大時局ニ対処スヘキ翼賛選擧ノ実現ヲ期スルコトトシ、其ノ運動ノ実施方策トシテ（一）啓蒙運動ノ徹底ヲ期シ部落会、町内会、隣保班等ノ市町村下部組織ハ勿論、各種團体其ノ他有ユル組織ヲ動員シテ活潑ナル展開ヲ為シ（二）候補者推薦氣運ノ醸成ヲ期シ啓蒙運動トシテ最適候補者推薦ノ氣運ヲ積極的ニ醸成セシメ（三）選擧ノ倫理化ト戰時態勢化ヲ期シ、選擧ニ関スル在來ノ情実因縁ヲ一掃シ選擧ノ公正、選擧犯罪ノ根絶ト棄權防止ニ努メシメ、戰時ニ即應シ選擧運動上物資勞力等ノ節約ト運動方法ノ改善合理化ニ努メシムルコトトシ、而シテ該運動ノ実施機関トシテ（一）政府ハ運動ノ基本方策ヲ決定シ運動全般ヲ指導シ（二）地方廳ハ政府ノ基本方策ニ即應シ運動ノ実施方策ヲ決定シ地方ニ於ケル運動［53］全般ヲ指導シ（三）大政翼賛会（翼賛壮年團ヲ含ム）及選擧粛正中央聯盟ハ政府及地方廳ニ協力シ民間運動ヲ展開スルモノトシ右閣議決定ノ基本要綱ニ基ク運動実施要領ノ一トシテ本運動ハ翼賛議会ノ確立ヲ主タル目標トスルモノナルヲ以テ啓蒙運動ノ実施ニ當リテハ有為ノ人材ヲ議会ニ動員セシムル為、最適候補者推薦ノ氣運ヲ積極的ニ醸成セシムルコトニ重点ヲ置クコトトシ就中本運動ヲシテ部落会町内会、隣保班等ノ市町村下部組織ニ根底ヲ有スル國民ノ自主的運動タラシムルコトニ努ムルコトヲ定メ、之カ実施ニ付テハ大政翼賛会支部ヲシテ地方廳ニ協力活潑ナル民間運動ヲ展開セシムルコト而シテ本運動ト選擧運動トヲ混淆シ又ハ本運動ニ名ヲ藉リテ選擧運動ヲ為スカ如キコトナカラシムルコト殊ニ市町村常会、部落会、町内会、隣保班ヲ通スル運動実施ニ際シテハ、一段ノ注意ヲ要スルコト尚選擧運動期間ニ入リテハ選擧ノ倫理化運動ヲ一層徹底セシメ苟クモ特定人ノ當選斡旋ノ虞アリト認メラルルカ如キ運動方法ハ之ヲ差控フルコトニ留意スヘキコトヲ明ニシタリ。而シテ政府ハ昭和十七年二月二十三日前顕閣議決定ノ翼賛選擧貫徹運動基本要綱ノ実現ヲ圖ル為ニ、各界代表者三十三名ヲ招請シテ首相官邸ニ於テ第一回懇談会ヲ開キ東條首相ヨリ「今次選擧ニ際シ國民運動カ展開セラレ特ニ積極有為ノ人材カ從來ノ因習ヲ破ッテ現実ニ選出セラルル様其ノ氣運カ積極的ニ釀成セラルルコトヲ希［54］望シ更ニ其ノ実現ニ関スル最モ適切ナル方途ニ就イテ廣ク國民一般ノ工夫ト盡力トヲ期待シテ井ル」旨ノ挨拶ヲナシ右各界代表者トノ間ニ質問應答ヲ累ネ引續キ右各界代表者ノミノ懇談協議ニ入リ其ノ結果政府ノ方針ヲ全面的ニ支持スル旨ノ申合ヲ為シ之カ実現ヲ圖ル為ニ右招請ヲ受ケタル三十三名ハ大政翼賛会カ公事結社トシテ選擧運動ヲ為シ得サルヲ以テ新ニ政治結社トシテ翼賛政治体制協議会ヲ設置シ会長ニ阿部信行大將ヲ推シ且具体的方策ヲ研究立案スル為十三名ノ特別委員ヲ設クルコトヲ決定シ右特別委員等ハ二月二十六日「翼賛政治体制協議会ハ來ルヘキ総選擧ニ際シテ適正ナル候補者ノ推薦運動ヲ全面的ニ行ヒ東京ニ本部ヲ置キ道、府、縣ニ支部ヲ置キ本部支部ハ密接ナル連繋ノ下ニ推薦行為ヲ行フモノトシ、本協議会ハ適當ナル時期ニ（選擧期日告示前）政治結社ノ屆出手續ヲナシ選擧終了後其ノ使命ヲ終リ解散スヘキコトヲ決定シ三月十七日会長ノ名ヲ以テ本部ノ政治結社設立ノ屆出ヲナシ翌三月十八日ニハ一道二府四十縣ノ支部長ヲ決定シ鹿児島縣支部ノ支部長ニハ縣会議長縣協力会議長坂口壮介ヲ指名委嘱シタリ而シテ本協議会ノ中樞的使命タル推薦候補者ヲ銓衡決定スル為ニ三月二十二日本部東京会舘ニ於テ全國支部長会議ヲ開キ会長ヨリ廣ク國家ノ求ムル清新有為ノ人材ヲ銓衡推薦シ其ノ當選ヲ期スルコトニ運動ノ重点ヲ置ク旨挨拶ヲナシ各支部ニ於テ三月二［55］十八日ヨリ銓衡ヲ開始シ三月三十一日マテニ銓衡決定ノ上、選擧區毎ニ氏名ヲ会長宛報告スル旨ノ指示ヲ與ヘ三月二十二日ノ総会ニ於テ本部ニ於ケル銓衡委員二十二名ヲ会長ヨリ指名委嘱シ四月六日推薦候補者全部ノ決定ヲ終ハリ本部支部ヲ擧ケテ其ノ決定シタル推薦候補者ノ為ニ活溌ナル第三者ノ選擧運動ヲ展開スルニ至レルコトヲ認ムルニ足ル

由是観之翼賛政治体制協議会ハ昭和十七年四月三十日施行ノ衆議院議員総選擧ノ実施ニ際シ政府ノ意圖ヲ体シテ結成セラレタル政治結社ニシテ政府自ラ右議員候補者推薦機運ノ釀成ヲ唱導シ翼賛政治体制協議会カ政府ノ意ヲ受ケテ全國的ニ右議員候補者ヲ銓衡決定シ推薦候補者トシテ発表シタルモノニシテ所謂候補者推薦制度カ全國的ニ大規模ニ行ハレタルモノナルコトヲ了知スルコトヲ得ヘシ之ニ反スル趣旨ノ各証言ハ當院ノ措信セサル所ナリ

而シテ証人坂口壮介ノ証言並ニ甲第十四號証ノ三十一（別件同人証言調書）ニ依レハ翼賛政治体制協議会鹿児島縣支部ハ昭和十七年三月二十三日結成セラレ同月二十八日政治結社ノ届出ヲ為シ推薦候補者ヲ銓衡決定スル為ニ支部長坂口壮介ヲ委員長トスル十六名ノ委員ヲ擧ケテ推薦母体トナシ鹿児島縣三區ノ候補者トシテ十二名ヲ推薦決定シ本部ノ承認ヲ得タルモノニシテ成立ニ争ナキ甲第八號証ノ二十二ニ依レハ選擧ノ結果ハ右十二名ノ推 ［56］ 薦候補者ハ全部當選シ非推薦ノ所謂自由候補者ハ悉ク落選シ而モ本件第二區選擧ノ結果ニ依レハ推薦候補當選者四名ノ末位ナル寺田市正ノ得票数一万七千二百八票ト非推薦候補ノ次点者宮下巌ノ得票数三千六百二十九票トノ差ハ実ニ一万三千五百七十九票ノ懸隔アリ而シテ非推薦候補者六名ノ得票合計ハ一万一千六百七十二票ニシテ推薦候補當選者ノ末位ナル右寺田ノ得票数ニモ遙ニ及ハサルコト明カナリ

然リ而シテ衆議院ヲ組織スル議員ハ選擧法ノ定ムル所ニ依リ公選スヘキコトハ憲法ノ規定スル所ニシテ、選擧法ニ於テハ議員候補者、選擧事務長又ハ選擧委員ニ非サレハ選擧運動ヲ為スコトヲ禁止シ他人ヲ議員候補者ト為サムトスルニハ其ノ推薦届出ヲ為シ得ヘキコト及命令ノ定ムル所ニ従ヒ演説又ハ推薦状ニ依ル第三者ノ選擧運動ヲ認ムルニ過キサルカ故ニ、政府ノ指示ニ従フモノナルト否トヲ問ハス又所謂翼賛選擧貫徹運動トシテ積極有為ナル最適人材ヲ議員タラシムルコトヲ目的トスルヤ否ヤヲ問ハス議員候補者ヲ銓衡推薦シ其ノ選擧運動ヲ為スヘキコトヲ使命トスル翼賛政治体制協議会ノ如キ政見政策ヲ有セサル政治結社ヲ結成シ其ノ所属構成員ト関係ナキ第三者ヲ候補者トシテ廣ク全國的ニ推薦シ其ノ推薦候補者ノ當選ヲ期スル為ニ選擧運動ヲ為スコトハ憲法及選擧法ノ精神ニ照シ果シテ之ヲ許容シ得ヘキモノナリヤハ大ニ疑ノ存スル所ニシテ之［57］カ判断ハ姑ク措キ兎モアレ右ノ如キ結社ニヨリ推薦セラレ立候補ノ届出ヲ為シタル候補者ハ特定ノ候補者ニ外ナラサルカ故ニ公開ノ選擧演説会ニ非サル町村常会、部落常会若ハ隣組常会等ニ於テ右特定候補者ノ當選ヲ期スル目的ノ下ニ推薦候補者支持又ハ推薦制支持ノ講話又ハ演説ヲ為ス如キハ不法ノ選擧運動ト解セサルヘカラス蓋シ町村部落ノ常会隣組常会ハ不特定多数人ノ集合ニ非スシテ隣保相識ル数人乃至数十人ノ特定人ノ集合ナルヲ以テ是等常会ニ於テ特定候補者ニ當選ヲ得シムル為ニ選擧演説ヲ為スハ衆議院議員選擧法施行令第五十七條ノ三第一號ニ所謂連續シテ個々ノ選擧人ニ対シ面接スルモノニ該當スルモノト解スヘキカ故ナリ。又右町村常会、部落常会若ハ隣組常会等ニ於テ推薦制支持ノ申合又ハ決議若ハ指示ヲ為スハ右各會合ニ出席シタル選擧人ニ或ル程度ノ拘束ヲ與フルコトト為リ従テ右特定ノ候補者ヲシテ當選ヲ得シムル目的ニ出テタルモノトシテ不法ノ選擧運動ナリト解セサルヘカラス尚又推薦制支持ノ回覧板用紙ヲ廻付シ又ハ推薦候補者支持ノ「ビラ」ヲ配布シ之ニ依リ推薦候補者支持ノ氣運ヲ釀成スルコトモ亦同断ナリトス蓋シ右ノ推薦制又ハ推薦候補者支持トハ本件鹿児島懸下ニ於ケル選擧ニ関スル限リ前述ノ翼賛政治体制協議会ノ推薦シ若ハ推薦スル特定ノ候補者ヲ支持シ其ノ當選ヲ期スル趣旨ニ外ナラ［58］サルヲ以テナリ

今之ヲ本件鹿児島縣第二區ノ選擧ニ付キ証拠ニ徵スルニ

（一）眞正ニ成立シタリト認ムヘキ甲第九號証証人西川兵吉、瀬戸善右衛門、川添新藏、野村善藏、川崎國吉、神田彦二、野間口猪太郎、中村政良、森良好、種子田政雄、荒平直右衛門、薗田新太郎、岸園清、宮田斌、田代正直、浜屋敷國雄、植松重明ノ各証言ニ依レハ右第二區ニ属スル町村部落常会、學校區常会、又ハ壮

年團会合等ニ於テ推薦候補者支持ノ申合ヲ為シ又ハ斯カル協議若ハ決議ヲ為シタルコトヲ認メ得ヘク又証人桐野正、中村平助、原口兼一、東條繁記、川添新藏、吉留慶助、末廣利吉、永冨直彦、太田淳昭、湯田矢次郎、小園善助、池袋戸兵衞、筥前國良、柏原公正、大和田德太郎、鎌田仁志、畠中善兵衞、川田幸雄、山下頼正、桑波田忠志、山内榮藏ノ各証言ニ依レハ町村部落常会、學校區常会壯年團会合等ニ於テ推薦制支持ノ申合又ハ指示アリタルコトヲ認メ得ヘク

（二）更ニ又証人重久直美、小山田政一、伊牟田亀壽、川崎國吉、目床秋彦、松元清彦、米澤米盛、新坂上利助、西典次郎、小園善助、永田武安、細山田重、梶原仲吉、山田喜左衞門、山内榮藏ノ各証言ニ依レハ是等ノ者ハ町村長壮年團長、部落会長又ハ警察署長等ノ指導階級ニ在ル者ニシテ何レモ啓蒙運動若ハ倫理化運動又ハ翼賛［59］選擧貫徹運動ノ名ノ下ニ公会ノ選擧会場ニ非サル町村常会其ノ他ノ会合ニ於テ推薦制支持ノ講話ヲ為シタルコトヲ認メ得ヘク又証人奥平斧之助、林辰雄、小屋敷市之助、野間正志、村上トキ、黒岩重衞、岩本武治、西吊雄、馴松助市、久木田香固、川原眞藏、新園袈裟右衞門、中間正一、西典次郎、佐土原典吉、坂元卯之助、高野健介、迫田市郎、野村武重ノ各証言ニ依レハ是等ノ者ハ何レモ町村部落常会等ニ於テ推薦候補者支持ノ講話若ハ演説ヲ聽取シタルモノ又証人大迫譯吉、白尾平、川崎榮喜、種子田政雄、古川彦次郎、浜屋敷國雄、満富熊治郎、吉丸熊太郎、前田正吉、餅越清、川崎魁、土屋武行、山下開吉、池田良繁ノ各証言ニ依レハ是等ノ者ハ何レモ右ノ如キ会合ニ於テ推薦制支持ノ講話ヲ聽取シタルモノナルコトヲ認ムルニ足リ

（三）尚又証人吉留慶助、矢野篤志、平田吉次郎ノ各証言ニ依レハ是等ノ者ハ非推薦候補者所謂自由候補者ヲシテ當選ヲ得シメサルコトヲ目的トシテ是等候補者排斥ノ申合又ハ溝話ヲ為シタルモノナルコト及証人吉留慶助、川崎國吉、小屋敷市之助ノ各証言ヲ綜合スレハ國民學校長、町会長、部落常会長等カ學校區常会、

公会堂、部落常会ニ於テ夫々自由候補者某々ハ共産党ナレハ投票スヘカラス自由候補者ニ投票スルハ陛下ニ弓ヲ引ク様ナモノナレハ必ス推薦候補者ニ投票スヘキ旨或ハ［60］推薦候補者ニ投票セサレハ大東亜戦争ニ敗ケル又陛下ニ対シ奉リ申譯ナキ旨談議シクルコトヲ認メ得ヘク

（四）尚又証人高野健介ノ証言並ニ同証ニ依リ眞正ニ成立シタリト認ムヘキ甲第三號証ノ回覧板ニ依レハ始良郡敷根村々長タル同人カ翼賛政治体制協議会ノ推薦候補者浜田尚友、原口純允、寺田市正、東郷実カ第二區推薦候補者ナルコト並ニ同村カ右浜田尚友ノ地盤ナル旨ノ回覧板ヲ五十枚五部落ニ配布シタルコトヲ認メ得ヘク又眞正ニ成立シタリト認ムヘキ甲第五號証ノ一、二ニ依レハ翼賛政治体制協議会ノ推薦候補者ハ浜田尚友ナル旨ノ回覧板カ始良郡ニ於テ使用セラレタルコトヲ認メ得ヘク又成立ニ爭ナキ甲第十三號証ニ依レハ鹿児島縣、大政翼賛会縣支部、翼賛壮年團ノ名ヲ以テ「今度の選擧は推薦制で行きませう」等ノ文字ヲ連ネタル回覧板カ縣下ニ使用セラレタルコトヲ認ムルニ足リ

（五）尚又証人宮田斌ノ証言ニ依レハ翼賛壮年團ヨリ第二區ニ於ケル翼賛政治体制協議会ノ推薦候補者四名ノ氏名ヲ印刷シタル「ビラ」ヲ配布シ之ヲ部落員ノ回覧ニ供シタルコトヲ認メ得ヘシ

被告ハ本件選擧當時鹿児島縣知事ニシテ大政翼賛会ノ縣支部長タリシ薄田美朝ハ前述ノ閣議決定ノ翼賛選擧貫徹運動基本要綱ノ趣旨ニ従ヒ啓蒙［61］運動乃至倫理化運動ヲ展開セシメ之ト特定候補者ノ當選ヲ斡旋スル虞アルモノト認メラルル選擧運動トヲ混淆セシメサルコトヲ特ニ留意シテ熱心事ニ當リ又推薦候補者發表後ニ於テハ選擧運動ト誤認セラルル虞アル啓蒙運動ハ之ヲ打切リ差控ヘシメタル旨主張スレトモ前認定ノ如キ不法選擧運動ノ存在ヲ否定スルニ足ル反対ノ証拠資料ハ本件ニ於テ畢ニ之ヲ發見シ得サルヲ以テ、選擧執行ノ當局関係者ノ言動意思カ前述閣議決定ニ基ク翼賛選擧運動ノ為ニスルニ在リテ不法選擧ノ意思ナカリシトスルモ結果ニ於テ顕ハレタル前認定ノ如キ不法選擧運動カ行ハレタル事実ハ事実トシテ之ヲ蔽フヘカラス

而シテ以上（一）乃至（五）ノ事実ヲ綜合スレハ翼賛政治体制協議会ノ推薦候補者即チ特定ノ候補者ヲ當選セシメントスル不法ナル選擧運動カ鹿児島縣第二選擧區ニ於テ相當廣範圍ニ行ハレタルコト明カニシテ、之ニ加フルニ證人大石軍吉、山下清、田代正直、田代春美、崎元忠助、瀬戸善右衞門、古川順助、川原眞藏、坂本卯之助、髙野健介、早水岩介、迫田市郎、米丸小吉、田中秀國、藤尾一郎ノ各證言ニ依レハ是等ノ者ハ何レモ右推薦候補者ニ投票スルヲ以テ最善ナリト信シ居レル事実ヲ認メ得ヘク従テ一般選擧人ニ於テ右候補者ハ政府官憲ノ推薦ニ係ルモノト信シタルモノト看取シ得ヘク尚又辯論ノ全趣旨ニ鑑ミレハ大政翼賛会鹿児島支部ハ町村常会、部落常会ヲ通シテ事実上縣［62］下一般ニ亘リ所謂啓蒙運動ノ一端トシテ徹底的ニ推薦候補者支持ノ運動ヲ旺ニ行ハシメタルコトヲ認メ得ヘキニ依リ之ニ前顕認定ノ選擧ノ結果ヲ照合スレハ第二區ニ於ケル一般選擧人ニ対シ又ハ選擧人間ニ行ハレタル不法選擧運動ハ全般ニ亘リ相當徹底滲透ノ状勢ニ在リタルモノナルコトヲ推認スルニ難カラス。

茲ニ右ノ如キ状勢ヲ馴致スルニ至リタル事由ヲ稽フルニ、内閣総理大臣ヲ総裁トスル公事結社タル大政翼賛会ノ鹿児島縣支部ハ行政機関ノ補助機関トシテ是ト表裏一体ヲ為シ下情上通上意下達ノ事ニ當ル團体ニシテ翼賛会縣協力会議ハ各郡ヨリ代表者一名宛其ノ他辯護士、商工業者、學者等各層ノ代表者等四十名ヲ会議員トスルモノニシテ縣協力会議ノ事項ハ郡協力会議、町村部落常会等ヘト順次ニ之ヲ傳フルモノナルモノナルコト證人薄田美朝ノ証言ニ依リ明カニシテ、甲第十三號証並ニ證人榊柴夫及野間口猪太郎ノ各証言ニ徴スレハ右翼賛会鹿児島縣支部ハ昭和十七年三月十五日多数傍聽者集合ノ下ニ臨時協力会議ヲ開キ前顕乙第一號証ノ閣議決定ノ翼賛選擧貫徹運動ニ関スル説明ヲ為シタル上推薦制支持ノ申合ヲ為シ（是ニ反スル各証言ハ當院ノ措信セサル所ナリ）之ヲ啓蒙運動ノ基本トシ三月十八日以降郡協力会議次テ各町村常会ノ下部組織ニ之ヲ徹底セシメ三月末ニハ大政翼賛会縣支部ノ名ヲ以テ推薦機運ヲ盛ナラシムル為「良キ人ヲ選フヘキ旨」ノ回覧板ヲ次テ前顕甲第十二號証ノ

［63］推薦制支持ノ回覧板ヲ縣下町内会部落会ニ配布シタルモノナルコトヲ認ムルニ足ルカ故ニ前認定ノ如ク鹿児島縣第二區全般ニ亘リ前認定ノ不法選擧運動カ一般選擧人ニ徹底滲透シタルハ大政翼賛会縣支部ノ組織的活動ニ基クモノト推断シ得ヘク従テ右不法選擧運動ハ組織的且全般的ニ行ハレタルモノト認定スルヲ相當トスヘシ。

次ニ成立ニ争ナキ甲第一號証ノ一及眞正ニ成立シタリト認ムヘキ同號証ノ二、同第十一號証ノ二、三、成立ニ争ナキ同第十四號証ノ一（末廣尚文ノ証言調書）同號証ノ八（日髙佐七ノ証言調書）同號証ノ二八（田辺長助ノ証言調書）証人白濱貫道、瀬戸善右衞門、渡辺季雄、今田中諭吉、米丸小吉、永牟田國武、古市良彦、桑波田忠志ノ各証言ヲ綜合スレハ昭和十七年四月二十日附鹿児島縣教育会長薄田美朝ノ名義ヲ以テ「來ル四月三十日行ハルヘキ衆議院議員総選擧ニ就テハ翼賛政治体制協議会カ設ケラレ推薦制度ニヨリテ大東亜戰爭目的達成ノ為メ清新強力ナル議会ノ確立ヲ意圖シ目下翼賛選擧貫徹運動展開中ニ有之候處、貴下ニ於テモ会員ニ対シ、又常会等ニ於テ右ノ趣旨ヲ十分ニ理解セシメ推薦制度ノ意義ノ徹底ヲ期セラレ度此段通牒候也」トノ文面ヲ掲ケ其ノ末尾ニ会員ハ選擧當日棄権等ナキコト、校長教員ハ個人名ヲ以テ推薦状ヲ發スルコトハ法律上許サレ居ルコトニテ差支ナキ旨ノ注意ヲナシ且推薦状ノ形式（ハカキ大）ヲ参考トシテ掲クトテ推薦状ノ雛形ヲ示シ「翼賛政治体制協議会推薦候補者○○○○氏［64］ハ最適任者ト思ヒマスカラ、アナタノ一票ヲ同氏ニ御典ヘ下サイマス様御願ヒシマス」ナル文言ヲ表示シタル甲第一號証ノ一ノ通牒カ縣下國民學校長、青年學校長、中學校長、女學校長ニ送付セラレタルコト明カニシテ、右通牒ハ縣教育会長タル薄田美朝ノ関知セサル所ニシテ副会長タリシ日髙佐七カ自ラ起案シ発送シタルモノナルコトヲ認メ得レトモ、其ノ效果ニ於テ縣教育会員タル學校長、教職員等ニ対シテハ会長ノ発送シタルト異ルコトナク右ハ翼賛政治体制協議会ノ推薦シタル特定候補者ノ當選ヲ得シムルコトヲ目的トスルモノト認ムヘキモノニシテ其ノ立候補届出前ト雖モ固ヨリ顕著ナル不法選擧運動タルコト言ヲ俟タス此ノ点ニ関スル被告ノ主張ハ採容スルヲ得ス而シテ証人川崎國吉、同永牟田國武、同坂元卯之助、同渡辺季雄、同今田中諭吉、同前田正吉、同餅越清、同白浜貫通、同奥平斧之助ノ各證言ヲ綜合スレハ右ノ通牒ハ學校ニ掲示セラレ又ハ教職員ニ回覧セラレ或ハ右通牒ノ趣旨ニ従ヒ甲第一號証ノ二同第十一號証ノ二、三ノ推薦状（ハガキ）カ相當多数発送セラレタルノミナラス學校長又ハ教員ハ學校ニ於テ生徒ニ対シテ推薦制ノ講話ヲ為シ推薦候補者ニ投票スル様父兄ニ告ケルヘク諭示シ或ハ同候補者ノ氏名ヲ記入セル紙片ヲ生徒ニ交付シ或ハ學校區常会ニ於テ推薦候補者ヲ支持スル必要ヲ説キ其ノ當選ヲ期待スル旨ヲ口演シタル事実ヲ認ムルニ難カラサルヲ以テ右通牒ニ依ル不法ノ選擧運動モ亦第二區ニ於テハ學校當局者ヲ通シ組織的ニ行ハレ一般選擧［65］人ニ與ヘタル影響ハ全般的ナリシモノト謂ハサルヘカラス

以上説示スル所ヲ綜合考覈スレハ本件鹿児島縣第二區ノ選擧ニ於テハ立候補届出ノ前後ヲ通シ不法ノ選擧運動カ一般選擧人ニ対シ又ハ選擧人間ニ全般的且組織的ニ行ハレ選擧法ノ目的トスル選擧ノ自由ト公正トカ没却セラレタルモノト認ムルヲ相當トスヘキカ故ニ被告ノ本訴ヲ不適法トスル主張ニ対シ前説示シタル理由ニ依リ衆議院議員選擧法第八十二條ニ所謂選擧ノ規定ニ違反スル場合ニ該當スルモノト解スヘキモノトス。而シテ右第二區ニ於ケル選擧ノ結果ハ前認定ノ如ク推薦候補者四名全部當選シタルニ反シ原告等非推薦候補者カ全部落選シ而モ其ノ得票数ニ於テ前認定ノ如キ大差ヲ生シタル事実並ニ成立ニ争ナキ甲第十七號証ニ依リ明カナル如ク昭和十七年四月三十日行ハレタル總選擧ニ於テ全國ニ於ケル推薦候補者ノ當選率カ八割一分八厘、非推薦候補者ノ當選率カ一割三分八厘ナリシ事実ニ鑑ミレハ前述ノ如キ組織的且全般的ニ行ハレタル不法選擧運動ノ為選擧ノ結果ニ異動ヲ及ホスノ虞アル場合ニ該當スルモノト認ムヘキモノトス従テ右選擧ノ結果ヲ招來スルニ至リタル原因事由トシテ被告ノ主張スル見解ハ総テ之ヲ採用スルヲ得ス殊ニ鹿児島縣ニ於テハ擧縣一致ノ風習存ストノ点ニ関シテハ縦令斯カル風習ノ存在ヲ肯定シ得ルモノトスルモ升ハ組織的ニ行ハレタル本件不法選擧ノ結果ヲ左右スルモノト認メサルヘカラサルモノニ非サルヲ以テ［66］前示判定ヲ動カスニ足ラス

仍テ原告主張ノ選擧干渉若ハ妨害ノ事実ノ有無ニ付テハ之カ判断ヲ為スマテモナク原告ノ請求ハ之ヲ認容スヘキモノトシ訴訟費用ニ付テハ民事訴訟法第八十九條第九十五條ニ則リ主文ノ如ク判決ス

大審院第三民事部

裁判長判事　吉田久　印

判事　森田豊次郎　印

判事　武富義雄　印

判事　松尾實友　印

判事梶田年ハ出張中ニ付署名捺印スルコト能ハス

裁判長判事　吉田久　印

【資料2】 大判昭和一八年一〇月二九日・長崎一区の判決

○衆議院議員ノ選擧並ニ當選ノ效力ニ關スル異議事件

（昭和十七年（選）第二號　同十八年十月二十九日第二民事部判決　原告請求棄却）

【原告】　西岡竹次郎　外一名　訴訟代理人　岩田宙造　外一名

【被告】　長崎縣第一區選擧長　阿部邦一　訴訟代理人　清瀬一郎　外五名

○判示事項

公選ノ實ナキ選擧ノ效力

○判決要旨

衆議院議員選擧法第八十二條ニ所謂選擧ノ規定ニ違反スルト謂フ中ニハ假令外形上選擧手續ノ遵守ニ於テ間然スル所ナキ場合ト雖選擧事務ニ關係アル官公吏カ其ノ選擧區内ニ於テ選擧運動乃至選擧干渉ヲ爲シ其ノ結果甚シク選擧ノ自由公正ヲ害シ殆ト公選ノ趣旨ヲ没却セシメタルカ如キ場合ヲモ包含スルモノト解スヘキモノトス

【参照】　衆議院議員選擧法第八十二條　選擧ノ規定ニ違反スルコトアルトキハ選擧ノ結果ニ異動ヲ及ホスノ虞アル場合ニ限リ裁判所ハ其ノ選擧ノ全部又ハ一部ノ無效ヲ判決スヘシ

第八十三條ノ規定ニ依ル訴訟ニ於テモ其ノ選擧前項ノ場合ニ該當スルトキハ裁判所ハ其ノ全部又

ハ一部ノ無効ヲ判決スヘシ

○事　實

原告兩名カ選擧ノ效力ニ關スル異議竝ニ當選ノ效力ニ關スル異議ヲ併合提起シタル訴訟ノ請求原因トシテ陳述シタル要領ハ昭和十七年四月三十日執行セラレタル長崎縣第一區ニ於ケル衆議院議員ノ選擧ニ於テハ訴外平敏孝ハ同縣知事トシテ同縣總務部長訴外岡田包義（受繼前ノ被告）ハ第一區選擧長トシテ又長崎市長訴外岡田壽吉ハ開票管理者トシテ孰モ選擧ノ管理執行ニ關與スヘキ官公吏ナリシ處翼賛政治體制協議會ノ推薦ヲ受ケタル被告伊吹元五郎外四名ノ當選ヲ期スル爲メ平敏彦ハ大政翼賛會長崎縣支部長ノ地位ヲ利用シ岡田壽吉ハ同縣翼賛壯年團ノ團長タル地位ヲ利用シ岡田包義ト共ニ翼賛會支部又ハ翼賛壯年團ト連絡ヲ取リ市町村常會部落會其ノ他ノ團體ノ協力ヲ得テ同年四月一日以降引札貼札新聞廣告講演勸説等ノ手段ニ依リ前記推薦候補者ノ爲メ選擧運動ヲ爲スト同時ニ同一選擧區ヨリ立候補シタル非推薦候補者タル原告等ヲ落選セシムル爲メ敏彦又ハ包義ハ自ラ又ハ其ノ指揮下ニ在ル警察官ヲ驅使シテ原告等ノ選擧運動ニ不當ノ干渉ヲ爲シテ之ヲ妨害シタリ卽チ右訴外人等ハ職權ヲ濫用シテ警察官ヲシテ原告西岡竹次郎ノ選擧法違反ノ嫌疑ノ下ニ引致セシメ更ニ刑務所ニ收容セシメ或ハ西岡ノ宿舍ニ警察官ヲ張込マシメ或ハ從來西岡ト政治關係アリシ者ヲ留置シ家宅搜索シ又ハ西岡ノ爲メニ投票セントスル者ノ背後ヨリ投票ヲ覗カシメ若ハ其ノ者ヲ説キテ他ノ者ニ投票セシメ或ハ原告西岡ノ爲ニ投票立會人若ハ開票立會人タラントスル者ヲシテ之ヲ辭退セシメタリ又原告本田英作ニ對シテハ警察官ヲシテ其ノ選擧事務所ニ出入スル者ヲ監視セシメ同人又ハ其選擧委員若ハ辯士ニ尾行セシメ辯士ノ演説ニ拍手ヲ送リタル者ヲ警察署ニ連行セシメタリ斯ノ如クニシテ右訴外人等ハ選擧ノ規定ニ違背シ特ニ岡田包義ハ總務部長トシテ選擧長ノ地位ニアリナカラ自ラ第一線ニ立チテ選擧運動ヲ爲シ公選ノ意義ヲ没却セシメタル者ニ

シテ選擧ニ付自由公正ヲ害シタルヲ以テ其ノ結果トシテ原告兩名ハ落選シ被告伊吹外四名ハ悉ク當選スルニ至リタリ故ニ右ノ選擧ハ無效ニシテ從テ被告伊吹外四名ノ當選モ亦無效ナリト云フニ在リテ總務部長ハ訴訟中更迭シタルヲ以テ後任ノ阿部邦一ハ岡田包義ノ被告ノ地位ヲ承繼シタリ

當院ハ本件訴訟ノ併合ハ適法ナリト判斷シタル上本案ニ付審理ノ結果單ニ選擧ニ關係アル官公吏カ或團體ノ推擧スル候補者ノ爲メニ選擧運動又ハ選擧干渉ヲ爲シタリトノ一事ニ依リテハ直ニ該選擧ヲ以テ選擧ノ規定ニ違背シテ爲サレタルモノトシテ無效ト爲スヲ得ス故ニ斯カル理由ニ基ク原告ノ請求ハ理由ナシ但シ選擧ニ關係アル官公吏カ計畫的ニ連繫セル諸般ノ選擧運動竝ニ選擧干渉ヲ爲シ其ノ激甚ナル殆ト競爭候補者ノ當選ヲ不可能ナラシムル程度ニ達シ右ノ行動カ選擧ノ結果ニ異動ヲ及スヘキ場合ニ於テハ其ノ選擧ノ效力ヲ否定セサルヲ得サルコト猶ホ選擧カ形式上選擧ノ手續ニ違背シテ行ハレタル場合ト擇フ所ナシト雖本件ニ於テハ原告等ノ立證ニ依リテハ訴外平敏彦外二名ノ選擧運動竝ニ選擧干渉カ此ノ如キ激甚ナル程度ニ達シタルコトヲ認ムルヲ得ス又選擧ノ管理執行ヲ爲スヘキ責任アル者ニシテ不當手段ニ依リ候補者カ投票又ハ開票ノ立會人ヲ得ルコトヲ妨ケ遂ニ之ヲ得ルコト能ハサルニ至ラシメタル事實アルトキハ或ハ選擧手續ノ違背トナル場合ナキニアラサルモ本件ニ於テハ原告等ノ立證ニ依リテハ此ノ如キ事實アリタルコトヲ認ムルヲ得スト判斷シ原告等ノ請求ヲ棄却シタリ

○主　文

原告等ノ請求ハ總テ之ヲ棄却ス

訴訟費用ハ原告等ノ負擔トス

○事　實

原告等訴訟代理人ハ昭和十七年四月三十日長崎縣第一區ニ於テ施行セラレタル衆議院議員選擧竝ニ同選

擧ニ於ケル被告伊吹元五郎、馬場元治、則元卯太郎、木下義介、中瀬拙夫ノ當選ハ全部無效トストノ判決ヲ求ムル旨申立テ其ノ請求ノ原因トシテ陳述シタル事實ノ要領ハ昭和十七年四月四日政府ハ衆議院議員總選擧ノ期日ヲ昭和十七年四月三十日ト定メテ公布シタルカ先之翼賛政治貫徹ノ爲メ全國ノ各選擧區毎ニ候補者ヲ推薦シ其ノ當選ヲ期スルコトヲ目的トスル翼賛政治體制協議會ナル選擧母體成立シ長崎縣第一區ニ對シテハ同年三月末候補者トシテ被告伊吹元五郎同馬場元治同則元卯太郎同木下義介同中瀬拙夫等（以下被告伊吹外四名ト稱ス）ヲ推薦シタリ原告兩名ハ右同一選擧區ヨリ前記協議會ノ推薦ヲ受クルコトナク立候補シ前記被告等ト當選ヲ爭フコトトナリタル者ナルカ右總選擧ニ於テハ一般ニ右被告等ノ如キヲ推薦候補者ト稱シ原告等ノ如キヲ非推薦候補者又ハ自由候補者ト云ヒ推薦候補者又ハ非推薦候補者ト云フトキハ何人ヲ指スカ極メテ明瞭ナリシモノナリ訴外平敏孝ハ長崎縣知事トシテ又訴外（受繼前ノ被告）岡田包義ハ長崎縣第一區選擧長（同縣總務部長）トシテ又訴外岡田壽吉ハ開票管理者（長崎市長）トシテソレソレ選擧執行機關タル地位ニ在リタルモノナル所一面敏孝ハ前記翼賛政治體制協議會ト一脈相通ノ關係アル大政翼賛會ノ縣支部長トシテ又壽吉ハ同上縣翼賛壯年團長トシテ又包義ハ敏孝ノ部下トシテ前示各推薦候補者ノ當選ヲ期シ、第一、四月一日ヨリ選擧期日タル同月三十日ノ間ニ於テ或ハ「推薦制テ國ノ爲メ」ト云フカ如キ其他推薦候補者ニ投票スヘキコトヲ暗示スル標語ヲ記載シタル引札貼札ヲ隣組ヲ通シ縣下各戸選擧人ニ配布シ若ハ之ヲ市町村掲示場ノ掲示板ニ掲示シ或ハ同一趣旨ヲ啓蒙運動講演會ニ於テ講演シ或ハ推薦候補者ニ投票スルコトカ臣道ノ實踐ナルコトヲ强調シタル告示ヲ發シ或ハ新聞紙上ニ大政翼賛會長崎縣支部又ハ長崎縣翼賛壯年團ノ名ヲ以テ推薦候補者ノ氏名ハ特大活字ヲ用ヒ非推薦候補者ノ氏名ハ特小活字ヲ用ヒテ現ハシタル廣告ヲ爲シ又ハ警察官ヲシテ國民學校ノ會合町内會會合其ノ他諸般ノ會合ニ於テ推薦候補者タル被告伊吹外四名ノ者ニ投票スヘキコトヲ勸説セシメ以テ推薦候補者ノ爲メニ選擧運動ヲ爲シタリ、第二、加之敏孝ハ知事タル地位ヲ利用シテ其ノ統率ノ下ニ在ル警察部長松浦榮警察署長石本甚助、同藤井喜代次其ノ他ノ選擧取締警察官等ヲシテ被告吹外四名ノ推薦候補者ノ爲メ選擧運動ヲ爲サシメタル外其ノ職權ヲ濫用シテ或ハ原告西岡ヲ選擧法違反ノ嫌疑ノ名ノ下ニ引致シ更ニ刑務所ニ收容シ或ハ西岡カ選擧事務長ヲ依頼シタル古閑貞雄、田中丈平ヲ始メトシ其ノ他従來西岡ト政治關係アリタル者ノ殆ト全部ヲ警察署ニ留置シ釋放後モ西岡ノ爲メニ選擧運動ヲ爲スコトヲ禁シ刑事ヲシテ常ニ其ノ行動ヲ監視セシメ或ハ西岡ノ經營ニ係ル長崎民友新聞社ノ家宅搜索ヲ爲シテ選擧關係ノ書類一切ヲ押收セシメ或ハ西岡ノ宿舍ニ警察官ヲ張込マシメテ電話ヲ盜取セシメ或ハ投票所ニ於テ巡査ヲシテ西岡ノ爲メニ投票セントスル者ノ背後ヨリ覗カシメ又ハ之ヲ説キテ馬場元治ニ投票セシメ或ハ西岡ノ演説ヲ妨害シ、第三、従來選擧毎ニ西岡ノ爲メニ投票立會人又ハ開票立會人タリシ陣野榮一ニ對シ西岡ノ立會人ト爲ラサルコトヲ勸誘シテ之ヲ辭退セシメタル外従來ハ右立會人トシテ百三十九名ニ依頼シ承諾ヲ得ルヲ常トシタルニ拘ラス今次ノ總選擧ニ際シテハ警察官ノ妨害ニ因リ僅カニ一人ノ外承諾者ヲ得ルコト能ハサラシメ、第四、原告本田ニ對シテハ警察官ヲシテ其選擧事務所ニ出入スル者ヲ監視セシメ本田又ハ其ノ選擧委員若ハ辯士ニ尾行セシメ辯士ノ演説ニ拍手ヲ送リタル者ヲ警察ニ連行セシムル等原告兩名ノ選擧運動ニ對シ妨害竝ニ不當干渉ヲ爲サシメタリ要之本件選擧ニ於テ長崎縣廳ハ推薦候補者ノ選擧事務所ニシテ知事總務部長警察部長ハ勿論一警察官ニ至ルマテ擧ケテ其ノ選擧委員タルノ觀アリタリト云フモ過言ニアラス殊ニ總務部長岡田包義ハ第一區ノ選擧長ノ地位ニアリナカラ自ラ第一線ニ立テ選擧運動ヲ爲シタルモノニシテ憲法第三十五條ニ所謂公選ノ意義ハ全ク没却セラレ選擧ノ自由公正ハ地ヲ拂ツテ存在セサリシモノナリ惟フニ衆議院議員選擧法第八十一條所定ノ選擧ノ效力ニ關スル異議ノ訴ハ通常選擧執行ノ手續規定違背ニ關スルモノヲ指稱シ罰則規定違反ノ場合ノ如キハ之ヲ包含セスト解スルヲ常トスルモ選擧訴訟ヲ提起シ得ル場合ハ必シモ選擧手續規定違背ノ場合ニ限定セラルヘキモノニアラス本件ノ如ク選擧地ニ於ケル地方長官ヲ始メ其ノ官廳ノ首腦部カ擧ケテ選擧ノ第一線ニ立チ其ノ監督ノ下ニ在ル市町村長モ之ト共謀シテ特定候補者ノ爲メニ選擧運動ヲ爲スト同時ニ他方自己ノ職權ヲ濫用シテ競爭候補者ノ選擧運動ヲ妨害シ又之ニ不當ナル干渉ヲ加ヘ當該選擧ヲシテ全然其ノ自由公正ノ性質ヲ缺キ殆ト公選ノ實ヲ失ハシメタルカ如キ場合ニ於テモ尚之ヲ選擧ノ規定ニ違背スルモノニ非ストノ理由ノ下ニ其ノ選擧ノ效力ニ對シ異議ノ申立ヲ爲スノ道ヲ塞シ得ルモノトセンカ公選ノ實ヲ擧クルハ到底不能ナリト云ハサルヘカラスサレハ本件選擧ハ之ヲ無效ト爲サザルヲ得サルト同時ニ斯カル選擧ニ於ケル被告伊吹外四名ノ當選ノ無效タルコト論ヲ俟タス仍テ本訴請求ニ及フト云フニ在リ

立證トシテ甲第一乃至第十二號證同第十三號證ノ一、二同第十四乃至第十九號證第二十一乃至第二十八號證同第二十九號證ノ一乃至四同第三十乃至第三十三號證同第三十四號證ノ一、二、三同第三十五號證同第三十六號證ノ一、二同第三十七號證ノ一、二、三同第三十八乃至第四十五號證ノ各一、二同第四十六號證ノ一、二、三ヲ提出シ證人栗原重勝、山中源之助、陣野榮一、林保、江口力雄、久米佐市、伊東甚七、田口孝、秋田卯一郎、友納寛喙、呉林勝治、北川久次郎、多喜田重子、田中丈平、古閑貞雄、田中德雄、森實、本田清成、木村源四郎、池田新吾、大森壽次、本田亥巳太郎、奥村熊男、熊本彌一郎、武藤具三ノ各證言ヲ援用シタリ

被告等訴訟代理人ハ本件ノ訴ハ之ヲ却下ストノ判決ヲ求メ本案前ノ抗辯トシテ第一、原告ハ本訴ニ於テ本件選擧ノ效力ニ關スル訴ト同選擧ニ於ケル被告伊吹外四名ノ當選ノ效力ニ關スル異議ノ訴トヲ結合セルモ這ハ兩立セサル二個ノ訴訟ヲ一ノ訴ニ結合スルモノニ他ナラスシテ到底違法タルヲ免レス、第二、

選擧ノ效力ニ關スル訴ハ選擧執行ノ手續規定ノ違反ヲ理由トスルコトヲ要スルモノナルニ拘ラス其ノ請求ノ原因中ニ於テ原告等ノ主張スル事實ハ一モ選擧執行ノ手續規定違反ト云フニ該當スルモノ存セス從テ選擧訴訟トシテノ要件卽チ適法ナル請求原因ノ主張ヲ缺ク、第三、當選異議ノ訴ハ特定人ヲ當選者ト決定セルコトノ違法ナルヲ理由トスルコトヲ要スルモノナルニ拘ラス原告等カ本訴ノ請求原因トシテ開示スル所ヲ繰リ返シ精査スルモ選擧會ノ構成ヲ不適法ナリト云フニ在ラス又當選者ノ得票數ニ控除又ハ追加スヘキモノアリト主張スルニアラス又當選者カ被選擧資格ヲ有セスト云フカ如キ主張ヲ爲スニモアラス其ノ他當選ヲ無效ナラシムル事實皆無ニシテ結局當選訴訟ノ成立要件タル適法ナル請求原因ノ主張ヲ缺クト云ヒ次テ本案ニ付原告等ノ請求ハ總テ之ヲ棄却ストノ判決ヲ求メ答辯トシテ原告等ノ主張中原告等自身ノ意見若ハ推斷ヲ除ク外形的事實ハ爭ハサルモ今次選擧ニ於テ推薦トハ翼贊政治體制協議會ノ推薦候補者ノ呼稱ナリシト云ヒ又ハ有權者ハ自己ノ屬スル選擧區內ノ推薦候補者カ何人ナルカヲ容易ニ推知シ得タリト云フカ如キ原告等獨自ノ立場ヨリスル推斷的意見ヲ述ヘタル部分ハ全然之ヲ否認ス原告等カ訴外平敏孝、岡田包義、岡田壽吉等ニ於テ自ラ又ハ自己ノ配下タル警察部長警察官等ヲ驅使シテ推薦候補者ノ爲メ選擧運動ヲ爲シタリト主張シ其ノ具體的事實トシテ陳述スル諸般ノ事實ハ何レモ選擧運動トシテ行ハレタルモノニアラス平敏孝等ハ當時ノ閣議決定タル「翼贊選擧貫徹運動基本要項」ノ趣旨ニ從ヒ清新强力ナル翼贊議會ノ確立ヲ期スル爲メ本件選擧ノ施行ニ際シ其ノ選擧區內ニ於テ啓蒙運動ヲ開展シ殊ニ選擧運動期間ニ入リテハ選擧倫理化運動ヲ徹底セシメタルニ過キスシテ苟モ特定候補者ノ當選ヲ斡旋スルモノト認メラルル虞アル運動方法ハ絶對ニ差控ヘシメタリサレハ原告等ノ主張スルカ如ク原告等ノ選擧運動ヲ妨害シ又ハ之ニ不當ナル干涉ヲ加ヘタル事實ハ更ニ存セス又原告西岡カ開票立會人又ハ投票立會人ヲ得ルコトヲ妨害シタル事實ノ如キハ全然存スルコトナシ唯不幸ニシテ原告西岡ハ昭和十六年中外國爲替管理法違反事件ヲ惹起シ該事件ハ當時猶長崎控訴院ニ繋屬中ナリシノミナラス同人ハ更ニ衆議院議員選擧法違反ノ疑ヲ受ケ一時拘束セラレ結局起訴セラレテ釋放セラルルマテ選擧運動ノ自由ヲ有セサリシ事實及コレ等ノ事件ノ爲メ警察署ニ於テ同人ノ身邊ニ付相當警戒ヲ爲シタル事實アルハ之ヲ否認セサルモ斯カル事態ハ洵ニ止ムコトヲ得サル所ニ屬シ總テ識者ノ諒トスル所ナルヲ信スト陳述シ立證トシテ證人豊島德治、村井由之助、阿比留彌左衞門、加藤元和、小島正壽、大森壽次、熊本彌一郎ノ各證言ヲ援用シ甲第十一號證同第二十一號證同第三十五號證同第三十六號證ノ一、二同第三十七號證ノ一、二、三同第三十八乃至第四十五號證ノ各一、二同第四十六號證ノ一、二、三ハ不知其ノ餘ノ甲各號證ノ成立ヲ認ムト述ヘタリ

○理　由

先ツ選擧訴訟ト當選訴訟トヲ併合シテ提起セラレタル本訴ハ不適法ナリトスル被告等ノ抗辯ノ當否ニ付按スルニ元來選擧訴訟ト當選訴訟間ニ存スル區別ノ要點ハ前者ニ於テ當該選擧カ選擧ノ規定ニ違背シテ行ハレタルコトヲ理由トシ其ノ全部又ハ一部ヲ無效トスル判決ヲ求ムル訴ナルニ反シ後者ハ當該選擧ソレ自體ハ本來有效ナルコトヲ前提トシ此ノ有效ニ行ハレタル選擧ニ於テ當選人ヲ決定スルニ際シ或ハ得票ノ計算ニ過誤アリト云ヒ或ハ被選擧資格ノ判定ニ誤謬アリト稱シ又ハ之ヲ決定シタル選擧會ノ構成ニ違法ノ點アリト爲ス等其ノ他之ニ類スル事由ニ基キ特定候補者ノ當選人ト定メラレタルコトニ對シ異議ヲ申立テ其ノ當選ヲ無效トスル判決ヲ求ムル訴ナルニ在ルコトハ衆議院議員選擧法第八十一條第八十二條第一項第八十三條ノ規定ニ徵シ明カナル所ナリ然レトモ同時ニ同法第八十二條第二項ノ規定スル所ニ依レハ當選訴訟ハ前示ノ如キ選擧訴訟トノ區別ニ拘ラス當該選擧ノ全部又ハ一部カ選擧ノ規定ニ違背シ且ソレカ選擧ノ結果ニ異動ヲ及ホス場合ニ於テモ亦之ヲ提起シ得ヘク斯カル訴ヲ受ケタル裁判所ハ其ノ

選擧ノ全部又ハ一部カ無效ナルコトヲ判定シタル上ソレヲ事由トシテ被告ノ當選ヲ無效トスル判決ヲ爲スコトヲ得ヘシ尤モ當選訴訟ハ選擧訴訟ト其ノ當事者ヲ異ニスル爲右特殊ノ事由ニ基ク當選訴訟ニ於テモ前示第八十三條ノ規定ニ從ヒ當選ヲ失ヒタル者ヨリ當選人ヲ相手方トシテ提起スヘキハ勿論ナレハ結局選擧訴訟ノ原告ト爲リタル議員候補者カ選擧ノ全部又ハ一部ヲ無效トスル判決ヲ求ムルト同時ニ該選擧ノ無效ヲ事由トシテ特定候補者カ當選人ト決定サレタルコトニ付異議ヲ申立テ其ノ當選ヲ無效トスル判決ヲ求メムトスル限リ選擧訴訟ト前記ノ如キ特殊ノ事由ニ基ク當選訴訟トヲ併合スルヲ便トシ又斯カル訴ノ併合ヲ妨クヘキ理由毫モ存セサルカ故ニ前記第八十二條第二項ノ規定ハ斯カル場合右兩訴ノ併合ヲ許容スル法意ヲモ包含スルモノト解スルヲ相當トス卽チ被告ノ本抗辯ハ其ノ理由ナシ

仍テ進ンテ本訴請求ノ當否ニ付審究ヲ遂クルニ原告カ本訴ノ請求原因トシテ主張スル所ハ要スルニ昭和十七年四月三十日執行セラレタル長崎縣第一區ニ於ケル衆議院議員ノ選擧ニ於テ訴外平敏孝ハ同縣知事トシテ又當時同縣總務部長タリシ訴外岡田包義ハ第一區選擧長トシテ又長崎市長訴外岡田壽吉ハ開票管理者トシテ何レモ同選擧區ノ選擧ノ管理執行ニ關與スヘキ官公吏ナル所敏孝ハ大政翼賛會長崎縣支部ノ支部長トシテ又壽吉ハ同縣翼賛壯年團ノ團長トシテ翼賛政治體制協議會ノ推薦ヲ受ケタル伊吹元五郎外四名ノ當選ヲ期スル爲包義ト共ニ前記翼賛會支部又ハ翼賛壯年團ト緊密ナル連絡ヲ執リ翼賛選擧貫徹實施要綱細目ナルモノヲ決定シ市町村常會部落會其ノ他諸種ノ國民運動ヲ目的トスル團體ノ協力ヲ得テ四月一日ヨリ選擧期日タル同月三十日マテノ間ニ引札貼札新聞廣告講演談話其ノ他諸種ノ手段ニ依リ推薦候補者ノ爲メ選擧運動ヲ爲スト同時ニ同一選擧區ヨリ他ノ推薦ヲ受ケスシテ立候補シタル原告等ヲ落選セシムル爲メ敏孝及包義ハ自ラ又ハ其ノ指揮下ニ在ル警察官ヲ驅使シテ原告等ノ選擧運動ニ不當ノ干渉ヲ爲シテ之ヲ妨害シ其ノ結果トシテ非推薦候補者タル原告兩名ハ落選シ被告伊吹外四名ノ推薦候補者ハ

【要旨】

悉ク當選スルニ至リタルカ這ハ一ニ選擧ニ關係アル官公吏カ本件選擧ニ際シ選擧ノ自由公正ヲ阻害スル行動ヲ敢テシタルニ基因スルモノト云フヘク斯クノ如キハ卽チ選擧ノ規定ニ違反シタルモノニ外ナラス而カモ右違反ハ選擧ノ結果ニ異動ヲ及ホシタルコト明カナルカ故ニ右選擧ハ當然無效ニシテ從テ伊吹外四名ノ被告等ノ當選モ亦無效ナリト云フニ歸ス然レトモ單ニ選擧ニ關係アル官公吏カ或團體ノ推擧スル候補者ノ爲メニ選擧運動又ハ選擧干渉ヲ爲シタリトノ一事ヲ以テ直ニ該選擧ハ選擧ノ規定ニ違背シテ行ハレタリト爲シソレヲ理由トシテ其ノ選擧ノ當然無效ヲ云爲スルノ當ヲ得サルハ明瞭ナリ蓋シ斯クノ如キ見解ハ現行衆議院議員選擧法ノ解釋トシテ之ヲ採用スルノ困難ナルハ多言ヲ要セサル所ナルノミナラス萬一斯カル解釋ニ從フトキハ實際上ニ於テモ選擧アル每ニ其ノ效力ニ付疑義ヲ生スルヲ免レス延ヒテ選擧訴訟ノ頻發ヲ誘致シ常ニ選擧ノ結果ヲ不安ナラシムル虞尠シトセサレハナリ若シ原告等主張ノ本旨ニシテ上述ノ如キ不當ナル解釋ノ範圍ヲ出テサルモノトセンカ斯クノ如キ請求原因ヨリシテハ到底選擧無效ノ判決ヲ招來スルニ由ナク從テ又選擧ノ無效ヲ理由トスル當選無效ノ判決ヲ得ントスルモ到底不可能ナリト云ハサルヘカラス卽チ本訴請求ハ二ツナカラ其ノ請求自體ニ於テ既ニ理由ナキニ歸シ棄却ヲ免レサルモノトス被告等訴訟代理人ハ本訴請求ノ中選擧無效ノ判決ヲ求ムル部分ハ選擧訴訟トシテノ適法ナル原因事實ヲ具備セス又當選無效ノ判決ヲ求ムル部分ハ被告伊吹外四名ヲ當選者ト決定シタルコトヲ違法ナリトスル何等ノ事由ヲ擧示セサルヲ以テ右兩請求共訴ノ要件タル請求原因ノ主張ヲ缺キ不適法ナリト主張スレトモ右兩訴ニ於テハ前記ノ如ク其ノ原因トシテ兎モ角一定ノ事實ノ主張セラレアルコト明カナルヲ以テ右兩訴カ請求原因ヲ缺クモノト云フハ當ラス然レトモ翻テ稽フルニ選擧ニ關係アル官公吏カ其ノ地位乃至勢力ヲ濫用シ一定ノ議員候補者ノ當選ヲ期スル目的ヲ以テ計畫的ニ連繫アル諸般ノ選擧運動竝ニ選擧干渉ヲ展開シ而カモ該運動竝ニ干渉ノ激甚ナル殆ト競爭候補者ノ當選ヲ不可能ナラシムル

程度ニ及ヒタルカ如キ場合ニ在リテ斯カル選擧ヲ以テシテ尚自由公正ニ行ハレタル公選ナリト强辯スルノ不當ナルハ論ナク從テ斯カル選擧ノ效力ハ之ヲ否定セサルヲ得サルコト選擧カ形式上選擧ノ手續ニ違背シテ行ハレタル場合ト毫モ選フ所ナシサレハ前記選擧法第八十二條ニ所謂選擧ニ關スル規定ニ違反スル場合ト謂フ中ニハ假令外形上選擧手續ノ遵守ニ於テ間然スル所ナキ場合ト雖モ前記ノ如ク選擧事務ニ關係アル官公吏カ其ノ關係區域内ニ於テ選擧運動乃至選擧干涉ヲ爲シ其ノ結果甚シク選擧ノ自由公正ヲ害シ殆ト公選ノ趣旨ヲ沒却セシメタルカ如キ場合ヲモ包含スルモノト解スルヲ相當トス仍テ進ンテ本件ノ選擧ニ於テ上述ノ如キ極端ニシテ且效果的ナル選擧運動乃至選擧干涉カ行ハレタリヤ否ヤヲ按スルニ原告等ノ援用スル書證竝ニ證言ヲ綜合スレハ本件選擧ニ於テ原告等ノ主張ニ係ル選擧運動乃至選擧干涉ト認ムヘキ行爲ノ一部カ或程度平敏孝及其ノ部下ノ警察官吏竝ニ岡田壽吉ニ依リ行ハレタル事跡ヲ認メ得サルニアラサルモソレカ前記ノ如ク選擧ノ結果ニ異動ヲ及ホス程效果的ナリシモノトハ到底思考シ難キノミナラス證人林保、伊東甚七、秋田卯一郎、田中德雄、本田清成、豐島德治等ノ各證言ヲ綜合スレハ却テ本件選擧ノ結果卽チ被告伊吹外四名ノ當選ハ本件選擧ニ際シ行ハレタル啓蒙運動乃至倫理化運動ノ效果トシテ選擧民ノ間ニ浸透セル現下ノ重大ナル時局ノ認識ニ由來スル所モ亦尠カラサルモノアルヲ認メサルヲ得ス又伊吹外四名ノ推薦候補者ヲ推薦シタル翼贊政治體制協議會カ當時相當有力ナル政治團體ナリシコト及前記平敏孝、岡田包義、岡田壽吉等カ本件選擧ノ行ハレタル地域ニ於テ選擧ニ關係アル官公吏タル地位ノ外尚大政翼贊會ノ縣支部長其ノ他重要ナル地位ヲ併セ占メ居タル關係上一般人ヨリ同人等カ右推薦母體タル團體乃至之ト關係アル政治勢力ノ旨ヲ奉シ推薦候補者ノ當選ヲ期シテ相當執拗ニシテ激烈ナル選擧運動又ハ選擧干涉ヲ爲スコトアルヘシトノ疑ヲ受ケ易キ立場ニ在リタルコトハ何レモ證據上推認スルニ難カラスト雖モ他面ニ於テ前記平敏孝外二名ニ對シ選擧倫理化運動ノ域ヲ超ヘテ原告等主張ノ如キ不當ナル計畫的統一的運動乃至干渉ヲ指令シタルモノアリトノ心證ヲ惹クニ足ル證據ナキノミナラス前説示ノ如キ稍々過度ト認ムヘキ選擧運動又ハ選擧干渉ハ寧ロ當時前記ノ平敏孝等ニ於テ清新强力ナル議會ノ建設ニ熱中スルノ餘其ノ運動ノ方法ニ於テ選擧倫理化運動ノ域ヲ逸脱スルニ至リタルモノニシテ其ノ行動カ選擧訴訟上選擧ノ無效ヲ招來スル程度ニ於テ行ハレタルコトヲ認ムルニ足ル證左ニ至ツテハ本件ニ於テ未タ充分ナリト云フヘカラス尚原告西岡ハ前記平敏孝ノ部下ノ警察官等カ右西岡ノ爲メニ投票立會人タラントスル者ニ對シ不當ナル干渉又ハ威壓ヲ加ヘ西岡ヲシテ立會人ヲ得ルコト能ハサラシメタル事實アリト爲シ之ヲ以テ選擧手續違背ナリト主張スルヲ以テ按スルニ選擧ノ管理執行ヲ爲スヘキ責任者ニシテ若シ有形無形ノ不當手段ニ依リ候補者カ投票又ハ開票ノ立會人ヲ得ルコトヲ妨ケ遂ニ之ヲ得ル能ハサラシメタル事實アリトセハ其ノ情況ノ如何ニ依リ或ハ選擧手續違背トナル場合ナキヲ必セスト雖モ此ノ事實ニ付キ原告ノ援用スル證據中證人栗原重勝、山中源之助、陣野榮一、林保、江口力雄、久米佐市、伊東甚七、田口孝等ノ證人言ニ依リ纔カニ原告西岡ノ爲メニ投票又ハ開票ノ立會人トナルトキハ何等カノ迷惑ヲ蒙ルコトアルヘキヲ慮リ其ノ承諾ヲ躊躇又ハ回避シタルモノアルヲ認メ得ルニ止マリソレ以上前述ノ如キ選擧手續ノ違背ヲ招來スル恐アル事實ニ至ツテハ未タ之ヲ肯認スルニ足ル證據アルコトナシサレハ此ノ點ヨリスルモ右原告ノ本訴請求ハ失當ナリト云ハサルヲ得ス

仍テ原告等ノ本訴請求ハ總テ之ヲ棄却スルヲ相當ト認メ訴訟費用ノ負擔ニ付キ民事訴訟法第八十九條第九十三條第一項第九十五条ヲ適用シ主文ノ如ク判決ス

【資料3】 大判昭和一八年一〇月二九日・福島二区の判決

○衆議院議員選擧ノ效力ニ關スル異議事件

（昭和十七年（選）第七號
同十八年十月二十九日第二民事部判決原告請求棄却）

【原告】 松田札吉 訴訟代理人 古島義英

【被告】 福島縣第二區選擧長 柏木輝雄 訴訟代理人 清瀨一郎
外一名

○判示事項

衆議院議員選擧法第八十二條ノ解釋

○判決要旨

衆議院議員選擧法第八十二條ニ所謂選擧ノ規定ニ違反スル場合トハ啻ニ選擧ノ管理執行ニ關スル規定違反ノ場合ノミニ限ラス其ノ餘ノ規定違反ヨリ延テ一般選擧人ノ選擧ノ自由公正ヲ阻害スルニ至ルカ如キ場合モ亦之ヲ包含スルモノトス

【參照】 衆議院議員選擧法第八十二條 選擧ノ規定ニ違反スルコトアルトキハ選擧ノ結果ニ異動ヲ及ホスノ虞アル場合ニ限リ裁判所ハ其ノ選擧ノ全部又ハ一部ノ無效ヲ判決スヘシ

第八十三條ノ規定ニ依ル訴訟ニ於テモ其ノ選擧前項ノ場合ニ該當スルトキハ裁判所ハ其ノ全部又ハ一部ノ無效ヲ判決スヘシ

同法第九十九條第二項 選擧事務ニ關係アル官吏及吏員ハ其ノ關係區域内ニ於ケル選擧運動ヲ爲ス

コトヲ得ス

同法第百十六條　選擧ニ關シ官吏又ハ吏員故意ニ其ノ職務ノ執行ヲ怠リ又ハ正當ノ事由ナクシテ議員候補者、選擧事務長若ハ選擧委員ニ追隨シ、其ノ居宅若ハ選擧事務所ニ立入ル等其ノ職權ヲ濫用シテ選擧ノ自由ヲ妨害シタルトキハ四年以下ノ禁錮ニ處ス

官吏又ハ吏員選擧人ニ對シ其ノ投票セムトシ又ハ投票シタル被選擧人ノ氏名ノ表示ヲ求メタルトキハ六月以下ノ禁錮又ハ三百圓以下ノ罰金ニ處ス

○事　實

原告カ提起シタル選擧ノ效力ニ關スル異議ノ訴ノ請求原因トシテ陳述シタル要領ハ第一、昭和十七年四月三十日福島縣第二區ニ於テ施行セラレタル衆議院議員選擧ニ於テハ同縣書記官野村儀平（受繼前ノ被告）ハ第二區選擧長トシテ選擧ノ管理執行ニ關與シタル處翼賛政治體制協議會福島縣支部會員ニシテ翼賛會庶務部長タル訴外近藤永昌ハ右翼賛政治體制協議會カ戰爭ニ勝ツ爲ノ國策トシテ生レタルモノノ如ク虛僞ノ宣傳ヲ爲シ同人カ同會ノ推薦候補者仲西三良ノ爲ニ作成シタル推薦狀中ニ戰爭ニ勝ツ爲メニハ同會ノ推薦シタル候補者ヲ選擧スヘキ旨ヲ記載シ又訴外小林藤田、永島幸一等カ推薦候補者牧原源一郎ノ爲メニ發シタル推薦狀並ニ其ノ他ノ此等推薦候補者ノ爲メ發セラレタル殆ト全部ノ推薦狀ハ孰モ大東亞戰爭ノ完遂ヲ選擧ニ利用シ且ツ非推薦候補者ヲ以テ反逆者ナリト稱シ之ヲ支持スル有權者ヲ非國民ト呼ヒタリ又當時ノ福島縣知事及ヒ學務部長等ノ訓示演説モ大東亞戰爭ヲ選擧ニ利用セリ、第二、當時ノ福島縣知事ハ自ラ選擧運動ヲ爲シ學務部長ハ自ラ選擧運動ヲ爲スト同時ニ國民學校長ニ委囑シテ選擧運動ヲ爲サシメ警察官ハ知事學務部長ノ意ヲ體シテ推薦候補者ノ爲メ選擧運動ヲ爲シ非推薦候補者ノ選擧ニ干渉シテ其ノ推薦狀ノ發送ヲ殆ト不可能ナラシメ又非推薦候補者ノ爲メニスル演説會ニ不當干渉ヲ爲

シ以テ選擧ノ自由公正ヲ害シタリ卽チ本件選擧ハ公選ノ意義ヲ没却シ選擧ノ規定ニ違背シタルモノナルノミナラス當初ヨリ推薦候補者全部ヲ當選セシムル政府ノ計畫ニ基キ單ニ形式上選擧ノ眞似ヲ爲シタルニ過キサルモノナリ故ニ其ノ選擧ハ無效ナリト云フニ在リ』當院ハ衆議院議員選擧法第八十二條ニ選擧ノ規定ニ違反スル場合トハ選擧ノ管理執行ニ關スル規定ニ違反シタル場合ノミナラス其ノ餘ノ規定違反ヨリ延テ選擧ノ自由公正ヲ阻害シタル場合ヲモ包含スルモノナレハ其ノ規定違反ノ結果一般選擧人ヲシテ或候補者ニ投票セシメス其ノ候補者ノ當選ヲ不能又ハ著ク困難ナラシメタル場合ノ如キハ同條ニ該當スルモノト謂フヲ得ヘシ然レトモ本件選擧ニ於テハ斯カル事實アルコトヲ認ムルヲ得ス卽チ原告ノ立證ニ依リテハ本件選擧カ當選ノ結果ニ異同ヲ及ホスノ虞アル程度ニ於テ一般選擧人ノ自由公正ナル判斷力ヲ阻害シタルコトヲ認ムルヲ得ス又本件選擧カ推薦候補者全部ヲ當選セシムル政府ノ計畫ニ基キ形式上選擧ラシキ眞似ヲ爲シタル事實ヲモ認ムルコトヲ得スト判斷シ原告ノ請求ヲ棄却シタリ

○主　文

原告ノ請求ハ之ヲ棄却ス
訴訟費用ハ原告ノ負擔トス

○事　實

原告ハ昭和十七年四月三十日施行セラレタル福島縣第二區ニ於ケル衆議院議員選擧ハ無效トストノ判決ヲ求メ其ノ請求原因トシテ陳述シタル事實ノ要旨ハ昭和十六年十二月八日大東亞戰爭開始スルヤ爾來國民擧テ聖戰ノ目的完遂ニ邁進シツツアリタルノ時ニ際リ昭和十七年四月三十日施行セラレタル福島縣第二區ニ於ケル衆議院議員選擧ニ關シ（一）翼賛政治體制協議會福島縣支部會員ニシテ翼賛會庶務部長タリシ近藤永昌ハ右翼賛政治體制協議會カ恰モ戰ニ勝ツ爲ノ國策トシテ生レタルカノ如キ虛僞ノ宣傳ヲ爲

シタルト同時ニ同人カ同會ノ推薦候補者仲西三良ノ爲ニ出シタル推薦狀及小林藤田外十三名水島幸一外八名カ夫々推薦候補者牧原源一郎ノ爲ニ出シタル推薦狀並ニ其ノ他此等推薦候補者ノ爲當時發セラレタル殆ント全部ノ推薦狀中ニハ均シク大東亞戰爭完遂ノ爲ナル文詞ヲ使用セルノ外當時ノ福島縣知事及學務部長等ノ訓示講演ハ何レモ大東亞戰爭ヲ選擧ニ悪用シ大東亞戰爭ハ推薦候補者ノ當選スルコトニ依リ始メテ完遂セラルヘキモノナリトノ誤レル宣傳ヲ爲シタルノミナラス更ニ敍上ノ推薦狀中ニハ非推薦候擧（ママ）者ヲ以テ反逆者ナリト誣ヒ之ヲ支持スル有權者ヲ非國民ナリト呼ヒ當該選擧取締ノ任ニ當レル官憲亦之ヲ放任シ爲ニ議員候補者ニ對スル國民ノ純正ナル判斷ヲ誤ラシメ投票心裡ヲ極度ニ歪曲スルノ結果ヲ招來シ（二）當時ノ福島縣知事ハ名ヲ啓蒙運動ニ藉リ南會津郡外數郡内ニ於ケル町村長ヲ召集シテ推薦候補者ニ應援スベキ旨ヲ訓示要請シ以テ選擧運動ヲ爲シタル外同縣學務部長ハ縣下國民學校長ヲ召集シテ推薦候補者應援ノ指示ヲ爲シ自ラ選擧運動ヲ爲スト共ニ右學校長ニ選擧運動ヲ委囑シ爲ニ此等學校長ハ右學務部長ノ指示ニ基キ其ノ町村内ニ夫々推薦候補者ニ對スル推薦狀ヲ出スニ至リタルノミナラス警察官亦或ハ町村會ヲ開催シテ訓示ノ方法ニ依リ又ハ知事ノ意ヲ體シテ紙芝居ヲ利用シ或ハ自ラ選擧民ヲ訪問シ若クハ翼賛壯年團員ヲシテ訪問セシメ以テ推薦候補者ノ爲メ選擧運動ヲ爲シ更ニ故意ニ非推薦候補者ノ推薦狀ニ干渉シテ其ノ發送ヲ殆ント不可能ナラシメ又ハ非推薦候補者ノ演説會ニハ聽衆以上ノ警察官臨監シテ其ノ取締ヲ嚴ニシ之ヲ推薦候補者ノ場合ニ對比スルニ其ノ選擧取締ニ於テ極端ナル差別待遇ヲ爲シ斯ル不公正若クハ不當ナル選擧干渉ニ依リ所詮選擧民ヲ威壓シテ心ナラスモ推薦候補者ニ投票スルノ止ムナキニ至ラシメタルモノトス之ヲ要スルニ推薦制ニ依ル本件選擧ハ當初ヨリ推薦候補者全部ヲ當選セシムル政府ノ計畫ニ基キ單ニ形式上選擧ノ眞似ヲ爲シタルニ過キサルニ加ヘテ上來説示ノ如キ方法ニ依リ一般選擧民ヲシテ萎靡恐怖セシメ依テ以テ選擧民ノ自由公正ナル判斷力ヲ阻害シ憲法ニ所謂

公選ノ意義ヲ没却セシメタル法規違反ノ無効ナル選擧ナルカ故ニ本訴請求ニ及ベリト謂フニアリテ立證トシテ甲第一號證ノ一、二、甲第二號證ノ一乃至三、甲第三號證乃至第五號證ノ各一、二、甲第六、七號證ノ各一、乃至三及甲第八號證乃至第十一號證ヲ提出シ證人渡邊新、星龜之助、佐藤谷衞、鈴木武一、手代木文衞、鎌田寅雄、鹿又彌重、小松虎一、山口伊勢次、鈴木三郎、渡邊重兄、益子茂三、鈴木直四、酒井勝太郎、山本寺七郎、壁谷政衞、松本良雄、猪股豐平、芳賀喜八郎ノ各證言ヲ援用シ乙第一號證ノ一乃至三、乙第四號證ノ一ノ（イ）及（ロ）ノ成立ヲ認メ之ヲ利益ニ援用シ乙第二號證及同第三號證ノ各一、二ハ何レモ不知乙第四號證ノ二ノ（イ）及（ロ）ノ成立ノミヲ認ムト述ヘタリ

被告訴訟代理人ハ原告ノ請求棄却ノ判決ヲ求メ其ノ答辯ノ要旨ハ原告ノ主張事實ハ全部之ヲ否認ス被告ハ福島縣第二區ニ於ケル選擧長トシテ現行選擧法規ニ依リ嚴正公平ナル選擧事務ヲ執行シタルニ過キスシテ原告主張ノ事項ハ被告ノ關知スル所ニ非ルト共ニ又之ヲ爲シ得ル職責ヲ有スルモノニ非ス元來衆議院議員選擧法第八十一條ノ選擧ノ效力ニ關スル訴ニ於テハ當該選擧カ選擧ノ規定ニ違背シタルコトヲ理由トシテ其ノ無效ヲ主張シ得ヘキニ止リ而シテ汎ク選擧ニ關スル規定ト言ヘハ或ハ選擧運動取締ノ規則選擧干渉防止ノ規則等ヲモ包含シ多岐ニ亙ルヘシト雖モ茲ニ選擧ノ規定ニ違反ストシテ選擧ノ無效原因ト爲ルハ特ニ選擧ノ有效條件タル選擧執行ノ手續ニ關スル規定ノミヲ指稱スト解スヘク從テ原告主張ノ如キ選擧事務ニ關係アル官吏公吏等ニ於テ關係選擧區域内ニ於テ選擧運動ヲ爲シ又ハ選擧運動ノ取締ニ關シ干渉ヲ爲シ若クハ公正ヲ失シタル事實アリトスルモ斯ル事實ハ選擧ノ效力ニ關スル訴ノ原因ト爲ルモノニ非ルカ故ニ原告ノ請求ハ失當ナリト謂フニアリテ立證トシテ乙第一號證ノ一乃至三乙第二號證及同第三號證ノ各一、二乙第四號證ノ一ノ（イ）及（ロ）、乙第四號證ノ二ノ（イ）及（ロ）ヲ提出シ證人宗谷幸一及同森正重ノ證言ヲ援用シ甲第九號證ノ成立ヲ認メ爾餘ノ甲各號證ハ孰レモ不知ナリト述べ

タリ

【要旨】

○理　由

案スルニ衆議院議員選擧法第八十二條ニ所謂選擧ノ規定ニ違反スル場合トハ啻ニ選擧ノ管理執行ニ關スル規定違反ノ場合ノミニ限ラス其ノ餘ノ規定違反ヨリ延テ選擧ノ自由公正ヲ阻害スルニ至ルカ如キ場合モ亦之ヲ包含スルモノト解スルヲ相當トス蓋シ選擧ノ自由公正ニ執行セラルルコトヲ期シタルハ選擧法ノ精神ナリト謂フヘク選擧法第九十九條第二項カ選擧事務ニ關係アル官吏及吏員ノ選擧運動ヲ禁止シ同法第百十六條ニ於テ職權濫用ニ依リ選擧ノ自由ヲ妨害シタル官吏又ハ吏員ニ對シ刑罰制裁ヲ規定セル所以モ畢竟選擧ノ自由公正ニ執行セラレンコトヲ期シタルニ外ナラス故ニ例ハ右選擧運動等ニ關スル規定違反ノ結果一般選擧人ヲシテ或候補者ニ投票セシメス其ノ候補者ノ當選ヲ不能又ハ著ク困難ナラシメタルモノトセンカ當該選擧ヲ以テ選擧法ニ從ヒ適法ニ執行セラレタルモノト目シ難ク卽チ斯ル選擧ハ前示選擧法第八十二條ニ所謂選擧ニ關スル規定ニ違反シタルモノニ該當スヘキコト多ク疑ヲ容ルヘカラス仍テ本件ニ付觀ルニ原告ハ本訴請求原因トシテ先ツ本件選擧ハ畢竟選擧事務ニ關係アル官吏吏員其ノ他ノ者ニ於テ選擧運動乃至選擧干渉等ヲ敢テシ其ノ結果一般選擧人ノ投票心裡ヲ歪曲シ其ノ自由公正ナル判斷力ヲ阻害シタル旨主張スルモ其ノ提出援用ニ係ル甲、乙各號證及證人ノ證言ヲ綜合スレハ本件選擧ニ際シテハ選挙事務ニ關係アル官吏、吏員等ニ於テ翼賛議會ノ確立ニ對スル國民ノ政治的意欲ヲ積極的ニ喚起昂揚セシメ以テ明朗ナル翼賛選擧ノ實現ヲ期センカ爲啓蒙運動ヲ展開シ若クハ選擧ノ倫理化ヲ宣示强調セルトコロ當時青年團員又ハ翼賛壯年團員等ノ活躍ニ依ル選擧運動乃至選擧干渉等ノ影響ヲ受ケ福島縣第二區ニ於ケル選擧人ノ一部ニ對シテハ所謂推薦候補者ニ投票セサレハ到底大東亞戰爭ノ完遂ヲ期シ得サルカ如キ氣運釀成セラレ之カ爲若干選擧人ノ投票心裡ヲ左右シタル事實ハ之ヲ看取シ得サルニ非ルモ叙上證據ニ依ツテハ未タ本件選擧ノ結果ニ異同ヲ及ホスノ虞アル程度ニ於テ一般選擧人ノ自由公正ナル判斷力ヲ阻害スルニ至レル事實ヲ明認スルニ足ラス次ニ本件選擧カ單ニ其ノ形式ヲ執リタルニ過キサル旨ノ原告ノ主張ニ付テハ原告ノ提出援用ニ係ル全立證ニ依ルモ本件選擧ニ際シ大政翼賛會ノ別働體タル翼賛政治體制協議會カ設ケラレ該協議會カ推薦母體ト爲リ以テ議員候補者ヲ推薦シタル事實以外ニ本件推薦制ニ依ル選擧カ元來推薦候補者全部ヲ當選セシムル政府ノ計畫ニ基キ單ニ形式上選擧ラシキ眞似ヲ爲シタルニ過キサル事實ハ到底之ヲ肯認スルニ由ナキモノトス然ラハ本件選擧カ無效ナル旨ノ裁判ヲ求ムル原告ノ本訴請求ハ之ヲ認容シ得サルヤ明白ナルヲ以テ訴訟費用ノ負擔ニ付民事訴訟法第八十九條第九十五條ヲ適用シ主文ノ如ク判決ス

【資料４－イ】第21回総選挙結果（全国）

道府県	区	定数（人）	推薦候補者数（人）	推薦候補者の当選者数（人）	有権者数（人）（=a）	有効票総数（=b）	候補者	推薦候補者の獲得票数	推薦候補者の獲得票数合計（=c）	非推薦候補者の獲得票数	非推薦候補者の獲得票数合計	c/a（%）	c/b（%）
北海道	1	4	4	3	131,595	95,157	山本厚三	18,105	48,319		46,838	36.7	50.8
							沢田利吉	13,584					
							安孫子孝次	10,241					
							正木清			8,547			
							小川原政信			6,772			
							井川伊平			6,674			
							林貞四郎			6,422			
							小谷義雄	6,389					
							戸津高知			4,594			
							笹沼孝蔵			3,938			
							加藤喜孝			3,896			
							佐藤一雄			3,420			
							岩谷静衛			2,575			
	2	4	4	3	100,386	75,492	松浦周太郎	19,261	41,549		33,943	41.4	55.0
							吉田貞次郎	10,336					
							板東幸多郎			6,613			
							前田善治	6,354					
							柏岡清勝	5,598					
							田中秋声			5,398			
							西岡斌			5,030			
							松本六太郎			3,963			
							木下源吾			3,910			
							反橋信一			3,689			
							高橋日出男			3,480			

							北政清			1,507			
							明石一郎			353			
							(太田鉄太郎)						
	3	3	3	3	92,984	60,379	真藤慎太郎	16,991	44,901		15,478	48.3	74.4
							大島寅吉	15,256					
							渡辺泰邦	12,654					
							米沢勇			4,914			
							鎌田専治			3,725			
							渡辺照平			2,964			
							白木豊寿			2,672			
							斎藤秀雄			915			
							寺谷大次郎			288			
	4	5	5	4	151,631	116,336	手代木隆吉	19,023	75,926		40,410	50.1	65.3
							北勝太郎			18,325			
							南条徳男	15,832					
							深沢吉平	15,106					
							星野靖之助	13,909					
							村田要助	12,056					
							赤松克麿			7,545			
							松尾孝之			7,008			
							山本市英			4,180			
							下沢秀夫			2,373			
							橘冨士松			979			
							(川瀬宏親)						
	5	4	4	4	135,898	100,913	黒沢西蔵	19,343	74,989		25,924	55.2	74.3
							南雲正朔	19,330					
							東条貞	18,513					
							奥野小四郎	17,803					
							尾崎天風			12,456			

							和泉盛			7,728			
							椎熊三郎			5,740			
計		20	20	17	612,494	448,277		285,684	285,684	162,593	162,593	46.6	63.7
青森県	1	3	2	2	107,259	79,551	三浦一雄	26,383	41,796		37,755	39.0	33.2
							小笠原八十美			17,313			
							森田重次郎	15,413					
							工藤鉄男			12,101			
							山崎岩男			5,545			
							野呂鉄弥			1,694			
							梅村一			1,102			
							（室岡省三）						
	2	3	3	1	80,747	65,901	竹内俊吉	10,343	23,117		42,784	28.6	35.1
							長内健栄			9,877			
							楠美省吾			9,400			
							工藤十三雄	8,517					
							斎藤俊治			7,673			
							菊池良一			5,750			
							小野謙一	4,257					
							外崎千代吉			3,025			
							本郷松春			2,950			
							仁尾勝男			2,147			
							菊池仁康			1,962			
計		6	5	3	188,006	145,452		64,913	64,913	80,539	80,539	34.5	44.6
岩手県	1	3	3	3	95,350	74,712	田子一民	33,254	67,402		7,310	70.7	90.2
							八角三郎	20,969					
							高橋寿太郎	13,179					
							三田三郎			7,310			
	2	4	4	4	118,996	97,354	泉国三郎	25,951	78,848		18,506	66.3	81.0
							金子定一	21,804					

							小野寺有一	16,443					
							鶴見祐輔	14,650					
							菱谷敏男			9,132			
							志賀和多利			7,802			
							及川要治			1,572			
							岩間尹（被選挙権ヲ有セザリシモノ）						
計		7	7	7	214,346	172,066		146,250	146,250	25,816	25,816	68.2	85.0
宮城県	1	5	4	3	139,747	116,083	内ヶ崎作三郎	31,666	66,817		49,266	47.8	57.6
							守屋栄夫	15,253					
							庄司一郎			14,735			
							阿子島俊治	13,751					
							菊地養之輔			11,377			
							北村文衛	6,147					
							千石順平			5,684			
							菊地清太郎			5,582			
							清野学道			4,388			
							松尾力治			2,794			
							只野直三郎			2,400			
							山田正一			2,306			
	2	3	3	3	93,336	76,148	高木義人	28,374	58,288		17,860	62.4	76.5
							村松久義	15,886					
							小山倉之助	14,028					
							大石倫治			9,045			
							内海安吉			6,857			
							加藤武雄			1,344			
							宮東孝行			614			
計		8	7	6	233,083	192,231		125,105	125,105	67,126	67,126	53.7	65.1
秋田県	1	4	4	3	107,142	84,240	町田忠治	18,611	51,364		32,876	47.9	61.0

							信太儀右衛門	11,296					
							二田是儀	11,120					
							中川重春			10,471			
							中田儀直	10,337					
							金作之助			6,888			
							古沢斐			6,540			
							加賀谷保吉			5,992			
							畠山重勇			2,985			
	2	3	3	2	95,098	77,853	川俣清音		36,690	17,076	41,163	38.6	47.1
							小山田義孝	16,405					
							斉藤憲三	12,766					
							土田荘助			8,539			
							藤肥良治	7,519					
							猪股謙二郎			7,386			
							飯塚定輔			6,213			
							鈴木弥五郎			1,949			
計		7	7	5	202,240	162,093		88,054	88,054	74,039	74,039	43.5	54.3
山形県	1	4	4	3	114,710	98,012	高橋熊次郎	21,050	63,448		34,564	55.3	64.7
							木村武雄			19,605			
							近藤英次郎	18,210					
							西方利馬	12,896					
							設楽規矩三郎	11,292					
							大久保伝蔵			5,904			
							松浦東介			5,870			
							牧野寛索			3,185			
	2	4	4	3	100,070	81,123	松岡俊三	16,884	43,087		38,036	43.1	53.1
							伊藤五郎	13,004					
							池田正之輔			11,655			
							小林鉄太郎	8,974					

							山木武夫			7,791			
							小野寺棣三郎	4,225					
							清水徳太郎			4,000			
							図司安正			3,838			
							佐藤政治			3,732			
							星川暾太郎			2,134			
							五十嵐喜一郎			2,075			
							志田義信			1,473			
							押切武志			1,338			
							（後藤長久）						
							（志田義忠）						
計		8	8	6	214,780	179,135		106,535	106,535	72,600	72,600	49.6	59.5
福島県	1	3	3	2	93,083	77,438	内池久五郎	18,744	41,979		35,459	45.1	54.2
							小松茂藤治	18,495					
							加藤宗平			12,124			
							粟山博			9,374			
							鈴木周次郎			5,713			
							大内一郎			5,210			
							釘本衛雄	4,740					
							佐藤元治			3,038			
	2	5	5	5	131,184	108,706	牧原源一郎	17,877	75,126		33,580	57.3	69.1
							助川啓四郎	17,148					
							仲西三良	15,051					
							神尾茂	13,598					
							唐橋重政	11,452					
							中野寅吉			11,093			
							林平馬			10,504			
							荒木武行			6,761			
							大越軍三			5,222			

							（三上秀雄）						
	3	3	3	2	80,055	67,184	植松練磨	16,463	44,276		22,908	55.3	65.9
							星一			15,806			
							山田六郎	14,757					
							小野晋平	13,056					
							高木松吉			3,675			
							斎藤晃			2,364			
							阿部民次			1,063			
							（江島博）						
							（高木左久馬）						
							（太田秋之助）						
計		11	11	9	304,322	253,328		161,381	161,381	91,947	91,947	53.0	63.7
茨城県	1	4	4	4	119,764	94,616	内田信也	25,351	71,867		22,749	60.0	76.0
							豊田豊吉	17,019					
							渡辺健	16,805					
							小沢治	12,692					
							葉梨新五郎			10,890			
							雨谷菊夫			4,129			
							河原田巌			3,393			
							山本武弘			3,260			
							石田百寿			1,077			
	2	3	3	2	86,410	70,752	中井川浩	25,991	53,309		17,443	61.7	75.3
							福田重清	20,615					
							川崎巳之太郎			7,499			
							堀口貫道	6,703					
							石井鉄之介			4,712			
							沼田照義			2,200			
							倉田稔			2,135			
							柳下肆平			897			

	3	4	3	3	123,041	100,624	赤城宗徳	29,940	68,571		32,053	55.7	68.1
							山本粂吉	21,284					
							佐藤洋之助	17,347					
							小篠雄二郎			9,187			
							飯泉良三			7,114			
							杉田省吾			7,030			
							飯島孝太郎			4,727			
							根本瑛			3,995			
							(風見章)						
計		11	10	9	329,215	265,992		193,747	193,747	72,245	72,245	58.9	72.8
栃木県	1	5	5	4	119,337	99,515	船田中	23,357	71,150		28,365	59.6	71.5
							高田耘平	19,684					
							矢部藤七	10,735					
							佐久間渡	9,322					
							菅又薫			8,926			
							江原三郎	8,052					
							坪山徳弥			7,470			
							戸叶武			6,153			
							金子亀吉			3,723			
							稲見泰治			2,093			
							(長島富美雄)						
							(滝沢操六)						
	2	4	4	4	112,494	96,050	森田正義	24,633	84,277		11,773	74.9	87.7
							森下国雄	21,242					
							松村光三	19,441					
							日下田武	18,961					
							小平重吉			11,773			
							(山田長司)						
							(岡田喜久治)						

計		9	9	8	231,831	195,565		155,427	155,427	40,138	40,138	67.0	79.5
群馬県	1	5	5	5	150,546	130,373	中島知久平	30,414	102,914		27,459	68.4	78.9
							木村寅太郎	24,843					
							青木精一	17,850					
							五十嵐吉蔵	16,722					
							清水留三郎	13,085					
							須永好			10,140			
							生方大吉			9,266			
							田中沢二			8,053			
							(後藤帰一)						
	2	4	4	4	106,811	90,207	最上政三	16,358	61,916		28,291	58.0	68.6
							蠟山政道	16,097					
							木暮武太夫	15,131					
							篠原義政	14,330					
							木檜三四郎			10,343			
							畑桃作			9,487			
							飯島吉之助			4,185			
							田村益喜			2,708			
							林与重			1,568			
							(壁経平)						
計		9	9	9	257,357	220,580		164,830	164,830	55,750	55,750	64.1	74.7
埼玉県	1	4	4	4	144,315	125,598	松永東	26,158	89,476		36,122	62.0	71.2
							宮崎一	24,377					
							遠山暉男	19,803					
							飯塚茂	19,138					
							平岡良蔵			13,745			
							高橋泰雄			10,925			
							松永義雄			4,512			
							川島金次			4,201			

							山本正三			1,606			
							森尾津一			1,133			
							（宮田島止）						
							（深町良平）						
	2	4	4	4	101,203	89,484	横川重次	19,440	62,732		26,752	62.0	70.1
							坂本宗太郎	15,153					
							高橋守平	15,081					
							石坂養平	13,058					
							石川栄一			9,414			
							斎藤茂八			8,083			
							杉村沖治郎			4,585			
							磯田正則			4,203			
							中沢弁治郎			467			
							（綾川武治）						
	3	3	3	3	86,952	75,633	新井堯爾	18,481	50,569		25,064	58.2	66.9
							出井兵吉	16,524					
							松岡秀夫	15,564					
							古島義英			11,245			
							野中徹也			8,675			
							三ツ橋幸三			4,541			
							養田久三郎			603			
							（門田新松）						
計		11	11	11	332,470	290,715		202,777	202,777	87,938	87,938	61.0	69.8
千葉県	1	4	4	2	139,908	115,155	多田満長	21,703	63,839		51,316	45.6	55.4
							成島勇			19,066			
							篠原陸朗	14,909					
							川島正次郎			14,313			
							後藤国彦	14,249					
							野村恵一郎	12,978					

							臼井荘一			7,665			
							富田照			5,611			
							原四郎治			4,661			
	2	3	3	3	94,252	76,144	吉植庄亮	17,866	48,778		27,366	51.8	64.1
							伊藤清	17,180					
							今井健彦	13,732					
							山村新治郎			13,396			
							加瀬道之助			7,714			
							加納金助			6,256			
							（佐藤総之助）						
							（角田保）						
							（篠崎好雄）						
	3	4	5	4	105,140	82,930	岩瀬亮	14,293	62,408		20,522	59.4	75.3
							中村庸一郎	14,240					
							白鳥敏夫	13,633					
							小高長三郎	10,308					
							伊藤博愛	9,934					
							土屋清三郎			8,947			
							吉野力太郎			6,626			
							池田清秋			2,941			
							植村勇治			2,008			
							（野口幹）						
計		11	12	9	339,300	274,229		175,025	175,025	99,204	99,204	51.6	63.8
東京府	1	5	5	3	118,913	94,718	牛塚虎太郎	21,243	62,816		31,902	52.8	66.3
							河野密			12,512			
							福家俊一	12,156					
							大神田軍治			11,283			
							橋本祐幸	10,828					
							原玉重	9,454					

							高橋義次	9,135					
							伊集院兼清			4,035			
							来間恭			2,614			
							紺野俊雄			766			
							平沢兵之助			692			
							(友野直二)						
							(吉川兼光)						
							(三島助治)						
							田中正義(被選挙権ヲ有セザリシモノ)						
	2	5	5	4	121,407	99,968	鳩山一郎		64,175	19,087	35,793	52.9	64.2
							中島弥団次	17,953					
							長野高一	15,945					
							駒井重次	11,752					
							川口寿	9,790					
							藤田茂一郎	8,735					
							武藤貞一			8,618			
							原彪之助			4,863			
							本間羅久治			1,025			
							上木神秀三			849			
							村田謙造			830			
							東瀬利雄			521			
							(森富太)						
	3	4	4	3	105,870	86,358	頼母木真六	16,481	44,484		41,874	42.0	51.5
							安藤正純			15,054			
							渡辺善十郎	10,255					
							今牧嘉雄	9,891					
							田川大吉郎			9,274			
							大久保源之丞	7,857					

						上条貢			4,596			
						茂木太市			4,206			
						南金太郎			3,744			
						平尾東策			1,969			
						細田綱吉			1,596			
						中野初太郎			920			
						小林知治			515			
	4	4	5	2	106,437	88,308	真鍋儀十	16,110	43,402		44,906	40.8	49.1
						滝沢七郎	9,713					
						本多市郎			9,316			
						山田竹治			7,914			
						小椋善男	6,643					
						朴春琴	5,530					
						町田辰次郎	5,406					
						糟谷磯平			4,933			
						名執安平			4,190			
						小野孝行			3,643			
						森兼道			3,371			
						中西雄洞			2,830			
						宮村亀一			2,348			
						伊藤信司			2,157			
						野々村寛止			1,866			
						関山茂太郎			1,186			
						李英介			1,044			
						菅原清吉			108			
						（浅沼稲次郎）						
						（井田友平）						
						（内田浅之助）						
	5	5	5	3	475,794	381,153	四王天延孝	76,250	182,843		198,310	38.4	48.0

							大橋清太郎	43,188					
							本領信治郎			29,478			
							牧野賤男	26,077					
							花村四郎			21,700			
							亀井貫一郎			20,120			
							児玉誉士夫			18,996			
							三上英雄	18,990					
							津久井竜雄	18,338					
							東舜英			15,788			
							鏑木忠正			14,862			
							広川弘禅			14,747			
							中島勝五郎			14,388			
							平林浅次郎			12,579			
							松岡駒吉			9,420			
							松野喜内			7,630			
							篠田八十八			4,967			
							加藤喜久			3,756			
							金原舜二			3,664			
							加藤好政			2,197			
							李家実			1,931			
							木道茂久			1,578			
							伊藤千代蔵			509			
							（菊地義郎）						
							（安山実）						
	6	5	5	3	473,006	389,900	中村梅吉	73,673	223,756		166,144	47.3	57.4
							前田米蔵	57,514					
							赤尾敏			46,298			
							山田清	41,078					
							田中源			28,411			

							浜野清吾	26,394					
							天野頼義	25,097					
							宮崎竜介			22,332			
							山田七郎			15,247			
							横瀬精一			13,698			
							佐藤正			12,839			
							鈴木仙八			10,281			
							熊本虎蔵			7,969			
							高木惣市			4,124			
							鈴木豊			3,070			
							小野寺栄治			1,875			
							（小林得三）						
							（横山清一）						
	7	3	3	3	104,804	92,310	津雲国利	31,655	69,276		23,034	66.1	75.1
							八並武治	20,611					
							坂本一角	17,010					
							中村高一			16,005			
							佐藤吉熊			7,029			
計		31	32	21	1,506,231	1,232,715		690,752	690,752	541,963	541,963	45.9	56.0
神奈川県	1	3	3	3	203,619	150,748	中助松	50,859	104,924		45,824	51.5	69.6
							田辺徳五郎	32,983					
							佐久間道夫	21,082					
							三浦寅之助			16,026			
							金井芳次			13,668			
							石河京市			7,917			
							石渡清作			6,215			
							長谷巌			1,998			
							（園田静夫）						
							（小串清一）						

	2	4	4	4	134,796	100,518	小泉又次郎	22,294	81,853		18,665	60.7	81.4
							野口喜一	20,260					
							野田武夫	20,086					
							岡本伝之助	19,213					
							片山哲			13,983			
							上森子鉄			4,682			
							(山本正一)						
							(伊藤忠治)						
							(斉藤保次)						
	3	4	4	3	112,461	91,537	平川松太郎	18,763	59,570		31,967	53.0	65.1
							河野一郎			16,230			
							安藤覚	15,665					
							山口左右平	14,402					
							鈴木英雄	10,740					
							古家達三			7,382			
							添田良信			6,612			
							栗原昇			1,743			
							(室伏高信)						
計		11	11	10	450,876	342,803		246,347	246,347	96,456	96,456	54.6	71.9
新潟県	1	3	2	2	83,336	66,078	長沼権一	17,348	27,950		38,128	33.5	42.3
							北昤吉			15,382			
							吉川大介	10,602					
							松木弘			5,958			
							安藤文祐			5,423			
							出塚助衛			2,946			
							中川作太郎			2,742			
							曾我正一			2,584			
							山岸泰三			1,123			
							加藤大輔			1,054			

							太田藤十郎 (児玉竜太郎)			916			
	2	4	5	4	104,099	81,598	高岡大輔 佐藤芳男 小柳牧衛 稲葉圭亮 井伊誠一 相沢成治 渡辺幸太郎 柄沢利清 (嶋名健)	20,291 12,797 12,336 10,542 7,577	63,543	 8,920 4,812 4,323	18,055	61.0	77.9
	3	5	6	4	135,845	109,733	三宅正一 川上法励 加藤知正 田下政治 今成留之助 佐藤謙之輔 稲村隆一 金子甚造 下条恭兵 高野忠蔵 高頭憲二郎 (鈴木謙治)	 18,039 16,030 15,466 9,549 7,915	66,999	25,481 6,184 3,939 3,526 2,590 1,014	42,734	49.3	61.1
	4	3	3	2	89,425	71,876	中村又七郎 石田善佐 増田義一 武田徳三郎 田村桝太郎	 18,589 16,644 14,299	49,532	20,546 1,798	22,344	55.4	68.9
計		15	16	12	412,705	329,285		208,024	208,024	121,261	121,261	50.4	63.2

富山県	1	3	3	2	92,084	73,467	井村荒喜	17,618	36,957		36,510	40.1	50.3
							高見之通			10,049			
							中川寛治	9,872					
							赤間徳寿	9,467					
							野村嘉六			8,699			
							山森利一			8,612			
							石坂豊一			5,116			
							鍛治良作			2,981			
							藤江清航			1,053			
	2	3	3	3	83,395	68,253	松村謙三	18,559	46,889		21,364	56.2	68.7
							大石斉治	15,929					
							卯尾田毅太郎	12,401					
							土倉宗明			7,449			
							綿貫佐民			6,714			
							飛見丈繁			5,361			
							岩佐虎一郎			940			
							野村幸助			900			
計		6	6	5	175,479	141,720		83,846	83,846	57,874	57,874	47.8	59.2
石川県	1	3	3	3	90,131	73,152	永井柳太郎	23,568	43,074		30,078	47.8	58.9
							村沢義二郎	9,756					
							箸本太吉	9,750					
							長谷長次			9,285			
							江川為信			8,236			
							殿田孝次			6,038			
							安達十六			5,176			
							林周盛			1,343			
	2	3	3	3	74,069	57,623	桜井兵五郎	17,667	40,537		17,086	54.7	70.3
							喜多壮一郎	11,545					
							青山憲三	11,325					

							益谷秀次			8,362			
							富田喜作			5,373			
							重山徳好			3,351			
							（山田作吉）						
計		6	6	6	164,200	130,775		83,611	83,611	47,164	47,164	50.9	63.9
福井県	全	5	5	4	139,559	122,705	薩摩雄次		79,034	25,224	43,671	56.6	64.4
							中西敏憲	19,720					
							猪野毛利栄	17,436					
							酒井利雄	15,908					
							添田敬一郎	13,690					
							斉藤直橘	12,280					
							池田七郎兵衛			5,231			
							斉木重一			4,917			
							小倉俊徳			2,869			
							長谷川政友			2,014			
							吉村丈男			1,854			
							渡辺修作			1,562			
計		5	5	4	139,559	122,705		79,034	79,034	43,671	43,671	56.6	64.4
山梨県	全	5	5	4	129,523	111,434	高野孫左衛門	19,749	78,568		32,866	60.7	70.5
							今井新造	19,636					
							平野力三			16,477			
							田辺七六	15,951					
							堀内一雄	15,101					
							白須規矩治	8,131					
							笠井重治			4,915			
							宇佐美一経			3,422			
							古屋貞雄			2,752			
							平林太一			2,612			
							井上潔			1,370			

							進藤誉造			1,225			
							大久保政知			93			
計		5	5	4	129,523	111,434		78,568	78,568	32,866	32,866	60.7	70.5
長野県	1	3	3	3	90,326	76,269	松本忠雄	22,140	58,864		17,405	65.2	77.2
							藤井伊右衛門	20,952					
							小坂武雄	15,772					
							田中弥助			9,930			
							丸山邦雄			4,519			
							花岡保			2,391			
							渡辺万作			565			
	2	3	3	3	79,642	66,729	小山亮	19,371	52,809		13,920	66.3	79.1
							小山邦太郎	18,804					
							羽田武嗣郎	14,634					
							鷲沢与四二			11,711			
							木内豊昭			2,209			
	3	4	4	4	101,497	86,432	木下信	21,890	73,865		12,567	72.8	85.5
							小平権一	20,214					
							吉川亮夫	16,283					
							中原謹司	15,478					
							宮沢胤勇			11,830			
							片倉弥太郎（遠山方景）			737			
	4	3	3	3	81,682	69,920	吉田正	20,800	51,192		18,728	62.7	73.2
							小野祐之	16,699					
							小野秀一	13,693					
							植原悦二郎			6,371			
							田中耕			6,011			
							松岡文七郎			5,258			
							富士川滋			1,088			

計		13	13	13	353,147	299,350		236,730	236,730	62,620	62,620	67.0	79.1
岐阜県	1	3	3	2	87,192	73,675	清寛	14,106	31,727		41,948	36.4	43.1
							船渡佐輔	12,373					
							石樽敬一			10,285			
							大野伴睦			9,171			
							水野後八			8,454			
							鷲見石之助			7,348			
							匹田鋭吉	5,248					
							上野文一			3,363			
							三浦正夫			3,327			
							（鈴木政一）						
							（鷲見兼五郎）						
	2	3	4	2	74,648	63,951	伊藤東一郎	10,645	33,560		30,391	45.0	52.5
							安田桑次	10,161					
							三田村武夫			7,355			
							河村市之衛	7,006					
							川瀬新一			6,995			
							木村作次郎			6,709			
							山本清之助	5,748					
							遠山丙市			4,325			
							大野黎			2,439			
							勝沼真民			2,080			
							田村豊一			488			
	3	3	3	3	103,947	86,743	牧野良三	24,574	60,471		26,272	58.2	69.7
							古屋慶隆	18,447					
							間宮成吉	17,450					
							長谷川俊一			11,799			
							加藤鐐造			7,329			
							熊崎藤三			4,889			

							大谷七郎 （伊佐治浮次郎）			2,255			
計		9	10	7	265,787	224,369		125,758	125,758	98,611	98,611	47.3	56.1
静岡県	1	5	5	4	168,696	140,025	八木元八	24,962	108,987		31,038	64.6	77.8
							山口忠五郎			24,540			
							深沢豊太郎	24,033					
							山田順策	23,429					
							加藤弘造	19,646					
							平野光雄	16,917					
							提不二雄			3,296			
							結城源一			3,202			
	2	4	4	3	115,944	96,017	鈴木忠吉	20,361	65,673		30,344	56.6	68.4
							金子彦太郎	18,445					
							大村直	16,009					
							勝又春一			13,214			
							春名成章	10,858					
							清水行之助			7,347			
							勝田穂策			5,669			
							塩川正蔵			2,759			
							鈴木主計			1,355			
							（肥田文作）						
							（古郡利朗）						
	3	4	4	3	122,418	104,436	太田正孝	23,232	68,043		36,393	55.6	65.2
							森口淳三	19,499					
							坂下仙一郎			14,822			
							加藤七郎	14,377					
							津倉亀作	10,935					
							倉元要一			9,498			
							村松道司			6,567			

							朝比奈秀徳			4,182			
							伊東茂雄			1,324			
							（加藤恒七）						
							（大石末吉）						
計		13	13	10	407,058	340,478		242,703	242,703	97,775	97,775	59.6	71.3
愛知県	1	5	5	4	278,166	215,766	加藤鐐五郎	32,928	138,680		77,086	49.9	64.3
							下出義雄	31,692					
							小山松寿	29,676					
							林正男	29,662					
							山崎常吉			22,344			
							奥村鉄三	14,722					
							服部崎市			13,007			
							田中善立			10,433			
							辻寛一			9,149			
							青山雅彦			8,229			
							太田吉太郎			6,712			
							榊原孫太郎			3,300			
							任龍吉			2,833			
							水野実郎			1,079			
							（竹下伝吉）						
							（塚本三）						
	2	3	3	2	104,177	86,698	中埜半左衛門	26,233	66,861		19,837	64.2	77.1
							樋口善右衛門	24,967					
							安藤孝三			16,823			
							塚原嘉一	15,661					
							服部英明			3,014			
							（神戸真）						
							（川本末治）						
	3	3	3	3	89,800	76,021	野田正昇	15,756	45,592		30,429	50.8	60.0

							加藤鯛一	15,124					
							冨田愛次郎	14,712					
							内藤守正			11,472			
							渡辺玉三郎			8,270			
							河野金昇			6,679			
							横井孝至			2,753			
							安藤冨士雄			1,255			
	4	3	3	3	105,934	92,181	本多鋼治	25,662	72,338		19,843	68.3	78.5
							小笠原三九郎	25,509					
							大野一造	21,167					
							小林錡			19,843			
	5	3	2	2	82,986	69,331	田嶋栄次郎	24,937	40,054		29,277	48.3	57.8
							鈴木正吾			18,293			
							大口喜六	15,117					
							杉浦武雄			8,826			
							岡本等			1,200			
							高崎信吉			958			
計		17	16	14	661,063	539,997		363,525	363,525	176,472	176,472	55.0	67.3
三重県	1	5	5	3	155,327	134,505	井野碩哉	33,690	95,456		39,049	61.5	71.0
							川崎克			23,597			
							九鬼紋七	18,417					
							馬岡次郎	16,801					
							松田正一			15,452			
							片岡恒一	13,578					
							川村尚武	12,970					
	2	4	3	2	103,679	84,012	浜地文平	21,270	45,564		38,448	43.9	54.2
							田村稔	14,557					
							尾崎行雄			14,525			
							長井源			12,630			

							石原円吉			10,477			
							南岩男	9,737					
							加藤松之助			816			
計		9	8	5	259,006	218,517		141,020	141,020	77,497	77,497	54.4	64.5
滋賀県	全	5	5	5	154,193	126,817	堤康次郎	28,634	83,612		43,205	54.2	65.9
							松原五百蔵	15,340					
							別所喜一郎	14,614					
							信正義雄	12,683					
							広野規矩太郎	12,341					
							田中養達			11,298			
							森幸太郎			10,510			
							矢尾喜三郎			6,638			
							草野一郎平			6,463			
							谷口銕治郎			3,326			
							梅沢次作			2,957			
							松岡源乃真			1,281			
							獅山知孝			732			
							（服部岩吉）						
							（堀江源一郎）						
計		5	5	5	154,193	126,817		83,612	83,612	43,205	43,205	54.2	65.9
京都府	1	5	5	3	194,800	145,694	田中伊三次		80,467	34,638	65,227	41.3	55.2
							今尾登	22,775					
							中村三之丞	18,549					
							田中和一郎	18,327					
							水谷長三郎			17,234			
							西村金三郎	10,727					
							坪田光蔵	10,089					
							福田関次郎			7,624			
							神田兵三			2,498			

							下吹越栄吉			1,509			
							森英吉			1,210			
							永井健蔵			514			
							（市村慶三）						
							（小山滝之助）						
	2	3	4	3	105,221	83,435	池本甚四郎	17,615	65,018		18,417	61.8	77.9
							田中好	16,822					
							川崎末五郎	16,424					
							北尾半兵衛	14,157					
							田中義男			7,925			
							藤田敬治			3,243			
							石川惇三			2,822			
							山本敏雄			2,799			
							竹井貞太郎			1,628			
	3	3	3	2	75,478	63,262	岡田啓治郎	18,811	48,246		15,016	63.9	76.3
							村上国吉	15,978					
							芦田均			15,016			
							水島彦一郎	13,457					
計		11	12	8	375,499	292,391		193,731	193,731	98,660	98,660	51.6	66.3
大阪府	1	3	2	2	138,709	91,836	田万清臣	26,401	49,553		42,283	35.7	54.0
							川上胤三	23,152					
							一松定吉			18,478			
							桝谷寅吉			15,312			
							伊藤松太郎			3,135			
							菊池東一郎			2,536			
							東正康			2,438			
							吉倉巳之助			384			
							（板野友造）						
	2	3	3	3	84,190	57,597	山本芳治	17,339	46,639		10,958	55.4	81.0

							田中藤作	15,506					
							紫安新九郎	13,794					
							井上良次			7,470			
							渋田常太郎			3,488			
	3	4	4	3	140,042	98,600	池崎忠孝	24,168	60,701		37,899	43.3	61.6
							高梨乙松			17,849			
							上田孝吉	16,863					
							山野平一	11,564					
							塚本重蔵			10,907			
							内藤正剛	8,106					
							広江源三郎			4,471			
							吉津度			2,895			
							金正米吉			1,777			
							（井波義吉）						
	4	4	4	3	388,062	268,959	菅野和太郎	43,797	145,412		123,547	37.5	54.1
							大川光三	40,153					
							吉川吉郎兵衛	33,082					
							西尾末広			30,699			
							江崎利一	28,380					
							山根敏三			17,493			
							中山福蔵			14,936			
							大橋治房			10,817			
							辛秦嶽			8,750			
							川村保太郎			8,300			
							本田弥市郎			8,086			
							李善洪			6,159			
							吉松正勝			5,930			
							大源正行			5,548			
							遠藤清			4,622			

							毛谷村三次郎			2,207			
							（木下清一郎）						
							（奥田秦治）						
	5	4	4	3	209,941	167,268	勝田永吉	37,019	101,214		66,054	48.2	60.5
							笹川良一			36,173			
							杉山元治郎	25,474					
							大倉三郎	20,892					
							曾和義弌	17,829					
							田中万逸			14,827			
							鈴木愛之助			7,866			
							寺島宗一郎			7,188			
							（石井庄逸）						
	6	3	3	3	117,874	98,594	河盛安之介	32,603	78,618		19,976	66.7	79.7
							松田竹千代	24,192					
							井阪豊光	21,823					
							中尾武彦			11,407			
							田辺納			4,317			
							堀内寅太郎			4,252			
計		21	20	17	1,078,818	782,854		482,137	482,137	300,717	300,717	44.7	61.6
兵庫県	1	5	5	5	211,336	159,304	中井一夫	34,232	116,234		43,070	55.0	73.0
							河上丈太郎	22,981					
							今井嘉幸	20,178					
							金光邦三	20,092					
							浜野徹太郎	18,751					
							永江一夫			13,053			
							森崎了三			11,010			
							大久保直次郎			6,856			
							良島栄六			5,004			
							池田凉一郎			4,841			

						江南富三郎			2,306			
2	4	4	3	195,487	151,530	前田房之助	39,320	105,267		46,263	53.8	69.5
						阪本勝	35,955					
						白川久雄	18,083					
						南鉄太郎			16,553			
						小林房之助	11,909					
						長尾有			8,622			
						立川平			8,104			
						蔭山貞吉			7,896			
						米窪満亮			5,088			
						（浜圭蔵）						
						（竹田延逸）						
						（和田甚九郎）						
3	3	3	2	99,636	83,134	小林絹治	28,902	59,708		23,426	59.9	71.8
						黒田巌	19,682					
						吉田賢一			12,138			
						田中源三郎			11,288			
						八木幸吉	11,124					
4	4	5	3	111,293	94,037	清瀬一郎	16,866	71,659		22,378	64.4	76.2
						古河和一郎			16,758			
						田中武雄	15,912					
						原惣兵衛	14,085					
						鹿島守之助	13,174					
						小畑虎之助	11,622					
						桑田虎夫			5,294			
						福渡国男			326			
5	3	2	1	77,677	66,990	斎藤隆夫		21,753	19,753	45,237	28.0	32.5
						佐々井一晁			12,268			
						木崎為之	12,066					

							若宮貞夫			11,290			
							山川頼三郎	9,687					
							植村嘉三郎			1,926			
計		19	19	14	695,429	554,995		374,621	374,621	180,374	180,374	53.9	67.5
奈良県	全	5	5	4	132,029	108,167	越智太兵衛	23,933	68,499		39,668	51.9	63.3
							北村又左衛門	15,697					
							江藤源九郎			12,699			
							植村武一	10,855					
							福井甚三	9,299					
							松尾四郎	8,715					
							服部教一			8,433			
							水原久夫			7,125			
							北浦圭太郎			5,730			
							鈴木公平			5,681			
							(斎藤寿昌)						
							(松原利左衛門)						
計		5	5	4	132,029	108,167		68,499	68,499	39,668	39,668	51.9	63.3
和歌山県	1	3	4	2	104,858	82,812	中谷武世	17,308	50,664		32,148	48.3	61.2
							松山常次郎	13,626					
							山口喜久一郎			10,789			
							坊秀男	10,663					
							玉置吉之丞			9,447			
							西田郁平	9,067					
							蓬台雅一			4,705			
							志波清太郎			4,630			
							坂東栄吉			2,577			
							(津田清一郎)						
							(島本次信)						
	2	3	3	3	85,747	65,507	角猪之助	18,425	46,289		19,218	54.0	70.7

							小山谷蔵	14,214					
							森川仙太	13,650					
							世耕弘一			6,329			
							田淵豊吉			4,784			
							松本真一			3,004			
							西川瀁			2,833			
							大倉修			2,268			
計		6	7	5	190,605	148,319		96,953	96,953	51,366	51,366	50.9	65.4
鳥取県	全	4	4	4	99,901	84,758	三好英之	19,439	67,745		17,013	67.8	79.9
							坂口平兵衛	16,432					
							豊田収	16,088					
							由谷義治	15,786					
							稲田直道			13,544			
							庄司彦男			1,812			
							湯原彦三			931			
							大谷直定			726			
計		4	4	4	99,901	84,758		67,745	67,745	17,013	17,013	67.8	79.9
島根県	1	3	3	2	90,831	74,071	田部朋之	27,533	57,116		16,955	62.9	77.1
							桜内幸雄	19,887					
							原夫次郎			16,955			
							高橋円三郎	9,696					
	2	3	4	2	74,028	59,597	恒松於菟二	18,445	45,429		14,168	61.4	76.2
							島田俊雄	12,956					
							田中勝之助			11,116			
							俵孫一	8,667					
							沖島鎌三	5,361					
							白川伝徳			3,052			
計		6	7	4	164,859	133,668		102,545	102,545	31,123	31,123	62.2	76.7
岡山県	1	5	6	4	148,564	118,858	岡田忠彦	21,870	86,299		32,559	58.1	72.6

							久山知之	18,002					
							森谷新一	16,707					
							片山一男	12,666					
							逢沢寛			12,255			
							粕山八郎治	9,505					
							行吉角治			8,119			
							池田弘	7,549					
							野崎清二			4,447			
							後藤誉司男			2,831			
							佐藤又造			2,109			
							石原美行			2,052			
							近藤強志			746			
							（南正雄）						
							（田淵久）						
	2	5	5	3	147,729	118,362	小川郷太郎	25,682	62,066		56,296	42.0	52.4
							星島二郎			20,586			
							犬養健			17,786			
							小谷節夫	11,577					
							土屋源市	10,640					
							守屋序平	10,166					
							多賀安郎			4,506			
							高橋義恵			4,400			
							薬師寺主計	4,001					
							中西郷市			3,692			
							小野実雄			2,750			
							大西長次郎			2,576			
							（近藤昌一）						
							（重井鹿治）						
計		10	11	7	296,293	237,220		148,365	148,365	88,855	88,855	50.1	62.5

広島県	1	4	4	3	132,279	105,450	古田喜三太	23,657	73,187		32,263	55.3	69.4
							奥久登	22,971					
							岸田正記	16,148					
							加藤俊夫			10,770			
							名川侃市			10,577			
							岡野竜一	10,411					
							渡辺忠雄			5,631			
							石田公総			3,165			
							平野馨			2,120			
							（山田節男）						
	2	4	4	2	134,320	103,343	田中貢		53,764	20,216	49,579	40.0	52.0
							永野護	19,771					
							木原七郎	16,932					
							肥田琢司			12,758			
							竹尾三郎平	12,536					
							前田栄之助			12,211			
							平原重幸	4,525					
							正国務			2,173			
							高橋潔			1,614			
							大久保頼之助			607			
	3	5	5	4	138,526	116,774	永山忠則	20,838	89,986		26,788	65.0	77.1
							土屋寛	20,016					
							作田高太郎	18,316					
							森田福市			18,315			
							宮沢裕	15,858					
							米田規矩馬	14,958					
							原利重			4,973			
							松田雪堂			3,500			
計		13	13	9	405,125	325,567		216,937	216,937	108,630	108,630	53.5	66.6

山口県	1	4	4	3	135,788	103,454	西川貞一	22,228	71,911		31,543	53.0	69.5
							林佳介	20,354					
							紀藤常亮	16,463					
							安部寛			14,619			
							藤田包助	12,866					
							青木作雄			11,842			
							福田泰三			5,082			
	2	5	6	5	136,162	105,170	岸信介	30,302	83,450		21,720	61.3	79.3
							西村茂生	14,297					
							窪井義道	12,630					
							八木宋十郎	11,162					
							伊藤三樹三	8,612					
							福田悌夫	6,447					
							村田公亮			6,096			
							永田新之允			5,835			
							清水為吉			5,241			
							中野治介			3,241			
							角田勝三郎			789			
							甲田満穂			518			
計		9	10	8	271,950	208,624		155,361	155,361	53,263	53,263	57.1	74.5
徳島県	1	3	3	3	81,568	63,116	谷原公	20,343	45,292		17,824	55.5	71.8
							紅露昭	13,146					
							田村秀吉	11,803					
							四宮久吉			5,501			
							田所多喜二			4,877			
							生田和平			4,494			
							津川義男			2,693			
							萩沢信太郎			259			
	2	3	3	2	76,205	60,178	秋田清	14,788	37,964		22,214	49.8	63.1

							三木与吉郎	12,654					
							三木武夫			12,252			
							三木熊二	10,522					
							真鍋勝			9,962			
							（宮内藤吉）						
							（佐藤国平）						
計		6	6	5	157,773	123,294		83,256	83,256	40,038	40,038	52.8	67.5
香川県	1	3	2	1	78,807	62,633	藤本捨助	16,719	26,434		36,199	33.5	42.2
							三木武吉			13,426			
							前川正一			11,988			
							鈴木義伸	9,715					
							宮脇長吉			5,529			
							小西和			5,256			
	2	3	3	2	81,337	64,086	矢野庄太郎		43,329	17,017	20,757	53.3	67.6
							松浦伊平	16,705					
							岸井寿郎	16,315					
							安達賢	10,309					
							三徳岩雄			3,740			
計		6	5	3	160,144	126,719		69,763	69,763	56,956	56,956	43.6	55.1
愛媛県	1	3	3	2	84,711	68,949	武知勇記	23,466	54,474		14,475	64.3	79.0
							岡本馬太郎	22,490					
							米田吉盛			9,559			
							堀本宜実	8,518					
							栗山吉清			4,916			
	2	3	3	3	87,572	70,386	山中義貞	15,696	37,791		32,595	43.2	53.7
							河上哲太	12,807					
							村瀬武男	9,288					
							馬越晃			6,621			
							渡辺鬼子松			5,864			

							近藤敏夫			4,952			
							安藤音三郎			4,732			
							林田哲雄			4,070			
							馬越旺輔			3,595			
							竹田安次			2,761			
	3	3	3	3	72,153	56,685	野本吉兵衛	12,956	34,371		22,314	47.6	60.6
							毛山森太郎	12,101					
							高畠亀太郎	9,314					
							薬師神岩太郎			8,030			
							布利秋			7,781			
							高橋英吉			6,503			
							（名本政一）						
計		9	9	8	244,436	196,020		126,636	126,636	69,384	69,384	51.8	64.6
高知県	1	3	3	2	81,758	62,846	松永寿雄	12,801	24,308		38,538	29.7	38.7
							大石大			11,905			
							宇田耕一	11,507					
							安芸盛			10,558			
							長野長広			9,682			
							浅井茂猪			3,284			
							岡上守道			2,327			
							安部俊三郎			782			
							（原淳一郎）						
	2	3	3	3	77,318	60,247	依光好秋	14,325	36,025		24,222	46.6	59.8
							中越義幸	11,936					
							小野義一	9,764					
							林譲治			9,284			
							佐竹晴記			6,969			
							氏原一郎			4,665			
							金子多命			2,323			

							尾崎重美			981			
計		6	6	5	159,076	123,093		60,333	60,333	62,760	62,760	37.9	49.0
福岡県	1	4	4	3	135,621	106,417	中野正剛		72,100	24,543	34,317	53.2	67.8
							松本治一郎	21,756					
							森部隆輔	18,505					
							江口繁	16,058					
							簡牛凡夫	15,781					
							原口初太郎			8,691			
							本田高義			1,083			
							（石井浅爾）						
	2	5	5	4	194,250	148,242	満井佐吉		78,779	42,830	69,463	40.6	53.1
							松尾三蔵	18,751					
							赤松寅七	16,353					
							吉田敬太郎	16,063					
							図師兼弐	13,959					
							石井徳久次	13,653					
							西田隆男			8,489			
							伊藤卯四郎			4,772			
							堂本為広			4,064			
							犬伏林十郎			3,506			
							山隈新一			3,487			
							藤野正蔵			845			
							荒牧健造			582			
							上原進			462			
							青柳長次郎			426			
							（松金弘）						
	3	5	5	4	143,704	120,074	楢橋渡		70,473	18,766	49,601	49.0	58.7
							沖蔵	18,147					
							山崎達之輔	15,367					

							鶴惣市	15,364					
							松延弥三郎	12,661					
							岡幸三郎			10,319			
							稲富稜人			9,609			
							木村義雄	8,934					
							古賀喜太郎			6,947			
							藤田国雄			2,215			
							石田秀人			1,143			
							西山暢造			602			
							(野田俊作)						
							(甲木保)						
	4	4	4	4	132,009	103,351	橋本欣五郎	22,180	70,304		33,047	53.3	68.0
							勝正憲	17,116					
							有馬英治	16,086					
							林信雄	14,922					
							田原春次			9,927			
							末松偕一郎			8,456			
							岡正巳			7,511			
							末次虎太郎			2,844			
							小池四郎			2,777			
							神崎武雄			1,127			
							少佐保正			405			
計		18	18	15	605,584	478,084		291,656	291,656	186,428	186,428	48.2	61.0
佐賀県	1	3	3	2	56,332	47,945	真崎勝次	23,335	38,906		9,039	69.1	81.1
							池田秀雄	8,247					
							田中亮一			7,630			
							中野邦一	7,324					
							大川孝夫			1,409			
	2	3	3	2	76,319	64,003	藤生安太郎	17,155	36,929		27,074	48.4	57.7

							愛野時一郎	10,603					
							松岡平市			9,705			
							中村又一			9,652			
							一ノ瀬俊民	9,171					
							大渡熊次			5,589			
							森峰一			2,128			
							（西村啓）						
計		6	6	4	132,651	111,948		75,835	75,835	36,113	36,113	57.2	67.7
長崎県	1	5	5	5	140,046	107,555	伊吹元五郎	23,993	91,843		15,712	65.6	85.4
							馬場元治	20,554					
							木下義介	17,402					
							中瀬拙夫	15,708					
							則元卯太郎	14,186					
							西岡竹次郎			11,155			
							太田理一			2,403			
							本田英作			1,516			
							犬塚卯作			638			
	2	4	4	4	117,836	91,238	小浦総平	26,162	72,717		18,521	61.7	79.7
							鈴木重次	15,774					
							川副隆	15,496					
							森肇	15,285					
							牧山耕蔵			10,962			
							松本寅一			3,808			
							藤原繁太郎			1,635			
							立石岩市			1,541			
							中村弥左衛			575			
							（福田萬作）						
							（古川八太夫）						
計		9	9	9	257,882	198,793		164,560	164,560	34,233	34,233	63.8	82.8

熊本県	1	5	5	5	161,584	106,053	荒川真郷	24,685	91,043		15,010	56.3	85.8
							大麻唯男	21,174					
							松野鶴平	17,449					
							木村正義	16,279					
							石坂繁	11,456					
							平野澄久			5,578			
							松前顕義			3,286			
							笠蔵次			2,698			
							中島忠之			2,149			
							坂本秦良			1,299			
	2	5	5	5	135,464	108,538	中井亮作	23,932	83,522		25,016	61.7	77.0
							深水吉毅	19,070					
							三善信房	16,858					
							蔵原敏捷	12,873					
							伊豆富人	10,789					
							上塚司			10,025			
							吉田安			8,589			
							小見山七十五郎			4,384			
							古川通貫			2,018			
計		10	10	10	267,048	214,591		174,565	174,565	40,026	40,026	65.4	81.3
大分県	1	4	4	4	124,697	100,203	柏原幸一	21,341	73,297		26,906	58.8	73.1
							金光庸夫	19,976					
							大島高精	18,310					
							一宮房治郎	13,670					
							野依秀市			9,074			
							塩月学			7,454			
							原尻束			3,187			
							長野綱良			3,040			
							波多野政男			2,647			

							佐藤清八 （三浦万二郎） （蜷木稔）			1,504			
	2	3	3	3	76,076	63,317	山口馬城次	18,649	51,547		11,770	67.8	81.4
							綾部健太郎	17,476					
							木下郁	15,422					
							和泉市蔵			3,960			
							高山定光			3,570			
							加島末広			2,515			
							安部万太郎 （杉本満）			1,725			
計		7	7	7	200,773	163,520		124,844	124,844	38,676	38,676	62.2	76.3
宮崎県	全	5	5	5	160,817	126,209	斉藤正身	21,966	97,573		28,636	60.7	77.3
							三浦虎雄	21,864					
							曾木重貴	19,135					
							野村嘉久馬	18,443					
							小田彦太郎	16,165					
							伊東岩男			12,664			
							甲斐政治			7,413			
							押川定秋			4,434			
							淵通義			2,119			
							水久保甚作			2,006			
計		5	5	5	160,817	126,209		97,573	97,573	28,636	28,636	60.7	77.3
鹿児島県	1	5	5	5	119,400	92,138	高城憲夫	15,546	73,142		18,996	61.3	79.4
							松方幸次郎	14,764					
							南郷武夫	14,668					
							小泉純也	14,654					
							津崎尚武	13,510					
							上林山栄吉			5,239			

							慶田茂			3,823			
							井上知治			3,526			
							早川秀雄			2,403			
							中村嘉寿			2,362			
							宇田国栄			1,323			
							宇留島千早			320			
	2	4	4	4	107,176	90,277	濱田尚友	25,360	78,605		11,672	73.3	87.1
							原口純允	18,410					
							東郷實	17,627					
							寺田市正	17,208					
							宮下巌			3,629			
							冨吉栄二			2,623			
							尾崎末吉			2,497			
							宮崎董			2,287			
							古川義雄			372			
							下村栄二			264			
	3	3	3	3	67,447	55,383	宗前清	20,059	48,308		7,075	71.6	87.2
							永田良吉	15,277					
							金井正夫	12,972					
							山元亀次郎			4,559			
							二階堂進			2,050			
							西衛			466			
							(大和茂樹)						
							(小林三郎)						
							(野村不二)						
							(前田郁)						
計		12	12	12	294,023	237,798		200,055	200,055	37,743	37,743	68.0	84.1
沖縄県	全	5	6	3	127,663	79,870	漢那憲和	15,366	48,944		30,926	38.3	61.3
							仲井間宗一	10,269					

							伊札肇	9,301					
							桃原茂太			9,224			
							湧上聾人			8,267			
							仲宗根玄愷	7,901					
							真栄城守行	6,107					
							崎山嗣朝			3,787			
							屋比久孟徳			3,703			
							島袋清			2,549			
							下里恵良			1,938			
							小田栄			1,458			
							（平良辰雄）						
							（仲吉良光）						
計		5	6	3	127,663	79,870		48,944	48,944	30,926	30,926	38.3	61.3
合計	122	466	466	381	15,016,649	12,017,130		7,958,172	7,958,172	4,058,958	4,058,958		
全国集計												53.0	66.2

注）推薦候補者は、立候補を取りやめた下記の３名を除き、計 466 人である。

新潟３区・鈴木謙治氏、高知１区・原淳一郎氏、沖縄全県区・平良辰雄氏の３名は、推薦候補であったが立候補後、辞退した。

以下の訂正は、昭和 17 年５月３日付朝日新聞３面に基づく。

ｉ）北海道５区・奥野小四郎氏は、『資料５』では推薦候補とされていなかったが、推薦候補者である。

ⅱ）東京府５区において、三上英雄氏の得票数が 18,990、児玉誉士夫氏の得票数が 18,996 である（『資料５』ではこれらが入れ替わっていた）。

以下の訂正は、衆議院事務局発行の選挙結果に基づく。

ｉ）北海道４区・下沢秀夫氏の獲得票数は、『資料５』には「3,373」とあったが、正しくは「2,373」である。

ⅱ）大阪５区の有効票総数は、『資料５』には「167,266」とあったが、正しくは「167,268」である。

【資料4－ロ】第21回総選挙結果（全国）

※ 有権者数＝a　有効票総数＝b　推薦候補者の獲得票数合計＝c

道府県	区	定数（人）	推薦候補者数（人）	c/a（%）		c/b（%）	
北海道	1	4	4	36.7		50.8	
	2	4	4	41.4		55.0	
	3	3	3	48.3		74.4	
	4	5	5	50.1		65.3	
	5	4	3	55.2		74.3	
計		20	20		46.6		63.7
青森県	1	3	2	24.6		33.2	
	2	3	3	28.6		35.1	
計		6	5		34.5		44.6
岩手県	1	3	3	70.7		90.2	
	2	4	4	66.3		81.0	
計		7	7		68.2		85.0
宮城県	1	5	4	47.8		57.6	
	2	3	3	62.4		76.5	
計		8	7		53.7		65.1
秋田県	1	4	4	47.9		61.0	
	2	3	3	38.6		47.1	
計		7	7		43.5		54.3
山形県	1	4	4	55.3		64.7	
	2	4	4	43.1		53.1	
計		8	8		49.6		59.5
福島県	1	3	3	45.1		54.2	
	2	5	5	57.3		69.1	
	3	3	3	55.3		65.9	
計		11	11		53.0		63.7
茨城県	1	4	4	60.0		76.0	
	2	3	3	61.7		75.3	
	3	4	3	55.7		68.1	
計		11	10		58.9		72.8
栃木県	1	5	5	59.6		71.5	
	2	4	4	74.9		87.7	
計		9	9		67.0		79.5
群馬県	1	5	5	68.4		78.9	
	2	4	4	58.0		68.6	
計		9	9		64.1		74.7
埼玉県	1	4	4	62.0		71.2	
	2	4	4	62.0		70.1	
	3	3	3	58.2		66.9	
計		11	11		61.0		69.8
千葉県	1	4	4	45.6		55.4	

	2	3	3	51.8		64.1	
	3	4	5	59.4		75.3	
計		11	12		51.6		63.8
東京府	1	5	5	52.8		66.3	
	2	5	5	52.9		64.2	
	3	4	4	42.0		51.5	
	4	4	5	40.8		49.1	
	5	5	5	38.4		48.0	
	6	5	5	47.3		57.4	
	7	3	3	66.1		75.1	
計		31	32		45.9		56.0
神奈川県	1	3	3	51.5		69.6	
	2	4	4	60.7		81.4	
	3	4	4	53.0		65.1	
計		11	11		54.6		71.9
新潟県	1	3	2	33.5		42.3	
	2	4	5	61.0		77.9	
	3	5	6	49.3		61.1	
	4	3	3	55.4		68.9	
計		15	16		50.4		63.2
富山県	1	3	3	40.1		50.3	
	2	3	3	56.2		68.7	
計		6	6		47.8		59.2
石川県	1	3	3	47.8		58.9	
	2	3	3	54.7		70.3	
計		6	6		50.9		63.9
福井県	全	5	5	56.6		64.4	
計		5	5		56.6		64.4
山梨県	全	5	5	60.7		70.5	
計		5	5		60.7		70.5
長野県	1	3	3	65.2		77.2	
	2	3	3	66.3		79.1	
	3	4	4	72.8		85.5	
	4	3	3	62.7		73.2	
計		13	13		67.0		79.1
岐阜県	1	3	3	36.4		43.1	
	2	3	4	45.0		52.5	
	3	3	3	58.2		69.7	
計		9	10		47.3		56.1
静岡県	1	5	5	64.6		77.8	
	2	4	4	56.6		68.4	
	3	4	4	55.6		65.2	
計		13	13		59.6		71.3
愛知県	1	5	5	49.9		64.3	

	2	3	3	64.2		77.1	
	3	3	3	50.8		60.0	
	4	3	3	68.3		78.5	
	5	3	2	48.3		57.8	
計		17	16		55.0		67.3
三重県	1	5	5	61.5		71.0	
	2	4	3	43.9		54.2	
計		9	8		54.4		64.5
滋賀県	全	5	5	54.2		65.9	
計		5	5		54.2		65.9
京都府	1	5	5	41.3		55.2	
	2	3	4	61.8		77.9	
	3	3	3	63.9		76.3	
計		11	12		51.6		66.3
大阪府	1	3	2	35.7		54.0	
	2	3	3	55.4		81.0	
	3	4	4	43.3		61.6	
	4	4	4	37.5		54.1	
	5	4	4	48.2		60.5	
	6	3	3	66.7		79.7	
計		21	20		44.7		61.6
兵庫県	1	5	5	55.0		73.0	
	2	4	4	53.8		69.5	
	3	3	3	59.9		71.8	
	4	4	5	64.4		76.2	
	5	3	2	28.0		32.5	
計		19	19		53.9		67.5
奈良県	全	5	5	51.9		63.3	
計		5	5		51.9		63.3
和歌山県	1	3	4	48.3		61.2	
	2	3	3	54.0		70.7	
計		6	7		50.9		65.4
鳥取県	全	4	4	67.8		79.9	
計		4	4		67.8		79.9
島根県	1	3	3	62.9		77.1	
	2	3	4	61.4		76.2	
計		6	7		62.2		76.7
岡山県	1	5	6	58.1		72.6	
	2	5	5	42.0		52.4	
計		10	11		50.1		62.5
広島県	1	4	4	55.3		69.4	
	2	4	4	40.0		52.0	
	3	5	5	65.0		77.1	
計		13	13		53.5		66.6

山口県	1	4	4	53.0		69.5	
	2	5	6	61.3		79.3	
計		9	10		57.1		74.5
徳島県	1	3	3	55.5		71.8	
	2	3	3	49.8		63.1	
計		6	6		52.8		67.5
香川県	1	3	2	33.5		42.2	
	2	3	3	53.3		67.6	
計		6	5		43.6		55.1
愛媛県	1	3	3	27.7		34.0	
	2	3	3	43.2		53.7	
	3	3	3	47.6		60.6	
計		9	9		51.8		64.6
高知県	1	3	3	29.7		38.7	
	2	3	3	46.6		59.8	
計		6	6		37.9		49.0
福岡県	1	4	4	53.2		67.8	
	2	5	5	40.6		53.1	
	3	5	5	49.0		58.7	
	4	4	4	53.3		68.0	
計		18	18		48.2		61.0
佐賀県	1	3	3	69.1		81.1	
	2	3	3	48.4		57.7	
計		6	6		57.2		67.7
長崎県	1	5	5	65.6		85.4	
	2	4	4	61.7		79.7	
計		9	9		63.8		82.8
熊本県	1	5	5	56.3		85.8	
	2	5	5	61.7		77.0	
計		10	10		65.4		81.3
大分県	1	4	4	58.8		73.1	
	2	3	3	67.8		81.4	
計		7	7		62.2		76.3
宮崎県	全	5	5	60.7		77.3	
計		5	5		60.7		77.3
鹿児島県	1	5	5	61.3		79.4	
	2	4	4	73.3		87.1	
	3	3	3	71.6		87.2	
計		12	12		68.0		84.1
沖縄県	全	5	6	38.3		61.3	
計		5	6		38.3		61.3
合計	122	466	466				
全国集計				53.0		66.2	

【資料 5】第 21 回総選挙結果（鹿児島第２区）

市郡町村		有権者数（人）	投票率（%）	候補者得票数										
				濱田尚友	原口純允	東郷 實	寺田市正	宮下 巖	冨吉榮二	尾崎末吉	宮崎 董	古川義雄	下村榮二	計
川内市		5,835	86.5	18	18	32	4,785	7	114	39	20	3	13	5,049
薩摩郡	水引村	878	87.7	1	1	2	750	0	9	6	1	0	0	770
	高城村	1,857	87.1	1	7	6	1,478	8	27	78	9	1	2	1,617
	高江村	744	87.2	0	0	3	622	1	13	4	3	0	3	649
	永利村	635	86.6	3	9	3	492	3	17	3	19	0	1	550
	樋脇町	1,767	92.0	1	2	4	1,561	1	40	3	9	3	1	1,625
	入來村	1,510	92.7	0	5	5	1,264	25	48	35	15	0	3	1,400
	下東郷村	658	89.4	0	2	9	552	2	8	11	3	0	1	588
	上東郷村	1,687	85.5	1	2	4	1,388	3	19	5	12	0	8	1,442
	山崎村	1,232	88.2	0	2	11	1,023	0	23	24	4	0	0	1,087
	宮之城町	2,438	91.5	6	2,047	8	69	13	51	11	24	2	0	2,231
	佐志村	456	87.7	0	376	1	9	3	8	1	0	0	2	400
	鶴田村	1,177	95.0	0	1,076	1	14	5	20	1	1	0	0	1,118
	求名村	598	94.1	0	547	2	8	0	4	0	1	1	0	563
	永野村	729	91.2	1	536	3	60	5	37	17	3	3	0	665
	黒木村	273	93.8	0	254	0	1	0	1	0	0	0	0	256
	大村	1,168	86.6	0	921	1	27	3	49	3	0	1	6	1,011
	藺牟田村	398	85.9	0	329	0	8	0	4	0	0	1	0	342
	里村	636	75.8	0	3	1	450	5	3	6	13	1	0	482
	上甑村	1,198	79.7	1	6	5	848	36	11	5	43	0	0	955
	下甑村	2,384	68.2	1	10	8	1,464	13	23	10	98	0	0	1,627
	計	22,423	86.4	16	6,135	77	12,088	126	415	223	258	13	27	19,378

出水郡	出水町	2,741	84.6	31	631	24	52	1,376	39	45	119	1	1	2,319
	米ノ津町	2,702	82.5	12	920	28	63	877	30	180	110	2	6	2,228
	阿久根町	4,978	80.4	2,425	11	14	38	61	11	1,413	18	0	10	4,001
	野田村	923	83.6	5	339	14	13	201	11	163	26	0	0	772
	高尾野町	1,582	87.6	3	1,083	22	9	151	18	37	58	0	5	1,386
	三笠村	1,973	85.4	410	51	47	64	465	22	236	380	1	8	1,684
	東長島村	1,783	78.1	346	1	6	12	98	6	18	902	0	3	1,392
	西長島村	1,341	77.9	650	0	8	11	54	1	42	278	0	0	1,044
	大川内村	699	85.1	2	358	3	12	179	12	11	17	0	1	595
	計	18,722	82.4	3,884	3,394	166	274	3,462	150	2,145	1,908	4	34	15,421
伊佐郡	大口町	2,367	91.0	1	2,104	6	6	2	25	4	6	0	1	2,155
	山野町	1,351	88.9	1	1,185	0	2	2	6	3	2	0	0	1,201
	羽月村	1,125	92.8	1	1,025	1	0	4	10	0	3	0	0	1,044
	西太良村	717	92.2	0	636	1	0	3	13	1	6	1	0	661
	本城村	776	92.3	1	706	0	1	0	8	0	0	0	0	716
	菱刈町	1,505	93.0	1	1,379	6	0	1	11	2	0	0	0	1,400
	計	7,841	91.5	5	7,035	14	9	12	73	10	17	1	1	7,177
始良郡	加治木町	2,415	91.4	2,081	8	25	4	1	70	2	2	2	12	2,207
	帖佐町	1,663	87.7	1,339	0	28	5	1	74	1	1	1	8	1,458
	重富村	833	92.1	746	1	1	0	0	16	0	2	0	1	767
	蒲生町	2,302	87.0	1,933	2	6	1	0	51	0	0	3	7	2,003
	山田村	1,166	86.1	983	0	0	2	1	16	1	0	1	0	1,004
	溝辺村	1,239	88.5	1,086	0	1	0	0	7	0	1	0	2	1,097
	横川町	1,581	88.2	1,292	7	28	11	0	39	8	3	5	2	1,395
	栗野町	2,210	84.3	10	1,731	13	4	7	75	9	5	4	5	1,863
	吉松村	1,076	90.5	925	8	11	3	2	14	1	2	5	3	974

始良郡	牧園町	2,219	88.3	1,865	6	18	1	0	49	3	6	4	8	1,960
	日當山村	706	83.4	529	1	3	1	0	40	0	1	1	13	589
	霧島村	1,886	87.7	1,381	5	24	0	0	184	0	0	0	60	1,654
	清水村	1,266	85.2	841	2	7	0	0	222	1	1	1	3	1,078
	國分町	1,373	88.2	1,102	3	17	4	0	82	0	1	0	2	1,211
	隼人町	2,369	88.5	1,883	3	12	1	1	178	5	1	2	11	2,097
	東國分村	1,286	91.7	1,134	2	19	0	0	20	2	0	0	2	1,179
	敷根村	877	93.6	805	0	9	0	0	6	0	1	0	0	821
	福山町	1,741	88.7	1,463	10	8	1	0	51	2	0	4	6	1,545
	計	28,208	88.3	21,398	1,789	230	38	13	1,194	35	27	33	145	24,902
囎唹郡	岩川町	1,500	92.1	6	9	1,264	1	1	46	2	5	47	0	1,381
	恒吉村	1,013	86.3	3	1	825	1	0	34	1	0	9	0	874
	市成村	626	88.8	2	0	531	0	0	19	0	1	2	1	556
	財部町	2,535	94.0	0	2	2,326	1	0	47	0	4	3	1	2,384
	末吉町	4,080	86.8	7	8	3,210	0	3	236	6	7	60	3	3,540
	松山村	1,151	85.9	2	0	957	0	1	21	0	1	7	0	989
	志布志町	3,586	88.5	14	17	2,891	8	1	87	16	21	93	25	3,173
	西志布志村	2,317	82.3	2	1	1,721	2	1	102	2	11	61	4	1,907
	月野村	709	88.0	0	0	598	0	0	20	1	1	4	0	624
	野方村	921	86.6	0	0	773	0	0	15	1	2	6	1	798
	大崎町	2,485	85.5	3	1	2,012	1	2	50	16	4	26	9	2,124
	計	20,923	87.7	39	39	17,108	14	9	677	45	57	318	44	18,350
合計		103,952	86.8	25,360	18,410	17,627	17,208	3,629	2,623	2,497	2,287	372	264	90,277

【資料 6】 5回の総選挙での棄権率（鹿児島県および全国）

		第 17 回			第 18 回			第 19 回		
		a	b	c	a	b	c	a	b	c
鹿児島県	1	119,299	28,770	24.1	121,782	31,533	25.9	126,990	32,397	25.5
	2	108,769	24,149	22.2	110,090	27,847	25.3	113,954	23,376	20.5
	3	73,527	15,619	21.2	73,994	13,676	18.5	75,651	15,428	20.4
	計	301,595	68,538	22.7	305,866	73,056	23.9	316,595	71,201	22.5
全国		12,769,854	2,108,376	16.5	12,141,349	2,202,207	18.2	14,480,099	3,054,364	21.1

		第 20 回			第 21 回		
		a	b	c	a	b	c
鹿児島県	1	125,962	37,660	29.9	119,400	22,724	19.0
	2	113,916	28,689	25.5	107,176	12,246	11.4
	3	74,649	22,462	30.1	67,447	9,630	14.2 (1)
	計	314,527	88,811	28.2	294,023	44,600	15.1 (2)
総計		14,287,942	3,752,859	26.3	15,016,649	2,457,059	16.3 (3)

選挙人（人）＝ a　棄権者（人）＝ b　棄権率＝ b ／ a（%）＝ c

注）▒▒ 箇所は、「資料は読み取れたが計算が合わなかったもの」である。

(1) 正しくは、「14.3%」と思われる。

(2) 正しくは、「15.2%」と思われる。

(3) 正しくは、「16.4%」と思われる。

【資料7】鹿児島第2区再選挙結果

市郡町村		有権者数	投票数	投票率	候補者得票数 東郷 實	寺田市正	濱田尚友	原口純允	冨吉榮二	宮下 巖	尾崎末吉	渋谷 透	山内 貢	計	無効票
川内市		5,329 (1)	4,151 (2)	77.4%	78	3,240	17	6	99	4	84	69	466	4,063	89
薩摩郡	水引村				2	389	0	0	2	0	4	12	100	509	6
	高城村				10	469	3	4	22	4	33	13	557	1,115	36
	高江村				0	75	0	0	1	0	1	431	12	520	21
	永利村				24	369	2	0	23	2	3	6	9	438	14
	樋脇町				16	538	1	0	45	1	7	242	18	868	16
	入來村				21	710	3	6	39	24	18	36	37	894	19
	下東郷村				8	265	1	0	5	3	9	35	43	369	11
	上東郷村				20	623	4	1	27	1	2	19	54	751	11
	山崎村				20	607	3	6	38	6	10	6	21	717	13
	宮之城町				23	432	5	528	40	5	14	337	15	1,399	24
	佐志村				3	80	1	138	9	1	0	29	3	264	8
	鶴田村				9	131	0	475	27	2	3	65	25	737	16
	求名村				2	76	2	292	11	0	0	27	1	411	10
	永野村				6	170	0	141	30	0	8	1	3	359	10
	黒木村				2	53	0	129	4	0	0	4	2	194	6
	大村				7	262	2	284	62	5	7	26	1	656	14
	藺牟田村				0	73	1	152	9	0	0	1	1	237	0
	里村				1	326	2	0	1	0	0	1	18	349	7
	上甑村				26	640	1	4	21	123	11	4	0	830	27
	下甑村				33	627	4	7	4	4	3	3	24	709	24
	計	19,913	12,618 (3)	63.4%	234 (4)	6,915	35	2,167	420	181	133	1,298	944	12,326	293
出水郡	出水町				78	89	13	42	13	994	39	5	3	1,276	21
	米ノ津町				92	255	14	73	21	570	162	4	0	1,191	92
	阿久根町				86	208	217	8	37 (5)	197	1,929	3	56	2,738	110

出水郡	野田村				62	55	6	24	9	193	201	0	2	552	37
	高尾野町				235	70	4	104	35	153	77	0	0	678	49
	三笠村				148	206	47	8	18	355	331	35	4	1,152	19
	東長島村				82	154	145	18	18	446	115	3	1	982	60
	西長島村				31	116	251	1	13	219	111	1	6	749	72
	大川内村				13	33	0	80	5	166	10	34	0	341	15
	計	17,090	10,137 [6]	59.3%	827	1,186	697	358	166	3,293	2,975	85	72	9,659	479
伊佐郡	大口町				38	39	10	1,411	105	4	9	0	0	1,616	50
	山野町				41	24	4	740	58	8	1	2	0	878	37
	羽月村				10	4	1	726	24	8	2	0	0	775	14
	西太良村				12	14	4	446	24	2	2	0	0	504	10
	本城村				17	8	2	428	51	0	0	0	0	506	15
	菱刈町				14	1	1	1,040	40	2	1	0	0	1,099	41
	計	7,051	5,545	78.6%	132	90	22	4,791	302	24	15	2	0	5,378	167
姶良郡	加治木町				116	40	855	18	576	1	1	2	1	1,610	28
	帖佐町				66	8	587	3	335	1	0	6	1	1,007	21
	重富村				20	10	469	2	165	0	0	0	1	667	14
	蒲生町				91	27	828	7	382	1	1	15	0	1,352	26
	山田村				15	4	492	4	162	0	0	0	0	677	10
	溝辺村				42	31	572	2	116	1	3	1	0	768	8
	横川町				91	32	291	107	255	0	5	38	0	819	22
	栗野町				119	22	22	676 [7]	229	6	8	1	3	1,286	40
	吉松村				91	12	393	55	59	0	2	0	0	612	7
	牧園町				153	36	661	29	480	2	14	5	7	1,387	62
	日當山村				14	1	267	2	144	0	4	0	0	432	4
	霧島村				82	10	538	2	538	0	5	3	0	1,178	22
	清水村				19	2	416	1	309	1	1	0	0	749	6
	國分町				22	1	692	1	207	0	0	0	1	924	14
	隼人町				64	3	684	3	606	2	4	1	0	1,367	19

姶良郡	東國分村				59	6	606	0	215	0	0	0	1	887	11
	敷根村				18	0	547	1	80	0	0	1	0	647	15
	福山町				74	3	532	12	276	1	0	0	1	899	55
	計	24,837	17,694 (8)	71.2%	1,156	248	9,452	1,125	5,134	16	48	73	16	17,268	384
囎唹郡	岩川町				737	5	11	4	79	1	12	0	1	850	6
	恒吉村				453	0	1	0	101	0	0	0	0	555	4
	市成村				377	1	2	0	29	0	0	0	1	410	3
	財部町				1,732	1	0	1	85	0	0	0	0	1,819	45
	末吉町				2,015	8	12	3	351	1	10	1	1	2,402	55
	松山村				691	0	4	0	14	0	1	1	0	771 (9)	8
	志布志町				1,918	39	10	1	107	2	7	3	2	2,089	63
	西志布志村				892	3	4	1	110	1	0	0	1	1,012	18
	月野村				371	0	0	0	17	0	0	0	0	388	1
	野方村				513	1	0	0	18	0	0	0	0	532	4
	大崎町				870	1	4	0	67	0	5	0	0	947	14
	計	18,719	11,931 (10)	63.7%	10,569	59	48	10	978	5	35	5	6	11,715	221
合計		91,969 (11)	62,078 (12)	66.7%	12,996 (13)	11,738	10,271	8,458 (14)	7,099	3,522 (15)	3,290	1,532	1,504	60,410 (16)	1,633

注）■は、「資料が読み取れず計算から推測したもの」である。

▒は、「資料は読み取れたが計算が合わなかったもの」である。

▨は、「一部資料が読み取れず計算から推測したが、読み取れた部分と合わなかったもの」である。
(1) 別の数字と思われるが、不明である。
(2) 正しくは、「4,152」と思われる。
(3) 正しくは、「12,619」と思われる。
(4) 正しくは、「233」と思われる。
(5) 正しくは、「34」と思われる。
(6) 正しくは、「10,138」と思われる。
(7) 正しくは、「876」と思われる。
(8) 正しくは、「17,652」と思われる。

(9) 正しくは、「711」と思われる。
(10) 正しくは、「11,936」と思われる。
(11) 別の数字と思われるが、不明である。
(12) 正しくは、「62,043」と思われる。
(13) 正しくは、「12,995」と思われる。
(14) 正しくは、「8,457」と思われる。
(15) 正しくは、「3,523」と思われる。
(16) 正しくは、「60,409」と思われる。

資料解題

資料1は、無効判決の全文である。従来この判決文は、原告代理人の所弁護士が所蔵していた判決正本を元に活字資料とされていたが、今回は、国立公文書館に移管された判決原本の写真から文字起こしを行なった。原本からの初めての全文である。今後、本書記載のこの判決文を資料として使用していただければ幸いである。これは、徳永陽子さんの労作であり、矢澤と共同で校正作業を行なった。

私たちは、原本全頁の写真を国立公文書館つくば分館から入手することができた。見開き二頁分が一枚の写真となっている。判決原本では、使われている裁判用紙の中央部分の「裁判用紙　裁判所」の下部に、何枚目の裁判用紙なのかを示す漢数字が書かれる。そしてこれが袋綴じされる。しかし、これでは、頁数という観点からは些か見にくい。本書では、便宜上、写真画像に通し番号を付し、その写真の番号をブラケット付半角数字で示した。例えば、[22]とあった場合、それは原本の二一枚目の写真を意味する。こうすることで、今後の引用の便を図った。裁判用紙としては、二一枚目の後半と二二枚目の前半ということになる。

さてこの判決原本であるが、手書きであることもあって、誤記や旧字と新字の混用が見られる。例えば、「戌」となるはずのところが「戍」、「届」となるはずのところが「屆」となっていたり、「者」と「者」、「為」と「爲」の混用などがある。しかしながら、今日では誤字となる場合をのぞき、原本の文字を忠実に再現することとした。「ママ」の表記も行なっていない。途中に一ヶ所だけ欠字があるが、それは[?]と表示した（二八一頁）。ただし、カッコ付数字は、原本では数字の横にカッコがくるが（例えば㈤）、本書では、（五）と表記した。

なお、判決正本を元にこの判決文を活字資料として掲載している『資料5』の「資料解題」には、「判決正本は、間もなく東京空襲で大審院が火災にあったとき焼失し、……唯一の判決謄本が所竜璽弁護士によって注意深く保存」とあるが（三四〇頁）、それぞれ「判決正本」は「判決原本」の、「判決謄本」は「判決正本」の誤りである（第九章注（27）参照）。

資料2は、長崎一区の有効判決である。これは、かつて『資料5』一七六頁以下に掲載されたことがあるが、それは法律新聞に基づくものであった。しかしながら、公式判例集である民集に登載されている以上、やはり民集から転載しなければならない。本書は、民集二二巻二一号からの転載である。文字起こしは、これも徳永陽子さんが行ない、江島萌樹さんと矢澤が共同で校正作業を行なった。

資料3は、福島二区の有効判決である。これは判例集以外のいわゆる資料集に掲載されたことはない。本書は、資料2と同様、民集二二巻二一号からの転載である。文字起こしは江島萌樹さんが行ない、矢澤と共同で校正作業を行なった。

資料4は、第二一回総選挙の全国における結果の集計である。（イ）は全体の表で、（ロ）は一部を抜き出した表である。吉田未侑さんが作成した。

資料5は、第二一回総選挙の鹿児島二区における結果の市町村毎の集計である。吉田未侑さんが作成した。

資料6は、第一七回総選挙から第二一回総選挙までの棄権率である。便宜上、鹿児島県と全国平均のみにしてある。出典は、衆議院事務局発行の第二一回選挙結果の六〇七頁である。吉田未侑さんが作成した。

資料7は、再選挙時の得票数である。この表は、三月二一日付鹿児島日報二面、三月二二日付鹿児島日報二面および三月二三日付鹿児島日報一面を総合考慮の上で作成したが、読み取れない箇所が多く、また資料自体に誤植がある可能性も否定できない。しかし、不明箇所については、表の下部のように推定しておきたい。なお、この表も吉田未侑さんの尽力のお蔭であることを明記しておく。

なお、資料4～資料7については、吉田未侑さんと矢澤が共同で校正作業を行なった。資料1～資料7すべてについて、注意深く作成しているが、もし思わぬミスがあった場合、それはすべて矢澤の責任である。

写真一覧

グラビア1〜4　大審院昭和二〇年三月一日判決原本（部分）、判決原本は国立公文書館所蔵
グラビア5　鹿児島出張訊問中の写真①（桜島溶岩道路）、松尾實介氏所蔵

写真1　冨吉栄二
写真2　吉田久（貴族院正装）
写真3　官報六七二二号（明治三八年）七二二頁（部分）
写真4　松尾實友、『大日本司法大觀』より転載
写真5　吉田久から松尾實友に宛てた手紙、手紙は松尾實介氏所蔵
写真6　武富義雄、『大日本司法大觀』より転載
写真7　梶田年、『大日本司法大觀』より転載
写真8　森田豊次郎、『大日本司法大觀』より転載
写真9　鹿児島出張訊問中の写真②（肝属郡海潟温泉）、松尾實介氏所蔵
写真10　法律新報創刊号
写真11　法律新報六〇八号
写真12　法律新報六三七号
写真13　法律新報七〇五号
写真14　法律新報七二四号

ヤ　行

ワ　行

タ　行

ナ　行

ハ　行

マ　行

人名索引

【著　者】
矢澤久純（やざわ　ひさずみ）
1971年　長野県生
2001年　中央大学大学院法学研究科博士後期課程修了
現　在　北九州市立大学法学部教授、華東政法大学日本法研究中心客座教授、博士（法学）
主要著作　共訳、ルードルフ・フォン・イェーリング『法学における冗談と真面目』（中央大学出版部、2009年）

清永　聡（きよなが　さとし）
1970年　福岡県生
1993年　広島大学文学部独語科卒業
現　在　NHK記者
主要著作　『気骨の判決（新潮新書275）』（新潮社、2008年）

戦時司法の諸相
――翼賛選挙無効判決と司法権の独立――

2011年7月31日　発　行

著　者　矢澤　久純
　　　　清永　聡
発行所　株式会社　溪水社
広島市中区小町1-4（〒730-0041）
電話（082）246-7909
FAX（082）246-7876
E-mail: info@keisui.co.jp
URL: http://www.keisui.co.jp
印　刷　モリモト印刷株式会社

ISBN978-4-86327-148-7　C3032